Zeitlichkeit und Offenbarung

Europäische Hochschulschriften

Publications Universitaires Européennes
European University Studies

Reihe XXIII
Theologie

Série XXIII   Series XXIII
Théologie
Theology

Bd./Vol. 313

PETER LANG

Frankfurt am Main · Bern · New York · Paris

Marcel Lill

Zeitlichkeit und Offenbarung

Ein Vergleich
von Martin Heideggers
»Sein und Zeit« mit
Rudolf Bultmanns
»Das Evangelium
des Johannes«

PETER LANG

Frankfurt am Main · Bern · New York · Paris

CIP-Kurztitelaufnahme der Deutschen Bibliothek

Lill, Marcel:
Zeitlichkeit und Offenbarung : e. Vergleich von
Martin Heideggers "Sein und Zeit" mit Rudolf
Bultmanns "Das Evangelium des Johannes" / Marcel Lill.
— Frankfurt am Main ; Bern ; New York ; Paris :
Lang, 1987.
(Europäische Hochschulschriften : Reihe 23,
Theologie ; Bd. 313)
ISBN 3-8204-1055-4
NE: Europäische Hochschulschriften / 23

ISSN 0721-3409
ISBN 3-8204-1055-4
© Verlag Peter Lang GmbH, Frankfurt am Main 1987
Alle Rechte vorbehalten.

printed in Germany

Inhaltsverzeichnis

0 EINLEITUNG

Nach Kant sind es drei Fragen, die den Menschen wesentlich angehen. Es sind diese:

Was kann ich wissen?
Was soll ich tun?
Was darf ich hoffen?

Diese drei Fragen, die Fragen nach dem Erkennen, dem Verhalten und der Religion münden in die eine, entscheidende
und letzte Frage ein: Was ist der Mensch?

Diese eine, maßgebende Frage nach dem Menschsein, nach
Herkunft, Wesen und Ziel des Menschen, wird bei den Griechen aus der Frage nach dem Sein bestimmt. So lautet die
Leitfrage des Aristoteles, von der her auch das Sein des
Menschen bestimmt wird: Was ist das Seiende? Aber schon
bei ihm zeigt sich eine eigentümliche Doppeltheit der
Frage nach dem Sein. Die eine Frage spaltete sich in zwei
divergierende Fragen auf, nämlich nach dem Seienden im
allgemeinen und nach dem Seienden als höchstem Seienden,
dem göttlichen Seienden.

Innerhalb der Bestimmung des Menschseins[1] vom Sein her
taucht die Differenz zwischen dem Seiendem im allgemeinen

---

1) Unter dem Ausdruck "Bestimmung des Menschseins" verstehen wir "Sinn, Zweck und Ziel des menschlichen Daseins, die je nach der zugrunde liegenden Metaphysik,
Geschichtsphilosophie oder Anthropologie verschieden
aufgefaßt (werden), sofern sie nicht überhaupt nihilistisch geleugnet werden." (Grawe, Ch.: Art. "Bestimmung des Menschen". In: Ritter, Joachim (Hg.): Historisches Wörterbuch der Philosophie. Bd.1. Darmstadt
1971. Spalte 856-859. Zitat Spalte 857). Im Falle
Heideggers wird Menschsein aus der fundamentalontologischen Absicht von "Sein und Zeit" seinen Sinn erhalten, d.h. aus der Zeitlichkeit. Zum Verständnis von
"Sinn" im Zusammenhang mit der Frage nach dem Sein

und dem Seienden als höchstem Seienden, dem göttlich
Seienden, auf. Auch die Geschichte der christlichen Theologie ist vom griechischen Denken her verstehbar. Dies
belegen z.B. Augustinus und Thomas von Aquin, um nur die
wirkmächtigsten Theologen christlicher Prägung zu nennen.
So bestimmt Thomas von Aquin Gott als höchstes Seiendes,
summum ens, oder auch als esse subsistens, als subsistie-
rendes Sein, oder auch den Namen, der Gott noch am mei-
sten zukommt, mit "qui est". Das Gegengewicht zu diesem
Denken, nämlich die Loslösung von der Seinsfrage in der
Bestimmung des Menschen durch Gott, scheint erst zu Beginn der Neuzeit in Gestalt der reformatorischen Theologie erreicht. Diese Theologie möchte grundsätzlich das
Sein des Menschen aus dem Anruf und Anspruch Gottes bestimmt wissen. Sie lehnt im wesentlichen die griechisch-
philosophische Tradition als bloß menschliches Unterfangen ab, das den Anspruch Gottes an den Menschen unter die
eigenen menschlichen Maßstäbe stellen möchte. Ein solches
Denken findet seinen Ausdruck u.a. in der Ablehnung des

vgl. 6.1. Für Bultmann ist zunächst zu sagen, daß er
Menschsein bestimmt aus der von Gott geschenkten,
unverfügbaren Möglichkeit der Offenbarung. Menschsein
ist so eschatologische Existenz. Die "Bestimmung des
Menschseins" gibt demnach - formal genommen - den Ver-
stehenshorizont an, aus dem Menschsein verständlich
wird, d.h. seinen Sinn erhält. In der Neuzeit ist
dieser Horizont der Mensch selbst. Alle vorher selbstverständliche "Objektivität" wird von nun an zurückgestellt in die Selbstgewißheit des ego cogito und muß
sich vor ihr ausweisen, wenn sie rechtmäßig gelten
will. Im Gegensatz zu einer Philosophie des sich radikal selbst bestimmenden Menschen, wie sie etwa Sartre
entwickelt, ist es Heideggers und Bultmanns Anliegen,
Menschsein nicht aus sich selbst zu bestimmen - jedoch
ohne auf den neuzeitlichen Ansatz, den z.B. Walter
Schulz, im Anschluß an Kant, den transzendentalen
nennt, zu verzichten. Zur weiteren Geneologie bzw.
Inhalt des Terminus "Bestimmung des Menschseins" vgl.
man den gleichnamigen Artikel von Ch.Grawe in: Ritter,
Joachim (Hg.): Historisches Wörterbuch der Philosophie. Bd.1. Darmstadt 1971. Spalte 856-859.

analogia-entis-Gedankens durch den jungen Barth Anfang
des 20.Jahrhunderts.

Doch die scheinbar klare Alternative zum griechischen
Denken weist in analoger Weise dieselbe Gedoppeltheit auf
wie dieses, denn es bleibt die Frage bestehen: Wie kann
der Mensch Gott hören? Wie ist das Sein des Menschen zu
verstehen, daß er den Anspruch Gottes vernehmen kann?

Bei der Bestimmung des Menschseins taucht also nicht nur
die verschiedene Bestimmung desselben vom Sein oder von
Gott her auf, sondern auch eine Gedoppeltheit innerhalb
der möglichen Antworten: die Bestimmung des Menschseins
vom Sein her spaltet sich in die Fragen nach dem Seienden
im allgemeinen und dem göttlichen Seienden auf, die Bestimmung des Menschseins von Gott her spaltet sich auf in
die Fragen nach dem Anspruch Gottes und der Verstehensmöglichkeit des Menschen.

Im 20.Jahrhundet steht vor allem der Theologe Rudolf
Bultmann im Spannungsfeld dieser Pole. Einerseits ist er
protestantischer Theologe, andererseits steht seine Theologie in Bezug zur griechischen Denktradition in Gestalt
der Philosophie Martin Heideggers[1]. Sein Werk "Das Evangelium des Johannes"[2] trägt in besonderer Weise die

---

1) Gadamer konstatiert explizit den Bezug Heideggers zur
griechischen Denktradition: "Seine Wendung zu den
Griechen war für ihn grundlegend... Die Orientierung
an den Griechen war so bestimmend, daß ihr gegenüber
die transzendentale Selbstauffassung von 'Sein und
Zeit' etwas Provisorisches an sich hatte. ... Selbst
das spätere ausdrückliche Thema der Überwindung der
Metaphysik muß als eine Folge seiner Orientierung an
den griechischen Anfängen gedacht werden." (Gadamer,
Hans-Georg: Heideggers Wege. Studien zum Spätwerk.
Tübingen 1982. S.119).
2) Bultmann, Rudolf: Das Evangelium des Johannes, Göttingen, 20. (unveränderter Nachdruck der 10.) Auflage
1978. Meyers Kritisch-Exegetischer Kommentar über das
Neue Testament. Bd. 2, Abkürzung: JK.

Spannung zwischen beiden genannten Polen aus. An Bultmanns Johanneskommentar läßt sich, im Vergleich zu Heideggers "Sein und Zeit"[1), einerseits die Korrespondenz
des Anspruchs Gottes zur Verstehensmöglichkeit des Menschen zeigen, andererseits aber auch und gerade das Spannungsfeld zwischen der Bestimmung des Menschseins von
Gott bzw. vom Sein her darstellen.

Denn auf der einen Seite versucht Heideggers Werk "Sein
und Zeit" die Seinsfrage neu zu stellen und auf eine
tragfähige Grundlage zu bringen, auf der anderen Seite
bezieht sich der Theologe Bultmann ausdrücklich auf Heideggers Analysen in "Sein und Zeit". Es ergibt sich daher
- im Vergleich von Heideggers "Sein und Zeit" zu "Das
Evangelium des Johannes" - die Möglichkeit, das Spannungsfeld Seinsdenken - Theologie zu studieren. Der Sinn
der vorliegenden Arbeit liegt darin, das skizzierte Pro-
blemfeld für die Beziehungen zwischen Bultmann und Heidegger anhand der genannten Werke klarzulegen und dabei
insbesondere die eventuellen gegenseitigen Einflüsse
herauszustellen.

Bultmanns Theologie ist durch Heideggers Werk "Sein und
Zeit" entscheidend geprägt. Bultmann greift nicht nur
einzelne Termini oder Topoi des Philosophen auf, sondern
seine Theologie ist auf weite Strecken hin auf die Gedanken von "Sein und Zeit" bezogen. Dies wird in der Arbeit
zu erweisen sein.

---

1) Heidegger, Martin: Sein und Zeit. Tübingen, 15.Auflage
   1979.

0.1 Gemeinschaftliche Arbeit Bultmanns und Heideggers in Marburg

Rudolf Bultmanns Werk "Das Evangelium des Johannes" steht
die Widmung voran: "Den alten Marburger Freunden". Unter
diese durfte sich auch Martin Heidegger zählen, dem Bultmanns erster Band seiner Aufsatzsammlung "Glauben und
Verstehen" zugeeignet ist: "MARTIN HEIDEGGER bleibt dieses Buch gewidmet in dankbarem Gedenken an die gemeinsame
Zeit in Marburg."[1]

Sowohl Heidegger als auch Bultmann lehrten in Marburg,
Bultmann von 1921 bis 1951, Heidegger von 1923 bis 1928.
Beide lasen dort zusammen unter anderem das Johannesevangelium. Heidegger trat 1928 die Nachfolge Husserls in
Freiburg an, nachdem 1927 sein Hauptwerk "Sein und Zeit"
erschienen war, das dem bis dahin nur Wenigen bekannten
Philosophen Weltruhm einbrachte. Dieses Werk war es auch,
das so nachhaltigen Einfluß auf Rudolf Bultmann ausüben
sollte. Bultmanns großes Werk "Das Evangelium des Johannes", das 1941 erschien, läßt die innige Aneignung der
Analysen von "Sein und Zeit" sofort augenscheinlich werden.

Daß "Sein und Zeit" Bultmanns Denken prägte, darauf weist
sowohl Bultmann selbst als auch sein Freund Dinkler hin.
So sagt Bultmann von der Zeit in Marburg: "Es ist ja eine
eigentümliche Fügung, daß ich, als ich die Anregungen
Barths verarbeitete, in Austausch mit Heidegger geriet.
Dadurch ist die Entwicklung meiner Gedanken auch entscheidend gefördert worden."[2]

---

1) Bultmann, Rudolf: Glauben und Verstehen. Bd. I, Tübingen ²1954.
2) Äußerung Bultmanns in: Yoshimura, Yoshio: Eine japanische Stimme über die Entmythologisierung Bultmanns.
   Ergänzung zu "Kerygma und Mythos", Bd. 4. Hamburg-
   Bergstedt 1959, S. 8.

Dinkler bemerkt anläßlich eines Vortrages zu Ehren des
verstorbenen Rudolf Bultmann: "Es sind die ersten Jahre
in Marburg, die nach der Korrespondenz, nach den Arbeits-
ergebnissen und nach der Gedankenrichtung zu urteilen,
Bultmanns theologische Umbruch- oder Wendezeit waren. In
sie hinein fiel seit 1923 eine intensive freundschaftli-
che Zusammenarbeit mit Heidegger, die sich in gegenseiti-
gem Seminarbesuch, gemeinsamen Ferien in Todtnauberg mit
Lektüre von Kierkegaards "Philosophischen Brocken" und
gemeinsamen Tagungen äußerte. In diese Zeit (fallen) auch
... die entscheidenden Einsichten in die literarkriti-
schen Probleme des Johannesevangeliums."[1]

0.2   Die Beschränkung auf den Johanneskommentar

Die vorliegende Arbeit befaßt sich im wesentlichen mit
dem Vergleich von "Sein und Zeit" mit Bultmanns Johanneskommentar. Die Beschränkung auf dieses eine Werk Bultmanns hat mehrere Gründe:

(1)   Der Johanneskommentar ist Bultmanns hervorragen-
       des exegetisch-theologisches Werk. Alle anderen
       Schriften geben nirgends in dieser Breite und
       Eindringlichkeit Bultmanns Schaffen als Exeget
       und Theologe wider, nicht einmal die "Theologie
       des Neuen Testaments". Deren Teil über das Johan-
       nesevangelium stellt nur eine Zusammenfassung des
       Johanneskommentars dar. Nirgends sonst ist Bult-
       manns Theologie - und es geht uns hier vorwiegend
       um sein Verhältnis zur Philosophie Heideggers -
       so breit und tief dargelegt wie im Johanneskom-
       mentar. Daß die Beschäftigung mit dem Stoff eine

---

1) Aus einem Vortrag Dinklers, in: Kaiser, Otto (Hg.):
   Gedenken an Rudolf Bultmann. Tübingen 1977, S. 18f.

theologische ist und in ursprünglich theologischer Absicht geschieht, verbürgt zudem der Stoff
selbst, das Johannesevangelium.

(2)   Es ist hier ein ausgezeichneter Vergleichspunkt
zu erwarten, da Bultmann in Marburg während der
Entstehung von "Sein und Zeit" zusammen mit Heidegger das Johannesevangelium las.

(3)   Bultmanns Aufsätze und "theoretische" Schriften
befassen sich zwar explizit mit Heidegger und
lassen schlaglichtartig Vergleiche zu, aber der
Johanneskommentar läßt einen Blick in die theologische Werkstatt Bultmanns tun, in Gedankenfol-
gen, die nicht nochmals "reflektiert" das Verhältnis zu "Sein und Zeit" beinhalten, sondern in
ursprünglich theologischer Absicht den Gedankengang Bultmanns als Theologe in nuce verfolgen
lassen. Das Verhältnis Bultmanns zu Heidegger
läßt sich erheben, ohne ein erkenntnisleitendes
Interpretationsinteresse Bultmanns zu Heidegger
von vornherein in Rechnung stellen zu müssen.

(4) a   Der Johanneskommentar stellt das exemplarisch
dar, was Bultmann als den Kern der Entmythologisierung angibt: die existentiale Interpretation. Diese ist aber eng mit Heideggers Philosophie verknüpft - Bultmann sagt selbst, daß er das
Neue Testament mit "Kategorien" der Philosophie
Heideggers interpretiere (vgl. Punkt 1.3). Daraus
ergibt sich:

    b   Im Johanneskommentar ist paradigmatisch der
Schnittpunkt von Heideggers Philosophie und Bultmanns Theologie gegeben.

1 BULTMANNS VERSTÄNDNIS VON HEIDEGGERS PHILOSOPHIE
   IN "SEIN UND ZEIT" IM VERHÄLTNIS ZUR THEOLOGIE

1.1 Bultmanns Verständnis in: "Die Geschichtlichkeit
     des Daseins und der Glaube"[1]

Bultmann unterscheidet den Bereich der Philosophie von
dem der Theologie von seinem jeweiligen Gehalt her. Das
Gebiet der Philosophie umfaßt das natürliche Dasein, das
der Theologie das gläubige. Die Philosophie - und hier
ist in erster Linie an die Heideggers gedacht - zeigt
die Existenzialität des Menschen auf, das heißt die
Grundstrukturen, die menschliches Dasein konstituieren.
Die Philosophie gibt der Theologie die Möglichkeit an die
Hand, das Glaubensgeschehen existenzial verständlich zu
machen. Der Bereich der Theologie dagegen ist die Existenz, die konkrete Verwirklichung des Menschseins in der
jeweiligen Situation, der Vollzug des Lebens selbst.
Dieser ist erst möglich aufgrund der Strukturen des
Menschseins, der Existenzialität.

Das Gebiet der Theologie ist das der Existenz, das Gebiet
der Philosophie das der Existenzialität. Die Philosophie
hat die Bedingung der Möglichkeit des konkreten Vollzuges
zu explizieren. Die Philosophie gibt "allein die Möglichkeit, begrifflich zu verstehen, was so etwas sei wie
'Verkündigung", 'Wort', 'Anrede', 'Hören'...".[2] Die

---

1) Vgl. Bultmann, Rudolf: Die Geschichtlichkeit des Daseins und der Glaube. In: Zeitschrift für Theologie
   und Kirche. Tübingen NF Jg. 11 (1930), S. 339 - 364.
   Wieder abgedruckt in: Noller, Gerhard (Hg.): Heidegger
   und die Theologie. München 1967, S. 72 - 94.
2) Bultmann, Rudolf: Die Geschichtlichkeit des Daseins
   und der Glaube. In: Noller, Gerhard (Hg.): Heidegger
   und die Theologie. S. 73 f.

Theologie ist "für die Analyse des Seins-Sinnes auf die Philosophie angewiesen"[1].

Der Theologe Bultmann setzt voraus, daß Heideggers Philosophie ein neutrales Fundament für die Theologie abgeben kann, das heißt, daß sich mit philosophischer Hilfe das jeweilig konkrete Glaubensgeschehen existenzial verständlich machen läßt: "Für Bultmann schien die transzendentale Analytik des Daseins eine neutrale anthropologische Grundverfassung zu beschreiben, von der her sich der Anruf des Glaubens unabhängig von seinem Inhalt, innerhalb der Grundbewegung der Existenz, 'existenzial' interpretieren ließe. Es war also gerade die transzendental-philosophische Auffassung von 'Sein und Zeit', die sich dem theologischen Denken einfügte."[2]

So behauptet Bultmann, daß alle christlichen Grundbegriffe eine ontologisch-natürliche (existenzial-strukturelle) Inhaltlichkeit haben. Daher sind die Charaktere des gläubigen Daseins nur durch die existenziale Analyse begrifflich verständlich zu machen: "Wie der Glaube das Gott-unter-die-Augen-gehen ist, so ist die Liebe die Entschlossenheit, die die Situation ergreift, so ist die Hoffnung die sich vorweg seiende Sorge, in der es dem Dasein um sich selbst geht, die dies 'um sich selbst' nicht vernichtet, sondern Gott anheim gestellt hat, so ist die Freude nichts anderes als die das Dasein bewegende Angst... in einer bestimmtem Modifikation, nämlich als 'überwundene'.[3]

---

1) Bultmann, Rudolf: Die Geschichtlichkeit des Daseins... a.a.O., S.77.
2) Gadamer, Hans-Georg: Martin Heidegger und die Marburger Theologie. In: Pöggeler, Otto (Hg.): Heidegger. Perspektiven zur Deutung seines Werkes. Köln - Berlin 1969, S. 175.
3) Bultmann, Rudolf: Die Geschichtlichkeit des Daseins und der Glaube. In: Noller, Gerhard (Hg.): Heidegger und die Theologie, S. 94.

Die existenzialen Strukturen, wie zum Beispiel Sorge,
Angst, Entschlossenheit, werden durch den Glauben existenziell, je konkret, modifiziert. Glaube läßt sich -
von der Struktur des Menschen her - existenzial verstehen. Was den Glauben vom philosophischen Verständnis
unterscheidet, ist allein die existenzielle Begegnung. In
ihr wird der Mensch neu, jedoch nicht so, daß sein Sein
zerstört würde, sondern so, daß es durch die Begegnung
existenziell bestimmt wird. Darum gilt: "Was der Glaube
neu und einzig von der Offenbarung zu sagen vermag, ist
ihr Ereignis-geworden-sein und ihr Ereignis werden.[1] Das
Neue besteht nicht im Begriff von Offenbarung oder von
Liebe, sondern daß Offenbarung geschieht und Liebe getan
wird. Ein Beispiel Bultmannns erläutert dies: Der Begriff
Freundschaft kann schon verstanden sein, bevor diese
erfahren wird. Die Erfahrung selbst gibt kein neues Verständnis des Begriffes, aber daß Freundschaft erfahren
wird macht den Unterschied aus.

1.2. Bultmanns Verständnis in "Das Problem der 'natür-lichen Theologie'"[2]

Das dargestellte Verständnis Bultmanns bezüglich Heideggers Philosophie zeigt sich auch in einem Aufsatz, der
die Frage der "natürlichen Theologie" behandelt. In dem
Zusammenhang wird die Frage akut; denn wenn von Offenbarung und Glaube die Rede ist, ist vorausgesetzt, daß der
Mensch die Rede davon verstehen kann, daß er "natürli-
cherweise" ein vorläufiges, vor-gläubiges Verständnis von
Offenbarung und Glaube haben muß. Um dieses

---

1) Bultmann, Rudolf: Die Geschichtlichkeit des Daseins
   ..., a. a. O, S. 83.
2) Bultmann, Rudolf: Das Problem der "natürlichen Theologie". In: Glauben und Verstehen, Bd. I, Tübingen ^{2}1954,
   S. 294 - 312.

Vorverständnis dreht sich die Aufgabe der natürlichen
Theologie. So stellt sich für Bultmann die Frage, wie die
Philosophie (Heideggers) zur Theologie steht. "Die philosophische Ontologie als existentiale Analytik läßt das
Problem der natürlichen Theologie akut werden, indem sie
über das Dasein, seine Geschichtlichkeit, den Augenblick,
das Verstehen analoge Aussagen macht wie die Theologie,
die den Glauben mit solchen Begriffen charakterisiert.
Steht es nicht sogar so, daß die Theologie die philosophische Daseinsanalyse übernimmt?"[1]

Theologie ist die Wissenschaft, die den Glauben existenzial verständlich macht, daß heißt ihn mit Hilfe der
Existenzialien wie Geschichtlichkeit, Augenblick, Verstehen, expliziert. Theologie und Philosophie sprechen beide
von denselben Phänomenen, von der Explikation des Daseins: "Denn indem die Theologie z.B. von der Geschichtlichkeit des Daseins, vom Verstehen und dem Entschei-
dungscharakter des Daseins redet, sind offenbar die gleichen Phänomene gemeint, wie wenn die Philosophie davon
redet. Sie (die Theologie) gesteht doch damit ein, daß
man vom Dasein schlechthin reden kann, und daß also die
Daseinsstrukturen, die die Philosophie aufweist, auch für
das gläubige Dasein gelten."[2]

Wenn dem aber so ist, was unterscheidet dann die Philosophie noch von der Theologie? Von der Theologie her gesehen muß einerseits die Philosophie offen sein für den
Glauben, da sich sonst nicht verstehen läßt, wie vorgläu-
biges Dasein zu gläubigem werden kann. Andererseits muß
ein Kriterium angebbar sein, das die Theologie von der
Philosophie scheidet. Ersteres beantwortet Bultmann: "In

---

1) Bultmann, Rudolf: Das Problem der "natürlichen Theologie", a.a.O., S. 305.
2) ebd., S. 308.

der Tat weiß die Philosophie um den Glauben, und zwar
gerade indem sie um die Freiheit des Daseins weiß; denn
damit weiß sie um die dieser Freiheit wesenhaft zukommende Fraglichkeit."[1] Auch Philosophie weiß also um den
Glauben, um Offenbarung, indem sie um die Fraglichkeit
des Menschen weiß. Die Philosophie hat ein negatives
Wissen von Glauben und Offenbarung. "Enthält die vor-
christliche Existenz (die durch die Philosophie expliziert wird) ein nichtwissendes Wissen von Gott, so enthält sie damit ein Vorverständnis der christlichen Verkündigung; und arbeitet die Philosophie dieses Existenzverständnis aus, so arbeitet sie damit eben jenes Vorverständnis aus. Sofern dieses in der theologischen Arbeit
eingesetzt wird, wird es neu, sofern es in seinem Charakter als Vorverständnis aufgeklärt wird."[2] Die Philosophie weiß also negativ um die christliche Verkündigung,
indem sie die Fragwürdigkeit der Existenz darstellt.
Damit bleibt Philosophie neutral, denn diese Fraglichkeit
gilt für alles Menschsein, das vorgläubige wie das gläubige oder das ungläubige. Aber erst durch die Theologie
wird diese Explikation des Menschseins als Vorverständnis
klar. Was also unterscheidet den Glauben von der Philosophie?

Zunächst unterscheidet sich der Glaube nicht darin von
der Philosophie, daß er eine Entscheidung des Menschen
ist, die aufgrund seiner ontologischen Verfaßtheit getroffen wird: "Die Philosophie kann daher, wenn sie vom
Glauben als einer jeweils jetzt vorliegenden Möglichkeit
und Wirklichkeit reden hört, ihn nicht anders verstehen,
denn als einen innerhalb des durch seine Freiheit konsti-
tuierten Daseins sich vollziehenden Entschluß, also als
ein innerhalb des Daseins sich ereignendes Geschehen, für

---

1) Bultmann, Rudolf: Das Problem der "natürlichen Theologie", a.a.O., S. 310.
2) ebd., S. 311.

das sie die Bedingungen seiner Möglichkeit im Dasein
aufweisen kann. Aber eben dieses entspricht dem Charakter
des Glaubens, so wie er sich selbst versteht. Er versteht
sich ja als einen konkreten Entschluß, als eine konkrete
Entscheidung, in einer konkreten Situation, die durch das
Wort der Verkündigung und durch den Nächsten konstituiert
wird. Die Behauptung des Glaubens, daß ein solcher konkreter Entschluß die Grundverfassung des Daseins neu
konstituiere, so daß es hinfort außer einem ungläubigen
auch ein gläubiges Dasein gebe, ist sein Spezifikum, sein
Ärgernis. Denn diese Behauptung ist nicht nur nicht ausweisbar - weil ja offenbar das Dasein weiter läuft und
auch das gläubige Dasein ontologisch verständlich gemacht
werden kann -, sondern sie darf auch im Sinne des Glaubens gar nicht ausgewiesen werden. Denn der Glaube versteht sich als eschatologisches Ereignis. Das besagt aber
zweierlei: ... Der Glaube ist in seinem eigenen Sinne als
das Dasein umgestaltend nicht wahrnehmbar, er ist als das
Ergreifen Gottes und als rechtfertigender Glaube kein
Phänomen des Daseins. Die Glaubensgerechtigkeit ist im
Dasein nicht aufweisbar; denn der Gerechtfertigte ist nur
bei Gott und immer nur bei Gott gerecht und ist auf Erden
Sünder. Auch der Glaubende steht im Dasein und erhält
nicht neue Daseinsstrukturen anerschaffen. Sein Glaube
als geschichtlicher Akt ist immer der konkrete Entschluß
im Augenblick, d.h. Glaube ist immer nur im Überwinden
des Unglaubens."[1]

So kann Bultmann sagen: "Sofern also die Theologie, indem
sie die philosophische Daseinsanalyse benutzt, selbst die
Bewegung des Philosophierens vollzieht, muß sie eine
Bewegung des Unglaubens bewußt vollziehen."[2] Der Glaube,

---

1) Bultmann, Rudolf: Das Problem der "natürlichen Theologie", a.a.O., S. 311.
2) ebd., S. 312.

der das Sein des Menschen aus der Begegnung heraus entscheidend qualifiziert, ist zwar existenzial verständlich, gleichwohl aber ist er allein durch Gottes recht-
fertigende Vergebung Glaube. Existenzial ist der Glaube
daher als die Rechtfertigung des Sünders durch Gott niemals ausweisbar, sondern er ist immer nur als existenzielle Begegnung, die jeweils im Augenblick den Ungehorsam
des Unglaubens überwindet.

Die existenziell ergriffene existenziale Analyse des
Menschseins ist eine Bewegung des Vor-Glaubens oder sogar
- in der bewußten Entscheidung gegen den Anruf Gottes in
der Verkündigung und der konkreten Situation - des Unglaubens. Dies ändert nichts an der Neutralität der existenzialen Analyse. Denn der Glaube ändert ja nicht die
Existenzialität des Menschen, sondern ist allein in der
existenziellen Begegnung des Menschen mit Gott. Dessen
Rechtfertigung des Menschen verändert nicht die Grundstrukturen des Daseins, sondern befreit das Sein des Menschen existenziell von der Eigenmächtigkeit zum Gehorsam.
"Damit ist endlich auch die letzte Frage geklärt, wie es
nämlich mit der Brauchbarkeit der ontologischen Arbeit
steht, wenn doch die Ontologie ontisch verwurzelt ist.
Dies ist sie nämlich nicht in dem Sinne, daß von einer
beliebigen Weltanschauung aus eine ihr entsprechende
Ontologie entworfen werden könnte. Vielmehr zeigt sich im
Entwerfen von Weltanschauungen überhaupt das Daseinsverständnis, in dem die Ontologie wurzelt. Das Dasein, das
sich in der Philosophie ontologisch versteht, tut das auf
Grund des ursprünglichen Seinsverständnisses, in dem es
sich schon konstituiert. Da es kein anderes Dasein gibt,
als dieses in seiner Freiheit sich konstituierende, sind
die formalen Strukturen des Daseins, die in der ontologischen Analyse aufgewiesen werden, 'neutral', d.h. sie
gelten für alles Dasein. Sie gelten also auch für das Dasein, an das sich die Verkündigung wendet, für das un-

gläubige Dasein wie für das gläubige, das nur in ständiger Überwindung des Unglaubens glaubt."[1]

Der Offenbarungsbegriff bei Bultmann ist also keineswegs ein inhaltlich gefüllter. Die Offenbarung Gottes gibt keine neuen Inhalte zu verstehen. Offenbarung ist daher bei Bultmann, in alter Terminologie gesagt, nie "Materialobjekt", sondern eher als "Formalobjekt" zu denken. Der Verstehensbereich von Philosophie und Theologie bleibt derselbe, und so unterscheidet sich Philosophie und Theologie nicht inhaltlich, sondern durch die ("formale") Tat Gottes im Daß des Gekommenseins Jesu.

Bultmann hat damit sein Verstehen von Heideggers Philosophie in "Sein und Zeit" gegenüber seinem Aufsatz "Die Geschichtlichkeit des Daseins und der Glaube" beibehalten und gleichzeitig präzisiert, insofern er das Wissen der Philosophie vom Glauben her als Vor-wissen kennzeichnet, das um Glaube und Gott weiß, weil es die Fraglichkeit der Existenz darlegt. Dies bedeutet ein negatives Wissen. Ferner verteidigt Bultmann seine Sicht Heideggers gegen den Einwand, die existenziale Analyse sei existenziell durchgeführt und daher nicht neutral. Für Bultmann ist dieser Einwand nicht stichhaltig, da einerseits der Philosoph das Seinsverständnis überhaupt existenzial analysiert und andererseits der Glaube kein Phänomen des Daseins ist, sondern die jeweils konkrete, existenzielle Rechtfertigung des Menschen durch Gott. Diese hebt das Sein des Menschen nicht auf, sondern befreit zum Gehorsam, was Bultmann unter dem Titel "eschatologisches Ereignis" faßt. Der Glaube ist zuerst Tat Gottes, die das Sein des Menschen jeweils in der bestimmten Situation und

---

1) Bultmann, Rudolf: Das Problem der "natürlichen Theologie", a.a.O., S. 312.

durch die Entscheidung des Menschen, sich aus Gott zu
verstehen, zum Gehorsam befreit.

1.3   Bultmanns   Verständnis   in   "Neues   Testament   und
        Mythologie"[1)]

Bultmann hat 1941 in seinem umstrittenen Aufsatz "Neues
Testament und Mythologie", dem Anfang der sogenannten
Entmythologisierungsdebatte, noch einmal zum Verhältnis
der Philosophie (Heideggers) zur Theologie Stellung bezogen.

"Vor allem scheint Martin Heideggers existentiale Analyse
des Daseins nur eine profane philosophische Darstellung
der neutestamentlichen Anschauung vom menschlichen Dasein
zu sein: der Mensch, geschichtlich existierend in der
Sorge um sich selbst auf dem Grunde der Angst, jeweils im
Augenblick der Entscheidung zwischen der Vergangenheit
und der Zukunft, ob er sich verlieren will an die Welt
des Vorhandenen, des 'man', oder ob er seine Eigentlichkeit gewinnen will in der Preisgabe aller Sicherungen und
in der rückhaltlosen Freigabe für die Zukunft! Ist nicht
so auch im Neuen Testament der Mensch verstanden? Wenn
man gelegentlich beanstandet hat, daß ich das Neue Testament mit Kategorien der Heideggerschen Existenzphilosophie interpretiere, so macht man sich - fürchte ich -
blind für das faktisch bestehende Problem. Ich meine, man
sollte lieber darüber erschrecken, daß die Philosophie
von sich aus schon sieht, was das Neue Testament sagt".[2)]

---

1) Vgl. Bultmann, Rudolf: Neues Testament und Mythologie.
   In: Bartsch, Hans-Werner ₅(Hg.): Kerygma und Mythos.
   Bd. I, Hamburg-Bergstedt, ⁵1967, S. 15 - 48.
2) Bultmann, Rudolf: Neues Testament und Mythlogie,
   a.a.O., S. 33.

Bultmann vermutet hier, daß auch Heidegger vom Neuen
Testament her denkt. Dadurch möchte er seine Bezugnahme
auf Heidegger zusätzlich rechtfertigen. Und tatsächlich
verweist Heidegger in einigen Randbemerkungen in "Sein
und Zeit" auf Augustinus, Luther und Kierkegaard, nie
aber auf das Neue Testament. Jedoch geht er in einigen
frühen Vorlesungen auf verschiedene Stellen in den Pau-
lusbriefen ein. Zudem las er mit Bultmann das Johannesevangelium, und zwar zur Zeit der Entstehung von "Sein
und Zeit".[1] Allein, das Leitwort zu "Sein und Zeit" ist

---

1) Was die christlichen "Quellen" Heideggers angeht, so
sind folgende Autoren zu nennen, die auf dieses Thema
eingehen:
Küng (Küng, Hans: Existiert Gott? München-Zürich 1978)
sagt über Heidegger: "Heidegger (für kurze Zeit Jesu-
itennovize) hatte unterdessen (bis zu "Sein und Zeit")
von der katholischen Theologie und damit auch von der
traditionellen Metaphysik und ihrem Gott Abschied
genommen. Unter dem Einfluß der Griechen, Kierkegaards, des Neukantianismus, der Lebensphilosophie und
der Phänomenologie seines Freiburger Lehrers Edmund
Husserl (ein Brentano-Schüler) hatte er sich dem
Durchdenken einer elementareren, grundlegenden Seins-
lehre ("Fundamentalontologie") zugewendet". (Küng,
Hans: Existiert Gott?, S. 542 f.). Heideggers entscheidender Anstoß zu seiner Denkweise ist nach Küngs
Ansicht durchaus nicht christlich geprägt: "Was ist
der Sinn von Sein? Das ist Martin Heideggers (1889 -
1976) zentrale Frage, seit er als 18jähriger angehen-
der Theologe von seinem väterlichen Freund aus seiner
Heimatstadt Meßkirch, dem späteren Freiburger Erzbi-
schof Conrad Gröber, die Dissertation des Philosophen
Franz Brentano 'Von der mannigfachen Bedeutung des
Seienden nach Aristoteles' (1862) erhalten hatte."
(Küng, S. 542)
Positiverweise stellt Lehmann, mit anderen Autoren,
den Einfluß christlicher Theologie und des Neuen Testaments dar, wie Heidegger es in Gestlalt mancher
paulinischer Aussage schätzte. "Im Durchdenken dieser
(urchristlichen Erfahrungen der 'Faktizität', daß das
Dasein im kairós zu sein hat) Erfahrungen sind die
Begriffe Faktizität, Befindlichkeit, Entwurf, Sorge,
Entschlossenheit usf. mit-entstanden." (Lehmann, Karl:
Christliche Geschichtserfahrung und ontologische Frage
beim jungen Heidegger. In Pöggeler, Otto (Hg.): Heidegger. Perspektiven zur Deutung seines Werkes. Köln -
Berlin 1969, S. 140 - 169, Zitat S. 144) Weiter fährt
er fort: "Die Erfahrung des urchristlichen Geschichts-

kein Text aus den Neuen Testament, sondern ein Ausschnitt
aus Platons Dialog Sophistes und Heideggers Frage ist

---

verständnisses ist vielmehr der einzig mögliche
'Standort', von dem aus die Beschränkung der bisherigen Ontologie in ihrem Verständnis des Sinnes von Sein
und auch in der Beharrlichkeit dieser Beschränkung
auffallen konnte. Nur hier hat Heidegger den archime-
dischen Punkt gefunden, von woher er die mehr oder
weniger eindeutige, meist aber indifferente Auslegung
des Sinnes von Sein als Vorhandenheit in eine Krise
bringen konnte ... ." (Lehmann, S. 154).

In dieselbe Richtung weist auch Pöggeler: "Von woher
empfängt ein Denken, das die Frage nach Sein und Geschichte aufzunehmen sich anschickt, den entscheidenden Anstoß, wenn das historische Denken der Neuzeit, von dem Dilthey ausging, unzulänglich bleibt,
wenn der 'moderne Mensch' überhaupt fertig ist zum
Begrabenwerden? Auf diese Frage gibt 'Sein und Zeit'
keine direkte, allenfalls eine indirekte Antwort.
Heideggers frühe Vorlesungen zeigen jedoch, daß der
urchristliche Glaube es ist, der das Denken Heideggers
auf die entscheidenden Fragen wies." (Pöggeler, Otto:
Der Denkweg Martin Heideggers, Pfullingen 1963, S. 35)

"In seiner Freiburger Vorlesung 'Einführung in die
Phänomenologie der Religion' (Wintersemester 1920/21)
hat Heidegger auf die 'faktische Lebenserfahrung'
verwiesen, wie sie sich in den Briefen des Apostels
Paulus ausspricht." (Pöggeler, S. 36) "Durch die Besinnung auf die urchristliche Religiosität als das
Modell der faktischen Lebenserfahrung gewinnt Heidegger die leitenden Begriffe, die die Struktur des faktischen Lebens oder, wie Heidegger später sagt, der
'faktischen Existenz' herausstellen." (Pöggeler, S.
38) Diese 'faktische Lebenserfahrung' kennzeichnet
Pöggeler folgendermaßen: "... durch das Vorherrschen
der vollzugsmäßigen Tendenz gegenüber der Ausrichtung
auf die Gehalte aber ist die faktische Lebenserfahrung
charakterisiert." (Pöggeler, S. 39)

Zusammenfassend und treffend sagt Schaeffler (Schaeffler, Richard: Frömmigkeit des Denkens? Martin Heidegger und die katholische Theologie, Darmstadt 1978):
"Die erste der hier erwähnten Vorlesungen, gehalten im
Wintersemester 1920/21, stand unter dem Titel 'Einführung in die Phänomenologie der Religion' und befaßte
sich u.a. ausführlich mit Aussagen des Apostels Paulus
zur unerwarteten Plötzlichkeit des Augenblicks göttlichen Heilshandelns ... ." (Schaeffler, S. 56 f.) "Die
Vorlesung vom Sommer 1921 unter dem Titel 'Augustin
und der Neuplatonismus' behandelte u.a. die Unverein-

zuerst die nach dem Sinn von Sein. Leider hat Bultmann
nirgends seine Interpretation zu erhärten versucht, was
ihm als Exegeten eigentlich keine Schwierigkeiten bereitet haben dürfte. Er läßt diese Frage im Raum stehen,
ohne näher auf sie einzugehen. Allerdings ist zu bedenken, ob Bultmanns These von der Neutralität der Existenz-
analysen, daß sie nämlich für alles Dasein gelten, noch
haltbar ist, wenn diese Analysen die "Profanisierung"
eines gläubigen Verständnisses darstellen. Daß Heidegger
tatsächlich Strukturen darstellt, die ihr Analogon im
Neuen Testament und speziell im Johannesevangelium haben,
wird noch in Ansätzen zu bedenken sein. Jedoch werden
diese Strukturen in Dienst genommen von Heideggers Leitfrage, der Frage nach dem Sinn von Sein.

Wenn es nun aber tatsächlich der Fall sein sollte, daß
Heideggers Philosophie im Neuen Testament präformiert
wäre, so ist die Frage, was die Philosophie von der Theologie noch unterscheidet. "Die Philosophie ist aber überzeugt, daß es nur des Aufweises der 'Natur' des Menschen
bedürfe, um auch ihre Verwirklichung herbeizuführen."[1]

---

barkeit der christlich-paulinischen mit der neuplato-
nischen Seinsauffassung." (Schaeffler, S. 57) "Die von
Gerhard Krüger nur vermutete Herkunft der Heideggerschen 'Anthropologie' aus der reformatorisch verstandenen christlichen Glaubensbotschaft hat durch diese
Befunde an Wahrscheinlichkeit gewonnen. Dabei muß
freilich unentschieden bleiben, ob Heidegger wirklich
erst durch die Befassung mit biblischen Glaubenszeug-
nissen den 'einzig möglichen Standort' (vgl. Lehmann,
S. 154) für seine Kritik an der Metaphysik gefunden
hat, oder ob sein Interesse an Paulus darauf zurückzuführen ist, daß er aus anderen Gründen dazu geführt
wurde, die 'Auslegung des Sinnes von Sein als Vorhandenheit' (vgl. Lehmann, S. 154) abzulehnen." (Schaeffler, S. 57).
1) Bultmann, Rudolf: Neues Testament und Mythologie,
a.a.O. S. 35.

Damit kennzeichnet Bultmann die ontisch vollzogene Philosophie nicht nur als vorgläubig, sondern als ungläubig,
insofern sie meint, aus sich selbst bestehen zu können.
"Jedenfalls liegt hier ihr Unterschied vom Neuen Testament. Denn dieses behauptet, daß sich der Mensch von
seiner faktischen Weltverfallenheit gar nicht freimachen
kann, sondern durch eine Tat Gottes freigemacht wird; und
seine Verkündigung ist nicht eine Lehre über die 'Natur',
über das eigentliche Wesen des Menschen, sondern eben die
Verkündigung dieser freimachenden Tat Gottes, die Verkündigung des in Christus vollzogenen Heilsgeschehens. Das
Neue Testament sagt also, daß ohne diese Heilstat Gottes
die Situation des Menschen eine verzweifelte ist, während
die Philosophie die Situation des Menschen als solche
keineswegs als eine verzweifelte sieht und sehen kann."[1]
Das Mißverstehen der Philosophie liegt nach Bultmanns
Meinung darin, die eigene Situation als für den Menschen
verfügbare anzusehen und so blind zu sein gegen die eigene Selbstherrlichkeit. "Aber sie (die Philosophie) ist
der Meinung, daß den Menschen das Wissen um seine Eigentlichkeit ihrer schon mächtig mache."[2] Das negative Wissen der Philosophie um das Eigentliche wird zur scheinbaren Selbständigkeit als Verfügenwollen über sich selbst.
"... deutlich aber ist, daß die Übernahme der Geworfenheit in der Todesentschlossenheit radikale Eigenmächtigkeit des Menschen ist." [3] Von diesem Über-sich-selbst-
verfügen-Wollen aber gilt: "Denn diese Eigenmächtigkeit
ist die Sünde, ist Empörung gegen Gott."[4] Das Verfügen-
wollen geschieht in der Blindheit gegen sich selbst. "Der
Mensch ist in seiner radikalen Eigenmächtigkeit also

---

1) Bultmann, Rudolf: Neues Testament und Mythologie,
   a.a.O., S. 35.
2) ebd., S. 37.
3) ebd., S. 37.
4) ebd., S. 38.

blind gegen die Sünde, und eben darin zeigt er seine radikale Verfallenheit."[1]
Das Spezifikum des Glaubens als Tat Gottes ist es daher,
daß er den Menschen von sich selbst und seinem Über-sich-
verfügen-Wollen befreit. "Das in Christus sich ereignende
Geschehen ist also die Offenbarung der Liebe Gottes, die
den Menschen von sich selbst befreit zu sich selbst, indem sie ihn zu einem Leben der Hingabe im Glauben und in
der Liebe befreit."[2]

Das Entscheidende faßt Bultmann in folgende Worte: "Dies
also ist das Entscheidende, das das Neue Testament von
der Philosophie, das den christlichen Glauben vom 'natürlichen' Seinsverständnis unterscheidet: das Neue Testament redet und der christliche Glaube weiß von einer Tat
Gottes, welche die Hingabe, welche den Glauben, welche
die Liebe, welche das eigentliche Leben des Menschen erst
möglich macht." [3]

Wie in den beiden vorher genannten Aufsätzen, so hält
Bultmann auch hier am für ihn entscheiden Punkt fest: an
der Tat Gottes als der Offenbarung seiner Liebe in Jesus
Christus und in der je geschehenden Liebe zum Nächsten.
Die Begegnung des Menschen mit der Offenbarung Gottes in
Jesus Christus ist das Entscheidende. Dagegen kennzeichnet Bultmann in aller Schärfe die ontisch vollzogene
Philosophie als die Wissenschaft, die sich von der Tat
Gottes nicht ergreifen läßt, sondern die den Menschen
sich selbst anheimgibt und ihn so der Verzweiflung preisgibt. Die Philosophie ist existenziell ungläubig. Dennoch
aber gilt von ihr:"Man könnte deshalb sagen: der Unglaube, als der das Dasein begründende Entschluß zur

---

2) Bultmann, Rudolf: Neues Testament und Mytholgie,
   a.a.O., S. 38.
1) ebd., S. 39.
3) ebd., S. 40.

Freiheit, ist von vornherein auf den Glauben angelegt."[1]
Gerade so bewahrt die Philosophie ihre Unbestechlichkeit.
Indem sie die Fraglichkeit des Daseins darlegt, weiß sie
um den Glauben, der die Tat Gottes als Offenbarung seiner
Liebe in je konkreter Situation anerkennt und sich so von
Gott her neu versteht. Bultmann bleibt seiner bis dahin
geltenden Auffassung treu, wenn er auch nun eine Beziehung der Philosophie Heideggers zum Neuen Testament behauptet.

1.4   Zusammenfassung

Es lassen sich mehrere Konstanten in Bultmanns Auffassung
des Verhältnisses von Philosophie und Theologie festhalten:

(1) Philosophie analysiert die Existenzialität des Daseins,
    das heißt die Grundstrukturen des Menschseins. Diese
    Analyse gilt für alles Menschsein, also das vorgläubi-
    ge, das ungläubige und das gläubige. Deshalb ist sie
    neutral. Die existenzielle Eigenmächtigkeit des Philo-
    sophen tangiert diese Neutralität nicht.

(2) Philosophie weiß um den Glauben und die Offenbarung,
    jedoch nicht, indem sie positiv gläubig ist, sondern
    negativ, indem sie das Vor-wissen expliziert. Denn sie
    weiß um die Fraglichkeit der menschlichen Existenz,
    daß der Mensch sich je überantwortet ist und in der
    Entscheidung steht, die ihn als existierenden be-
    trifft.

---

1) Bultmann, Rudolf: Glauben und Verstehen, a.a.O., Bd.
   I, S. 311.

(3) Theologie versucht, das existenzielle Glaubensgeschehen existenzial verständlich zu machen, das heißt
verständlich zu machen mit der von der Philosophie
bereitgestellten existenziell-ontologischen Begrifflichkeit. Von daher leitet sich die "existenziale
Interpretation" als theologische Methode ab. Sie will
die Bedeutung einer Textaussage für den Menschen existenzial, d.h. der Möglichkeit nach auf Vollzug angelegt, verständlich machen.

(4) Die Theologie unterscheidet sich von der Philosophie
allein durch die in Jesus Christus ergangene Offenbarung der Liebe Gottes. Diese wird jeweils existenziell
in der Verkündigung und der konkreten Begegnung mit
dem Nächsten, in der Entscheidung, angenommem oder
abgelehnt. Das Sein des Menschen wird im Glauben nicht
umgeschaffen, sondern in der Begegnung rechtfertigt
Gott den Menschen, er befreit ihn von sich selbst zu
sich selbst als gerechtfertigten. Der Glaube ist also
kein Phänomen des Daseins, sondern eschatologisches
Ereignis, das heißt Geschenk Gottes in der jeweiligen
Begegnung.

Was Bultmann nicht berücksichtigt, ist, daß die Explikation des menschlichen Seins durch Heidegger streng an der
Frage nach dem Sinn von Sein orientiert ist. Bultmann
geht es nicht um das Seinsverständnis des Menschen, sondern um das Seinsverständnis des Menschen, also nicht
zuerst um die fundamentalontologische Frage nach dem
Sein, der ein neuer Grund gegeben werden soll durch die
Explikation des Daseins, sondern um die existenzialen
Ergebnisse der fundamentalontologischen Analysen. Heidegger versucht, die Seinsfrage mittels des Daseins zu klären. Das Anliegen Bultmanns ist es, den Menschen zu bestimmen vom Anspruch Gottes in seiner Offenbarung her.
Bultmann rekurriert auf die Ergebnisse von Heideggers
Fundamentalontologie und stellt diese, ohne ihre Gewin-

nung von der Seinsfrage her eigens zu bedenken, in den Dienst der Explikation des Glaubens, auf welchen die Grundstrukturen menschlichen Seins mittels ihrer Fraglichkeit hingeordnet sind.

Entscheidend ist die Vermutung Bultmanns, daß die Philosophie Heideggers die existenziale Begrifflichkeit für die Explikation des Glaubensgeschehens bereitstellt. Die eine Frage ist daher die, warum Bultmann gerade die Philosophie Heideggers als existenziale Grundlage seiner Theologie in Betracht zieht und nicht etwa die Philosophie Kants oder eines anderen Philosophen.[1] Die andere Frage ist die, ob Heidegger wirklich jene Neutralität zugesprochen werden kann, die Bultmann von ihm behauptet.[2] Beide Fragen sind im Verlauf der Arbeit zu klären.

---

1) Zur Beantwortung dieser Frage vgl. Punkt 7, bes. 7. 4. und 7. 7., ferner Punkt 9. 4. 2. 8. und 9. 3. 2. 1.
2) Zur Beantwortung dieser Frage vgl. Punkt 11, bes. 11. 11.

2   HEIDEGGERS VERSTÄNDNIS DER BEZIEHUNG VON PHILOSO-
     PHIE UND THEOLOGIE ZUR ZEIT DER VERÖFFENTLICHUNG
     VON "SEIN UND ZEIT"

Im Gegenzug zu Bultmanns Verständnis ist das Heideggers
bezüglich der angesprochenen Wissenschaften zu verdeutlichen. Heidegger hat dieses Verhältnis in seiner Schrift
"Phänomenologie und Theologie"[1] dargelegt, deren Entste-
hungsdatum das Jahr 1927 ist, in dem auch "Sein und Zeit"
erschien. Heideggers Schrift wurde erst 1970 veröffentlicht, nachdem sie bereits 1927 Inhalt eines Vortrages
war. Sie gibt also Heideggers Auffassung vor seiner sogenannten "Kehre" wieder.

Heidegger faßt in dieser Schrift die Frage des Bezuges
von Theologie und Philosophie als Frage nach der Beziehung zweier Wissenschaften auf. Um beide unterscheiden zu
können, muß geklärt sein, was der Begriff Wissenschaft
bedeutet:
(1) Wissenschaft hat ein Gegenstandsgebiet, das entweder
    Seiendes oder aber das Sein umfaßt.
(2) Wissenschaft sucht das Wissen um des Wissens willen.
(3) Wissenschaft verfügt über fachspezifische Methoden.

Es gibt grundsätzlich zwei Arten von Wissenschaften,
nämlich die vom Seienden, die er ontische nennt (nicht zu
verwechseln mit dem Begriff "ontisch" aus "Sein und
Zeit") und die Wissenschaft vom Sein, die Philosophie. Jede
ontische Wissenschaft hat ein Positum, ein bestimmtes
Gegenstandsgebiet. Auch die Theologie ist eine ontische
Wissenschaft, die von der Philosophie als der Wissenschaft
vom Sein zu trennen ist. Theologie ist, nach Heidegger,
immer schon christliche. Warum dies so ist, gibt Heidegger nicht an.

---

1) Vgl. Heidegger, Martin: Phänomenologie und Theologie.
   Frankfurt a. M. 1970.

Um das Verhältnis beider Wissenschaften näher betrachten
zu können, muß das Wesen des Positums der Theologie, ihre
Positivität, umschrieben werden. Zur formalen Charakteristik der Positivität gehört:

a) ein Gegenstandsbereich des Seienden;
b) eine bestimmte Zugangsart, die vom Gegenstandsgebiet
   selbst bestimmt ist und den Seinsmodus der spezifischen Seienden erschließt;
c) das Verständnis dieses Gebietes beinhaltet vorweg
   schon ein Seinsverständnis.

Die Positivität der Theologie zeigt ihren Wissenschafts-
charakter. Die Theologie ist begriffliches Wissen um das
Positum der Theologie, die Christlichkeit, die der Glaube
ist. Glaube umschreibt Heidegger in formaler Definition
als eine "Existenzweise des menschlichen Daseins, die,
nach dem eigenen - dieser Existenzweise wesenhaft zugehö-
rigen - Zeugnis, nicht aus dem Dasein und nicht durch es
aus freien Stücken gezeitigt wird, sondern aus dem, was
in und mit dieser Existenzweise offenbar wird, aus dem
Geglaubten."[1] Dieses Geglaubte, das sich nur dem Glauben
erschließt und ihn allererst ermöglicht, "ist für den
'christlichen' Glauben Christus, der gekreuzigte Gott."[2]

Der Glaube ist wesentlich ein auf das Kreuz bezogener, in
welcher Beziehung in und durch den Glauben die Gottvergessenheit erkannt wird, der Christ aber gleichzeitg die
Liebe Gottes erfährt. Heidegger versteht den existenziellen Sinn des Glaubens als die Wiedergeburt des ganzen
Menschen, die mit und im Glauben anhebt. Theologie ist
ganz durch den Glauben bestimmt, aus ihm kommt sie, in

---

1) Heidegger, Martin: Phänomenologie und Theologie,
   a.a.O. S. 18.
2) Heidegger, Martin: Phänomenologie und Theologie,
   a.a.O., S. 18.

ihm wirkt sie, in ihn mündet sie wieder ein. Glaube ist
ein geschichtlicher Seinsmodus, dessen Geschichtlichkeit
im Offenbarungsgeschehen besteht. Dieses macht das Spezifische der Theologie als historischer Wissenschaft aus.

Das Verhältnis Philosophie - Theologie sieht Heidegger
folgendermaßen: Im Glauben ist zwar die ungläubige Existenz existenziell aufgehoben, aber existenzial-ontologisch ist das Dasein auch im Glauben als "natürliches"
nicht plötzlich verschwunden, sondern mit einbeschlossen.
Deshalb liegt allen theologischen Begriffen ein ontologisches Verständnis zugrunde, obwohl es ontisch, das heißt
existenziell, überwunden ist. Die Philosophie gibt die
"Korrektion", die "Mitleitung" der theologischen Begriffe, und zwar was den vorgläubig-ontologischen Gehalt
betrifft. Die primäre "Direktion", die "Herleitung", kann
nur der ontische Glauben geben. Diese Fundierung der
theologischen Begriffe läßt die Eigenständigkeit der
Philosophie unangetastet, ja Heidegger bezeichnet die
Theologie als den "Todfeind"[1] der Philosophie. Er begründet dies dadurch, daß er beide Wissenschaften als
zwei Existenzmöglichkeiten auffaßt und sie als "existen-
zielle(n) Gegensatz zwischen Gläubigkeit und freier
Selbstübernahme des ganzen Daseins"[2] darstellt. Dieser
Gegensatz soll die mögliche Gemeinschaft beider Wissenschaften im klar umrissenen Kontext tragen.

Leider geht Heidegger in diesem Vortrag - trotz des das
Gegenteil andeutenden Titels - nicht auf die Kennzeich-
nung der Philosophie als Phänomenologie ein. Dies hätte
das zu besprechende Verhältnis von Philosophie und Theologie sicher noch klarer erscheinen lassen.

---

1) Heidegger, Martin: Phänomenologie und Theologie,
   a.a.O., S. 32.
2) ebd., S. 32.

3   VERGLEICH ZWISCHEN BULTMANNS UND HEIDEGGERS AUF-
      FASSUNG DES VERHÄLTNISSES VON PHILOSOPHIE UND
      THEOLOGIE

Vergleicht man Heideggers und Bultmanns Konzeption der
Beziehung von Philosophie und Theologie, so fallen sogleich die Gemeinsamkeiten beider Autoren auf. Die wichtigste Übereinstimmung ist die, daß beide Autoren das
gläubige Dasein sich nicht aus sich selbst verstehen
lassen, sondern aus dem Geglaubten, Jesus Christus. Im
Geschehen der Offenbarung erfährt der Glaubende seine
Gottvergessenheit und zugleich die Liebe Gottes. Dies
entspricht bei Bultmann der Konzeption des simul iustus
et peccator.

Beide stimmen ferner darin überein, daß der Philosoph
sein Dasein selbst übernimmt, was Bultmann vom Glauben
her als Eigenmächtigkeit und Sünde versteht. So ist es,
auch von der Sache des Theologen her, berechtigt, daß
Heidegger das Verhältnis zwischen Philosophie und Theologie als Todfeindschaft bezeichnet. Denn was könnte mehr
entgegengesetzt sein als dies, sich aus dem eigenen Dasein zu verstehen, oder aus dem Geglaubten, Jesus Christus, dem gekreuzigten Gott, was übrigens an die paulini-
sche Kreuzestheologie erinnert.[1]
So ist es, und zwar auch nach Bultmanns Auffassung, verständlich, daß für Heidegger Jesus Christus als Seiendes
zu bezeichnen ist. Heidegger stellt sich so implizit,
aber sicher nicht unbewußt, auf die Seite der "Heiden",
für die der Glaube an den Gekreuzigten eine Torheit ist.
Der Philosoph Heidegger liegt damit ganz auf der Linie
Bultmanns, wonach die Philosophie ontisch-existenziell

---

1) Vgl. 1 Kor 1, 22 f.: "Während nämlich die Juden Zeichen fordern und die Griechen Weisheit suchen, predi-
   gen wir Christus, den Gekreuzigten, den Juden ein
   Ärgernis, den Heiden eine Torheit."

sich aus sich selbst versteht. Glaube und philosophische
Existenz sind beide Existenzweisen und werden ontisch-existenziell entschieden, wiewohl beiden ontischen Verhaltensweisen durchgehend die Existenzialität zugrunde
liegt, die für das gläubige, für das ungläubige und für
das vorgläubige Dasein gleichermaßen gilt. Sowohl Glaube
als auch philosophische Existenz sind demnach geschichtliche Seinsmodi, die sich nicht existenzial, wohl aber
existenziell unterscheiden. Die Unterscheidung existen-
ziell-ontisch zu existenzial-ontologisch ist also sowohl
bei Bultmann als auch bei Heidegger durchgehalten.

Auch das Verhältnis von Existenzialität und ontischem
Verhalten, wie Bultmann es versteht, stimmt mit Heideggers Konzeption von Korrektion und Direktion überein. Der
Glaube als Ereignis ist kein Phänomen des Daseins, sondern vollzieht sich im Offenbarungsgeschehen selbst.
Dennoch - und auch wenn die Philosophie der Todfeind der
Theologie ist - ist die philosophische Analyse für die
theologischen Begriffe von größter Bedeutung, insofern
diese einen vorgläubig-ontologischen Inhalt haben. Theologie wird durch den Glauben bestimmt. Dieser modifiziert
existenziell das Sein des Menschen, indem der Mensch sich
neu versteht. Das Menschsein wird dadurch aber weder
zerstört noch umgeschaffen. Die Existenzialität ist neutral gegenüber der existenziellen Möglichkeit von Glaube
und Unglaube.
Aufgrund dieser Übereinstimmungen kann man für die dargestellte Schrift Heideggers festhalten, daß sie durchaus
im Sinne Bultmanns gedacht ist. Es läßt sich daher - was
diese Schrift betrifft - die weitgehende Übereinstimmung
Heideggers mit Bultmann, wenn nicht sogar eine Einfluß-
nahme Bultmanns auf Heideggers Denken, feststellen.

Sogar in den beiden Punkten, die Heideggers Eigenständigkeit gegenüber Bultmann hervorheben könnten, läßt sich
Bultmanns Auffassung wiedererkennen: Zum einen legt

Heidegger größten Wert darauf, daß die Philosophie alleinige Wissenschaft vom Sein ist und daß ihre Ergebnisse
allein von dieser Frage her gewonnen sind. Philosophie
ist die einzige und maßgebende Wissenschaft vom Sein.
Damit ist implizit behauptet, daß die Theologie, was das
Seinsverständnis des Menschen anbelangt, auf Philosophie
angewiesen ist. Bultmann seinerseits gesteht gerade letzteres zu, nur behauptet er als Theologe, daß die Explikation der Philosophie Eigenmächtigkeit und Sünde sei. Die
Philosophie kann dies aber in der existenziellen Übernahme des eigenen Geworfenseins nicht sehen: "Versteht man
aber Philosophie als kritische Wissenschaft vom Sein,
d.h. als Wissenschaft, die alle positiven Wissenschaften,
die vom Seienden handeln, auf ihre Begriffe vom Sein hin
zu kontrollieren hat, so tut allerdings die Philosophie
der Theologie einen unentbehrlichen Dienst."[1]

Genau so steht es mit dem "Inhalt" der Existenzialität.
Die Philosophie weiß zwar zum Beispiel um das Sein zum
Tode und die Entschlossenheit. Für Bultmann heißt das:
Sie weiß negativ um die Fraglichkeit des menschlichen
Daseins. Aber erst der Glaube faßt diese Fraglichkeit
radikal genug, indem er den Menschen als Sünder begreift,
der der Gnade Gottes bedarf. Auch Heidegger anerkennt
diese Sichtweise für die Theologie als legitim. So läßt
sich auch nach Berücksichtigung dieser beiden Punkte
festhalten, daß Heideggers Schrift "Phänomenologie und
Theologie" im Sinne Bultmanns gedacht ist und daß sie
möglicherweise sogar auf Bultmanns eigene Verhältnisbestimmung der Beziehung von Philosophie und Theologie
zurückgeht.

---

1) Äußerung Bultmanns in: Theologische Blätter, 1927,
   Spalte 73. Zit. nach: Ittel, Gerhard Wolfgang: Der
   Einfluß der Philosophie Martin Heideggers auf die
   Theologie Rudolf Bultmanns. In: Kerygma und Dogma.
   Göttingen, Jg. 2, 1956, S. 90 - 108, Zitat S. 91

4 VERSCHIEDENE STELLUNGNAHMEN ZU HEIDEGGER VON SEITEN DER THEOLOGIE

Bultmanns Stellungnahme zu Heidegger ist nicht die einzige, die die Theologie, sei sie nun die protestantische oder katholische, je bezogen hat. Die verschiedenen Versuche, Heideggers Verhältnis zur Theologie zu deuten, sind zahlreich und ebenso schillernd wie die Deutung Heideggers von seiten der Philosophie selbst. Da diese Arbeit das Verhältnis eines bestimmten Theologen zu Heidegger betrachtet, mag es durchaus von Nutzen sein, die Stellungnahmen anderer Theologen ausschnittweise zu betrachten. Daher soll das theologische Kaleidoskop der Deutung Heideggers stichpunktartig veranschaulicht werden, ohne daß dabei zwischen frühem und spätem Heidegger, welche Abgrenzung eine Frage für sich selbst darstellte, unterschieden wird. Gleichzeitig können bestimmte Deutungsschemata deutlich werden, wie sie in der theologischen Deutung Heideggers öfters vorkommen. In ihrer gewissen Einseitigkeit vermögen sie jeweils einen Aspekt der möglichen Wirkung Heideggers auf Theologen zu verdeutlichen.

Eine theologische Richtung, als deren Vertreter Karl Barth genannt sei, deutet Heidegger als eine Art "nihilistischen Theologen", das heißt als einen "Philosophen", der im Zeitalter des Nihilismus, in dem der Satz Nietzsches vom Tode Gottes gilt, das Nichts zum Gott erheben will.

Karl Barth[1] vermerkt zu Heidegger: "Das Nichtige ist auf dem Plan ... . Es ist da. ... Wer den Schock nicht kennt, den Heidegger und Sartre in diesen Jahrzehnten empfangen

---

1) Vgl. Barth, Karl: Kirchliche Dogmatik, Bd. III/3, Zollikon 1950, S. 383 - 402.

und zu dessen Zeugen sie sich gemacht haben, der würde
nicht als Mensch unserer Zeit denken und reden".[1] Barth
bezieht sich mit dieser Äußerung in der Hauptsache auf
Heideggers Antrittsvorlesung in Freiburg, die unter dem
Titel "Was ist Metaphysik" veröffentlicht wurde. Diese
versteht den Menschen als Hineingehaltenheit in das
Nichts. Ob dieses Nicht das Nichts an Seiendem bedeutet,
das Sein selbst oder das Nichts, wird erst in dem später
hinzugefügten Nachwort geklärt, in dem Heidegger vom
Nichts als dem "Schleier des Seins" spricht.

Barth anerkennt durchaus Heideggers Wirklichkeitsnähe und
Zeitzeugenschaft. Doch er fährt fort: "Auch er brauchte
aber nach Abschaffung Gottes des Vaters Jemand pour in-
venter les valeurs. Der Jemand, den er zur Ausübung dieser Funktion entdeckt, tauglich befunden und eingesetzt
hat, ist eben das Nichts: im Verhältnis zu dem auch das
Seiende nur entgleitend und versinkend sein kann, im
Verhältnis zu dem auch der Mensch nur Platzhalter ist -
das Nichts als Grund und Maß und Erhellung aller Dinge.
Auch ihm dürfte nach Heideggers Angaben von den wesentlichen Zügen des konventionellen Gottesbildes ... kein
einziger fehlen".[2] "... eben das Nichts ist auch das
Sein, das in irgend einer Dimension auch das Heilige,
auch Gott sein kann".[3] "Nur mit dem biblischen Gottesbegriff hat selbstverständlich auch es nichts zu tun.
Seiner ist in diesem ... Mythus überhaupt nicht gedacht."[4]
Offenbar hält Barth die Zeit, in der er spricht, für eine
solche, die Gott Vater abzuschaffen versucht, und das
heißt wohl für ihn: die den Anspruch Gottes nicht kennt
oder nicht wahrhaben möchte. Heidegger scheint einem

---

1) Barth, Karl: Kirchliche Dogmatik, a.a.O., S. 397.
2) ebd., S. 395.
3) ebd., S. 400 f.
4) ebd., S. 395.

neuen Götzen nachzulaufen, dem Nichts, das seine Götzen-
schaft dadurch verrät, daß es mit dem Mantel göttlicher
Eigenschaften umkleidet wird. Heideggers Begriff des
Nichts ist für Barth offenbar der neue Götze, der die
Leere ausfüllen soll, die nach Abschaffung Gottes des
Vaters geblieben ist. Für Barth ist dies jedoch der Ver-
such, einen neuen Mythos zu schaffen, der das Eigent-
liche, das in der Bibel ausgesagt ist, gerade verfehlt.
Leider bezieht sich Barths Kritik im wesentlichen nur auf
die bis zu "Was ist Metaphysik" erschienenen Schriften
Heideggers. Er erkennt darin den Schock der Neuzeit, vor
dem Nichts zu stehen, wie es sich schon in "Sein und
Zeit" in der Analyse der Angst voranzeigte.

Allerdings ist der Weg Heideggers ein so vorsichtiger und
tastender wie kaum ein anderer in der Geschichte des
Denkens. Heidegger geht es zunächst einmal um den Sinn
von Sein, das heißt um die Bedeutung, die dem Wort "Sein"
und dem "ist" zukommt. Auch seine These von der Hineingehaltenheit des Daseins in das Nichts steht im Dienste
dieser Aufgabe. Erst wenn diese Frage geklärt ist -und
welch weiten Weg gilt es bis dahin zurückzulegen - ist es
für Heidegger möglich, das zu denken, was das Wort "Gott"
meinen könnte. Sicher ist Heideggers Auftreten und die
Formulierung seiner These gerade in "Was ist Metaphysik"
sehr dezidiert, um nicht zu sagen herrisch, aber es geht
ihm dabei um die Sache des Seins und diese allein und
nicht um eine voreilige Ersetzung Gottes. Gerade der
späte Heidegger, der auch zusammen mit Barth gesehen
werden kann, vermag diese Vorsichtigkeit des Denkweges zu
verdeutlichen und Barths Kritik wäre sicher zurückhalten-
der, wenn er auch diesen Heidegger gekannt hätte.
Eine zweite typische theologische Deutung ist die, die in
Heidegger zuerst den Philosophen sieht, dessen Denken in
Konkurrenz zur Offenbarung tritt. Diese Meinung kam wohl
vorallem durch Bultmanns Heidegger-Rezeption auf, wodurch
diese Gefahr - sei sie nun eine wirkliche oder nur eine
vermeintliche - allererst wahrgenommen wurde. Heideggers

- 34 -

Philosophie wird als Verneinung der Alleingültigkeit der
Offenbarung empfunden - und das verständlicherweise von
seiten der Tradition, die seit der Reformation das
Menschsein aus dem Anspruch Gottes bestimmt wissen möchte, also von der protestantischen Theologie. Als Vertreter dieser Richtung seien Diem, Ebeling und Fuchs genannt.

Hermann Diems[1] richtet sich nicht am Begriff des Nichts
aus, sondern am Begriff von Philosophie überhaupt. Als
Barth-Schüler kommt Diem von der dialektischen Theologie
her. Er kritisiert, zusammen mit Heidegger, auch Bultmanns Heidegger-Rezeption. "Damit steht die Theologie
wieder vor der Frage, wie sie sich zu dieser Metaphysik
verhalten soll. Kann sie es ignorieren, daß sich dieses
ganze Denken in einem offenen Aufstand gegen sie vollzieht?"[2] "Der Aufstand richtet sich gegen den Gegenstand
der Theologie, gegen Gott in seiner Offenbarung
selbst."[3] "Die Theologie fragt nicht nach dem Wesen und
Sein Gottes an sich, sondern nur auf Grund des Geschehens
des handelnden und redenden Aussichheraustretens Gottes
in seiner Offenbarung. ... In bezug auf dieses aposterio-
rische Vorgehen darf die Theologie dem Philosophen auf
keinen Fall nachgeben."[4]

Diem zielt mit diesen Äußerungen auch auf die Konzeption
des Vorverständnisses bei Bultmann ab, die er wohl durch
Heidegger veranlaßt sieht. Es besteht nach Diem die Gefahr, daß die Philosophie in die Theologie eindringt.
Damit verrät diese ihr theologisches Anliegen, nämlich
daß von Gott nur zu sprechen ist, insofern er sich

---

1) Vgl. Diem, Hermann: Gott und die Metaphysik, Zollikon
   1956.
2) ebd., S. 10.
3) ebd., S. 10.
4) ebd., S. 12.

offenbart. Sie macht Gott zum Götzen, da sie ihn im voraus erkennen möchte. Doch sind hier bezüglich der Voraussetzung Diems von der Aposteriorität der Erfahrung der Offenbarung, aufgrund deren erst von Gott gesprochen werden kann, Vorbehalte anzubringen - denn wie sollte der Mensch Gott hören, wenn er nicht wenigstens die Möglichkeit dazu hat. Ferner sind Heidegger und Bultmann gegen die Behauptung in Schutz zu nehmen, ihre Verstehensweisen seien ein Aufstand gegen die Offenbarung und die Theologie. Heideggers Fragen gilt zunächst einzig und allein der Frage nach dem Sein und versteht sich als Versuch einer Neubegründung der Seinsfrage. Die Frage, was Gottes Wesen "an sich" sei, ist für Heidegger so lange zurückzustellen, bis der Sinn von Sein geklärt ist. Und tatsächlich behandelt "Sein und Zeit" die Gottesfrage gar nicht.

Bultmann dagegen versucht gerade, das spezifisch Theologische, nämlich die Offenbarung und die existenzielle Begegnung mit ihr, als entscheidend für den Glauben herauszustellen, wiewohl er hierbei auf existenziale Strukturen zurückgreift. Das aber hebt keineswegs die Bedeutung der Begegnung mit der glaubenskonstituierenden Offenbarung auf.

Gerhard Ebeling und Ernst Fuchs, beide Bultmann-Schüler, stimmen eher mit ihrem Lehrer überein als mit den Theologen der konsequenten Barth-Linie. So Gerhard Ebeling: "Dieses (Heideggers) Denken ist, weil nicht Wort des Glaubens, nicht Evangelium, sondern Interpretation des Gesetzes."[1] Es ist häufiger festzustellen, daß Heideggers Philosophie von protestantischen Theologen mittels

---

1) Ebeling, Gerhard: Verantwortung des Glaubens in Begegnung mit dem Denken M. Heideggers. Zeitschrift für Theologie und Kirche 1961, Beiheft 2, S. 119 - 124, Zitat S. 122.

des Gegensatzpaares Gesetz - Evangelium gedeutet wird.
Die Philosophie steht demnach auf der Seite des Gesetzes,
interpretiert dieses und versteht den Menschen aus ihm.
Der Glaube hingegen widerspricht der Deutung des Menschen
aus dem Gesetz. Daß die existenzialen Analysen, auch wenn
sie in ungläubiger Haltung geleistet werden, differen-
zierter verstanden werden müssen, beweisen Bultmanns
präzise Überlegungen zu ihrer "Neutralität".

Auch Ernst Fuchs weist auf die Grenze der Philosophie für
den Theologen hin: "... erschließt sich vielmehr nicht
gerade darin ein neues Sachmoment, daß wir nämlich einen
so wunderlichen Text als Gegenstand unserer theologischen
Wissenschaft haben, der das Wort höher stellt als das
Sein?"[1] So stellt Fuchs fest, daß "wir von uns aus im
besten Fall Metaphysiker, aber keine Theologen sind".[2]
"Das ist aber eine Grenze, die dem Theologen von seiner
biblisch-exegetischen Lage aus ohnehin deutlich ist oder
wenigstens deutlich sein sollte!"[3]

Fuchs und Ebeling sind mit Bultmann einer Meinung, wenn
es um die existenzielle Bestimmung des Menschen durch die
Offenbarung geht. Allerdings weichen beide von Bultmann,
der das bloße Daß des Ereignisses der Offenbarung als
maßgebend festhält, darin ab, daß sie auch das Was der
Offenbarung festzuhalten bemüht sind.
Die Unterschiedlichkeit von Philosophie und Theologie als
je verschiedene Existenzweisen, sich entweder aus sich
selbst oder aus der Offenbarung zu verstehen, hält auch
Eberhard Jüngel fest: "Offensichtlich sprechen die Sage

---

1) Fuchs, Ernst: Theologie und Metaphysik. In: Noller
   (Hg.): Heidegger und die Theologie. München 1967, S.
   136 - 146, Zitat S. 144 f.
2) ebd., S. 146.
3) ebd., S. 146.

des Seins und die Kunde vom Kreuz eine grundsätzlich
andere Sprache."[1]

Eine weitere theologische Position, die in der katholischen Theologie beheimatet ist, deutet Heideggers Werk
als ein Vermächtnis des tragischen Heroismus. Als Beispiele seien Delp und Przywara genannt.

Folgende Interpretation, die den frühen Heidegger betrifft, gibt Alfred Delp: "Entschlossenheit - Aufruf und
Aufraffen der ganzen letzten Kraft - zum Nichts - zum
endgültig unwiderruflichen Untergang: Tragischer wurde
noch kein Lebenswille enttäuscht, und tragischer ist noch
keine Frage nach dem Sinn von Sein beantwortet worden".[2]
Auch Erich Przywaras Urteil geht in ähnliche Richtung. Er
sagt, "daß diese Metaphysik nur dazu dient, der Dilthey-
schen 'Geschichtlichkeit' eine Art von tragischem Heroismus einzuhauchen".[3] Es ist hier eine Sicht Heideggers
angesprochen, die nicht nur von theologischer Seite vor-
getragen worden ist, sondern auch von philosophischer,
und zwar vor allem, was den frühen Heidegger betrifft.
Heidegger wird gelesen als ein Vertreter des tragischen
Heroismus, der angesichts des Nichts das Ja zu diesem
Nichts fordert.[4] Der sachliche Fehler dieser Deutung
liegt darin, daß er die Differenz zwischen "existenzial"
und "existenziell" übersieht.

---

1) Jüngel, Eberhard: Der Schritt zurück. Eine Auseinandersetzung mit der Heidegger-Deutung Heinrich Otts.
   In: Zeitschrift für Theologie und Kirche, 58, 1961,
   S. 105 - 122, Zitat S. 115.
2) Delp, Alfred: Tragische Existenz. Freiburg 1931, zit.
   nach Schaeffler, Richard: Die Wechselbeziehungen zwischen Philosophie und katholischer Theologie. Darmstadt 1980, S. 237.
3) Przywara, Erich: Drei Richtungen der Phänomenologie.
   In: Stimmen der Zeit, 115, 1928, S. 252 - 264, Zitat
   S. 261.
4) Vgl. Anm. 4 S. 91

An dieser Stelle ist eine weitere, eher typisch katholische Deutung Heideggers zu nennen. Heideggers Werk wird
hier sozusagen als "praeambulum fidei" im Sinne der Philosophie des Thomas von Aquin angesehen. Als Beispiele
für diese Deutung seien Siewerth und Lotz angeführt. So
vermerkt Siewerth: "Es ist kein Zweifel, daß Heidegger
damit in jenem Vorraum der Gotteserkenntnis sich bewegt,
in dem es um die Enthüllung dessen geht, 'was alle Gott
nennen'."[1] Ohne Zweifel steht die katholische Theologie
in der Nachfolge der mittelalterlichen Ontologie, die
keine strikte Trennung zwischen Ontologie und Theologie
kennt. Daher steht sie dem Denken des späten Heidegger
relativ offen gegenüber. Heidegger und die katholische
Theologie kommen beide aus der selben Denktradition, die
das Menschsein aus dem Sein bestimmt und so Gott z.B.
als ipsum esse subsistens zu begreifen versucht. Darum
wird der Versuch des späten Heidegger, die Frage nach dem
Sein erneut und vertieft zu stellen, durchaus positiv
aufgenommen. Von daher wird auch Heideggers Ablehnung des
seiner Meinung nach metaphysischen Gottesbegriffes der
causa sui, den er in seiner Schrift "Identität und Differenz" darlegt, als Anstoß zu vertiefendem Denken aufgenommen.

"Also könnte in dieser 'Begrenzung' des Denkens (nämlich
in der Ausschließung des "Theismus") auch eine andächtige
Offenheit liegen, die der Gefahr ausweicht, das Göttliche
in der Transzendenz abzuschließen und der möglichen Auf-
lichtung der göttlichen Freiheit, deren Geheimnis in der
Differenz des Seins des Seienden sich verbirgt, auf
menschliche Weise zuvorzukommen."[2] Gerade Heideggers
strenges Durchhalten des Unterschiedes Sein-Seiendes, den

---

1) Siewerth, Gustav: Das Schicksal der Metaphysik von
   Thomas zu Heidegger. Einsiedeln 1959, S. 67.
2) Siewerth, Gustav: Das Schicksal der Metaphysik,
   a.a.O., S. 461 f.

er die ontologische Differenz nennt, wird als Neuanstoß
gesehen, den Schöpfungsbegriff vertieft verstehen zu
können. Auch Heideggers vorsichtiger Umgang mit dem Wort
"Gott" und dem, was es vielleicht nennen kann, bis hin
zur Verweigerung jeder vorschnellen Auskunft darüber,
wird positiv vermerkt als "ein Innehalten der Philosophie
vor jenem geschichtlichen Erbe ..., in welchem dieser
Name kraft der Offenbarung als schöpferische und erlösen-
de Liebe von Gott selbst her gesprochen und seitdem diesem Ereignis vorbehalten ist".[1] So wertvoll aber nun
auch diese Neuanstöße sind, so werden sie doch von Siewerth unter den Maßstab der Theologie als sacra doctrina
gestellt: "Ohne das Licht der sacra doctrina aber wird
das theologisch vermittelte Denken sich notwendig speku-
lativ verwirren und in jene Irre geraten, deren Gang wir
in diesem Werk aufzeigten."[2]

Manches Mal wird Heidegger auch mit Thomas von Aquin
verglichen, wie dies z.B. Lotz tut: "Im Gegensatz dazu
ist gerade am Gottesproblem der große Metaphysiker Thomas
von Aquin in beachtlicher Weise zur Klärung des Seins
selbst vorgedrungen, so daß er Gott als das Ipsum esse
subsistens, als das Sein selbst in seiner letzten Tiefe
sah ... ."[3]

Auch von Lotz wird Heideggers philosophisches Anliegen
unter die Maßgabe der Theologie gestellt: "Heideggers
Darlegungen sind, wie feststeht, keineswegs im Sinne
eines Leugnens des Hinausliegenden zu deuten. Dann erhebt
sich aber die weitere Frage, ob jenes Hinausliegende
philosophisch erfaßt werden kann oder nur einer anderen

---

1) Siewerth, Gustav: Das Schicksal der Metaphysik,
   a.a.O., S. 502.
2) ebd., S. 512.
3) Lotz, Johann Baptist: Sein und Existenz. Freiburg -
   Basel - Wien 1965, S. 210.

<u>Weise</u> des Erkennens zugänglich ist."[1] "So zeigt sich als
die vordringlichste Aufgabe aller gegenwärtigen denkerischen Bemühungen das Bedenken des Seins, wozu Heidegger
wie kaum ein anderer anregt, obwohl letztlich die Dynamik
des Seins über Grenzziehungen, die bei Heidegger nicht zu
übersehen sind, hinaustragen wird."[2]

Zum Thema Heidegger vermerkt schließlich der evangelische
Autor Alfred Jäger, der fundierteste Heidegger-Interpret
der neuesten Zeit: "Die Sinnfrage geht letztlich in der
überlieferten Metaphysik (zu der nach Jäger auch Heideg-
ger gehört) nicht auf. Dennoch beruht Metaphysik von
Anfang an in einer Absage an das grundlose Andere des
Einen. Metaphysik ist stets neu wiederholte <u>Verwerfung</u>
<u>des Andern</u> sosehr, daß diese Verwerfung selbst auch immer
wieder als Grund-Schritt vergessen gehen konnte. Das
Fragen nach dem Einen wird zur Selbstverständlichkeit.
Insofern muß Heidegger tatsächlich zugestimmt werden.
Metaphysik beruht in einer <u>Vergessenheit</u> - des Andern."[3]
Die äußerst schwierige Frage, ob Heidegger nicht gerade
das Verhältnis des Anderen zum Einen klären helfen könnte
durch sein Denken des Seins vom Ereignis her, muß an
dieser Stelle offen gelassen werden. Es ist hier aber an
die Problematik der Unterscheidung das Eine - das Andere
zu erinnern, die getroffen wird innerhalb der Lichtung,
die Heidegger das Sein nennt. Deshalb müßte erst klar
sein, wie es um diese Lichtung steht, die alles Seiende
und das Sein selbst sein läßt, bevor die von Jäger genannte Frage gestellt werden könnte. Zweitens ist zu
erinnern an den Weg Heideggers, der versucht, die Dinge

---

1) Lotz, Johann Baptist: Sein und Existenz, a.a.O., S.
242.
2) ebd., S. 173.
3) Jäger, Alfred: Gott. Nochmals Martin Heidegger. Tübingen 1978, S. 435.

begegnen zu lassen und der gerade so das Sein als "Gegnet" denkt. Ist hier das "Andere" vergessen?

Heideggers Philosophie unterliegt also auch von seiten
der Theologie - sei sie nun evangelischer oder katholischer Provenienz - bestimmten Deutungsschemata. Diese
reichen von nihilistischer Pseudotheologie, der Verneinung der Alleingültigkeit der Offenbarung, der Zugehörigkeit zum Gesetz im Gegensatz zum Evangelium, dem tragischen Heroismus bis hin zum praeambulum fidei im thomi-
stischen Sinne. Es ist nicht Sinn dieser Arbeit, die
verschiedenen Einseitigkeiten dieser Deutungen zu erör-
tern. Aber vielleicht kann im Vergleich von Heideggers
"Sein und Zeit" mit Bultmanns Johanneskommentar wenigstens der frühe Heidegger zu seinem Recht kommen, von
sich selbst her in seiner theologischen Relevanz zur
Sprache zu kommen.

5 EXPOSITION DES PROBLEMS DER VERHÄLTNISBESTIMMUNG BULTMANN - HEIDEGGER

Alfred Jäger nimmt zum Verhältnis Bultmanns zu Heidegger folgendermaßen Stellung: "Am ehesten könnte man von einem in diesem Stil verwendbaren Standort Heideggers noch im Hinblick auf 'Sein und Zeit' reden, aufgrund dessen Bultmann denn auch seine Position entfalten konnte."[1] Präziser formuliert lautet das Problem: "Die heute zwar fast vergessene, theologische Problematik seiner (Bultmanns) Position stellt sich nicht zuletzt von Heidegger selbst her. Bultmanns Existenz-Theologie läßt sich vom bewußt nicht-christlichen Denker den ontologischen Rahmen abstecken, innerhalb dessen sie sich entfaltet. Dieser Rahmen jedoch ist keineswegs 'wertneutral' gegenüber Theologie. Er hat 'letztlich ontischen' Charakter. ... Eine 'wertfreie', allgemein gültige Ontologie, auf der Theologie spezifisch weiterbauen könnte, gibt es nicht. Diese Lektion ist besonders an Heidegger selber lernbar."[2] Jäger gibt damit die Richtung an, in die die nachfolgenden Untersuchungen führen werden. Es wird sich zwar erweisen, daß die Behauptung Jägers, Bultmann lasse sich von Heidegger den ontologischen Rahmen seiner Theologie abstecken, zu differenzieren sein wird. Das ändert aber nichts an der Wahrheit der Auffassung Jägers: Zum einen ist Bultmanns Theologie nicht ohne Heideggers Philosophie zu verstehen. Zum anderen ist die Philosophie Heideggers nicht neutral, d.h. aber, sie verstellt den Blick auf die volle Existenzialität, wovon Bultmanns Theologie entscheidend mitbetroffen sein wird. Die nachfolgenden Einzelanalysen werden dazu dienen, die Richtungsangaben Jägers als wahr zu erweisen und zu präzisieren.

---

1) Jäger, Alfred: Gott. Tübingen 1978, S. 130.
2) ebd., S. 79.

Die Problematik der Beziehung Heidegger - Bultmann liegt
in der Verwendung der von Heidegger vorgenommenen Analysen des Daseins im Hinblick auf die Seinsfrage durch
Bultmann unter der Perspektive seines theologischen Erkenntnisinteresses. Die Fragen, die zu beantworten sind,
sind die folgenden:

1.)   Warum wählt Bultmann gerade Heidegger aus?[1]
2a.)   Wie interpretiert Bultmann Heideggers Analysen?[2]
2b.)   Wenn diese Deutung stattfindet, tangiert sie die
        Sache Bultmanns selbst?[3]
3.)   Geben Heideggers Analysen tatsächlich eine neu-
        trale Begrifflichkeit für das Anliegen der Theo-
        logie Bultmanns?[4]

Diese drei Fragen sind nur zu lösen, wenn zuvor das formale Problem des Verstehens als Interpretation erhellt
ist.[5] Inhaltlich ist das Problem gekennzeichnet durch
das vornehmliche Interesse am Sein bzw. an der Offenbarung. Dieses Problem soll vor allem in theologischer
Absicht betrachtet werden.

Die Einzelvergleiche gehen so vor, daß zunächst einzelne
Abschnitte und Begriffskreise aus "Sein und Zeit" erläutert und diese dann mit Bultmanns Johanneskommentar verglichen werden.

---

1) Vgl. Punkt 7, besonders 7. 4 und 7. 7, ferner Punkt
   9.4.2.8. und 9.3.2.1.
2) Vgl. Punkt 9.
3) Vgl. bes. Punkt 9.4.2.4.
4) Vgl. Punkt 11.
5) Vgl. Punkt 5.1.

5.1 Die Hermeneutik

5.1.1 Systematischer Abriß

Zunächst ist auf das Problem des Verstehens von Texten durch einen Verstehenden einzugehen, wie es innerhalb des Verhältnisses Heidegger - Bultmann besonders deutlich hervortritt. Wir betreten damit das Gebiet der Hermeneutik, das von philosophischer Seite vor allem durch Schleiermacher, Dilthey, Heidegger und Gadamer reflektiert wurde.

Hermeneutik hat grundsätzlich mit dem Phänomen Verstehen zu tun. "Das Wort 'Hermeneutik' leitet sich vom griechischen Verbum ἑρμηνεύειν (samt seinen Derivaten ἑρμηνεύς und ἑρμηνεία) her; es bedeutet aussagen und verkünden, auslegen oder erklären und schließlich übersetzen. Es zeigt also eine Vielfalt von Bedeutungen, die aber in dem Gemeinsamen gründen, daß etwas 'verständlich gemacht', 'zum Verstehen gebracht' werden soll."[1] Alle Bemühungen der Hermeneutik kreisen um das Verstehen. "Dabei geht es um das 'Verstehen' - dieses wird seither (seit Schleiermacher) zum Grundbegriff und Grundanliegen der gesamten hermeneutischen Frage."[2] "Das Problem der Hermeneutik ist das Problem des Verstehens."[3]

Was aber heißt Verstehen? "Alles Verstehen ist Erfassung eines 'Sinnes'."[4] "Verstehen bedeutet Sinnerfassung."[5] Sinn - das zu Verstehende des Verstehens - ist zu bestimmen als der "Inhalt möglichen Verstehens: als das Verstehbare oder Verständliche."[6] Dem Verstehen geht es um die Sache, die es versteht.

---

1) Coreth, Emrich: Grundfragen der Hermeneutik. Freiburg-Basel-Wien 1969, S. 7.
2) ebd., S. 27.
3) ebd., S. 55.
4) ebd., S. 55.
5) ebd., S. 60.
6) ebd., S. 62.

Die Sinnerfassung kann nur geschehen innerhalb eines
Horizontes, eines Gesamtzusammenhangs von Sinn, der das
Verstehen ermöglicht, indem er das Einzelne aus dem Ganzen verständlich sein läßt. "Alles Verstehen zeigt eine
Horizontstruktur. Der Einzelinhalt wird in der Ganzheit
eines Sinnzusammenhangs erfaßt, der zuvor-verstanden ist
und mit-erfaßt wird, so aber zur Bedingung dafür wird,
daß sich der Einzelinhalt in seinem Sinn erschließt. Doch
kann diese Sinnganzheit - als unthematischer Hintergrund
des Verstehens - nicht unmittelbar in sich selbst erfaßt,
sondern nur vermittelt durch Einzelinhalte erschlossen
werden. Daraus ergibt sich ein wechselseitiges Bedin-
gungsverhältnis zwischen dem Einzelnen und dem Ganzen."[1]
Das Verhältnis zwischen dem Einzelnen und dem Ganzen ist
das eines Zirkels, der seit Schleiermacher hermeneutischer Zirkel genannt wird: "Das Verstehen des Einzelnen
ist bedingt durch das Verständnis der Ganzheit, das Verstehen der Ganzheit wird aber vermittelt durch das Verständnis der Einzelgehalte."[2]

Das Verstehen von Sinn geschieht weiterhin durch das
eigene Vorverständnis, das geschichtlich geprägt ist.
Dieses Vorverständnis bildet einen Zirkel des Verstehens
mit den jeweiligen Sinngehalten. "Denn das Verstehen
vollzieht sich auf dem Hintergrund eines Vorverständnisses, das unserer eigenen Erfahrungs- und Verständniswelt
entspringt und durch sie geprägt ist, jedoch einen Ver-
ständniszugang zu den sich erschließenden Sinngehalten
öffnet. Doch ist das Vorverständnis seinem Wesen nach
nicht in sich verschlossen; die Verständniswelt ist nie
eine endgültig festgelegte Größe. Sie bildet sich vielmehr beständig weiter im Erfassen neuer Inhalte, sie wei-

---

1) Coreth, Emerich: Grundfragen der Hermeneutik, a.a.O.,
   S. 115.
2) ebd., S. 115.

tet und vertieft sich im Fortgang des Verstehens."[1]
Sachverständnis und Vorverständnis stehen in einem unauf-
löslichen und niemals endgültig abschließbaren Zirkel.
Dieser Zirkel geschieht aber als geschichtlicher Vermitt-
lungsprozeß zwischen dem Vorverständnis, das selbst geschichtlich bedingt ist, und der Sache, deren Herkunft
wiederum nur aus der Geschichte verständlich ist. Der
Auslegende ist nur Ausleger, sofern er in der Geschichte
steht, aber er steht so in ihr, daß er zugleich frei von
ihr ist. Beides gehört im geschichtlichen Verstehen zusammen: "Nicht ein reines und autonomes Subjekt, erst
recht nicht ein absolutes Subjekt steht einer reinen,
subjektfrei gedachten Objektivität gegenüber. Das konkrete Subjekt ist selbst schon durch seine Welt und seine
Geschichte bedingt und geprägt; es ist in diesem Sinne
schon 'Objekt' seiner Welt, bevor es zum 'Subjekt' seiner
Welt werden kann. Aber es ist 'Objekt' seiner Welt, insofern es 'Subjekt' ist, d.h. insofern es erkennend und
verstehend eine Welt hat, frei sich entscheidend und
aktiv handelnd seine Welt vollzieht. Doch geht in seine
Sicht und Verständnisweise des jeweiligen Objekts schon
das Ganze seiner Erfahrungs- und Verständniswelt ein."[2]

Der Hermeneutik geht es um das Verstehen selbst. Für
unser Interesse bedeutet dies: Um ein Verständnis der
Wechselbeziehungen Bultmann - Heidegger bzw. Heidegger -
Bultmann erreichen zu können, muß uns die Hermeneutik die
formalen Begriffe bereitstellen, dieses Verhältnis bestimmen zu können. Denn das Verhältnis zwischen Heidegger
und Bultmann ist nichts anderes als ein Verhältnis des
Verstehens. Für dieses Verhältnis gelten daher formal

---

1) Coreth, Emerich: Grundfragen der Hermeneutik, a.a.O.,
   S. 116.
2) ebd., S. 117.

alle aufgewiesenen Strukturen des Verstehens (von Texten durch einen Verstehenden), als da sind:

(1)   Verstehen bedeutet Sinnerfassung. Dem Verstehen geht es um die (dem Ausleger und dem Auszulegenden) gemeinsame Sache.

(2)   Das setzt einen Horizont des Verstehenden voraus, der die Zugehörigkeit zur selben Sache wie der des auszulegenden Textes garantiert. Diesen wollen wir den Sachhorizont nennen.
Zugleich ist ein Merkmal des Sachhorizontes, daß er eigene Fragestellungen an den Text heranträgt, von denen her der Text befragt wird. Wir nennen diesen Sachverhalt das erkenntnisleitende Interesse des Auslegers.

(3)   Die Vermittlung zwischen Auszulegendem und der Auslegung durch den Ausleger ist geschichtlich. Das Verstehen darf nicht von der Geschichte losgelöst betrachtet werden.

(4)   Verstehen ist somit nie ein bloßer Nachvollzug des Gemeinten, sondern ein durch die Geschichte vermittelter, durch spezifische Interessen des Auslegers bestimmter Verarbeitungsprozeß um willen der gemeinsamen Sache. Diesen Vorgang nennen wir eine Interpretation. Dieser geht es um die dem Auszulegenden und dem Ausleger gemeinsame Sache. Das Auszulegende wird zugleich auf das erkenntnisleitende Interesse des Auslegers hin befragt. Interpretation ist stets geprägt von der Geschichtlichkeit des Verstehensprozesses.

Bevor diese formalen Kriterien des Verstehens für unsere Zwecke-im Hinblick auf Bultmann und Heidegger-zu konkretisieren sind, ist genauer auf die Geschichte der

Hermeneutik einzugehen, wie sie sich seit Schleiermacher darstellt, um so den gegebenen Aufriß sowohl belegen als auch vielleicht erweitern zu können.

5.1.2. Geschichtlicher Rückblick auf die Entwicklung der Hermeneutik

Die Hermeneutik hat ihre Wurzeln einerseits in der theologischen Tradition der Bibelauslegung, andererseits in der philologischen Tradition v. a. der Humanisten. "Auf zwei Wegen, dem theologischen wie dem philologischen, hatte sich die Kunstlehre des Verstehens und der Auslegung aus einem analogen Antrieb entwickelt: Die theologische Hermeneutik, wie Dilthey schön gezeigt hat, aus der Selbstverteidigung des reformatorischen Bibelverständnisses gegen den Angriff der tridentinischen Theologen und ihre Berufung auf die Unentbehrlichkeit der Tradition; die philologische Hermeneutik als ein Instrumentarium für den humanistischen Anspruch auf Wiederentdeckung der klassischen Literatur."[1] Aber erst durch Schleiermacher wird das Verstehen von sich her Gegenstand der Forschung. "Er (Schleiermacher) sucht die theoretische Begründung des den Theologen und Philologen gemeinsamen Verfahrens zu gewinnen, indem er hinter beider Anliegen auf ein ursprünglicheres Verhältnis des Verstehens von Gedanken zurückgeht."[2] Erst Schleiermacher zielt auf eine universale Hermeneutik ohne inhaltliche Bestimmung ab, erst hier wird die Hermeneutik zur "Kunstlehre des

---

1) Gadamer, Hans-Georg: Wahrheit und Methode. Grundzüge einer philosophischen Hermeneutik. Tübingen 1960, S. 162 f.
2) Gadamer, Hans-Georg: Wahrheit und Methode, a.a.O., S. 167.

Verstehens"[1] Zusammenfassend schreibt Coreth zu Schleiermachers Hermeneutik:

"Dabei unterscheidet er (Schleiermacher) zwischen 'divi-
natorischem' Verstehen, das in vollem Maße nur gegenüber
verwandten Geistern möglich ist, und das ein spontanes
Erahnen aus lebendiger Einfühlung, aus einem 'Sich-Einle-
ben' in den zu verstehenden Menschen bedeutet, und 'kom-
paratives' Verstehen, das sich auf eine Vielheit sachlicher, grammatischer und historischer Kenntnisse stützt
und aus dem Vergleich oder dem Zusammenhang der Aussagen
den gemeinten Sinn erschließt. ... Insofern aber beide
Elemente zusammenwirken müssen, zeigt sich schon hier so
etwas wie ein hermeneutischer Zirkel, in welchem das divinatorische Moment den spontanen Entwurf eines Vorverständnisses bedeutet, durch das die komparative Ausarbeitung geleitet wird. Beide Momente bilden jedoch so sehr
eine Einheit, daß Schleiermacher die Hermeneutik definie-
ren kann als das 'geschichtliche und divinatorische,
objektive und subjektive Nachkonstruieren der gegebenen
Rede'[2]."[3]

Auch bei der immanenten Darstellung Heideggers bzw. Bultmanns wird der hermeneutische Zirkel zu beachten sein,
das Einzelne aus dem Gesamtwerk, das Werk wiederum aus
dem Einzelnen zu verstehen.

Da bei Schleiermacher Verstehen Reproduktion bedeutet,
ist es für ihn möglich, einen Autor "besser" zu verstehen
als dieser sich selbst verstanden hat. Denn auch das
Unbewußte des Textes kann durch die Reproduktion erkannt
werden, also das, worauf der Autor als das scheinbar
Selbstverständliche nicht mehr eigens zurückkommt.

---

1) Coreth, Emerich: Grundfragen der Hermeneutik, a.a.O.,
   S. 162.
2) Schleiermacher: Werke 1/7, S. 31 f.
3) Coreth, Emerich: Grundfragen der Hermeneutik, a.a.O.,
   S. 27.

Es wäre vermessen, wollten wir diesen Anspruch Schleiermachers gegenüber Bultmann und Heidegger erheben. Vielleicht aber können wir einige Konstanten festhalten, die
sowohl Bultmanns als auch Heideggers Werk grundlegend
bestimmen.

Gadamer kritisiert[1] an dieser Konzeption der Hermeneutik
durch Schleiermacher, daß der auszulegende Text nur unter
Rücksicht der freien Produktion, der Genialität des Ver-
fassers, gesehen wird, nicht aber unter der Rücksicht des
Wahrheitsanspruches des Textes. Dies rührt, nach Gadamer,
von dem letztlich theologischen Interesse Schleiermachers
her, die Geschichte unter einem bestimmten Blickwinkel,
nämlich dem des Planes Gottes mit der Welt, zu betrachten. Schleiermacher übersieht daher die "Vorgängigkeit
des geschichtlichen Lebensbezuges".[2]

Im Anschluß an Schleiermacher weitet Dilthey die Hermeneutik aus zu einer "Erkenntnistheorie der Geisteswissenschaften".[3] "Diltheys logische Analyse des Begriffs des
Zusammenhangs in der Geschichte ist der Sache nach die
Anwendung des hermeneutischen Grundsatzes, daß man nur
aus dem Ganzen eines Textes das Einzelne verstehen kann
und nur aus dem Einzelnen das Ganze, auf die Welt der
Geschichte. Nicht nur die Quellen begegnen als Texte,
sondern die geschichtliche Wirklichkeit selbst ist ein zu
verstehender Text."[4] So geschieht durch Dilthey eine
"Übertragung der Hermeneutik auf die Historik".[5]

---

1) Vgl. Gadamer, Hans-Georg: Wahrheit und Methode,
   a.a.O., S. 184.
2) ebd., S. 185.
3) ebd., S. 186.
4) ebd., S. 186.
5) ebd., S. 186.

Voraussetzung der Erforschung der Geschichte im Sinne Diltheys ist die "Gleichartigkeit von Subjekt und Objekt"[1] der Geschichte, d.h. der, der die Geschichte erforscht, ist derselbe wie der, der sie macht. Letzte Voraussetzung zur Erkenntnis der Geschichte ist das Erlebnis. Das Subjekt ist aber - zumindest der Tendenz nach - nicht als absolutes verstanden, sondern selbst durch Geschichte bedingt.

Vor allem der spätere Dilthey betrachtet die Geschichte als Objektivation des Geistes, womit er in die Nähe Hegels kommt. Den Unterschied zu Hegel kennzeichnet Gadamer: "Nicht im spekulativen Wissen des Begriffs (wie bei Hegel), sondern im historischen Bewußtsein vollendet sich das Wissen des Geistes von sich selbst."[2] Das historische Bewußtsein nimmt den Platz ein, den das absolute Wissen bei Hegel hatte. Dilthey geht letztlich, trotz der scheinbaren Einsicht in die Geschichtlichkeit auch des Auslegers, von der ideellen Gleichzeitigkeit von Ausleger und Auszulegendem aus. Philosophie ist zwar historische Selbstbesinnung. Das ist das positive Ergebnis der hermeneutischen Besinnung Diltheys, oder, wie Gadamer sagt: "Historisches Bewußtsein ist eine Weise der Selbsterkenntnis".[3] Aber Diltheys Philosophie übersieht die Geschichtlichkeit des eigenen Standpunktes. Die Gewißheit der cartesianisch gedachten Wissenschaft ist das Kriterium, an dem sich auch die Geschichtlichkeit auszuweisen hat. "Aber der erkenntnistheoretische Cartesianismus, der ihn im Bann hält, erwies sich als stärker, so daß bei Dilthey die Geschichtlichkeit der geschichtlichen Erfahrung nicht wahrhaft bestimmend wurde."[4] Dilthey ist -

---

1) Gadamer, Hans-Georg: Wahrheit und Methode, a.a.O., S. 209.
2) ebd., S. 216.
3) ebd., S. 221.
4) ebd., S. 228.

von hier aus betrachtet - eine Mittelstellung zwischen
Schleiermacher und den neueren philosophischen Bemühungen
um die Hermeneutik zuzuweisen. Denn er beginnt zwar, die
Geschichtlichkeit des Verstehens und des Verstehenden zu
sehen, bleibt aber in einer ungeschichtlichen Betrach-
tungsweise der Geschichte stehen. Die Geschichtlichkeit
des Verstehens wird erst durch Heidegger und Gadamer
vollauf berücksichtigt werden.

Heidegger radikalisiert die Idee der Hermeneutik auf
existenzial-ontologische Weise. Für ihn ist Hermeneutik
"Phänomenologie des Daseins".[1]

Der thematische Gegenstand von "Sein und Zeit" ist der
Sinn von Sein überhaupt. Diesen Gegenstand abzuheben vom
Verstehen des Seienden und ihn von sich selbst her darzulegen, ist die Aufgabe der Ontologie. Deren Methode ist
die "phänomenologische".[2] Der Ausdruck "Phänomenologie"[3] zeigt zwei Bestandteile: Phänomen und Logos.

Phänomen bedeutet, vom Verb φαίνεσθαι abgeleitet, "das
Sich-an-ihm-selbst-zeigende, das Offenbare",[4] das
"Sichzeigen".[5] Davon unterschieden ist das Erscheinen
als "Sich-nicht-zeigen",[6] das gleichwohl nur möglich ist
aufgrund der ursprünglichen Bedeutung von Phänomen, daß
sich etwas an ihm selbst zeigt.

Der Logos hat - in der ursprünglich, aristotelischen
Sinngebung durch ἀποφαίνεσθαι - den Sinn "des Offenbarma-
chens im Sinne des aufweisenden Sehenlassens".[7] "In der
Rede (ἀπόφανσις) soll ... das, was geredet ist, aus dem,
worüber geredet wird, geschöpft sein, so daß die redende
Mitteilung in ihrem Gesagten das, worüber sie redet,

---

1) Heidegger, Martin: Sein und Zeit. S. 37.
2) ebd., S. 27.
3) Zum Nachfolgenden vgl. Heidegger, Martin: Sein und
   Zeit. S. 27 ff.
4) Heidegger, Martin: Sein und Zeit. S. 28.
5) ebd., S. 30.
6) ebd., S. 29.
7) ebd., S. 32.

offenbar und so dem anderen zugänglich macht."[1] Logos
bedeutet demnach das "Sehenlassen von etwas".[2]

Zwischen Logos und Phänomen waltet ein Bezug, den Heidegger wie folgt aussagt: "Phänomenologie sagt dann: ἀποφαίνεσθαι τὰ φαινόμενα: Das was sich zeigt, so wie es
sich von ihm selbst her zeigt, von ihm selbst her sehen
lassen."[3] Damit ist die Maxime der Phänomenologie "Zu
den Sachen selbst!" auf ihre Grundlage zurückgeführt.
Diese nun formal geklärte Methode hat als Gegenstand "das
Sein des Seienden",[4] das als das zunächst und zumeist
Verborgene am dringlichsten der sehenlassenden Aufweisung
bedarf. "Ontologie ist nur als Phänomenologie möglich.
Der phänomenologische Begriff von Phänomen meint als das
Sichzeigende das Sein des Seienden, seinen Sinn, seine
Modifikationen und Derivate."[5] Die Ontologie jedoch hat
ihren Ort in der existenzialen Analytik des Daseins.[6]
Ontologie ist demnach in erster Linie (phänomenologische)
Auslegung des Seins des Daseins als Analytik der Existen-
zialität der Existenz. Genau hierin sieht Heidegger den
Sinn von Hermeneutik: sie ist "Phänomenologie des Da-
seins",[7] die den Sinn von Sein klären soll. "Der λόγος
der Phänomenologie des Daseins hat den Charakter des
ἑρμηνεύειν, durch das dem zum Dasein selbst gehörigen
Seinsverständnis der eigentliche Sinn von Sein und die
Grundstrukturen seines eigenen Seins kundgegeben wer-
den."[8] Durch die angestrebte Explikation des Sinnes von
Sein wird für alle ontologische Arbeit die notwendige

---

1) Heidegger, Martin: Sein und Zeit. S. 32.
2) ebd., S. 34.
3) ebd., S. 34.
4) ebd., S. 35.
5) ebd., S. 35.
6) Zur Ausarbeitung des Programms einer Fundamentalontologie durch die Analytik der Existenzialität des Daseins vgl. 6.1.-6.7.
7) Heidegger, Martin: Sein und Zeit. S. 37.
8) ebd., S. 37.

Bedingung gegeben. Deshalb wird "diese Hermeneutik zugleich 'Hermeneutik' im Sinne der Ausarbeitung der Bedingungen der Möglichkeit jeder ontologischen Untersuchung."[1]

Da jedoch die Fundamentalontologie in der Analytik der
Existenzialität wurzelt, "erhält die Hermeneutik als
Auslegung des Seins des Daseins ... den, philosophisch
verstanden, primären Sinn einer Analytik der Existenzialität der Existenz."[2]

Im Sinne der existenzialen Analytik als der fundamentalontologischen Aufgabe bestimmt Heidegger das Auslegen
näher: "Dies phänomenologische Auslegen ist demnach kein
Erkennen seiender Beschaffenheiten des Seienden, sondern
ein Bestimmen der Struktur seines Seins. Als Untersuchung
von Sein aber wird es zum eigenständigen und ausdrücklichen Vollzug des Seinsverständnisses, das je schon zum
Dasein gehört... ."[3] Im Bezug auf den bisherigen Begriff
der Hermeneutik macht Heidegger eine wichtige Bemerkung:
"In dieser Hermeneutik (der Phänomenologie des Daseins)
ist dann, sofern sie die Geschichtlichkeit des Daseins
ontologisch ausarbeitet als die ontische Bedingung der
Möglichkeit der Historie, das verwurzelt, was nur abge-
leiteterweise 'Hermeneutik' genannt werden kann: die
Methodologie der historischen Geisteswissenschaften."[4]

Von Schleiermachers und Diltheys Hermeneutik als einer
geisteswissenschaftlichen Methode unterscheidet sich
Heideggers Hermeneutik in folgenden Punkten: Ihm geht es
nicht - wie Schleiermacher - um ein Nachkonstruieren des
vom Verfasser eines Textes Gemeinten in einem Akt der
Einfühlung in dessen Subjektivität, sondern um die Sache,
um die es dem Text geht. Es geht ihm aber um die Sache,
wie sie sich an ihr selbst zeigt. Sie möchte Heidegger
von ihr selbst her sehen lassen. Diese Sache ist aber

---

1) Heidegger, Martin: Sein und Zeit. S. 37.
2) ebd., S. 37 f.
3) ebd., S. 67.
4) ebd., S. 38.

letztlich kein Seiendes, sondern der Sinn von Sein, in
dem das jeweilige Verständnis aller Einzelontologien
gründet. "Die Seinsfrage zielt daher auf eine apriorische
Bedingung der Möglichkeit nicht nur der Wissenschaften..., sondern auf die Bedingung der Möglichkeit der vor
den ontischen Wissenschaften liegenden und sie fundieren-
den Ontologien selbst."[1]
Deshalb geht es Heidegger auch um die Fundierung der
"Methodologie der historischen Geisteswissenschaften".[2]
Er geht auf die Wurzeln zurück, die diese abgeleitete
Bedeutung von Hermeneutik fundieren können.

Die Hermeneutik, die es mit geschichtlichen Phänomenen zu
tun hat, ist ursprünglich in der Phänomenologie des Daseins zu suchen, die allein so etwas wie Geschichte - in
der Geschichtlichkeit des Daseins - festmachen kann.
"So ist z.B. das philosophisch Primäre nicht eine Theorie der Begriffsbildung der Historie, auch nicht die
Theorie historischer Erkenntnis, aber auch nicht die
Theorie der Geschichte als Objekt der Historie, sondern
die Interpretation des eigentlich geschichtlich Seienden
auf seine Geschichtlichkeit."[3]
Durch die (phänomenologische) Auslegung der Analytik der
Existenzialität der Existenz als der fundamentalontologischen Aufgabe wird das bisherige Verständnis von Hermeneutik radikalisiert. Im Horizont der Seinsfrage wird die
Hermeneutik zur Phänomenologie des sich selbst auslegen-
den Daseins. Dadurch wird:
1. der bisherige Begriff der Hermeneutik fundiert durch
   die Explikation der Frage nach dem Sinn von Sein in
   der existenzialen Daseinsanalytik.

---

1) Heidegger, Martin: Sein und Zeit. S. 11.
2) ebd., S. 38.
3) ebd., S. 10.

2. Sowohl der Begriff des Subjekts wie des Objekts werden
   - vor allem im Erschlossen- und In-der-Welt-sein -
   allererst ontologisch fundiert, so daß eine zureichende Grundlage für das Phänomen Verstehen gelegt ist.
3. Auf dieser Basis wird radikal die Geschichtlichkeit
   des Daseins und damit auch des Verstehens herausgear-
   beitet.

Heidegger gibt damit einen ontologischen Begriff von
Hermeneutik. Da der in unserem Fall angestrebte Begriff
von Verstehen als Interpretation ein ontischer ist, der
vorwiegend das Verstehen im Hinblick auf den Vergleich
zweier Autoren erhellen soll, dürfen wir bei der Erörterung des Interpretationsbegriffes auf den ontologischen
Hermeneutikbegriff Heideggers verzichten. Dessen ungeach-
tet bleibt die dargestellte Fundierung auch für den Begriff der Interpretation von höchster ontologischer Relevanz.

Löwith weist und auf die Zirkelstruktur des Verstehens
bei Heidegger hin: "Die Art und Weise wie Heidegger die
Analyse des Verstehens ansetzt, ist somit im Voraus bestimmt durch die 'Vorstruktur' des Verstehens, das sich
schon immer selber voraus-setzend ist. Die Notwendigkeit
dieses Voraussetzens liegt aber nicht dem Verstehen von
etwas zuvor, um etwa im Fortgang beseitigt zu werden,
sondern sie ist ständig mit da und führend. Alle Auslegung muß das Auszulegende im voraus irgendwie verstanden
haben und sich in einem solchen Vorverständnis halten."[1]
"Der so gesicherte Zirkel des Verstehens ist kein Kreis,
indem sich bloß eine bestimmte Erkenntnisart bewegt,
sondern er ist der Ausdruck der existenzialen Vorstruktur
des Daseins selbst."[2]

---

1) Löwith, Karl: Heidegger. Denker in dürftiger Zeit.
   Frankfurt/Main ³1965, S. 77.
2) ebd., S. 78. Löwith kritisiert diesen Ansatz Heideggers folgendermaßen: "Der Vorgriff des Verstehens ist

Das Vorverstehen, der Vorentwurf, ist immer schon vorausgesetzt, um ein zu Verstehendes in seinem Sinn verstehen
zu können. Erst so ist der Horizont gegeben, innerhalb
dessen etwas verstehbar ist, d.h. durch eine Einordnung
in diesen Horizont begreifbar ist. Neues ist nur verstehbar,wenn es auf Bekanntes zurückgeführt werden kann.

Wie versteht nun Bultmann selbst die Interpretation? Er
bespricht die Sache in dem Aufsatz "Das Problem der Hermeneutik".[1]

Für Bultmann besteht der hermeneutische Zirkel darin,
"... das Einzelne aus dem Ganzen, das Ganze vom Einzelnen
aus zu verstehen".[2] Diese Verstehen ist keines, das das
vorgängige Verständnis abblenden könnte. "Ein Verstehen,
eine Interpretation, ist - das ergibt sich - stets an
einer bestimmten Fragestellung, an einem bestimmten Woraufhin, orientiert. Das schließt aber ein, daß sie nie
voraussetzungslos ist; genauer gesagt, daß sie immer von
einem Vorverständnis der Sache geleitet ist, nach der sie
den Text befragt. Auf Grund eines solchen Vorverständnis-

---

zwar ein unvermeidlicher Ausgangspunkt, aber kein zu
sichernder Ansatz, denn die Aufgabe kann doch nur die
sein, die eigene Ausgangsstellung mit Rücksicht auf
den auszulegenden Text von ihm her in Frage stellen zu
lassen,um einen anderen in seinem Eigenen vorurteils-
los verstehen zukönnen." (Löwith, S. 79) Löwith ist
damit bemüht, das Eigenverständnis des zu Verstehenden
als Maßgabe zu betonen, welches er durch die Konzeption Heideggers bedroht sieht. Jedoch ist grundsätzlich die Frage zu stellen, wie denn ein zu Verstehendes anders verstanden werden kann als durch einen
Verständnishorizont, in den es hineingestellt wird und
der ihm erst durchgehend Bedeutung verleihen kann.
Gerade so wird der Text zur Eigenständigkeit in der
Differenz seines erkenntnisleitenden Interesses he-
rausgefordert.
1) Vgl. Bultmann, Rudolf: Das Problem der Hermeneutik.
   In: Glauben und Verstehen, Bd. II, Tübingen 1952, S.
   211 - 235.
2) ebd., S. 213.

ses ist eine Fragestellung und eine Interpretation überhaupt erst möglich."[1]
Ohne Vorverständnis ist Auslegung unmöglich. Denn sonst
wäre kein Horizont gegeben, innerhalb dessen das Auszulegende zu verstehen wäre. Gleichzeitig muß gewährleistet
sein, daß sich dieses Vor-verstehen zumindest teilweise
mit dem Sinn des auszulegenden Textes deckt.

"Die Fragestellung aber erwächst aus einem Interesse, das
im Leben des Fragenden begründet ist, und es ist die
Voraussetzung aller verstehenden Interpretation, daß
dieses Interesse auch in irgendeiner Weise in den zu
interpretierenden Texten lebendig ist und die Kommunika-
tion zwischen Text und Ausleger stiftet."[2] So ist klar,
"...daß Voraussetzung des Verstehens das Lebensverhältnis
des Interpreten zu der Sache ist, die im Text - direkt
oder indirekt - zu Worte kommt."[3] Es muß dem Ausleger
und dem Auszulegenden um dieselbe Sache gehen. Diese wird
auf ein Woraufhin des Auslegers befragt, das den Horizont
bildet für die Auslegung. Das Woraufhin erwächst aus dem
Lebenszusammenhang, in dem der Ausleger steht. "Dieses
Verhältnis zur Sache, um die es im Text geht bzw. auf die
hin er befragt wird, ist die Voraussetzung des Verstehens. Eben daher ist es auch verständlich, daß jede
Interpretation durch ein bestimmtes Woraufhin geleitet
ist; denn nur aus den Bedingungen eines Lebenszusammen-
hangs ist eine irgendwie orientierte Frage möglich. Und
ebenso ist es daher verständlich, daß jede Interpretation
ein bestimmtes Vorverständnis einschließt, eben das aus
dem Lebenszusammenhang, dem die Sache zugehört, erwach-
sende."[4] Echtes Verstehen erfolgt dort, wo der Ausleger
im Verhältnis zu der im Text besprochenen Sache steht.

---

1) Bultmann, Rudolf: Das Problem der Hermeneutik, S. 216.
2) ebd., S. 217.
3) ebd., S. 217.
4) ebd., S. 217 f.

Dies Verhältnis ist spezifisch durch den Lebenszusammenhang bestimmt, aus dem es erwächst und woraufhin der Text
befragt wird. Bultmanns Verständnis von Auslegung
schließt keineswegs aus, daß der auszulegende Text aus
eigenen Fragestellungen heraus ausgelegt, ja herausgefor-
dert werden kann: "In gewissem Sinne gehört also zum
geschichtlichen Phänomen seine eigene Zukunft, in der es
sich erst zeigt in dem, was es ist."[1] Daher ist es nicht
sinnvoll, vom Ausleger den Verzicht auf seine Verstehens-
interessen zu verlangen. "Die Forderung, daß der Interpret seine Subjektivität... auslöschen müsse, um zu einer
objektiven Erkenntnis zu gelangen, ist also die denkbar
widersinnigste."[2] Nur eines gilt natürlich: "Vorausset-
zungslosigkeit hinsichtlich der Ergebnisse ist ... auch
für die Interpretation selbstverständlich und unabding-
lich gefordert."[3]

Bemerkenswert ist ferner eine Äußerung Bultmanns, die die
Philosophie in bezug auf die Exegese beleuchtet. "Es
kommt nun - zum mindesten für die wissenschaftliche Exegese - entscheidend auf die sachgemäße Ausgelegtheit der
Frage, und das bedeutet zugleich: auf die sachgemäße
Ausgelegtheit der menschlichen Existenz, an. Diese zu
erarbeiten, ist Sache der menschlichen Besinnung, konkret
die Aufgabe der philosophischen, der existentialen Analyse des menschlichen Seins."[4] "Wird das Woraufhin der
Interpretation als die Frage nach Gott, nach Gottes Offenbarung, bezeichnet, so bedeutet das ja, daß es die
Frage nach der Wahrheit der menschlichen Existenz ist.
Dann aber hat sich die Interpretation um die Begrifflichkeit existentialen Verstehens der Existenz zu bemühen."[5]

---

1) Bultmann, Rudolf: Das Problem der Hermeneutik, S. 229.
2) ebd., S. 230.
3) ebd., S. 230.
4) ebd., S. 232.
5) ebd., S. 233.

Bultmann hat seine Einschätzung des Verhältnisses Philosophie - Theologie also auch 1952, als der zweite Band
seiner Aufsatzsammlung veröffentlicht wurde, nicht geän-
dert.

Maßgebend zur Hermeneutik und damit zum Problem der
Interpretation äußert sich schließlich Hans-Georg Gadamer
in seinem Buch "Wahrheit und Methode".[1]

Gadamer nimmt Heideggers Explikation des Verstehens als
im Entwerfen begründetes positiv auf. "Im Ausarbeiten
eines solchen Vorentwurfs (bei Heidegger), der freilich
beständig von dem her revidiert wird, was sich bei weite-
rem Eindringen in den Sinn ergibt, besteht das Verstehen
desses, was dasteht."[2] Damit ist Verstehen als Verstehen
aus einem Horizont, wie es bereits anfangs gekennzeichnet
wurde, durch Gadamer bestätigt. Die "Horizontalität" ist
gegliedert in einen Sachhorizont und in das erkenntnisleitende Interesse. Vom Sachhorizont sagt Gadamer: "Die
hermeneutische Aufgabe geht von selbst in eine sachliche
Fragestellung über und ist von dieser immer schon mitbe-
stimmt."[3]
Gleichzeitig hält er das erkenntnisleitende Interesse
fest, um gerade hierin den Bezug zur Sinnerfassung, zur
Sache, darzustellen. "Solche Empfänglichkeit (für die
Sache des Textes) setzt aber weder sachliche 'Neutralität' noch gar Selbstauslöschung voraus, sondern schließt
die abhebende Aneignung der eigenen Vormeinungen und
Vorurteile ein. Es gilt, der eigenen Voreingenommenheit
innezusein, damit sich der Text selbst in seiner Anders-
heit darstellt und damit in die Möglichkeit kommt, seine

---

1) Gadamer, Hans-Georg: Wahrheit und Methode. Grundzüge
   einer philosophischen Hermeneutik. Tübingen 1960.
2) Gadamer, Hans-Georg: Wahrheit und Methode..., a.a.O.,
   S. 251.
3) ebd., S. 253.

sachliche Wahrheit gegen die eigene Vormeinung auszuspie-
len."[1] Der Horizont des Auslegers vereint Sachhorizont
und erkenntnisleitendes Interesse. Beides wird von Gadamer im positiven Begriff des Vorurteils gefaßt, von dem
als vorgängigem Urteil her der Ausleger seine Auslegung
beginnt. Der Horizont ist aber selbst geschichtlich bedingt und vermittelt. "Die Selbstbesinnung des Indivi-
duums ist nur ein Flackern im geschlossenen Stromkreis
des geschichtlichen Lebens. Darum sind die Vorurteile des
einzelnen weit mehr als seine Urteile die geschichtliche
Wirklichkeit seines Seins."[2]

Der Horizont des Auslegers ist damit radikal in seiner
Geschichtlichkeit erkannt und gedacht. Vernunft und Tradition, Subjektivität und Objektivität, sind also nicht
zwei sich unvermittelt gegenüberstehende Wirklichkeiten,
sondern sind nur zwei Pole derselben Sache, die Gadamer
Wirkungsgeschichte nennt.

"Am Anfang aller historischen Hermeneutik muß daher die
Auflösung des abstrakten Gegensatzes zwischen Tradition
und Historie, zwischen Geschichte und Wissen von ihr
stehen. Die Wirkung der fortlebenden Tradition und die
Wirkung der historischen Forschung bilden eine Wirkungs-
einheit."[3]

Die Einsicht in die Geschichtlichkeit des Verstehens
bedeutet für uns, wenigstens ansatzweise Heideggers Wurzeln darzulegen, als da vor allem zu nennen sind Husserl,
ja vielleicht auch die christliche Tradition.[4] Ferner

---

1) ebd., S. 253 f.
2) ebd., S. 261.
3) Gadamer, Hans-Georg: Wahrheit und Methode ..., a.a.O.,
   S. 267.
4) Vgl. Anm.1 S. 94, Anm.3 S. 126, sowie Anm.1 S.17.

ist die Beziehung von Heidegger zu Bultmann als geschichtliches Geflecht zu sehen, das sich von beiden Seiten her durchdringt und so zu einer lebendigen Assimilation führt, die nie ein bloßes Benutzen von einzelnen Gedanken oder Termini sein kann.

Zu bemerken bleibt ferner, daß Gadamer vielleicht gerade durch Heideggers Denken der Seinsgeschichte im Zusammenhang mit Heideggers Kritik der neuzeitlichen Subjektivität geführt wurde. Es bestätigt sich von daher um so mehr die Einsicht in die Geschichtlichkeit des Verstehens, die Gadamer selbst darstellt: "Das Verstehen ist selber nicht so sehr als eine Handlung der Subjektivität zu denken, sondern als Einrücken in ein Überlieferungsgeschehen, in dem sich Vergangenheit und Gegenwart beständig vermitteln."[1]

Die Einsicht in die Geschichtlichkeit meint nicht die Subjektivierung der Wahrheit, sondern im Gegenteil den Prozeß, in dem Wahrheit statthat, zutage kommt. So ist das Verstehen nichts anderes als die "Teilhabe am gemeinsamen Sinn",[2] das Ziel des Verstehens, das "Einverständnis in der Sache".[3] Es gilt für die Auslegung das Zugleich von Gemeinsamkeit mit der Überlieferung und dem erkenntnisleitenden Interesse: "Die Antizipation von Sinn, die unser Verständnis eines Textes leitet, ist nicht eine Handlung der Subjektivität, sondern bestimmt sich aus der Gemeinsamkeit, die uns mit der Überlieferung verbindet. ... Sie (die Gemeinsamkeit) ist nicht einfach eine Voraussetzung ..., sondern wir erstellen sie selbst, sofern wir verstehen, am Überlieferungsgeschehen teilhaben und es dadurch selber weiter bestimmen."[4] Zum

---

1) Gadamer, Hans-Georg: Wahrheit und Methode..., a.a.O:, S. 274 f.
2) ebd., S. 276.
3) ebd., S. 276.
4) ebd., S. 277.

Verstehen gehört ferner - was sich schon aus der Einsicht
in die Horizontstruktur bekundet - der "Vorgriff der
Vollkommenheit", d.h. es ist "nur das verständlich ...,
was ... eine vollkommene Einheit von Sinn darstellt".[1]
Den Zusammenhang mit der Horizontstruktur und dem Verstehen der Sache hebt Gadamer eigens heraus. "Die erste
aller hermeneutischen Bedingungen bleibt somit das Vorverständnis, das im Zu-tun-haben mit der gleichen Sache
entspringt. Von ihm her bestimmt sich, was als einheit-
licher Sinn vollziehbar wird, und damit die Anwendung des
Vorgriffs der Vollkommenheit."[2]

Mit der Einsicht in die Geschichtlichkeit des Verstehens
gewinnt die Hermeneutik einen neuen Ort. Dieser Ort ist
das Zwischen von Vertrautheit und Fremdheit gegenüber der
Überlieferung: "Die Stellung zwischen Fremdheit und Vertrautheit, die die Überlieferung für uns hat, ist das
Zwischen zwischen der historisch gemeinten, abständigen
Gegenständlichkeit und der Zugehörigkeit zu einer Tradition. In diesem Zwischen ist der wahre Ort der Hermeneutik."[3] Darum ist es nicht Aufgabe der Hermeneutik, eine
ungeschichtliche Methodenlehre zu geben, sondern sie muß
die geschichtlich gewordenen Bedingungen aufklären, unter
denen Verstehen geschieht.[4] Richtige und falsche Vorurteile prüfen sich selbst im Spannungsfeld des Zeitabstan-
des, der eine positiv-kritische Funktion innehat. So faßt
Gadamer zusammen: "Ein wirklich historisches Denken muß
die eigene Geschichtlichkeit mitdenken. Nur dann wird es
nicht dem Phantom eines historischen Objektes nachjagen,
das Gegenstand fortschreitender Forschung ist, sondern
wird dem in dem Objekt das Andere des Eigenen und damit

---

1) Gadamer, Hans-Georg: Wahrheit und Methode ..., a.a.O.,
   S. 278.
2) ebd., S. 278.
3) ebd., S.279.
4) Vgl. ebd., S. 279.

das Eine wie das Andere erkennen lernen."[1] Diese Einheit
ist "ein Verhältnis, in dem die Wirklichkeit der Geschichte ebenso wie die Wirklichkeit des geschichtlichen
Verstehens besteht.... Ich nenne das damit Geforderte
'Wirkungsgeschichte'. Verstehen ist seinem Wesen nach ein
wirkungsgeschichtlicher Vorgang."[2]

In dieser Konzeption von Verstehen ist impliziert, daß
der Horizont sowohl des Textes als auch des Verstehenden
teilweise eins sein müssen in dem einen, universalen
Horizont der Geschichte, wie sie sich in beiden Polen
manifestiert. "In Wahrheit ist also ein einziger Horizont, der all das umschließt, was das geschichtliche
Bewußtsein in sich enthält. Die eigene und fremde Vergangenheit, der unser historisches Bewußtsein zugewendet
ist, bildet mit an diesem beweglichen Horizont, aus dem
menschliches Leben immer lebt und der es als Herkunft und
Überlieferung bestimmt."[3] Der Horizont von Vergangenheit
und Gegenwart ist niemals fest, sondern einer prüft sich
am anderen. "Vielmehr ist Verstehen immer der Vorgang der
Verschmelzung solcher vermeintlich für sich seiender
Horizonte."[4]

Diese Horizontverschmelzung als Einheit in dialektischer
Spannung unter dem Vorrang des Offenseins der Frage[5]
stellt das dar, was oben schon erarbeitet wurde: Verstehen ist Deutung, d.h. ein durch die Geschichte vermittelter, durch spezifische Interessen des Auslegers bestimmter Verarbeitungsprozeß um willen der gemeinsamen
Sache. "Der Verstehende versteht immer nur insofern, als

---

1) Gadamer, Hans-Georg: Wahrheit und Methode ..., a.a.O.,
   S. 283.
2) ebd., S. 283.
3) ebd., S. 288.
4) ebd., S. 289.
5) Vgl. ebd., S. 344 ff.

es ihm gelingt, Verstehenseinheiten in seine Sprach- und
Verstehenswelt (auch wenn sie dadurch erweitert und kor-
rigiert wird) zu transponieren."[1][2)

5.1.3 Vorläufige Konkretion der Hermeneutik im Hinblick auf das Verhältnis Bultmann - Heidegger

Wir wollen nun die formalen Strukturen des Verstehens als
Interpretation konkretisieren, was das Verhältnis Heideggers zu Bultmann anbelangt. Dazu gehen wir an den erarbeiteten Strukturen entlang:

(1) Verstehen bedeutet Sinnerfassung; dem Verstehen geht
     es um die (dem Ausleger und dem Auszulegenden) ge-
     meinsame Sache.
     Die Sache, um die es sowohl Heidegger als auch Bult-
     mann in "Sein und Zeit" und im Johanneskommentar zu
     tun ist, ist zu sehen in der ontologisch-existenzia-
     len Verfaßtheit des Daseins, in der Frage, wie Da-
     sein seinen Strukturen nach zu verstehen ist.

(2) Das Verstehen setzt einen Horizont voraus, der die
     Zugehörigkeit zur selben Sache des Auslegers wie des
     Auszulegenden garantiert, den Sachhorizont, und der
     zugleich eigene Fragestellungen an den Text heran-
     trägt, von denen her der Text befragt wird. Wir

---

1) Gatzemaier, Matthias: Methodische Schritte einer Text-
   interpretation. In: Kambartel/Mittelstraß (Hg.): Zum
   normativen Fundament der Wissenschaft. Frankfurt/M.
   1973. S. 281 - 317. Zitat S. 313.
2) Auf neuere Ansätze zur Hermeneutik aus der Sprachphi-
   losophie oder den Sozialwissenschaften soll hier nicht
   mehr eingegangen werden, da wir bereits einen hinrei-
   chenden Hintergrund für die Darstellung des Verstehens
   als Interpretation erarbeitet haben. Auch weisen diese
   Ansätze m.E. - was den Begriff der Interpretation betrifft - nicht über Gadamers Verständnis hinaus bzw.
   sind für andere Problemstellungen relevant.

nannten diesen Sachverhalt das erkenntnisleitende
Interesse des Auslegers. Beides nannte z.B. Bultmann
das Vorverständnis.
Der Sachhorizont ist mit der Sache selbst gegeben,
der Frage nach der ontologischen Verfaßtheit des
Daseins. Diese Frage stammt wesentlich aus der Geschichte der Philosophie und Theologie, wie sie
bereits in der Einleitung kurz skizziert wurde.
Das erkenntnisleitende Interesse[1] ist bei Bultmann
in der Offenbarung der Liebe Gottes für den Menschen
zu sehen.

Heideggers erkenntnisleitendes Interesse besteht in
der Frage nach dem Sinn von Sein, der Ausarbeitung
der Seinsfrage.

(3) Die Vermittlung zwischen Auszulegendem und der Auslegung ist geschichtlich, so daß, wie Gadamer sagt,
eine Horizontverschmelzung geschieht, die als Einheit in dialektischer Spannung besteht. So gesehen
besteht die Interpretation bei unserer Fragestellung
jeweils im Über-setzen eines Existenzials von einem
erkenntnisleitenden Interesse auf das andere, und
zwar auf Grund der Identität des gemeinsamen Sachho-
rizontes.Aber die Identität der gemeinsamen Sache
ist keine tote Identität. Zum einen gibt die Über-

---

1) Unter "erkenntnisleitendem Interesse" verstehe ich den
maßgebenden, das unterschiedliche Verstehen verschie-
dener Autoren entscheidenden, jeweiligen Sinngehalt,
von dem her alle anderen Inhalte - unbeschadet der
Sache, um die es geht - ihr Bedeutung erhalten, so daß
eine auf diesen obersten Inhalt gerichtete Verstehensstruktur entsteht. Erfolgt eine Deutung (Interpretation), so ist es das erkenntnisleitende Interesse, das
dem neuen Sinngehalt - wiederum unbeschadet des Sach-
verständnisses - seinen Sinn verleiht und ihn in die
Struktur des Verstehens einfügt.

setzung eines Sinngehaltes der Sache auf ein neues erkenntnisleitendes Interesse hin diesem Sinngehalt und damit der Sache einen neuen Sinn. Zum anderen wirkt die Sache selbst auf das erkenntnisleitende Interesse ein.

Ein Bild mag die Sache verdeutlichen: Man stelle sich einen Raum vor (entspricht im Bild der gemeinsamen Sache) und zwei ganz unterschiedliche Statuen (entspricht den erkenntnisleitenden Interessen). Wechselt man jeweils die verschiedenen Statuen im Raum aus, so erhält der Raum selbst einen anderen Charakter. Die Identität des Raumes besteht nicht, wie Heidegger sagen würde, in der (toten) Gleichheit, sondern in der Selbigkeit des Raumes. Absolute Gleichheit des Raumes besteht nur unter analytischer Abstraktion in der physikalischen Ausdehnung. Aber diese Gleichheit verkennt die Selbigkeit des Raumes, die sich wandeln kann, ohne deshalb die Identität zu verlieren. Ja, der Raum verliert seine Identität (z.B. als Museumsraum) gerade dann, wenn keine Statue mehr "in ihm" steht. Der Raum wird dann zum Behältnis. Das Behältnis ist vom Raum so weit entfernt wie die Kosten/Nutzen-Analyse eines Waldstücks von Stifters "Hochwald". Festzuhalten bleibt daher: die Statue gibt dem Raum den Charakter. Das ist der erste Punkt, den es festzuhalten gilt.

Zweitens ist gleichzeitig gültig, daß der Raum die jeweilige Statue verschieden in Erscheinung treten läßt. Er verzerrt sie oder läßt sie von sich aus zur Geltung kommen. Ohne Statue wird der Raum jedoch aber auch hier zum Behältnis.

Übertragen wir das Gesagte auf die Interpretation Heidegger - Bultmann (bzw. umgekehrt): Die gemeinsame Sache beider ist in der Frage der ontologischen Verfaßtheit des Daseins zu sehen. Je nach dem erkenntnisleitenden Interesse wandelt sich der Sinn

der existenzialen Analytik. So wird z.B. das Verfallen von "Sein und Zeit" bei Bultmann zur Sünde.
Verfallen und Sünde erläutern sich gegenseitig in
dialektischer Weise, aber so, daß zunächst das erkenntnisleitende Interesse den Sinn des Existenzials
Verfallen allererst bestimmt. Der Sinngehalt Verfallen wird also übersetzt auf die Sünde hin, er wird
gedeutet. Nur unter Absehung von dieser dialektischen Bezugnahme kann rein analytisch und vom Verstehensprozeß absehend der "rein" ontologische Sinn
der existenzialen Analyse Heideggers bei einer Interpretation postuliert werden. Die Ontologie ist
nicht vom ontischen Existieren zu trennen, sonst
wird sie ein leeres Behältnis ohne Sinn, denn Sinn
gibt jeweils das erkenntnisleitende Interesse.
Nun kann dieser Auffassung folgendes (paradigmatisch
zu sehen am Existenzial Verfallen) entgegengehalten
werden: Heidegger behauptet, daß das von ihm explizierte Existenzial Verfallen "vor jeder Aussage über
Verderbnis und Unverdorbenheit liegt"[1]. Vom Verfallen des Daseins scheint es keine Interpretation
auf den sündigen Menschen zu geben. Mit dem Verfallen ist also nicht entschieden, "ob der Mensch
'in der Sünde ersoffen', im status corruptionis ist,
ob er im status integritatis wandelt..."[2].
Dazu ist zu sagen: Heidegger hat recht - aber nur
von seinem erkenntnisleitenden (ontischen) Interesse
- der Seinsfrage - her. Von der ontisch gestellten
Seinsfrage her wird tatsächlich nicht entschieden,
ob der Mensch Sünder oder Gerechtfertigter ist. Wenn
jedoch Bultmann von seinem theologischen Interesse
her das Verfallen betrachtet, wird Verfallen interpretiert als Sünde. Bultmann vertritt zwar nirgends

---

1) Heidegger, Martin: Sein und Zeit. S. 180.
2) ebd., S. 180.

- 69 -

explizit die Auffassung von einer Deutung des philosophischen Sinngehalts von der Theologie her, sondern betrachtet die Analytik der Existenzialität als
Voraussetzung für die Theologie - das von Bultmann
autorisierte Verfahren ist also verstehbar als
transzendentale Voraussetzungsanalyse. Faktisch aber
deutet Bultmann den philosophischen Sinngehalt von
der Theologie her. Nur so erhält die existenziale
Analytik ihren Sinn - für Bultmanns ontisches Interesse, ohne das die Analytik eben nur ein Behältnis
wäre. Löst man die dialektische Verklammerung von
Ontischem und Ontologischem auf, so löst man den
Verstehensprozeß selbst auf und es wird unerklärbar,
was eigentlich Bultmanns Theologie ausmacht.[1]
Ein zweiter, mindestens ebenso entscheidender Aspekt
kommt hinzu: So wie der Raum positiv oder negativ
den Ausdruck der Statue beeinflußt, so beeinflußt
die gemeinsame Sache Bultmanns und Heideggers - die
Frage nach der ontologisch-fundamentaltheologischen
Verfaßtheit des Daseins - das Erkenntnisinteresse
z.B. Bultmanns: Es geschieht nicht nur eine Interpretation in der Theologie, sondern auf die Theologie, die sich damit entscheidend verändert. Genau
dies wird später - für das Verhältnis Heidegger-
Bultmann - nachgewiesen werden: die Zeitlichkeit im
Vorrang der Zukunft prägt ganz entscheidend das
erkenntnisleitende Interesse Bultmanns und damit
seine Theologie![2]

Es läßt sich aber die Wirkungsgeschichte des Verstehens vielleicht noch weiter verfolgen. Denn durch

---

1) Selbstverständlich gibt es Motive, das erkenntnisleitende Interesse Bultmanns gerade auf die existenziale
Analytik von "Sein und Zeit" zu applizieren. Diese
werden dargestellt in den Punkten 7, besonders 7.4 und
7.7, ferner Punkt 9.4.2.8 und 9.3.2.1.
2) Vgl. dazu Punkt 9.4.2.

den geschichtlichen Prozeß kann sowohl das erkenntnisleitende Interesse als auch der gemeinsame Horizont vollends so verändert werden, daß eine Fortfüh-
rung und Vollendung des Zirkels des Verstehens geschieht, die sich möglicherweise in einer Synthese
beider Termini vollendet. Dies könnte für Bultmann
bedeuten: Die Frage der existenziellen Begegnung des
Menschen mit Gott in der Offenbarung Gottes in Jesus
Christus und die Frage nach der ontologischen Verfaßtheit des Daseins werden vermittelt in die Frage
der existentialen Interpretation[1].

Bei Heideggers Größe als Denker ist es ein gewagtes
Unterfangen, eine Synthese seines erkenntnisleitenden Interesses, der Frage nach dem Sein, und der
ontologischen Verfaßtheit des Daseins bestimmen zu
wollen. Aber vielleicht ist die Vermutung nicht
abwegig, das Denken des Seins als Ereignis als diese
späte Synthese anzusehen. Denn das Sein des Menschen
als Wesen der Sprache ist eingelassen in das "Es
gibt", das das Wesen des Menschen bestimmt als das
dem Ereignis gehörendes[2].

---

1) Die Frage der existentialen Interpreation soll hier
nicht behandelt werden. Vgl. die Diskussion in den
verschiedenen Bänden von "Kerygma und Mythos"
(Bartsch, Hans-Werner (Hg.): Kerygma und Mythos. Bd.
I-IV, Hamburg-Volksdorf (Bergstedt) 1951 - 1954) und
der daran anschließenden Literatur im Zusammenhang mit
der Entmythologisierungsdebatte. Die existentiale
Interpreattion ist nämlich erst die textauslegende
Methode von Bultmanns Theologie. In dieser Arbeit geht
es uns aber um die Theologie Bultmanns im Verhältnis
zu Heidegger. Erst wenn dieses Verhältnis geklärt ist,
kann eigens die Frage der existentialen Interpretation
auf der Grundlage des Erarbeiteten aufgenommen werden
- was im Übrigen eine eigene Arbeit erforderte.
2) Dazu vergleiche man Heideggers Äußerungen zum Ereignis
in seinem Vortrag "Zeit und Sein" und die ebenso ge-
wichtigen Gedanken seines Vortrags "Der Weg zur
Sprache", ersteres abgedruckt in: Heidegger, Martin:
Zur Sache des Denkens. Tübingen 1969, letzteres abge-

(4) Weiterhin ist folgendes zu vermerken: Selbstverständlich gilt bei der Darstellung des Werkes Bultmanns bzw. Heideggers der Grundsatz des hermeneutischen Zirkels, daß das Einzelne aus dem Ganzen,
dieses aber wieder aus dem Einzelnen zu verstehen
ist. Besonders gilt dies für Heideggers "Sein und
Zeit" und den Johanneskommentar Bultmanns.

In dieser Arbeit wird der Vergleich von Heideggers Analysen zu Bultmanns Theologie die entscheidende Rolle spie-
len. So kann ermittelt werden, was im einzelnen von Bultmann bzw. von Heidegger verwendet worden ist. Dieser
Vergleich ist durchzuführen unter der Rücksicht dessen,
was wir als geschichtliches Verstehen erarbeitet haben
und was unter Punkt 3) dargestellt wurde.

Die Regel, den Autor "besser" zu verstehen als dieser
selbst sich verstanden hat, können wir nur dahingehend
deuten, daß wir bestimmte Konstanten in Bultmanns und
Heideggers Denken klarzulegen versuchen.

Dies alles wird unter steter Begleitung vor allem der
historischen Wurzeln und Verstehensmöglichkeiten sowohl
Heideggers als auch Bultmanns und insbesondere deren
Verhältnis zueinander vor sich gehen müssen, wie sie die
Forschung bis heute zutage gebracht hat. Dadurch soll der
Wirkungsgeschichte Heideggers und Bultmanns als der Art
und Weise, wie, nach Gadamer, Wahrheit ans Licht zu kom-

---

druckt in: Heidegger, Martin: Unterwegs zur Sprache.
Pfullingen 1959.
Literatur zum späteren Heidegger und speziell seinem
Denken des Seins ist bisher nur in geringerem Unfang
erschienen. Das kenntnisreichste neuere Werk ist zweifellos: Jäger, Alfred: Gott. Nochmals Martin Heidegger. Tübingen 1978. Was den Vergleich mit der (katholischen) Theologie angeht, ist zu nennen: Schaeffler,
Richard: Frömmigkeit des Denkens? Martin Heidegger und
die katholische Theologie. Darmstadt 1978.

men vermag, Rechnung getragen werden. Dieses Verfahren
wird schließlich dem Ziel untergeordnet, den Nachweis
dafür zu erbringen, daß Bultmanns Theologie entscheidend
von Heideggers Philosophie in "Sein und Zeit" geprägt
ist. Diese Voraussetzung wird sich selbst innerhalb des
hermeneutischen Zirkels bewähren müssen. Damit haben wir
einen Begriff von Verstehen als Interpretation entwickelt, der uns erlaubt, aus dem formalen Rahmen heraus
einen Vergleich von "Sein und Zeit" mit dem Johanneskommentar zu wagen. Der Einzelnachweis von Interpretationen und das Gesamtgewicht der Arbeit wird sich jedoch
vorwiegend auf das Verhältnis der Deutung, wie es sich
von Heideggers "Sein und Zeit" - denn Bultmann bezieht
sich so gut wie ausschließlich auf dieses Werk Heideggers
- auf den Johanneskommentar darstellt, beschränken. Dazu
veranlassen zwei Gründe:

(1) Die Arbeit ist vorwiegend theologisch orientiert.
Sie möchte die Verwendung eines philosophischen
Sinngehaltes für eine, nämlich Bultmanns, Theologie
erheben. So kann schließlich die Frage nach einer
Analytik der Existenzialität aufgeworfen werden, die
in theologischer Absicht gedacht werden könnte, ohne
den philosophischen Aspekt zu vernachlässigen.

(2) Ein solches Unterfangen ist um so erfolgverspre-
chender, als Bultmann ausdrücklich sich gerade auf
Heideggers Philosophie in "Sein und Zeit" bezieht.
Heidegger dagegen teilt, wie gezeigt, in seiner
frühen Phase weitgehend die Auffassung Bultmanns,
was das Verhältnis Philosophie - Theologie angeht.
Im übrigen äußert er sich nur an wenigen Stellen
über das Verhältnis seiner Philosophie zur Theologie. Zudem bezieht er, soweit mir bekannt ist,
nirgends eine Stellung zu dem Verhältnis seiner
Philosophie zu einer genauer lokalisierbaren Theologie, sondern spricht nur von Theologie im allgemeinen.

6   DAS SEIN - DIE INTENTION VON "SEIN UND ZEIT"

Bevor auf die Frage der einzelnen Interpretationen eingegangen werden kann, muß zuerst das erkenntnisleitende
Interesse Heideggers in "Sein und Zeit" skizziert werden,
denn nur so kann eine klare Sicht des Auszulegenden erreicht werden.

6.1   Die Frage nach dem Sinn von Sein

Welche Frage ist die Leitfrage von "Sein und Zeit"? Es
ist die Frage nach dem Sinn von Sein. In Bezug auf sie
wird die Bestimmung des Menschseins, des Seienden, das
der Ort der Seinsfrage ist, vorgenommen: Der Mensch ist
Da-sein. Die Frage nach dem Sinn von Sein ist also die
Frage von "Sein und Zeit". Aber was heißt Sinn von ...,
geschweige denn Sinn von Sein?[1][2]

---

1) Pöggeler(Pöggler,Otto: Der Denkweg Martin Heideggers.
   Pfullingen 1963) vermerkt zu dieser Frage: "Sein und
   Zeit" ist der Versuch, das ungedacht Gebliebene, den
   vergessenen Grund der Metaphysik, auf dem freilich all
   ihr Gedachtes ruhte, denkend zurückzuholen." (Pöggeler, S.47) Damit ist "Sein und Zeit" gekennzeichnet
   als der Versuch einer Neubesinnung auf das "Wesen" des
   Seins.
2) An der Terminologie Heideggers übt Heinemann die
   schärfste, aber nicht untypische, Kritik: "Worte werden hier für Wesenheiten substituiert, und es wird
   fälschlich angenommen, daß es, weil es das eine Wort
   'Wahrheit' oder 'Sein' gebe, ihm auch je eine Wesenheit, genannt die Wahrheit oder das Sein, entsprechen
   müsse. Seit Platon ist dieser Fehler tausende von
   Malen gemacht worden, aber er bleibt auch in der Wiederholung selbst des erlauchtesten Geistes ein Fehler." (Heinemann, Fritz: Existenzphilosophie. Lebendig
   oder tot? Stuttgart 1954, S. 104 f.) Daß der Vorwurf
   der "Hypostasierung" des Seins durch Heidegger nicht
   zutreffen kann, ergibt sich schon daraus, daß nur
   Seiende als Wesenheiten existieren können. Das Sein
   dagegen, das die Seienden anwesen läßt, indem es sie
   ins Unverborgene bringt, kann nie als Seiendes gedacht
   werden.

Sinn bedeutet in "Sein und Zeit" "das ... Woraufhin des
Entwurfs, aus dem her etwas als etwas verständlich
wird."[1] Sinn ist im Entwerfen des Daseins von "etwas"
auf "etwas" hin, aus dem her erst das Bestimmte als solches verständlich wird. Sinnvoll ist, was durch den Vorentwurf verständlich ist. Jedes Einzelne erhält seinen
Sinn aus diesem Entwurf. Dadurch wird das Einzelne als
Einzelnes sinnvoll und ist so allererst verstehbar. Das
Entwerfen ist eine Seinsweise des Daseins. Diese Seinsweise ist nichts Vorgegebenes, das vorhanden ist, sondern
nur im Entwerfen selbst. Dasein ist entwerfendes. Sinn
ist nur, insofern Dasein ist.

"Das Woraufhin eines Entwurfs freilegen, besagt, das
erschließen, was das Entworfene ermöglicht."[2] Sinn ist
daher zu charakterisieren als die Bedingung der Möglichkeit des Verstehens von ... . Der Terminus "Bedingung der
Möglichkeit" ist nicht im Kantischen Sinne zu verstehen,
sondern soll von "Sein und Zeit" her seine Bedeutung
erhalten. Diese legen folgende Zitate fest:

"Danach ist Sinn das, worin sich die Verstehbarkeit von
etwas hält, ohne daß es selbst ausdrücklich und thematisch in den Blick kommt. Sinn bedeutet das Woraufhin des
primären Entwurfs, aus dem her etwas als das, was es ist,
in seiner Möglichkeit begriffen werden kann."[3] "Streng
genommen bedeutet Sinn das Woraufhin des primären Entwurfs des Verstehens von Sein."[4]

Von daher meint die Bedingung der Möglichkeit von ... den
unthematisch immer schon geschehenden Entwurf des verstehenden Daseins, aus dem etwas als solches verstehbar ist,

---

1) Sein und Zeit, S. 151.
2) ebd., S. 324.
3) ebd., S. 324.
4) ebd., S. 324.

und zwar auch und gerade das Sein. Es gilt daher, den Entwurf ausdrücklich zu machen, aus dem das Sein als solches seine Verständlichkeit erhält. Dieser Entwurf ist der primäre, aus dem sich alle anderen Entwürfe des Verständnisses einzelner Seiender nähren. In der Frage nach dem Sinn von Sein ist also gefragt nach der Bedingung der Möglichkeit des Verstehens von Sein, d.h. es soll der unthematisch immer schon geschehende Vorentwurf freigelegt werden, aus dem Sein als solches verständlich ist.

Die Frage nach dem Sinn von Sein fragt nach der Bedingung der Möglichkeit, Sein verstehen zu können, also nach dem, woraus Sein seine Verstehbarkeit bezieht. Heidegger stellt fest, daß die Frage nach dem Sinn von Sein bisher durch die Selbstverständlichkeit dessen, was Sein meint, verhindert worden ist. Daher muß allererst der Sinn der Frage nach dem Sinn von Sein verständlich werden. Und so darf nicht vorschnell eine Antwort auf die Frage "Was oder wie ist Sein?" gegeben werden, sondern es muß zuerst dem nachgegangen werden, was die Bedingung der Möglichkeit ist, Sein verstehen zu können. Erst ist das Woraufhin zu finden, aus dem Sein als solches seine Verständlichkeit bezieht. Dies ist das Ziel von "Sein und Zeit". Das -wohlgemerkt vorläufige - Ziel des Werkes - das eigentliche dürfte der Frage nachgehen, "was" denn Sein ist - ist es, die Zeit als das Woraufhin darzulegen, aus dem Sein als solches verstehbar ist.[1] Damit ist bereits

---

1) Es gibt in der Literatur im wesentlichen drei verschiedene Deutungen von Heideggers Intention in "Sein und Zeit": zum einen die ontologische, zum zweiten die "subjektivistische" und zum dritten die Position, die beide zu vermitteln sucht, wobei allerdings Überschneidungen sich nicht vermeiden lassen. Beispiele für die "subjektivistische" und die vermittelnde Deutung werden später gegeben. Zunächst Beispiele für die ontologische Deutung, die darum 'Sein und Zeit' am nächsten kommt, weil sie die Frage im Auge behält, die "Sein und Zeit" bewegt: die Frage nach dem Sinn von Sein.

jetzt die Ansicht Karl Heims widerlegt, daß Heidegger
deshalb die Frage nach dem Sinn von Sein stelle, weil das

"Zum einen steht in 'Sein und Zeit' primär nicht das
Wesen des Menschen als Existenz in Frage, sondern jene
nur insoweit, als ihre Explikation die Erörterung des
'Sinns von Sein' ermöglichen soll mit dem Ziel, eine
Fundamentalontologie   zu   begründen."   (Zimmermann,
Franz: Einführung in die Existenzphilosophie. Darm-
stadt 1977, S. 91)
"Martin Heidegger selbst hat allerdings den Ausdruck
'Existenzphilosophie' niemals als zutreffend für den
Inhalt, die Form und die Absicht seines Philosophie-
rens anerkannt. Der Ausdruck 'Existenzphilosophie'
schien ihm immer den Irrtum nahezulegen, als ob die
'Existenz', worunter er die eigenartige Vollzugsweise
des menschlichen 'Daseins' versteht, das Hauptthema
der Philosophie nun sein sollte. Dies würde aber dazu
führen, daß Philosophie in erster Linie philosophische
Anthropologie wäre. Und wirklich wurde die Philosophie
Heideggers, trotzdem er sich von Anfang an und schon
in 'Sein und Zeit' mit aller Energie dagegen aus-
sprach, meist in diesem Sinne fälschlich ausgedeutet.
Für Heidegger gibt es nur ein Thema des Philosophierens: Nicht den Menschen und die Existenz, sondern
einzig und allein das Sein. Aber die Existenz und in
ihr der Mensch ist Mittel und Ort und Grund der Möglichkeit und Ansatz für die Seinserhellung." (Müller,
Max: Existenzphilosophie im geistigen Leben der Gegenwart. Heidelberg, 2. Auflage, 1958, S. 13)
Damit hat Müller ein wesentliches Mißverstehen Heideg-
gers erkannt und auf seine Wurzel zurückgeführt.
"Heideggers philosophischer Ansatz beim Dasein ist
keine Neubestimmung der Subjektivität, sondern ihre
Verabschiedung." (Herrmann, Friedrich-Wilhelm von:
Subjekt und Dasein. Interpretationen zu "Sein und
Zeit". Frankfurt/Main 1974, S. 10) So aber "steht die
Ontologie des Daseins auch außerhalb der Existenzphi-
losophie unseres Jahrhunderts." (Herrmann: Subjekt und
Dasein, S. 10) Wenn Heidegger daher vom Menschen als
Dasein spricht, tut er dies in ontologischer Absicht:
"'Dasein' meint, obwohl es der 'reine Seinsausdruck'
für das Seiende 'Mensch' ist, nicht die in sich selbst
ruhende menschliche Seinsverfassung (wie die Subjektivität des Subjekts), sondern die ontologische Zusammengehörigkeit des menschlichen Seins (Existenz und
Existenzialien) mit dem Sein als solchem der Ganzheit
des Seienden. Die ontologische Frage nach dem Dasein
ist die eine universelle, in sich zwiefache Frage nach
dem Sinn von Sein-überhaupt ... und der existenzialen

Sein des Subjekts, also des Menschen, fraglich geworden
sei. Vielmehr stößt Heidegger gerade erst über die Frage

Seinsverfassung des seinsverstehenden Menschen."
(Herrmann: Subjekt und Dasein, S. 10 f.) Die Seinsfra-
ge hat also absolut den Vorrang. Von der existenzial-
ontologischen Analyse gilt: "Sie fragt nach jenen
konstitutiven Strukturen der Existenz, die das Seinsverstehen konstituieren als das Verstehen des eigenen
Seins, des kategorialen Seins des nichtdaseinsmäßigen
Seienden und allem zuvor des Einfachen des Seins als
des ursprünglichsten Horizontes, von woher sich das
Verstehen des kategorialen Seins bestimmt." (Herrmann:
Subjekt und Dasein, S. 71).
In dieselbe Richtung weist Bretschneider: "Das aber
bedeutet: 'Sein und Zeit' ist nicht ein Buch, das den
Menschen beschreibt, und in dessen Denken der Mensch
in den Mittelpunkt gerückt ist, sondern eine Aufgabe,
die einen ersten Vorstoß wagt in Richtung auf die
Erhellung der Frage nach dem Sein." (Bretschneider,
Willy: Sein und Wahrheit. Über die Zusammengehörigkeit
von Sein und Wahrheit im Denken Martin Heideggers.
Meisenheim am Glan 1965, S. 56 f.) "So ist die Frage
Heideggers nach dem Sinn des Seins das ontologische
Bemühen um die Eröffnung der Grundzusammenhänge des
Seienden und im eigentlichen Sinne des Wortes Fundamentalontologie. Erstes und alleiniges Ziel der Funda-
mentalontologie ist die Grundfreilegung der Beziehun-
gen und Verhaltensweisen des Seienden, wodurch sich
Sinn und Wahrheit des Seins zeigen soll." (Bretschnei-
der, S. 59) Bretschneider verweist in diesem Zusammen-
hang auf die Wichtigkeit der ontologischen Differenz
Sein - Seiendes: "Die Verschiedenheit des Seins zu
Seiendem ist als die ontologische Differenz der wal-
tende Unterschied von verstehender Eröffnung und Verhalten zu Seiendem, der im Dasein aufbricht, das sich
Sein-verstehend zu Seiendem verhalten kann. In diesem
Verstehen wird Wahrheit eröffnet. ... Die ontologische
Wahrheit ist das vorgängige Seinsverständnis, das ein
Sinnganzes und einen Bedeutungszusammenhang ermög-
licht." (Bretschneider, S. 60)
Erst aufgrund dieses grundsätzlich ontologischen Ver-
stehens von "Sein und Zeit" kann Bretschneider schreiben: "'Sein und Zeit' denkt vom Menschen aus auf das
Sein zu und sucht die Daseinsstrukturen offenzulegen
für ein Verstehen von Sein." (Bretschneider, S. 75)

nach dem Sinn von Sein auf den Menschen[4] als den Ort der

---

4) Heideggers Werk ist in gewisser Weise, nämlich seinsmäßig, als Anthropologie lesbar, und zwar bereits aus
philosophischer Sicht. So vermerkt Köchler zum Bezug
von Anthropologie und Ontologie: "... die Frage nach
dem Menschen steht vielmehr in einem inneren dialektischen Bezug zur Seinsfrage, welcher Bezug das gesamte
philosophische Denken H.s durchformt." (Köchler, Hans:
Der innere Bezug von Anthropologie und Ontologie.
Meisenheim am Glan 1974, S. 5) "Der hier auftretende
(erkenntnistheoretisch-dialektische) Zirkel (daß die
Frage nach dem Sein die Frage nach dem Menschen impliziert und umgekehrt) kann nach den zwei möglichen
Richtungen hin als 'anthropologisch' (analog dem hermeneutischen) verstanden werden: wenn ich nach dem
Sein frage, sehe ich mich auf den Menschen verwiesen,
muß also ein ... 'vages' anthropologisches Vorverständnis bei einer an sich rein ontologischen Untersuchung voraussetzen; - und wenn ich nach dem Menschen
frage, gelange ich zum vorgängigen Seinsverständnis
als der Vorbedingung der Selbsterfahrung, muß also
wiederum das andere voraussetzen, um 'Menschlichkeit'
(humanitas) bestimmen zu können." (Köchler, S. 12) Die
Bestimmung des Menschseins aus dem Sein setzt also,
genau wie die Bestimmung des Menschseins von Gott her,
die Analyse der ontologischen Verfaßtheit des Daseins
immer schon voraus. Ohne sie ist kein adäquates Verstehen des Seins bzw. Gottes möglich.
Abschließend urteilt Köchler: "Anthropologie und Ontologie stellen auf dieser Ebene der Besinnung je zwei
verschiedene Akzentuierungen der einen transzendentalen Problematik dar, die der Korrelation von Sein und
Bewußtsein nachfragt, - wobei es zwischen beiden Dis-
ziplinen keinen prinzipiellen Unterschied mehr gibt,
nur einen Unterschied des Aspekts!" (Köchler, S.
78 f.)
Genau die strenge Aufeinanderbezogenheit von Anthropologie und Ontologie (bzw. Theologie) sieht auch Ignatow (Ignatow, Assen: Heidegger und die philosophische
Anthropologie. Eine Untersuchung über die anthropologische Dimension des Heideggerschen Denkens. Meisenheim am Glan 1979), wenn auch mit anderem Akzent: "Wir
meinen, daß der Begriff 'Aufheben' am genauesten die
Beziehung zwischen Ontologie und Anthropologie in dem
System der Fundamentalontologie ausdrückt. Die Fundamentalontologie ist weder eine reine (allgemeine)
Ontologie, noch eine philosophische Anthropologie. Sie
hebt die beiden in einer neuen, synthetischen Einheit
auf. Das Schaffen dieser eigenartigen Synthesis ist

Seinsfrage. Dies zeigt sich exemplarisch in der Bezeich-

---

eine der größten Leistungen von Heidegger. Seine uner-
schöpfliche Originalität zeigt sich auch darin, daß
die Frage nach dem Sein und die Frage nach dem Menschen in einem neuen Ganzen verschmolzen sind, daß die
ontologischen Probleme als anthropologische ..., die
anthropologischen als ontologische gestellt werden."
(Ignatow, S. 151) Im einzelnen bedeutet das für Ignatow: "Die allgemeine Ontologie wird nämlich durch die
regionale Ontologie des Menschen vermittelt. Diese
regionale Ontologie ist die philosophische Anthropologie. ... Dies bedeutet aber, daß die generelle Ontologie mittels der philosophischen Anthropologie im
System der Fundamentalontologie aufgehoben wird."
(Igantow, S. 152) Dazu lautet die Gegenthese und
schließlich die Synthese: "Die philosophische Anthropologie wird also nicht unmittelbar, sondern mittelbar
betrieben, durch die allgemeine Ontologie vermittelt,
also durch sie aufgehoben." (Ignatow, S. 153) Dennoch
ist ein Schwerpunkt festzustellen. "Die Beziehungen
zwischen den beiden Aspekten sind vielmehr asymetrisch
und nämlich: Im Rahmen der Synthese ordnen die anthropologischen Aspekte die rein-ontologischen unter."
(Ignatow, S. 153)
Gerade mit dem letzten Zitat kommt Ignatow jedoch in
die Gefahr, die Absicht Heideggers zu vergessen, die
in der Klärung des Sinns von Sein besteht. Der Sinn
des Seins des Daseins als der Zeitlichkeit dient dazu,
die Frage nach dem Sinn von Sein verstehen zu können,
nicht umgekehrt. Heidegger selbst wehrt sich dagegen,
sein Denken als Anthropologie zu verstehen. Man vergleiche dazu den § 10 von "Sein und Zeit": "Die Abgrenzung der Daseinsanalytik gegen Anthropologie,
Psychologie und Biologie". Denn die Anthropologie
versteht das Sein des Daseins als Vorhandenheit. Dadurch aber bleibt das Sein des Daseins, die Existenz,
von vornherein verdunkelt. Dennoch bleibt die Frage,
was der Mensch sei, jenseits der Anthropologie der
Vorhandenheit, auch für Heidegger notwendig: "In der
Einleitung wurde schon angedeutet, daß in der existenzialen Analytik des Daseins eine Aufgabe mitgefördert
wird, deren Dringlichkeit kaum geringer ist als die
der Seinsfrage selbst: Die Freilegung des Apriori, das
sichtbar sein muß, soll die Frage 'was der Mensch
sei', philosophisch erörtert werden können." (Heidegger, Martin: Sein und Zeit, S. 45) "Keine Anthropologie, die ihr eigenes Fragen und dessen Voraussetzungen
noch versteht, kann beanspruchen, auch nur das Problem
einer Grundlegung der Metaphysik zu entwickeln, geschweige denn, sie durchzuführen. Die für eine Grund-

nung des Menschen als: Da-sein.

---

legung der Metaphysik notwendige Frage, was der Mensch sei, übernimmt die Metaphysik des Daseins." (Heidegger, Martin: Kant und das Problem der Metaphysik. Frankfurt am Main, 3. Aufl. 1965. S. 208) Bultmann räumt sogar den Begriff "anthropologisch" unter existenzialen Voraussetzungen als rechtmäßige Interpretation von "Sein und Zeit" ein: "Als 'anthropologisch' mag man diese Interpretation bezeichnen unter der Bedingung, daß man unter Anthropologie die existentiale Analyse des menschlichen Seins versteht und nicht ... eine solche mit einer Anthropologie jenes objektivierenden Denkens verwechselt, das das menschliche Sein nur als Weltphänomen verstehen kann." (Bultmann, Rudolf: Zum Problem der Entmythologisierung. In: Bartsch, Hans Werner (Hg.): Kerygma und Mythos. Bd. II. Hamburg-Bergstedt, 2.Aufl. 1965. S. 179-195. Zitat S. 184, Anm. 1) Genau eine solche Anthropologie entwirft W. Keller. Er versteht die existenziale Analyse Heideggers als Anthropologie. (Vgl. Keller, W.: Philosophische Anthropologie-Psychologie-Transzendenz. In: Gadamer, Hans-Georg/Vogler, P. (Hg.): Neue Anthropologie. Bd. 6 Philosophische Anthropologie. S. 6 ff.) Die Frage nach dem Menschen als Frage nach der Seinsverfassung des Daseins, dessen "Wesen" in der Existenz liegt, bleibt auch nach der Ablehnung der philosophischen Anthropologie durch Heidegger - von dessen ontologischem Denken selbst het - akut. "Die Fundamentalontologie ... ermöglicht in der Tat eine tiefere Grundlegung des Fragens nach dem Menschen. An diesem Zugang ist nichts zu kritisieren. Wie zweifeln nur daran, ob das 'Entweder-Oder', ob die Disjunktion von Anthropologie und Fundamentalontologie (bzw. Seinsdenken) berechtigt ist. Mag auch die philosophische Anthropologie in ihrer faktischen Verwirklichung ungenügend sein, damit ist ihre 'Idee' noch nicht diskreditiert und die Möglichkeit ihrer ontologischen Fundierung und Vertiefung nicht ausgeschlossen." (Ignatow, Assen: Heidegger und die philosophische Anthropologie. Meisenheim am Glan 1979. S. 43)

6.2   Der Plan von "Sein und Zeit"

Zur eigentlichen Frage, "was" denn Sein "ist", wird "Sein
und Zeit" in seiner veröffentlichten Form nicht reifen.
Deshalb dient das Ziel des vorliegenden Teiles "lediglich" der Vorbereitung der Antwort auf die eigentliche
Frage nach dem Sein. Denn "Sein und Zeit, wie es gedruckt
vorliegt, umfaßt nur die zwei Abschnitte des ersten
Teils: "Die Interpretation des Daseins auf die Zeitlichkeit und die Explikation der Zeit als des transzendentalen Horizontes der Frage nach dem Sein"[1], die da lauten:

1. "Die vorbereitende Fundamentalanalyse des Daseins"[2]
2. "Dasein und Zeitlichkeit"[3]

Der dritte Abschnitt ("Zeit und Sein")[4] ist nicht veröffentlicht. Zu erwähnen ist aber, daß Heidegger 1962 einen
Vortrag gleichen Titels gehalten hat, der jedoch nicht
unmittelbar an den veröffentlichten Teil anschließt, sondern lange Zeit nach der sogenannten "Kehre" gedacht ist.
Auch der gesamte zweite Teil ("Grundzüge einer phänomenologischen Destruktion der Geschichte der Ontologie am
Leitfaden der Problematik der Temporalität"[5]) ist unver-
öffentlicht. Allerdings hat Heidegger 1929 seine Kant-Ar-
beit veröffentlicht ("Kant und das Problem der Metaphysik") und sich wiederholt und intensiv mit Aristoteles,
Descartes, Platon und anderen Philosophen beschäftigt.

Das vorliegende Ziel der Untersuchung von "Sein und Zeit"
bleibt demnach die Herausstellung der Zeit im Sinne der

---

1) Sein und Zeit, S. 39.
2) ebd.
3) ebd.
4) ebd.
5) ebd.

Zeitlichkeit als der Bedingung der Möglichkeit, Sein
verstehen zu können.

6.3   Die Seinsfrage als existenziale Analytik

Entschieden ist bei der bis dahin gekennzeichneten Vor-
gehensweise nicht, "was" Sein "ist". Wohl aber wird entschieden über die Perspektive, aus der heraus die Frage
nach dem Sinn von Sein überhaupt beantwortet werden kann.
"Und wenn wir nach dem Sinn von Sein fragen, dann wird
die Untersuchung nicht tiefsinnig und ergrübelt nichts,
was hinter dem Sein steht, sondern fragt nach ihm selbst,
sofern es in die Verständlichkeit des Daseins hereinsteht."[1] Die Frage nach dem Sinn von Sein wird vom

---

1) Heideggers Philosophie steht, von der Doppeltheit von
   der Frage nach dem Sein über das Dasein als des Ortes
   der Seinsfrage her, in der Gefahr, als doppelgesichtig
   interpretiert zu werden. So spricht Heinemann (Heinemann, Fritz: Existenzphilosophie. Lebendig oder tot?,
   Stuttgart 1954) von dem Rätsel Heidegger, besonders
   was dessen eigene, spätere Interpretationen von "Sein
   und Zeit" anbelangt: "Er scheint der doppelgesichtige
   Janus der gegenwärtigen Philosophie zu sein." (Heinemann, S. 90), "denn es gibt nicht nur die beiden Heidegger, den contrecoeur Existenzphilosophen und den
   zukünftigen Ontologen, sondern eine Synthese beider in
   einem dritten Heidegger. Dieser interpretiert die
   existentiellen Aussagen seines Hauptwerkes nunmehr so,
   als ob sie lediglich ontologische Bedeutung hätten,
   und spielt jetzt die Rolle des Ek-sistentialisten. Aus
   diesen Gründen ist es nahezu unmöglich und unfrucht-
   bar, über Heidegger zu schreiben." (Heinemann, S. 91)
   "Seine These war (in "Sein und Zeit"), daß nur die
   Existenzanalyse, oder vielmehr eine fundamentale Ontologie des Daseins, den Weg für das Verständnis des
   Seins und für regionale Ontologien freilegen könne."
   (Heinemann, S. 91)
   Eine eher typische Auffassung von "Sein und Zeit", die
   im Hinblick auf den späteren Heidegger gesagt ist, und
   die der Sache, um die es geht, schon näher als Heinemann kommt, bietet Bretschneider (Bretschneider, Willy: Sein und Wahrheit. Meisenheim am Glan 1965):

Dasein aus gestellt. Sie geschieht als Explikation des
unthematisch immer schon geschehenden Vorentwurfs des
Daseins, aus dem das Sein als solches verständlich ist.
Doch wie kommt Heidegger dazu, das Sein aus dem Vorentwurf des Daseins erhellen zu wollen? Zielt seine Frage
nicht auf das Sein? Warum will er gerade über das Dasein
der Frage nach dem Sinn von Sein nachgehen? Ist das Dasein nicht ein Seiendes unter vielen? Was zeichnet es so
besonders aus?

Die Doppeltheit der Frage nach dem Sinn von Sein über das
Dasein[1]) zeigt sich in der Ausarbeitung der Charakteristik der Frage selbst und ihrer Übertragung auf die Frage
nach dem Sinn von Sein. Die Frage zeigt: Das Gefragte ist
das Sein, das Erfragte der Sinn von Sein, das Befragte
das Seiende, denn Sein ist Sein von Seiendem. Aber von
welchem Seiendem?

Die Frage selbst gibt Auskunft. Denn die Frage ist als
Seinsart eines bestimmten Seienden, nämlich des Fragenden, des Daseins, das Heidegger als den Ort der Seinsfrage erkennt. Um die Frage nach dem Sinn von Sein auf ein
neues Fundament legen zu können, das heißt aber die

"'Sein und Zeit' denkt vom Menschen aus auf das Sein
zu und sucht die Daseinsstrukturen offenzulegen für
ein Verstehen von Sein. Die späteren Bemühungen denken
vom Sein zurück auf den Menschen und erfahren ihn als
vom Sein in das Geschehen seines Daseins Ereigneten."
(Bretschneider, S. 75)
Am reinsten findet sich die Gefahr des doppeldeutigen
Verstehens Heideggers bei Demske (Demske, James M.:
Sein, Mensch und Tod. Das Todesproblem bei Martin
Heidegger. München 1963): "Die Daseinsanalyse weist
eine Doppelseitigkeit auf, indem sie sowohl 'uneigentlich' als eine heroisch-tragische Philosophie des
Menschen wie auch 'eigentlich' als die Vorbereitung
einer Ontologie des Seins erscheint; diese Doppeldeutigkeit gründet in Heideggers Intention, die Ontologie
ontisch zu begründen." (Demske, S. 74).

Bedingung der Möglichkeit des Verstehens von Sein ans
Licht zu bringen, muß, da die Frage selbst ein Seinsmodus
des Seienden ist, das das Dasein ist, dieses Seiende
hinsichtlich seines Seins erhellt werden. So kann der
Sinn von Sein von seinem Verständnishorizont her erhellt
werden, das heißt der unthematisch geschehende Vorentwurf
erfaßt werden, der die Bedingung der Möglichkeit ist,
Sein verstehen zu können. Dies bringt uns auf die Spur
der Seinsfrage. Denn das Dasein ist selbst vom Sein bestimmt, da es als Seinsmodus die Möglichkeit des Fragens
hat. Dasein hat immer schon ein vorläufiges Seinsverständnis. Daher weist die Explikation des Seins des Daseins nichts anderes auf als die Bedingung der Möglichkeit, Sein verstehen zu können.
Heidegger begründet seine Absicht, die Seinsfrage erneut
zu stellen, damit, daß zuerst geklärt sein muß, was überhaupt mit dem Ausdruck "Sein" und dem "ist" gemeint ist,
ehe die Einzelontologien, die den einzelnen Wissenschaften zugrunde liegen, zu hinterfragen sind. Damit ist
zugleich der Anspruch erhoben, daß die Herausarbeitung
der Frage nach dem Sein das Fundament aller Wissenschaften abgibt. Von daher ist Heideggers Ontologie, seine
"Lehre" vom Sein, als Fundamentalontologie zu kennzeichnen. Ferner ist damit behauptet, daß die Einzelwissen-
schaften zu einer solchen Untersuchung selbst nicht fähig
sind.

Doch die Seinsfrage hat neben dem ontologischen, wie der
Philosoph den genannten Vorrang nennt, noch einen ontischen Vorrang. Meint "ontologisch" die dem Vollzug zugrunde liegende Struktur, so kennzeichnet der Terminus
"ontisch" den Vollzug selbst, der aufgrund der zugrunde
liegenden Struktur geschieht. Das Begriffspaar ontolo-
gisch-ontisch ist gleichbedeutend mit existenzial-exi-
stenziell.

Hat die Seinsfrage einen ontischen Vorrang, so ist damit
die Frage aufgeworfen, wo die Frage nach dem Sein als

solche vollzogen wird. Die Bedingung der Möglichkeit,
Sein verstehen zu können, ist dann von diesem Ort her zu
erfragen. Der Ort der Seinsfrage ist der Mensch, das
Da-sein.

Zweierlei ist nun zu zeigen: zum einen, wie es möglich
ist, daß die Frage nach dem Sein im Dasein vollzogen
wird; zum anderen, wie es denkbar ist, daß alle Einzelontologien - also das jeweilige Seinsverständnis eines
Bezirks von Seienden, die sich doch größtenteils auf
nichtmenschliches Seiendes beziehen - ontologisch im
Dasein begriffen werden können. Das Dasein muß bestimmte
Vorzüge besitzen, die es von anderen Seienden unterscheidet und hervorhebt[1].

Die erste Frage beantwortet Heidegger so: "Es (das Dasein) ist vielmehr dadurch ontisch ausgezeichnet, daß es
diesem Seienden in seinem Sein <u>um</u> dieses Sein selbst
geht."[2] Um-sein besagt, daß das Dasein nicht, wie nicht-
daseinsmäßiges Seiendes, lediglich vorkommt, also kein
Verhältnis zu diesem seinem Sein ist, sondern daß es
selbst sich zu diesem seinem Sein verhält, indem es sich
selbst gelichtet ist. Das eigene Sein ist dem Dasein in
gewisser Weise immer schon erschlossen. Dasein ist wesentlich die Erhelltheit des eigenen Seins, es versteht
sein Sein. Indem Dasein sich schon immer versteht, versteht es sein <u>Sein</u>. Dies aber nicht nur nachträglich,

---

1) Dies unterstreicht ausdrücklich Herrmann (Herrmann,
   Friedrich-Wilhelm von: Subjekt und Dasein, Frankfurt
   am Main 1974), um zudem den Zusammenhang der Auslegung
   des nichtdaseinsmäßigen Seienden mit der Auslegung des
   Daseins von sich selbst hervorzuheben: "Heidegger hat
   in 'Sein und Zeit' gezeigt, daß die Idee des Seiend-
   seins als Vorhandensein ... primär eine Seinsart des
   nichtmenschlichen Seienden ist, die wir in der Selbstauslegung auf uns übertragen". (Herrmann, S. 28 f.)
2) Sein und Zeit, S. 12.

sondern das Erschlossensein des eigenen Seins gehört dem Dasein wesentlich zu, das heißt aber seinsmäßig.

Dasein geht es in seinem Sein um dieses Sein. So ist das Dasein ontisch, im konkreten Vollzug, dadurch anderen Seienden voraus, "daß es ontologisch ist"[1]. Ihm ist seinsmäßig sein Sein und damit das Sein selbst erschlossen. Dasein versteht immer schon sein Sein und das Sein selbst, indem es sein Sein ist. Dasein ist das Da seines Seins, das heißt seinsmäßig gelichtet. Dies bedeutet allerdings nicht, daß Dasein schon eine explizite Ontologie ausbilden müßte. Das hier angesprochene Seinsverständnis ist dagegen ein vorexplizites.

Seinsverständnis gehört konstitutiv zum Dasein.

Damit ist herausgestellt, daß Dasein ontologisch ist, das heißt nur so, daß es seinsmäßig sein Sein versteht und damit zugleich das Sein selbst. Es ist aber noch nicht das "Wesen" des Daseins umschrieben, also das, "was" das Sein des Daseins ausmacht.

6.4   Dasein als Existenz

Das Sein des Daseins liegt in der Existenz. "Das 'Wesen' des Daseins liegt in seiner Existenz."[1] Oder anders ausgedrückt: "Das 'Wesen' dieses Seienden liegt in seinem Zu-sein."[2] Heidegger vermerkt in den Randbemerkungen seines Manuskriptes von "Sein und Zeit", die in der 15. Auflage des Werkes mitgeteilt sind, zum Zu-sein: "daß es zu seyn 'hat'; Bestimmung!"[3] Das "Wesen" des Daseins ist

---

1) Sein und Zeit, S. 42.
2) ebd., S. 42.
3) ebd., S. 440.

nicht durch ein Was, eine Weise der Vorhandenheit, wie z.B. bei einer Uhr oder einem Baum zu bezeichnen. Es ist allein der aufgegebene Vollzug des Daseins, der sein "Wesen" ausmacht: daß es zu sein hat. "Das(jenige) Sein selbst, zu dem (als seinem eigenen) das Dasein sich so oder so verhalten kann und immer irgendwie verhält, nennen wir Existenz. Und weil die Wesensbestimmung dieses Seienden nicht durch Angabe eines sachhaltigen Was vollzogen werden kann, sein Wesen vielmehr darin liegt, daß es je sein Sein als seiniges zu sein hat, ist der Titel Dasein als reiner Seinsausdruck zur Bezeichnung dieses Seienden gewählt."[1]

Das Sein des Daseins, die Existenz, ist nicht in einem Was-sein, einer essentia, begründet, sondern allein im Existieren selbst zu sehen, daß es zu sein hat. Dasein ist sich vollziehendes Sein, das nicht "vollendet" ist wie ein Vorhandenes, sondern das sich selbst aufgegeben ist.

Dieses Aufgegebensein ist je meines. "Das Sein, darum es diesem Seienden in seinem Sein geht, ist je meines."[2] Heidegger bezeichnet diese Eigenart des Daseins, je meines zu sein, als Jemeinigkeit.

Da Dasein ontologisch ist und zugleich Existenz, daß es zu sein hat, sich aufgegeben[3] ist, gilt: Dasein ist

---

1) Sein und Zeit, S. 12. Das in Klammern zitierte stammt aus den Anmerkungen Heideggers zu seinem eigenen Manuskript, die in der 15. Auflage von "Sein und Zeit" mitgeteilt wurden. Das hier Zitierte findet sich dort auf S. 440.
2) Sein und Zeit, S. 42.
3) Im selben Sinne argumentiert Bollnow (Bollnow, Otto Friedrich: Existenzphilosophie. Stuttgart, 5.Auflage 1955): "Wenn aber die Existenz nicht in einem inhaltlichen Was, sondern nur in einem Wie des Existierens begriffen werden kann, so bedeutet das notwendig eine

Seinsverständnis, indem es existiert. Dasein versteht
Sein, indem es sich aufgegeben ist und je meines ist.
"Die Transzendenz des Seins des Daseins ist eine ausgezeichnete, sofern in ihr die Möglichkeit und Notwendigkeit der radikalsten Individuation liegt."[1] Daß Dasein
Seinsverständnis ist, bedeutet zugleich, daß es zu sein
hat.[2]

Sprengung jeder immanenten Deutung und besagt, daß
Existenz nicht als in sich selber ruhendes einfaches
Sein, sondern nur als ein über sich selbst hinauswei-
sendes Verhältnis, als ein Bezug aufgefaßt werden
kann. Ihr Sein selber besteht in einem Bezogensein,
und zwar nicht nur so, daß zu einem in sich schon
fertigen Sein dann hinterher auch noch ein Bezug auf
etwas anderes hinzutreten könnte, sondern im ganz
strengen Sinn: Das Sein der Existenz 'ist' Bezogensein
und nicht außerdem." (Bollnow, S. 35) "In diesem Zusammenhang bestimmt sich schärfer der schon einmal
angeführte Satz: 'Das 'Wesen' des Daseins liegt in
seiner Existenz' (SuZ. 42), wobei Wesen jetzt im Sinn
jener tieferen Seinsmöglichkeit verstanden ist, die
der Mensch nicht schon von 'Natur' aus ist, sondern
die zu verwirklichen ihm als sein eigenstes Anliegen
aufgegeben ist." (Bollnow, S. 37).
Reding verweist in diesem Zusammenhang zusätzlich auf
Kierkegaard: "Mit Kierkegaard teilt Heidegger die
Überzeugung, daß das Selbst nur durch einen Bezug, ein
Verhältnis hergestellt wird. Aber von Kierkegaard
trennt er sich, indem er diesen Bezug als einen Bezug
auf die Seinsmöglichkeiten des Daseins, auf dessen
Existenz ansieht oder den Bezug zur Welt." (Reding,
Marcel: Die Existenzphilosophie, Düsseldorf 1949, S.
129).
1) Sein und Zeit, S. 38.
2) Auch Pöggeler sieht die Betonung des Vollzuges bei
Heidegger gegeben (Pöggeler, Otto: Der Denkweg Martin
Heideggers. Pfullingen 1963): "Wieso aber genügt die
metaphysische Begrifflichkeit nicht der Erfahrung des
Lebens in seiner Tatsächlichkeit? Sie verdeckt, daß es
dem faktischen Leben wesentlich auf den nichtobjekti-
vierbaren Vollzug ankommt und daß dieser Vollzug 'historisch' (geschichtlich, wie wir heute sagen) ist."
(Pöggeler, S. 41) Oder: "Worin liegt nun die eigentliche Verfehlung des Denkens, das wir hier (vom
Sprachgebrauch der späteren Arbeiten Heideggers her)
summarisch genug als 'Metaphysik' bezeichnen? Sie
liegt darin - diese Erkenntnis bedeutet für Heidegger
den entscheidenden Schritt auf dem Wege zu 'Sein und

Das Zu-sein ist der Vollzug des Daseins selbst. Der je-
meinige Vollzug ist zugleich seinsverstehend. Dasein geht
es um das Sein, es ist der Ort der Seinsfrage, indem es
sein jemeiniges Sein vollzieht und so Seinsverständnis
ist. Heidegger stellt also die Seinsfrage radikal vom
Da<u>sein</u> aus so, daß das Sein seine Verständlichkeit, das
heißt die Bedingung der Möglichkeit, es zu verstehen, aus
dem Dasein gewinnt, welches jemeinig existierend und
zugleich seinsverstehend ist.

Von diesem Ansatz der Existenz her - daß das Dasein sich
je aufgegeben ist, daß es zu sein hat - ist es auch verständlich, daß Heideggers Werk unter dem Blickwinkel des
Existentialismus oder Subjektivismus gesehen werden konnte. Denn darin kommt Heidegger beispielsweise mit dem
Existentialisten Sartre überein, daß die Existenz sich je
aufgegeben ist und ihr Sein nur im geschichtlichen Werden
gewinnt[1].

Zeit' -, daß das metaphysische Denken das Sein als
stetes Vorhandensein denkt und somit der Zeitlichkeit
des Vollzugs des faktischen Lebens nicht Genüge tun
kann." (Pöggeler, S. 42)
Zum Zu-sein bemerkt ferner Tugendhat (Tugendhat,
Ernst: Der Wahrheitsbegriff bei Husserl und Heidegger.
Berlin 1967): "Der Lebensvollzug ist für Heidegger ein
<u>Seinsvollzug</u>, eines Seins, das als 'Zu-Sein' ein 'Wie'
<u>des Seins</u> ist ... und von diesem aus wird nun auch der
Sinn von Sein überhaupt verstanden." (Tugendhat, S.
265 f.) "'Das Wesen dieses Seienden liegt in seinem
Zu-Sein' (Sein und Zeit, S. 42), und dieses Sein als
Zu-Sein, das nicht als Vorhandenheit festzustellen
sondern als jeden Augenblick bevorstehendes zu leisten
ist, nennt Heidegger 'Existenz' ... ." (Tugendhat, S.
299)
1) Es ist, wie gesagt, möglich, Heideggers Werk "Sein und
Zeit" unter dem Blickwinkel Existentialismus-"Subjektivismus" zu sehen. Im Nachfolgenden sollen dafür
einige Autoren benannt werden:
So sagt Schulz (Schulz, Walter: Philosophie in der
veränderten Welt. Pfullingen 1972), Heideggers Werk
"Sein und Zeit" sei "eine kritische Anknüpfung an die
Transzendentalphilosophie: die Subjektivität wird als

Diese Heidegger-Deutungen stehen in der Gefahr, einseitig
zu werden. Denn Heidegger selbst möchte seine Philosophie
ausdrücklich nicht als Existentialismus verstanden wissen, da seine Frage von Grund auf ontologischer Art sei.
Ferner wehrt er sich gegen die Auffassung seiner Philoso-

---

ontologische Bedingung herausgestellt, wobei das Wesen
dieser Subjektivität nicht durch die Unendlichkeit,
aondern durch die Endlichkeit bestimmt ist." (Schulz,
S. 274) Ferner führt Schulz aus: "Der Fragende muß
sich auf sich selbst besinnen, und das heißt, er muß
sich über seine eigene Seinsstruktur klar werden: die
Fundamentalontologie konstitutiert sich daher als
existenziale Analytik des Daseins ... denn das Dasein
ist der eigentliche Ort des Seinsverständnisses."
(Schulz, S. 297) "Es (das Dasein) soll das Verstehen
der gegebenen Wirklichkeit begründen." (Schulz, S.
298) "Husserl und Heidegger suchen also beide, insofern sie Transzendentalphilosophen sind, die in der
Wirklichkeit begegnenden Phänomene auf die Subjektivität zurückzuführen." (Schulz, S. 299) Hommes
(Hommes, Jakob: Zwiespältiges Dasein. Die existenziale
Ontologie von Hegel bis Heidegger. Freiburg 1953)
bemerkt zu demselben Thema: "Das Sein selbst bildet
den Wesensgrund des Menschen; es fällt mit dem Menschen zusammen, nicht mit dem gegebenen menschlichen
Subjekt als solchem und in dieser seiner Wirklichkeit,
die der Mensch, wenn er auf sich selbst blickt, vorfindet, wohl aber mit dem Innersten des Menschen
selbst. Damit rückt auch die Ontologie, die Lehre vom
Sein alles Seienden, mit der menschlichen Selbsterfas-
sung zusammen." (Hommes, S. 36 f.) "Das menschliche
Selbst, aus dem heraus das Sein alles Seienden zu
denken ist, bildet den Gegenstand der transzendentalen, d.h. das Sein des Seienden aus dem menschlichen
Selbst ableitenden Reflexion." (Hommes, S. 37 f.)
Zusammenfassend meint Fischer: "... die fundamentalontologische Existenzanalyse will als transzendentale
Anthropologie die subjektive Möglichkeit der Metaphysik dartun." (Fischer, Alois: Die Existenzphilosophie
Martin Heideggers. Leipzig 1935, S. 37)
Alle diese Deutungen verkennen jedoch, daß das Dasein
sein Sein als seiniges zu sein hat. Die ontologische
Frage hat also Vorrang vor dem sogenannten "Existentialismus". Ja nicht nur das, sondern sie fundiert allererst die Möglichkeit, von Subjekt oder "Existenz"
im existentialistischen Sinne zu sprechen, indem sie
die Seinsstrukturen des seinsverstehenden Menschen als
des Da seines Seins aufzeigt.

phie als Subjektivismus, denn Dasein wird unter dem Aspekt expliziert, insofern als es für die Seinsfrage nötig
ist, und ferner kann er darauf verweisen, daß es ihm dadurch allererst um die Grundlage geht, von so "etwas" wie
einem Subjekt reden zu können. Er spricht sich ausdrücklich etwa gegen die Auffassung vom Subjekt als etwas
Vorhandenem aus (vgl. "Sein und Zeit", § 43, a).

Die Aufgegebenheit als Konstitutivum für das "Wesen" des
Daseins betont auch Jäger: "Das radikale Auf-sich-ge-
stellt-Sein macht nach Heidegger sogar das fundamentale
Wesen des Daseins, die Existenz, aus."[1]

Die Existenz als dies, daß Dasein sein Sein zu sein hat,
steht vor der Alternative, aus sich selbst oder nicht aus
sich selbst zu sein. Diese Alternative entscheidet das
Dasein existenziell. "Das Dasein versteht sich selbst
immer aus seiner Existenz, einer Möglichkeit seiner
selbst, es selbst oder nicht es selbst zu sein."[2] "Die
Existenz wird in der Weise des Ergreifens oder Versäumens
nur vom jeweiligen Dasein selbst entschieden."[3] Das Aus-
sich-selbst-Sein ist aber nicht als Auf-sich-selbst-Be-
harren zu verstehen[4], sondern ist konzipiert gegen das

---

1) Jäger, Alfred: Gott. Tübingen 1978, S. 63.
2) Sein und Zeit, S. 12.
3) ebd., S. 12.
4) Zu erwähnen bleibt an dieser Stelle eine typische
   Mißdeutung von "Sein und Zeit", wie sie sich vor allem
   kurz nach dem Erscheinen des Werkes bzw. kurz nach dem
   II. Weltkrieg etablierte. Stellvertretend dafür steht
   Hessen (Hessen, Johannes: Existenzphilosophie. Essen
   1947):
   "Der Mensch erscheint demnach als eine endliche,
   angsterfüllte, schuldige Kreatur, deren Sein ein 'Sein
   zum Tode' ist." (Hessen, S. 34) "In einem heroischen
   Akt der Entscheidung soll er sein 'Sein zum Tode' als
   frei gewähltes Schicksal auf sich nehmen. Er ist

Verstehen des Seins des Daseins als Vorhandenheit. Dasein
ist nicht besorgbar wie jedes andere innerweltliche Seiende, was seinem Seinscharakter gerade widerspräche.

Wie Dasein sich entscheidet, ob es eigentlich oder uneigentlich existiert, das heißt, ob es sich gemäß seinem
Seinscharakter gehört oder sich aus innerweltlich besorgbaren Möglichkeiten versteht, ist allein existenziell
entscheidbar.

"Die Existenz wird in der Weise des Ergreifens oder Versäumens nur von jeweiligen Dasein selbst entschieden. Die
Frage der Existenz ist immer nur durch das Existieren
selbst ins Reine zu bringen. Das _hierbei_ führende Verständnis seiner selbst nennen wir das _existenzielle_. Die
Frage der Existenz ist eine ontische 'Angelegenheit' des
Daseins."[1] Wie Dasein existiert, das heißt, ob es aus
sich selbst (eigentlich) oder nicht aus sich selbst (uneigentlich) ist, wird allein durch den ontisch-existenzi-
ellen Vollzug entschieden, nicht durch die ontologisch-
existenzialen Fundamente desselben. Daher ist ein existenzielles und ein existenziales Verstehen des Daseins
möglich. Das Verstehen des Daseins, insofern es ontisch-
existenziell die Frage seiner Existenz, aus sich selbst

---

hineigehalten in das _Nichts_ und soll nun zu diesem
Verfallensein an das _Nichts_ ein tapferes Ja sagen."
(Hessen, S. 34) "Was also vom Menschen gefordert wird,
ist die Haltung eines _tragischen Heroismus_ oder eines
heroischen Nihilismus." (Hessen, S. 34) "Von diesem
Immanentismus wird man sagen müssen, daß er auf einen
Atheismus hinausläuft." (Hessen, S. 35) Diese Deutung
verkennt die fundamentalontologische Absicht von "Sein
und Zeit", der es nicht darum geht, ontische Aussagen,
sei es des Heroismus, der Sinnlosigkeit, des Glaubens
oder auch des Unglaubens, zu machen. Heideggers Philosophie ist existenzial angelegt und nicht existenziell
geleitet, d.h. sie ist nicht unter einem ontischen
Blickwinkel entworfen.
1) Sein und Zeit, S. 12.

oder nicht aus sich selbst zu sein, entscheidet, bezeichnet Heidegger als existenzielles Verständnis. Das Verstehen des Daseins hinsichtlich seiner existenzialen Strukturen, die den konkreten Vollzug ermöglichen, nennt er
das existenziale Verständnis.

6.5   Existenzialität

Das Gefüge der ontologischen Strukturen, gemäß denen
Dasein ontisch existiert, nennt Heidegger die Existenzialität. Nur weil Dasein ontologisch ist, ist das Verstehen
der existenzialen Seinsstrukturen des Daseins möglich.
"Die Aufgabe einer existenzialen Analytik des Daseins ist
hinsichtlich ihrer Möglichkeit und Notwendigkeit in der
ontischen Verfassung des Daseins vorgezeichnet."[1] Der
Sinn von Sein ist dadurch zu explizieren, daß das Dasein
auf seine Seinsverfassung, die Existenzialität, hin entworfen wird. Die Existenzialität läßt den Sinn von Sein
verstehbar sein, weil Dasein ontologisch ist, weil es der
Ort der Seinsfrage ist. Diesem Verfahren eignet eine
eigentümliche Doppelheit. Einerseits wird durch den
Aufweis der Existenzialität der Sinn von Sein erst auf-
zeigbar und andererseits setzt die Existenzialität schon
die Idee von Sein überhaupt voraus. Aber es kommt nicht
darauf an, aus diesem Zirkel heraus-, sondern in rechter
Weise in ihn hineinzukommen. Dieser Zirkel setzt den Sinn
von Sein voraus, will ihn aber gleichzeitig erst gewinnen. Eine solche Verstehensstruktur ist aber im Begriff
des Sinns bei Heidegger schon als Vorentwurf erläutert.
Immer muß der Vorentwurf schon getan sein, so daß hier
kein circulus vitiosus vorliegt, sondern der Zirkel des
Sinnes selbst, der das Verstehen konstituiert und im
Verstehensprozeß sich selbst Schritt für Schritt einholt.

---

1) Sein und Zeit, S. 12 f.

6.6   Dasein als In-der-Welt-sein

Wie kann Dasein dadurch, daß es ontologisch ist, das darbieten, was den Sinn von Sein überhaupt ausmacht, wenn es doch augenscheinlicherweise mehr Einzelontologien gibt als die des Daseins? Diese Frage beantwortet Heidegger mit dem Hinweis auf das In-der-Welt-sein des Daseins. Dasein ist, indem es ist, in der Welt und nicht ein Ich-Punkt, der nachträglich Beziehungen zu einem "Außen" aufnimmt. Im Rahmen des Problems der Fundierung von Welt-erkennen durch die Transzendentalität des Subjekts und dessen Kritik durch Heidegger ist einesteils das Verhält-nis Heideggers zu seinem Lehrer Husserl zu sehen[1].

---

1) Diese Problematik verdeutlichen u.a. Schulz, Herrmann und Pöggeler. So vermerkt Schulz: "Wesentlich ist für beide Denker Husserls Phänomenologie. Husserl geht von der Voraussetzung aus, daß die Philosophie nur als Transzendentalphilosophie die grundlegende Wissen-schaft sein könne." (Schulz, Walter: Philosophie in der veränderten Welt. Pfullingen 1972, S. 275) "Von Husserl übernimmt Heidegger die Idee, daß die phäno-menologische Beschreibung ... ontologische Wesenszusam-menhänge aufzudecken habe, die für das ontisch-konkre-te Verhalten konstitutiv seien." (Schulz, S. 275) Schulz behauptet weiter von Heidegger, daß er die kantische Methode verwende: "In einer sehr eindringli-chen Anknüpfung an Kant sucht er eine Transzendental-philosophie der Endlichkeit zu entwickeln". (Schulz, S. 275) Zu der Verbindung Husserl-Heidegger bemerkt ferner Herrmann (Herrmann, Friedrich-Wilhelm von: Subjekt und Dasein. Frankfurt/Main 1974): "Sofern Husserls Phänomenologie der transzendentalen Bewußt-seinskonstitution der realen und idealen Welt ontolo-gisch gesehen wohl eine Vertiefung, aber nicht Über-windung des neuzeitlichen Subjektivitäts-Ansatzes ist, ist 'Sein und Zeit' auch als Auseinandersetzung mit Husserls Bewußtseinsansatz auszulegen." (Herrmann, S. 11 f.) "Das, was auf Heidegger in einer überaus fruchtbaren Weise gewirkt hat, ist allein das phäno-menologische Sehen und somit weder dessen (Husserls) transzendentale Umbildung noch in sachlicher Hinsicht die für Husserl thematischen, durch das phänomenologi-sche Sehen aufzuschließenden 'Sachen'." (Herrmann, S. 16) "Ist für Husserl der Ausgang seines Philoso-phierens die Frage nach dem Bewußtsein und den Bewußt-

Dasein ist In-der-Welt-sein. Daher liegen alle Ontologien
von nichtdaseinsmäßigem Seienden in der Fundamentalontologie beschlossen, deren Aufgabe im Entwurf der Existenz
auf ihre Existenzialität hin besteht. Als die Fundierung
aller Einzelontologien ist Heideggers Philosophie Fundamentalontologie. "Daher muß die Fundamentalontologie, aus
der alle andern erst entspringen können, in der existenzialen Analytik des Daseins gesucht werden."[1]

---

seinsakten der Erkenntnis, so für Heidegger von Anfang
an das ontologische Problem." (Herrmann, S. 16) "Die
reine Phänomenologie Husserls ist die konsequente
Fortsetzung des Cartesischen ego-cogito und des Kantischen transzendentalen Idealismus, d.h. des durch
Descartes begründeten und von Kant transzendental
bestimmten Bewußtseinsansatzes, der durch Heideggers
Ansatz beim Da-sein des Menschen unterlaufen wird."
(Herrmann, S. 19 f.)
Pöggeler bemerkt zum Verhältnis Husserl-Heidegger:
"Die Ontologie, die Frage nach dem Sein des Seienden,
kann für die konstitutive transzendentale Phänomenologie (Husserls) nur die Leitfäden abgeben: sie bleibt
der transzendentalen Phänomenologie, die nach der
Konstitution des Seins des Seienden im unseienden,
nicht 'vorhandenen' transzendentalen Ich fragt, unter-
und vorgeordnet. Heideggers hermeneutische Phänomenologie dagegen ist ontologisch, da sie in positiver
Weise nach dem Seinssinn des transzendentalen Ichs
fragt, damit aber auch die Frage nach dem Sinn von
Sein ... nicht als Vorhandensein nehmen kann." (Pöggeler, Otto: Der Denkweg Martin Heideggers. Pfullingen
1963, S. 72)
1) Sein und Zeit, S. 13.

6.7 Die drei Vorränge des Daseins

Es sind nun die drei Vorränge des Daseins klargestellt:

a) der ontische Vorrang:
Das Sein des Daseins liegt in der Existenz.

b) der ontologische Vorrang:
Dasein ist ontologisch, das heißt seinsverstehend.

c) der ontisch-ontologische Vorrang:
Im Dasein als In-der-Welt-sein wurzeln alle Einzel-ontologien.

Damit besteht die Ausarbeitung der Frage nach dem Sinn von Sein im Entwurf der Existenz auf ihre Existenzialität hin. Dieser Entwurf ruht in einem Zweifachen: Erstens ist Dasein ontologisch. Zweitens muß die Aufgabe der ontologischen Untersuchung existenziell ergriffen werden. Damit ist keine Vorentscheidung über die Sicht der Existenzialität gegeben. Lediglich das Ergreifen der Aufgabe geschieht existenziell.
Die Explikation des Sinns des Seins des Daseins bedeutet zugleich das Sehenlassen des Horizontes, aus dem Sein als solches zu verstehen ist. Denn Dasein hat - als der Ort der Seinsfrage - sich als zuerst zu befragendes Seiendes erwiesen, das den Blick auf das Gefragte, das Sein und das Erfragte, den Sinn von Sein, ursprünglich ermöglicht.

In "Sein und Zeit" geht es um die Explikation des Daseins der Existenzialität nach, die den Sinn von Sein darbieten soll, von dem her Sein als solches verständlich werden kann.

6.8   Die Zeitlichkeit als der Sinn des Seins des Da-
       seins

Der Sinn des Seins des Daseins ist die Zeitlichkeit. Die
Zeitlichkeit ist die grundlegende Struktur des Daseins,
das Existenzial, von dem her Sein seinen Sinn gewinnen
kann. "Demnach muß eine ursprüngliche Zeitigungsweise der
ekstatischen Zeitlichkeit selbst den ekstatischen Entwurf
von Sein überhaupt ermöglichen."[1] Und so fragt sich
Heidegger, ob denn die Zeit als Zeitlichkeit die Bedingung ist, Sein zu verstehen; ob also die Zeitlichkeit den
Sinn von Sein überhaupt darbieten kann. "Dasein ist in
der Weise, seiend so etwas wie Sein zu verstehen. Unter
Festhaltung dieses Zusammenhangs soll gezeigt werden, daß
das, von wo aus Dasein überhaupt so etwas wie Sein unaus-
drücklich versteht und auslegt, die Zeit ist. Diese muß
als der Horizont alles Seinsverständnisses und jeder
Seinsauslegung ans Licht gebracht und genuin begriffen
werden. Um das einsichtig werden zu lassen, bedarf es
einer ursprünglichen Explikation der Zeit als Horizont
des Seinsverständnisses aus der Zeitlichkeit als Sein des
seinverstehenden Daseins."[2]

Zeit als Horizont allen Verständnisses von Sein ist aus
der Zeitlichkeit des Daseins zu begreifen. Diese Zeitlichkeit ist das Existenzial des Daseins. Alle Zeitbe-
griffe und so auch das, was man landläufig unter Zeit
versteht, sind Ableitungen von der ursprünglichen Zeitlichkeit. Die Zeitlichkeit selbst ist verstanden als der
Prozeß der Zeitigung des Daseins selbst in den drei Ekstasen Zukunft, Gewesenheit und Gegenwärtigen. Die Zukunft hat den Vorrang inne, da durch sie allererst das
Dasein auf sich zurückkommt. Dieses Zukommen erschließt

---

1) Sein und Zeit, S. 437.
2) ebd., S. 17.

die Gewesenheit und zeitigt schließlich das Gegenwärtigen
als das Zusammen von Zukunft und Gewesenheit im Ergreifen
der Situation. Vom Grundexistenzial Zeitlichkeit her soll
"das Sein selbst ... in seinem 'zeitlichen' Charakter
sichtbar gemacht (werden)"[1]. Was dies allerdings für das
Sein selbst bedeutet, darüber gibt der veröffentlichte
Teil von "Sein und Zeit" keine Auskunft mehr.

Die Zeitlichkeit ist ihrem eigensten Wesens nach geschichtlich. Durch sie ist es erst möglich, daß der
Mensch Geschichte haben kann. Dasein _ist_, indem es zeitlich ist, seine Zukunft, Vergangenheit und Gegenwart im
spezifischen Sinne Heideggers. Die drei Modi der Zeit
sind nicht bloß vorkommende Weisen von Zeit, sondern
Zeitigungsweisen der Zeitlichkeit. Damit aber ist "Sein
und Zeit" zugleich die Aufgabe der Erforschung der Ontologie als geschichtlich gewordener auf den Weg mitgegeben, die im zweiten Teil des Werkes geschehen sollte.
Dazu bemerkt treffend Pugliese: "Geschichtlichkeit bestimmt so ursprünglichst gerade jene Seinsweise, der sie
methodisch entspringt: die erneute Stellung der Seinsfrage."[2]

---

1) Sein und Zeit, S. 18.
2) Pugliese, Orlando: Vermittlung und Kehre. Grundzüge
   des Geschichtsdenkens bei Martin Heidegger. Freiburg-
   München 1965, S. 208.

6.9   Zusammenfassung

(1)   "Sein und Zeit" hat als Leitfrage die Frage nach dem
        Sinn von Sein.

(2)   Da Dasein seinsmäßig der Ort der Seinsfrage ist,
        gilt es, sein Sein zu erhellen, um die Seinsfrage
        als solche zu verstehen.

(3)   Die Seinsfrage hat zwei Vorränge:
        a) den ontologischen, da die Frage nach dem Sein
           allen Wissenschaften als deren Fundament voraus-
           liegt und
        b) den ontischen, das heißt den Vollzug der Seins-
           frage im Da-sein selbst.

(4)   Dasein versteht sich in seinem Sein, ihm ist sein
        Sein erschlossen, es ist ontologisch, seinsverste-
        hend.

(5)   Das "Wesen" des Daseins ist die Existenz, das Sich-
        aufgegeben-sein, daß es zu sein hat als je eigenes
        Sein. Dasein ist nicht vorhanden, sondern wird im
        geschichtlichen Prozeß. Das dabei leitende Verständ-
        nis ist existenziell.

(6)   Dasein ist entweder aus sich selbst (eigentlich)
        oder nicht aus sich selbst (uneigentlich).

(7)   Das Gefüge der Strukturen, nach dem Dasein sich
        vollzieht, besteht im Ganzen der Existenzialien, der
        Existenzialität. Diese ist ontologisch-existenzial
        verstehbar, das heißt als die Grundlage, der gemäß
        Dasein ontisch ist.

(8)   Dasein ist In-der-Welt-sein. In ihm als seinsverste-
        hendem Seienden wurzeln alle Einzelontologien.

(9) Der Sinn des Seins des Daseins und damit die Bedingung der Möglichkeit, Sein zu verstehen, ist die
Zeitlichkeit, aus der die Existenzialität ihre Bedeutung gewinnt.

(10) Dasein ist so der Ort der Seinsfrage[1].

6.10   "Sein und Zeit" zwischen Tradition und Neuver-
stehen

Heideggers Absicht geht vorwiegend auf die Analyse der
Existenzialität. Die Frage der Existenz, das Sich-aufge-
geben-sein des Menschen, verweist er auf den existenziellen Vollzug. Es ist durchaus möglich, daß gerade dieses

---

1) Auf den Einfluß Braigs, des anfänglich theologischen
Lehrers Heideggers, verweist Schaeffler: "Die Verbindung der Ontologie mit der transzendentalen Fragestellung, die Betonung der ontologischen Differenz zwischen dem Sein und allem Seienden, schließlich die
Auffassung vom Nichts als der Selbstdarstellung des
Seins vor dem menschlichen Geiste - diese drei zentra-
len Motive im Denken Heideggers waren dem ersten philosophischen Buch, das der junge Heidegger zu lesen
bekam (Braigs 'Abriß der Ontologie'), als Leitgedanken
vorausgeschickt." (Schaeffler, Richard: Frömmigkeit
des Denkens? Darmstadt 1978, S. 8) "Nicht nur in der
Verknüpfung von ontologischer und transzendentaler
Fragestellung, auch nicht nur in der Betonung der
'ontologischen Differenz' zwischen dem Sein als transzendentaler Erkenntnisbedingung und dem Seienden als
möglichem Erkenntnisgegenstand ist Heidegger seinem
Lehrer Braig gefolgt. Er folgte ihm auch darin, die
Grundbegriffe der Transzendentalphilosophie durch die
Analyse der Seinsart desjenigen Seienden aufzusuchen,
das nach dem Sein fragt und dadurch allem Seienden
geöffnet ist." (Schaeffler, S. 10)

Verstehen von Existenz über Kierkegaard ("Die Krankheit
zum Tode", "Philosophische Brocken") auf das christliche
Verständnis des Menschen zurückgeht. Man erinnere sich
zum Beispiel an die Aussagen des Neuen Testaments vom
kairos, dem Augenblick, oder an das johannäische νῦν, in
dem der Mensch den Ruf Jesu hört, welches Hören das neue
Leben bedeutet. Und gerade dies ist es, was Heideggers
Neuansatz der Seinsfrage prägt: Dasein ist nicht ein
"fertiges" oder ein aus seinen Grundlagen sich kontinu-
ierlich entwickelndes Seiendes, sondern ist sich ins geschichtliche Werden überantwortet. Dagegen versteht die
griechische Philosophie das Zeitphänomen vom chronologi-
schen Ablauf der "Zeit" her. Dies äußert sich markant darin, daß Historie für Aristoteles keine Wissenschaft ist,
da sie nicht nach allgemeinen Gesetzen abläuft. Die Zeit
dagegen als die Zahl der Bewegungen läßt sich als Gesetz
bestimmen.

Dennoch ist sicher gültig, daß es Heidegger darum zu tun
ist, die alte griechische Frage nach dem Sein zu bedenken. Es bleibt auch der geschichtliche Standort zu beachten, von dem aus "Sein und Zeit" konzipiert ist. Walter
Schulz hat in einem seiner Aufsätze[1] "Sein und Zeit" das
letzte große Werk der Subjektivität in der Geschichte der
Philosophie genannt. Subjektivität ist aber nicht im Sinne von Beliebigkeit zu verstehen, sondern als die grundlegende Strömung der neuzeitlichen Philosophie, nach der
alles Wissen auf das Subjekt zurückgestellt werden muß,
um gewiß zu sein. Dadurch erst ist die Objektivität der
Erkenntnis garantiert. An diesem Versuch einer Einordnung
ist anzumerken, daß "Sein und Zeit" gerade von der
Seinsfrage her konzipiert ist und auf die Frage nach dem
Sein selbst hinsteuert. Dennoch ist in der Methode der

---

1) Schulz, Walter: Der philosophiegeschichtliche Ort Martin Heideggers. in: Pöggeler, Otto (Hg.): Heidegger.
   Köln - Berlin 1969, S. 95-139.

existenzialen Analytik unverkennbar das Anliegen des neuzeitlichen Denkens aufgenommen, insofern der Sinn von
Sein verständlich sein soll vom Sinn des Seins des Daseins aus. Dies steht aber in "Sein und Zeit" vom Sein
selbst her in Frage, so daß die Zurückstellung des Wissens und Erkennens auf das Subjekt als Sicherung der Objektivität selbst in die Krise gebracht wird. Der Sinn
von so etwas wie "Subjekt" steht so allererst vom Sein
her in Frage, wenn dieses Sein auch seine Verständlichkeit aus der Zeitlichkeit des Daseins gewinnen soll.

Damit ist in "Sein und Zeit" ein Neuansatz in der Seinsfrage gegeben, der die alte griechische Frage nach dem
Sein erneut aufnimmt. Die Frage wird gestellt innerhalb
der Tradition der Subjektivität, aber gleichzeitig wird
die neuzeitliche Tradition selbst in Frage gestellt.
"Sein und Zeit" ist ein Werk der Krise und zugleich Suche
nach einem Neuanfang. Es ist verpflichtet der Seinsfrage
der Griechen und der neuzeitlichen Tradition der Philosophie, die Gewißheit und Wahrheit des Erkennens aus dem
Rückbezug auf das Subjekt bestimmt. Gleichzeitig aber
stellt es die "alte" Seinsfrage erstens selbst wieder in
die Frage, indem Dasein als Existenz Ort dieser Frage
ist. Und zweitens stellt "Sein und Zeit" die Grundlage
der neuzeitlichen Philosophie in Frage, indem das Sein
des Subjekts und damit auch das Sein der Objektivität
hinterfragt wird. Vielleicht ist es gerade dieser Riß,
der Heidegger zum Vollzug der Kehre als der "Verabschiedung" des neuzeitlichen Gewißheitsgedankens und zur "Hinwendung zu dem dem Menschen begegnenden Sein führt. Und
vielleicht ist es dann auch kein Zufall, daß Bultmann
soviel von der Begegnung des Menschen mit der Offenbarung
spricht, Heidegger sich aber dem sich lichtenden Sein
zuwendet. Daß Heidegger selbst solcher Parallelen seiner
Philosophie mit der Theologie eingedenk war, zeigt sein
Wort, das er von dem Beginn seines Denkens in der Theologie aussagt: Herkunft bleibt stets Zukunft.

7   GOTT - DIE INTENTION DES JOHANNESKOMMENTARS

7.1   Bultmanns Interesse an "Sein und Zeit"

Was bringt der Ansatz Heideggers so Gewichtiges für Bultmann, daß er für ihn als Theologen von Belang sein kann?
Es ist sicher nicht Bultmanns Absicht, ontologische Analysen zu explizieren. Und ist Bultmann nicht protestantischer Theologe, von dem zu erwarten steht, daß er das
Menschsein aus dem Anspruch Gottes bestimmt? Es ist aber
der Weg dieser Analysen, der "Sein und Zeit" für Bultmann
relevant werden läßt. Denn in "Sein und Zeit" wird die
ontologische Absicht über das Dasein als Ort der Seinsfrage verfolgt. Es ist das Wie dieses Ortes, das Bultmann
in seinen Bann zieht: Dasein ist Existenz![1] Damit ist
für Bultmann die Abkehr von der Substanzontologie vollzogen. Diese analysiert nach allgemeinen Gesetzen ein Wesen
des Menschen als essentia, das "an sich" existiert und
allgemein gültig expliziert werden kann. Sie vergißt aber
darüber das Menschsein, das sich in der existenziellen
Begegnung je neu übereignet und aufgegeben ist. Dasein
ist nicht eine besondere Substanz, die noch so etwas wie
Verstehen und Freiheit als Wahlfreiheit besitzt. Es ist
nicht in der Seinskategorie der Vorhandenheit faßbar,
Dasein ist Existenz, es ist sich überantwortetes Sein,
das sich gewinnen und verlieren kann, und zwar im existenziellen Vollzug.[2] Dieser Vollzug, das Leben in der
Begegnung, ist das Wichtigste für Bultmann. Das Menschsein als Existenz ist geschichtlich und auf die konkrete

---

1) Zu diesen Vor-überlegungen vgl. besonders Punkt 7.4
   und 7.7 dieser Arbeit.
2) "Es ist also von unserer Existenz nur ein Doppeltes
   klar: 1. daß wir die Sorge und Verantwortung für sie
   haben; ... daß sie absolut unsicher ist". (Bultmann,
   Rudolf: Glauben und Verstehen, Bd. I. Tübingen ²1954,
   S. 33) Es ist also klar, "daß sich das Sein des Menschen in seinem Tun vollzieht." (a.a.O., S.81)

Situation verwiesen, in der Dasein sein Sein verlieren
oder auch gewinnen kann, da es als ganzes auf dem Spiel
steht. "Und wir verstehen unter der Geschichtlichkeit des
menschlichen Seins dieses, daß sein Sein ein Sein-Können
ist. D.h. daß das Sein des Menschen seiner Verfügung
entnommen ist, jeweils in den konkreten Situationen des
Lebens auf dem Spiel steht, durch Entscheidungen geht, in
denen der Mensch nicht je etwas für sich wählt, sondern
sich selbst als seine Möglichkeit wählt."[1] Menschsein
als Dasein ist zuerst geschichtliches Werden, nicht Substanz als ein Vorkommendes. Dies ist die Entdeckung von
"Sein und Zeit", die dieses Werk für Bultmann so wichtig
werden läßt. Und weil Heidegger diesem Vollzug des Lebens
den Vorrang gibt und deshalb die existenziale Analyse
keine "Besichtigung" eines Wesens qua Essenz ergibt,
sondern die Strukturen der Existenz herausstellt, darum
gibt Bultmann Heideggers Philosophie den Vorzug vor anderen Philosophieentwürfen. Es sind die für Bultmann adä-
quate Explikation des menschlichen Seins als Existenz und
demzufolge der Aufweis der Struktur des konkreten Vollzuges in der existenzialen Analytik, die Bultmann sich
auf "Sein und Zeit" beziehen lassen. Damit ist ein we-
sentlicher Teil der Frage, warum Bultmann sich eigens und
ausschließlich auf "Sein und Zeit" bezieht, beantwortet:
Menschsein bedeutet Existenz. Bultmann und Heidegger sind
auf dieselbe Sache bezogen, nämlich die Bestimmung des
Menschseins als Existenz und den Entwurf dieser auf ihre
Strukturen hin. Inwiefern der Entwurf Heideggers neutral
bleibt, das heißt nicht für alles Menschsein gültig ist,
ist eine Frage, die erst am Ende der Arbeit beantwortet
werden kann.

---

1) Bultmann, Rudolf: Glauben und Verstehen. Bd. I. Tübingen ²1954, S. 118.

7.2   Bultmanns Intention

Was ist Bultmanns erkenntnisleitendes Interesse und wie
stellt sich dieses im Hinblick auf "Sein und Zeit" dar?
Bultmann stellt nicht die Frage nach dem Sinn von Sein
als fundamentalontologische. Wohl dagegen stellt er die
Frage nach dem Sinn des menschlichen Seins. Es geht ihm
darum, dieses Sein nicht von der Allgemeingültigkeit der
essentialen Strukturen her zu verstehen, sondern es zu
verstehen als sich aufgegebenes Sein, das sich in der Begegnung gewinnen oder verlieren kann. Bultmann möchte die
bisher in der Theologie gebrauchten Begriffe wie Sünde,
Rechtfertigung, Schöpfung, Gnade ... nicht mehr von der
Vorhandenheit als allgemeiner Gültigkeit her verstanden
wissen, sondern vom Charakter des menschlichen Seins her
als eines solchen, das in der Begegnung neu wird[1]. Daher
geht es ihm - zusammen mit Karl Barth - darum, den Begeg-
nungscharakter der Offenbarung, das Wort Gottes an den
Menschen in Jesus Christus, hervorzuheben. Diese Begegnung geschieht in der Verkündigung und im je konkreten
Handeln mit dem Nächsten. Bultmann wendet sich vor allem
gegen die sogenannte liberale Theologie des ausgehenden
19. Jahrhunderts, die für ihn Christentum in Allgemeingültigkeit aufhebt. Für Bultmann ist der Gottes"gedanke"
erst dann verstanden, wenn klar ist, "daß Gott die unsere
Existenz bestimmende Wirklichkeit ist."[2] Gott ist tatsächlich der ganz Andere, aber nicht so, daß er eine
andere metaphysische Wirklichkeit ist, sondern insofern,

---

1) So gilt, "daß die Wahrheit, nach der wir für unsere
   Existenz fragen, die Wahrheit unserer Existenz selbst
   ist, die wir nicht vor dem Existieren als eine allgemeine Wahrheit wissen können, sondern sie im Existieren erst als unsere Wahrheit konstituieren." (Bultmann, Rudolf: Glauben und Verstehen. Bd. II. Tübingen
   1952, S. 291)
2) Bultmann, Rudolf: Glauben und Verstehen. Bd. I. Tübingen ²1954, S. 29.

als je ich in der existenziellen Begegnung mit der Offenbarung in Jesus Christus mich als Sünder erkenne und von
Gott rechtfertigen lasse. "Gott ist nie ein von außen zu
Sehendes, ein Verfügbares, ein 'Woraufhin'."[1] "Ist es
so, daß die Welt von außen gesehen gottlos ist, und daß
wir, sofern wir uns als ein Stück Welt sehen, gottlos
sind, so ist wiederum klar, daß Gott der Ganz Andere
nicht ist, sofern er sich außerhalb der Welt irgendwo
befindet, sondern sofern diese Welt als gottlose sündig
ist."[2] Bultmann geht es in erster Linie um die Offenbarung Gottes selbst, die das Sein des Menschen je konkret
vor die Entscheidung stellt, sich aus Gott oder nicht aus
ihm zu verstehen.

"Es zeigt sich also: will man von Gott reden, so muß man
offenbar von sich selbst reden."[3] Bultmann geht es um
die existenzielle Begegnung mit der Offenbarung, um das
Betroffensein des Menschen durch die Offenbarung Gottes
in Jesus Christus. Die Beziehung Gott - Mensch ist damit
nicht mehr als eine nachträglich aufgenommene, sekundäre
Beziehung zweier Substanzen denkbar, auch wenn die Substanz Mensch das Geschöpf Gottes sein sollte. Beziehung
ist nur in der Begegnung. Das Wesentliche ist das je Konkrete, das existenzielle Aufeinanderbezogensein, das Ereignis von Gottes Wort selbst, das den Sünder richtet und
zugleich begnadet und nicht die Selbständigkeit der Substanzen, die eine sekundäre "Beziehung" aufnehmen. Und so
heißt für Bultmann, Gott zu erkennen, zu erkennen, was er
tut.

---

1) Bultmann, Rudolf: Glauben und Verstehen, Bd. I,
   a.a.O., S. 33.
2) ebd., S. 33.
3) ebd., S. 28.

7.3   Bultmanns Intention am Beispiel seiner Auffassung

        von Schöpfung

Wie Bultmann sich die Begegnungswahrheit des existenziellen Betroffenseins des Menschen durch die Offenbarung
denkt, mag am Beispiel seines Schöpfungsbegriffes verdeutlicht sein. Zur Erläuterung ziehen wir Bultmanns Aufsatz "Der Glaube an Gott den Schöpfer"[1] heran. Dieser
beginnt mit einer Aussage über den Grund der christlichen
Freiheit: "Dieser Grund liegt im Glauben an Gott als den
Schöpfer."[2] Schöpfungsglaube besagt, daß Gott der Ursprung und Grund aller Dinge ist. Als solcher hält er
alles Geschaffene in der Hand. Ohne ihn wären alle Dinge
nichts. Das aber bedeutet für den Menschen nicht das Wissen um die Allgemeinursächlichkeit Gottes, sondern das
Wissen um die eigene Nichtigkeit. "Gottes Geschöpf sein,
heißt also, stets von der Nichtigkeit umfangen und bedroht sein."[3] Geschöpfsein bedeutet so die Betroffenheit
des Menschen durch die eigene Nichtigkeit, die der Mensch
selbst ist, wenn er nicht aus Gott existiert und von ihm
dieser Nichtigkeit entrissen wird. Das "Wissen" um die
Erlösung in Jesus Christus ist dazu konstitutiv. Von diesem gilt: "Er (Jesus Christus) ist am Kreuz gestorben -
für uns, und er lebt doch in Ewigkeit - für uns! Und nur,
wenn wir das verstehen, verstehen wir, daß Gott der
Schöpfer ist, und so wird durch ihn die Welt Gottes
Schöpfung - für uns!"[4] "Dann, wenn das Kreuz Christi
mich wirklich zur Erkenntnis meiner Nichtigkeit und zum
Bekenntnis meiner Sünde führt, bin ich offen für Gottes
Schöpferwalten, der meine Sünde vergibt und die Nichtigkeit, den Tod, von mir nimmt."[5]

---

1) Bultmann, Rudolf: Der Glaube an Gott den Schöpfer. In:
   Evangelische Theologie, Jg. I. (1934/35), S. 177 - 189
2) ebd., S. 178.
3) ebd., S. 182.
4) ebd., S. 186.
5) ebd., S. 187.

Gottes Schöpfersein besteht nicht in der Allgemeinursächlichkeit des creator mundi, sondern in der Offenbarung
des "für uns" in Jesus Christus. In ihr wird der Mensch
vor die existenzielle Entscheidung gestellt, aus der Begegnung mit der Liebe Gottes zu existieren oder aus seiner Eigenmächtigkeit. Geschöpf sein heißt also, aus der
Begegnung mit der Offenbarung in Jesus Christus zu leben
und so sein Sein als Geschenk zu erhalten.

7.4   Der Mensch als Existenz

Weil dies nun Bultmanns Anliegen ist, darum sieht er das
Sein des Menschen, zusammen mit Heidegger, als Existenz,
als ein Sein, das sich je aufgegeben ist, das sich gewinnen oder verlieren kann im existenziellen Vollzug. Der
Mensch ist ein Sein zu ... . So sagt Bultmann von der
Existenz, "daß wir ... Sorge und Verantwortung für sie
haben; denn sie bedeutet ja: tua res agitur;"[1]. Genau
hierin kommen Bultmann und Heidegger in der Sache überein: Der Mensch ist sich selbst überantwortet so, daß er
zu sein hat, sich je bevorsteht in der Bezugnahme auf das
Andere bzw. auf sich selbst, indem er selbst aus und als
diese Beziehungswirklichkeit ist. Das Sein des Menschen
ist die Beziehung selbst, das Sein zu ... . Dieses Verständnis des Menschseins als Existenz wird von Heidegger
auf die Existenzialität hin entworfen. Es ist deshalb für
Bultmann akzeptabel, weil es versucht, das auf das Existieren verwiesene Menschsein seiner Struktur nach kennt-
lich zu machen. Bultmann und Heidegger kommen im Verständnis von Existenz überein. "Sie (die Philosophie)
zeigt ihm (dem Menschen), daß menschliches Sein im Unterschied von allem anderen Sein eben Existieren bedeutet,
ein Sein, das sich selbst überantwortet ist und sich

---

1) Bultmann, Rudolf: Glauben und Verstehen, Bd. I, S.33.

selbst zu übernehmen hat. Sie zeigt ihm, daß die Existenz
des Menschen nur im Existieren zu ihrer Eigentlichkeit
kommt ... .".[1] Dies ist der eine Grund, warum Bultmann
sich fast ausschließlich, was die Philosophie betrifft,
auf Heideggers "Sein und Zeit" beruft.

7.5 Gott und Mensch in der Begegnung

Gott zu erkennen, und das heißt beneficia eius zu erken-
nen, heißt zugleich: sich selbst erkennen. Erkenntnis
Gottes ist Selbsterkenntnis des Menschen, aber nicht so,
als ob der Mensch jetzt Bescheid wüßte über sich selbst,
sondern dieses Erkennen ist nur für das Existieren in der
Begegnung selbst und nicht von diesem ablösbar. Gott und
Mensch sind also nie "außerhalb" dieses Geschehens als
Vorhandene zu sehen[2] Denn das würde beide verobjekti-

---

1) Bultmann, Rudolf: Zum Problem der Entmythologisierung.
   In: Bartsch, Hans-Werner (Hg.): Kerygma und Mythos.
   Bd. II. Hamburg-Volksdorf ²1965, S. 179 - 208, Zitat
   S. 193.
2) Damit ist das Problem von Relation überhaupt, von Be-
   ziehung, angeschnitten, und zwar besonders was das
   Verhältnis Gott - Mensch angeht. Die mittelalterliche
   Scholastik betrachtet Relation folgendermaßen (vgl.
   dazu: O'Farell, Francis; Splett, Jörg: Artikel "Relation". In: Sacramentum Mundi. Bd. IV. Sp. 156 - 160,
   Freiburg - Basel - Wien 1969): "Die R. (Relation)
   (z.B. Vaterschaft) impliziert notwendig das Bezogene
   (Subjekt der R., z.B. Vater), ferner das, worauf es
   bezogen ist (Ziel, z.B. Sohn), und das, woraus die
   Beziehung entspringt (Grund, hier: Zeugung)" (Sp.
   157). "Wenn die R. oder Beziehung auf ein anderes
   (esse ad) real ist, ist sie das nicht durch sich
   selbst, sondern aufgrund ihres Im-Subjekt-Seins (esse
   in), das aus ihrem realen Gründen im Subjekt folgt."
   (Sp. 157). "Das Im-Subjekt- Sein fordert ein reales
   inneres Gründen der R. in diesem Subjekt (falls es
   sich um eine reale, nicht eine gedachte Relation handelt) sowie die Existenz des real unterschiedenen
   Ziels der Relation." (Sp. 157) Was die Relation Gott -
   Mensch betrifft, so gilt für sie nach mittelalterli-
   cher Tradition folgendes: Sie wird transzendentale
   Relation (des ens ab alio vom ens a se) genannt, "die

vieren und das Eigentliche, die Begegnungswirklichkeit,
gerade verdecken.

---

nicht die Beziehung des einen auf das andere als bloßes Ziel ist, sondern die Abhängigkeit des einen vom
anderen als seiner Ursache, sei es als innere Ursache
(so in der gegenseitigen Abhängigkeit von Akt und
Potenz) oder als äußere (so in die Intentionalität
oder die Möglichkeit des Handelns auf ihr Formalobjekt
und sind die Geschöpfe auf Gott als Schöpfer bezogen).
Die transzendentale R. ist real identisch mit dem so
Bezogenen und Ausdruck seiner wesentlichen Unvollkom-
menheit und Selbstinsuffizienz. Indem die Geschöpfe
ihr Sein von Gott empfangen, stehen sie in transzendentaler Beziehung zu ihm, aber aus diesem Empfangen
des Seins entsteht in ihnen die prädikamentale R.,
durch die sie auf Gott als Ziel bezogen sind." (Sp.
158) Dazu bemerken die Verfasser des Artikels, daß
Begriff und Systematik des Relationsbegriffs "im Horizont des Substanzdenkens erstellt worden sind". (Sp.
159)

Das Verständnis des Relationsbegriffs gründet also im
Vorrang der Substanz, aufgrund deren erst von Relation
gesprochen werden kann. "Substantia est res habens
quidditatem, cui debetur esse per se, et non in alio,
scilicet subiecto" (Summa Theologiae I. q.3 a.5 ad 1).
Spinoza definiert Substanz in derselben denkerischen
Tradition: "Unter Substanz verstehe ich das, was in
sich ist durch sich begriffen wird ... ." (Ethik I,
Def. 3) Was das Verhältnis Gott - Mensch angeht, so
ist damit keineswegs das existenzielle Ergriffensein
des Menschen Gott gegenüber ausgeschlossen, wie es gerade in der theologischen Tradition mit der Explikation der theologischen Tugenden Glaube, Hoffnung und
Liebe gesehen wird. Aber diese Sicht geschieht unter
der Vorherrschaft der Substanzontologie, so daß die
Relation ein sekundärer Seinsmodus bleibt und allein
zwischen Substanzen, in denen die Beziehung gründet
und von denen her sie ihr Recht erhält, "real" ist.
Auch die Beziehung Mensch - Mensch und Gott - Mensch
wird unter der Botmäßigkeit dieser Vorherrschaft gesehen, jedoch ist letztere Relation in der Priorität der
göttlichen Substanz gedacht. Das Ergriffensein des
Menschen ist so nur unter dem Denkansatz der Substan-
tialität sichtbar. Dieser steht in der Gefahr, das
Sein des Menschen als Substanz, und sei sie auch "ra-
tional", als einzig mögliche Verstehensweise des Menschen zu proklamieren.

Genau dagegen wendet sich Bultmann mit Heidegger. Beide sehen das Sein des Menschen als Existenz, als ein
Sein, das sich je neu aufgegeben ist, das also Ge-

Deshalb gilt: "... von Gott läßt sich deshalb auch nicht
in allgemeinen Sätzen, allgemeinen Wahrheiten reden, die

---

schichtlichkeit als Konstitutivum hat. Menschsein ist
nicht Vorhandenheit, Substanz, sondern sich verstehendes Sein, das je neu zu sein hat, das als Seinkönnen
in Frage gestellt wird vom Existieren her. Menschsein
wird in der Selbstwahl und braucht nicht "nur" das
"ist" seiner Substanz aufzudecken. Für Bultmann ist so
nicht das Verhältnis Gott - Mensch das Ausschlagge-
bende, sondern das Verhältnis Gott - Mensch, von dem
her als Beziehungswirklichkeit das Sein Gottes und das
Sein des Menschen zu denken ist. Das Wesentliche der
Relation Gott - Mensch ist daher nicht die "Beziehung"
ens a se zum ens ab alio im ontologischen Apriori des
In-sich-Stehens beider Substanzen (mit dem Vorrang der
causa prima, der der Mensch rezeptiv als ens creatum
gegenübersteht). Das Sein Gottes ist sein Für-den-Menschen-Sein. Das kann nur verstanden werden in der existentiellen Begegnung, da der Mensch sich als Existenz
aus dieser Liebe Gottes versteht und sein Sein aus der
Beziehung, die Gott auf den Menschen ist, gewinnt.
Gott ist also weder ein wißbares Seiendes, das nach
allgemeingültigen Gesetzen eingesehen werden kann,
noch im Vorrang der Substanzontologie "wesentlich"
denkbar, sondern nur in und als Begegnungswirklichkeit
erfahrbar. Die Beziehung selbst ist für Bultmann das
Entscheidende. Das "In-sich-Stehen" ist, wenn überhaupt davon gesprochen werden darf, aus der Beziehung
abgeleitet. Wenn Bultmann daher vom Vorverständnis
spricht, meint er keine "natürliche Gotteserkenntnis",
sondern die Frage des Menschen nach Gott, die als Frage der Existenz als Beziehungswirklichkeit gestellt
wird. Es geht um das Sein des Menschen als "Tun", das
durch Gottes Sein als Beziehung auf den Menschen, als
Handeln, hinter dem nicht die Substanz "Gott" zurück-
bleibt, hervorgerufen wird. Das Wesentliche ist das
Aufeinanderbezogensein.

"Gott ist nur dann 'sichtbar', wenn seine Liebe für
mich Ereignis wird, wenn Gott auf mich hin handelt,
d.h. wenn er in der Offenbarung meine Existenz bestimmt." (Hasenhüttl, Gotthold: Der Glaubensvollzug.
Eine Begegnung mit Rudolf Bultmann aus katholischem
Glaubenverständnis. Essen 1963, S. 115) "... dies geschieht allein in personaler Begegnung, in der existenziellen Relation zu Gott, die durch Gottes 'Handeln' bewirkt ist." (Hasenhüttl, S. 116) "Gott wird
so in seiner eigentlichen Wahrheit nur als Ereignis,
als Tat, als Wort an mich erfaßt. Gott als Person -
und nur so bin ich bei Gott - ist Beziehung, Begegnung
zu mir hin und Handeln in seiner Freiheit an mir, wodurch ich Gott ... erkenne." (Hasenhüttl, S. 116 f.)

wahr sind ohne Beziehung auf die konkrete existentielle Situation des Redenden"[1], "... sondern nur, wenn man sich in seiner eigenen Existenz von Gott angesprochen weiß, hat es Sinn von Gott als dem Herrn der Wirklichkeit zu reden."[2]

Daraus erhellt Wichtiges für Gotteserfahrung überhaupt. Sie ist nur möglich im je konkreten Eingehen, in der Bezugnahme auf das Andere, das aber nicht eine Substanz ist, sondern selbst Beziehungswirklichkeit. Das Kreuz Christi wird so zum Sym-bol dafür, daß der Mensch von sich aus im Tode ist, daß aber die Bezugnahme zum Anderen ihm neue Möglichkeit schenkt, ihm Leben erschließen kann, das in der Begegnung als Geschenk erfahrbar ist. Das heißt aber, daß der Mensch sich selbst läßt und sich je konkret aus der begegnenden, ihm zukommenden Wirklichkeit, versteht. So bedeutet der Tod des Kreuzes zugleich Auferstehung, da der Mensch nicht mehr aus sich, sondern aus Gott lebt.

7.6 Schöpfung im Johanneskommentar

Die Explikation des Schöpfungsgedankens im Johanneskommentar mag einiges Licht auf das in der Begegnung erscheinende Sein Gottes werfen, wie es Bultmann versteht.

"Welt und Zeit sind nicht aus ihnen selbst zu verstehen, aber aus dem in der Offenbarung redenden Gott. So wäre auch die Frage des Philosophen: Warum ist nicht Nichts? durch diesen Satz beantwortet: ἐν ἀρχῇ ἦν ὁ λόγος."[3] "... es ist nicht aus dem Zeitlosen abzuleiten, wie es zu

---

1) Bultmann, Rudolf: Glauben und Verstehen, Bd. I, S. 26.
2) ebd., S. 33.
3) JK 18

Welt und Zeit kam; ihr Dasein ward durch göttliche Tat
Ereignis."[1] Schöpfung ist erst verständlich aus der Offenbarung Gottes, also nicht aus der Erkenntnis Gottes
als causa prima, sondern aus der Begegnung mit Gott im
Logos, der Offenbarung Gottes selbst in Jesus Christus.
Gott ist der sich mit-teilende, das Geschehen seiner Offenbarung selbst. Gott ist das Handeln mit den Menschen
und so Person. Gott ist Bezugnahme auf je mich.

Schöpfung ist nur verständlich aus der Mitteilung Gottes
im Logos. Gott ist nichts "hinter" dem Logos, sondern das
Handeln selbst, die Beziehung auf den Menschen. Gott ist
nur Gott als Offenbarung. "Die Radikalität des Schöpfungsgedankens zeigt sich darin, daß der Welt nicht am
Anfang gleichsam zu eigen gegeben wird, was sie fernerhin
erhält, sondern daß, wie ihr Anfang, so auch ihr dauern-
der Bestand auf den Logos zurückgeführt wird. ... die Lebendigkeit der ganzen Schöpfung hat im Logos ihren Ursprung; er ist die Kraft, die das Leben schafft."[2]
Schöpfung ist keine causa secunda, die von der causa prima verursacht ist. Diese Weise des Verstehens wäre am
Vorhandenen orientiert. Sondern von Schöpfung zu reden
ist nur sinnvoll in der Begegnung mit der Offenbarung
Gottes in Jesus Christus, dem Logos. Die Welt ist für das
christliche Verstehen aus sich selbst nichts. Sie kann
nur aus der Beziehung zum Fleischgewordenen eigentlich
existieren. "In jedem Fall ist gesagt, daß dem Geschaffenen als Geschaffenen Leben nicht zu eigen war. So war es
von je schon, - nicht als ob es einmal anders wurde! Aber
das ἦν ist (wie das folgende) im Hinblick auf das οὐ κατ-
έλαβεν (V.5), das οὐκ ἔγνω (V.10), bzw. auf die Fleisch-
werdung gesprochen: die Möglichkeit der Offenbarung war
von je gegeben."[3]

_____

1) JK 19
2) JK 20 f.
3) JK 21 f.

Die Offenbarung Gottes im Logos ist allerdings wesentlich
indirekt, sie verweist auf die Jenseitigkeit Gottes, die
aber nur erkannt wird in der Begegnung mit der Offenbarung. "Das heißt: in der Gestalt und im Worte Jesu begegnet nichts, was in Welt und Zeit entsprungen ist, sondern
begegnet die Wirklichkeit, die jenseits von Welt und Zeit
liegt."[1] Die Offenbarung Gottes im Logos ist wesentlich
paradox: in Welt und Zeit offenbart sich die Jenseitigkeit Gottes. Diese ist nicht eine metaphysische Anders-
heit, sondern das Zugleich von Gericht und Gnade Gottes
im existenziellen Sich-Verstehen des Menschen aus der Offenbarung. Gott ist sich offenbarender, aber diese Offenbarung geschieht indirekt. In der Offenbarung in Welt und
Zeit offenbart der Logos die Jenseitigkeit von Welt und
Zeit. "Ein paradoxer Sachverhalt soll Ausdruck finden,
der mit dem Offenbarungsgedanken gegebene und im Folgenden entwickelte Sachverhalt nämlich, daß im Offenbarer
wirklich Gott begegnet, und daß Gott doch nicht direkt,
sondern nur im Offenbarer begegnet."[2] Jesus Christus ist
das Ereignis des Wortes selbst, der einzige Ort, wo die
Offenbarung statt hat. Damit ist zugleich ausgesagt, daß
das Sein Gottes ein Für-den-Menschen-sein ist. Dieses ereignet sich in Jesus Christus und schenkt dem Menschen
die (eschatologische) Möglichkeit, aus der Liebe Gottes
zu existieren, aus ihr das Licht des Lebens zu empfangen.
Damit wird die Welt wieder Gottes Schöpfung, das heißt,
der Mensch versteht sich aus der Liebe Gottes, die den
Menschen von der Eigenmächtigkeit frei macht.

Das Licht, das der Logos spendet, ist keine übernatürli-
che Erleuchtung, sondern das "Erhelltsein des Daseins,
meiner selbst"[3]. Das Erhelltwerden des Menschen durch
den Logos ist die von Gott geschenkte Möglichkeit, sich

---

1) JK 16.
2) JK 17.
3) JK 22.

nicht aus der Welt, aus sich selbst, zu verstehen, sondern aus der Liebe Gottes in Jesus Christus. Indem der
Mensch diese dargebotene Möglichkeit annimmt, existiert
er eschatologisch, das heißt nicht mehr aus sich selbst,
sondern aus Gott. Die Aufgabe des Offenbarers besteht darin, dem Menschen den Charakter des Geschöpfs wiederzugeben. Dies geschieht, indem dieser als je einzelner sich
von seiner Eigenmächtigkeit befreien läßt, also das Handeln Gottes bejaht und annimmt.

"Damit ist das Werk des Offenbarers zur Vollendung gekommen und die Welt wieder zur Schöpfung geworden."[1] "Soll
der Fleischgewordene in die himmlische δόξα, die er einst
hatte, zurückkehren, so ist damit gesagt, daß die Offenbarung als kritische Macht ihr Ziel darin erreichen soll,
daß die Welt wieder als Schöpfung verständlich wird."[2]
Oder anders gewendet: "Besteht das δοξασθῆναι Jesu darin,
daß sein irdisches Leben zum eschatologischen Ereignis
eingesetzt wird, das aller Geschichte ein Ende macht, indem es für die Geschichte die κρίσις bedeutet, so besteht
es zugleich darin, daß dadurch die Welt den Charakter der
Schöpfung wiedergewinnt."[3]

7.7 Bultmanns Anliegen und Heideggers Verständnis des Daseins als Existenz

Der Mensch ist bei Bultmann wesentlich ein Sein, das sich
beschenken lassen kann. Die Sünde des Menschen besteht
dann darin, dies zu verweigern und aus sich selbst existieren zu wollen. Der Mensch ist wesentlich in seinem
Existenz-sein auf das Begegnende, die Zu-kunft, verwiesen. Inwiefern es Bultmann mit Heidegger um das Sein des

---

1) JK 450.
2) JK 379.
3) JK 379.

Daseins als Existenz geht, ist nun aus seinem Anliegen
heraus deutlich: Der Mensch ist sich selbst als Zu-sein
aufgegeben. Die Beziehung konstituiert existenziell das
Sein des Menschen, das als ganzes Beziehungssein ist und
sich selbst übereignet ist, sich in der Selbstwahl zu gewinnen oder auch zu verlieren. Das aber meist genau die
Sache, die Heidegger unter dem Titel Existenz als das
"Wesen" des Daseins anspricht: Die Existenz ist eine
Vollzugsgröße (Zu-sein), die sich selbst ins geschichtliche Sein aufgegeben ist und ihr Sein in Beziehung verwirklicht. Das dabei leitende Verständnis ist ein existenzielles[1]. Heideggers Bedeutung für Bultmann liegt

---

1) Was den Existenzbegriff bei Bultmann anbelangt, so
   führt Hasenhüttl (Hasenhüttl, Gotthold: Der Glaubens-
   vollzu. Essen 1963) aus: "Dabei ist 'Existenz' nicht
   als bloßes Vorhandensein gemeint, in dem Sinne, wie
   Pflanzen und Tiere auch existieren, sondern als die
   spezifisch menschliche 'Seinsweise'. Dies ist aber
   nicht so zu verstehen, als läge der Unterschied primär
   darin, daß der Mensch 'Geist' hat, sondern das Wesentliche besteht darin, daß er sein Sein selbst zu übernehmen hat, daß er Person und für sein Selbst verantwortlich ist. Damit ist aber ein Gerichtetsein auf etwas, die Beziehung auf sein Selbst ausgedrückt;" (Hasenhüttl, S. 38)
   Daher gehört die "Kategorie" des Vollzuges wesentlich
   zum Existenzbegriff. "Nicht um einen 'Wesensvollzug',
   um ein Tun des Menschen kann es sich handeln, das aus
   seinem Wollen oder Denken entspringt, sondern das
   grundgelegt ist in der Entschlossenheit seiner Existenz, seines Seins, das nur in der Selbstwahl von der
   Möglichkeit zur Wirklichkeit übergeht." (Hasenhüttl,
   S. 135) "Da der Platz dieses Vollzuges die Beziehung,
   die Begegnung ist, ist er so wie das Ereignis jenseits
   von Objekt- Subjekt-Spaltung, ist er die Einheit, die
   in ihrer Lebendigkeit vor aller Spaltung liegt, jeder
   Wesensbestimmung vorausgeht und sie überhaupt erst
   ermöglicht. Im Wort 'Vollzug' sind zwei Elemente angedeutet, die seine Struktur ausmachen. Der 'Zug' zur
   Eigentlichkeit ist die ontologische Struktur menschlichen Seins und ist ständig in ihm als Frage da. ...
   Der 'Zug' aber nach Eigentlichkeit, das Gezogensein,
   ist nur dann 'voll', in der Erfüllung, wenn es der
   'Voll-zug' als Antwort auf das Heilsergebnis ist; als
   Glaube!" (Hasenhüttl, S. 135)

   "Ist jedoch die menschliche Existenz faktisch Selbstwahl, dann kann ich selbst mir nie die Möglichkeit da-

also darin, daß er eine Konzeption erarbeitet, die Dasein
als existierendes durchsichtig macht, so daß Bultmann
hoffen kann, mit Hilfe der existenzialen Analyse das geschichtliche Geschehen des Glaubens deutlich machen zu
können. Dies ist der eine Grund, warum Bultmann sich auf
Heidegger stützt. Der andere ist der, daß Heidegger nach
Bultmanns Meinung gerade die Fraglichkeit des Menschen
expliziert, die auf die eschatologische Möglichkeit der
Offenbarung verweist. Dieser zweite Grund wird später
ausführlicher zu bedenken sein. Im Voraus mögen als Beleg
zwei Äußerungen Gadamers dienen:

"Denn es war ja das Apriori eines Geschehens, das Apriori
der Geschichtlichkeit und Endlichkeit des menschlichen
Daseins, das die begriffliche Auslegung des Glaubensgeschehens möglich machen sollte. Und gerade das leistete
Heideggers Interpretation des Daseins auf die Zeitlichkeit."[1]

"So ist der Sinn der Rede vom Selbstverständnis des Glaubens, daß der Glaubende sich seiner Angewiesenheit auf
Gott bewußt wird. Er gewinnt die Einsicht in die Unmöglichkeit, sich aus dem Verfügbaren zu verstehen. Mit dem
Begriff des Verfügens und dem notwendigen Scheitern seines darauf gegründeten Selbstverständnisses hat Rudolf

---

für geben, kann nicht darüber verfügen, kann nicht den
Grund des Ereignisses von Existenz in mir tragen, sondern mir nur in der geschichtlichen Begegnung schenken
lassen." (Hasenhüttl, S. 174)
Was den Begriff des Selbst bei Heidegger und Bultmann
anbelangt, wie er als Sein zu ... verstehen ist,
schreibt Hasenhüttl: "So finden sich bei Heidegger
dieselben 'Elemente' des 'Selbst' wie bei Kierkegaard
und Bultmann: Das Selbst verhält sich zu sich selbst.
Dieses Verhältnis ist durch das Mitsein, durch die
Transzendenz ermöglicht." (Hasenhüttl, S. 199 ff.,
Anm. 118)
1) Gadamer, Hans-Georg: Martin Heidegger und die Marburger Theologie. In: Pöggeler, Otto (Hg.): Heidegger.
Köln - Berlin 1969, S. 169 - 178, Zitat S. 175.

Bultmann Heideggers ontologische Kritik an der Tradition
der Philosophie ins Theologische gewendet."[1]

Der nachfolgende Vergleich von "Sein und Zeit" und dem
Johanneskommentar muß zum einen zeigen, wie weit Bultmann
tatsächlich die Analysen Heideggers von seinem erkenntnisleitenden Interesse her in Dienst nimmt. Von daher
ergeben sich die Fragen, ob und wie diese Indienstnahme
die Sache Bultmanns selbst beeinträchtigt und, wenn das
der Fall sein sollte, ob dies daher rührt, daß Heideggers
Analysen nicht neutral sind.

7.8   Das Vorverständnis

Bultmann betont immer wieder die konstitutive Funktion
der Offenbarung als der in Jesus Christus geschehenden.
Diese theologische Absicht ist aber nur als sinnvoll zu
verstehen, wenn sie das Hörenkönnen des Menschen auf die
Offenbarung mit einschließt. Das Hörenkönnen äußert sich
nach Bultmann im fragenden Wissen um die Eigentlichkeit,
die nur als Geschenk sein kann. Mit der Konzeption des
Vorverständnisses möchte Bultmann die Frage beantworten,
wie der Mensch überhaupt Offenbarung verstehen kann bzw.
wie er zum Glauben kommen kann.

"In seinem Begriff von Offenbarung hat der Mensch ein
Vorwissen von Offenbarung, das in einem fragenden Wissen
um seine eigene Situation besteht."[2] "Jenes Vorwissen
ist ein negatives Wissen: das Wissen um die Begrenztheit
und Gottferne des Menschen".[3] Das Vorverständnis umschreibt also "die widersinnige Situation des Menschen,

---

1) Gadamer, Hans-Georg: Martin Heidegger und die Marburger Theologie, S. 174.
2) JK 39.
3) JK 39.

deren Erfassung das Vorverständnis bedeutet, das für das
Verständnis der Offenbarung gefordert ist."[1]

Die hier aufgeworfenen Fragen könnten auch unter dem Titel "natürliche Theologie" verhandelt werden. Dies Thema
und sein Verhältnis zu Heideggers Philosophie wurde schon
dargestellt. Heideggers Philosophie hat, nach Bultmann,
nichts anderes als das vorgläubige Verständnis des Menschen existenzial zu analysieren[2]. Die Analysen werden
durch die Deutung vom gläubigen Verstehen her neu qualifiziert als Vorverständnis. Nach dieser Deutung lassen
sich die existenzialen Analysen dann wie folgt umschreiben: "Wissen um Gottes Gabe ..., das ihrem Empfang vorausgeht, ein fragendes, wartendes Wissen ..., aus dem in

---

1) JK 106.
2) Hasenhüttl führt den Begriff des Vorverständnisses bei
   Bultmann wie folgt aus: "Der Mensch versteht, daß
   seine Existenz in Frage steht. Er ist von der Frage
   nach der Wahrheit bewegt, nach seiner konkreten Existenz, nach dem lebendigen Gott. Wir nannten diese
   innere Dialektik von Verstehen und Nichtverstehen, von
   Lebendigkeit und Begrenztheit des Sein-Könnens des Menschen, das 'Vorverständnis' der Offenbarung. Dieses
   kann die Philosophie in existenzialer Analyse erfassen, indem sie sich streng vom Vollzug selbst getragen
   weiß und auf diesen hin geschieht. Das Vorverständnis,
   die ontologische Struktur, ist also nicht einfach mit
   der 'Natur' des Menschen an sich gleichzusetzen, die
   vom konkreten Existieren absehen kann. Die 'Abstraktion' der existenzialen Interpretation wahrt die Analogie zum existenziellen Vollzug. Von diesem ist sie
   freilich als Seinsmöglichkeit unterschieden (distinc-
   te), aber nicht verschieden (diverse)." (Hasenhüttl,
   S. 60) "Es ist der Philosophie nicht möglich, die ganze Tiefe des 'Vor' des eigentlichen Verstehens zu begreifen, da faktisch der Mensch nicht nur deshalb zur
   radikalen Selbsthingabe nicht fähig ist, weil die Begegnung ausbleibt, sondern da er durch seine ontische
   Eigenmächtigkeit unfähig ist eines Verhältnisses zu
   Gott. Der Mensch hat sich durch seine Enscheidung,
   durch den Vollzug zum Sünder gemacht. Er hat sich ein
   Selbstverständnis angemaßt, durch das er für eine Beziehung zu Gott nicht mehr radikal offen ist, obwohl
   er in seiner ontologischen Struktur um das eigentliche
   Leben 'weiß'." (Hasenhüttl, S. 61)

der Begegnung mit dem Offenbarer die Erkenntnis entspringt."[1] Das Vorverständnis als die Erfassung der vorgläubigen Existenz expliziert für den Theologen, daß der
Mensch als ganzer auf dem Spiel steht, was allerdings der
Ungläubige nicht verstehen will. "Er verkennt, daß seine
Existenz - als die des Geschöpfes - als ganze Frage ist,
und daß die Instanz, von der er die Anerkennung suchen
sollte, vor der er die Geltung finden könnte, der eine
alleinige Gott ist."[2] Damit erhärtet sich weiter die
Vermutung, daß Bultmann deshalb Heideggers Philosophie
wählt, weil diese für ihn den Ausdruck der Fraglichkeit
des Menschen darstellt. Das Definitivwerden des Vorverständnisses geschieht im Glauben, indem die Offenbarung
in der existenziellen Antwort des Menschen angenommen
wird, da der Mensch sich aus ihr versteht. "Die Existenz
des Glaubenden ist als durch die Offenbarung geschenkte
Möglichkeit aufgedeckt worden; ihre Verwirklichung geschieht im wagenden Glauben selbst."[3] Damit ist die Begegnung des Menschen mit der Offenbarung als allein den
Glauben konstituierende herausgestellt. Von der Betonung
des Existenziellen her ist auch die Hervorhebung der Entscheidung als der Möglichkeit der Annahme oder auch Ablehnung der angebotenen Möglichkeit gegenüber verständlich.

"Das Vorverständnis ist kein abgeschlossenes, sondern ein
offenes, so daß es zur existentiellen Begegnung mit dem
Text kommen kann und zu einer existentiellen Entscheidung."[4] "Die existentielle Begegnung mit dem Text kann
zum Ja wie zum Nein führen ..., weil ihm (dem Leser des
Textes) hier ein Selbstverständnis angeboten wird, das er

---

1) JK 132.
2) JK 204.
3) JK 452.
4) Bultmann, Rudolf: Glauben und Verstehen. Bd. III, Tübingen ²1962, S. 149.

annehmen (sich schenken lassen) oder ablehnen kann, weil
also Entscheidung von ihm gefordert ist."[1]

Das Vorverständnis besteht in der Explikation des Verständnisses, das der Mensch als Existenz zunächst von
sich hat. Für den Theologen ist es die Explikation der
Fraglichkeit des Menschen, die ihn auf Gott verweist und
auf die Entscheidung, seine Offenbarung anzunehmen oder
abzulehnen. "Das Vorverständnis ist begründet in der das
menschliche Leben bewegenden Frage nach Gott."[2]

Es handelt sich beim Vorverständnis um eine Konzeption
Bultmanns, die die Möglichkeit des Glaubens erklären
soll. Es ist die Frage, die der Mensch selbst ist. Die
Frage wird ausgearbeitet durch die existenziale Analytik
der Existenz. Wird jedoch das Vorverständnis existenziell
aus sich vollzogen, wie es der Philosoph tut, ist dies
für den Theologen Sünde.

Damit rückt das Vorverständnis, was den ontologischen
Strukturgehalt ausmacht, in die Nähe dessen, was Heidegger Seinkönnen nennt.

---

1) Bultmann, Rudolf: Glauben und Verstehen. Bd. III, Tübingen ²1962, S. 149.
2) ebd., S. 149.

8 DIE BESTIMMUNG DES MENSCHSEINS AUS DEM SEIN BZW.
   GOTT - EINE ZWISCHENBILANZ

Die Bestimmung des Menschseins aus dem Sein bzw. Gott
weist in der Tradition eine je eigene Doppeltheit auf.
Bei der Bestimmung des Menschseins aus dem Sein ist es
die Doppeltheit von höchstem Seienden und dem Seienden im
allgemeinen, bei der Bestimmung des Menschen aus Gott die
Doppeltheit von Anspruch Gottes, von Offenbarung, und der
Verstehensmöglichkeit des Menschen. In unserem Fall versuchen beide Denker je auf ihrem Gebiet, diese Gespal-
tenheit auf ein "neues" Fundament zu bringen, das noch
vor dieser Spaltung liegt. Heidegger sucht nach dem Sinn
von Sein und qua Zeitlichkeit, Bultmann nach der Einheit
von Offenbarung und Verstehen des Menschen in der Begegnung. Beide Verstehensweisen kommen in der Bestimmung des
"Wesens" des Daseins als Existenz überein. Es ist einerseits das erkenntnisleitende Interesse beider Autoren,
welches das jeweilige Denken bestimmt und zugleich die
Frage nach dem Sein des Menschen, die Heidegger und Bultmann zusammen in Atem hält. Das Verständnis des Menschseins, konkret die Analytik der Existenzialität der Existenz, stellt das Bindeglied dar zwischen beiden Horizon-
ten der Fragestellung, dem Sein und der Offenbarung.
Sollte ein bestimmtes Verstehen des Menschseins diesem
Sachverhalt angemessen sein, so müßte es beide Horizonte
verständlich machen können, wobei allerdings die Bestimmung des Menschseins zugleich von den erkenntnisleitenden
Interessen des Seins oder Gottes abhängt. Die Analytik
der Existenzialität der Existenz erweist sich jedoch als
Brenn- und Sammelpunkt beider Verstehenspole.

Wenn nun Bultmann sich explizit auf Heidegger und die
Neutralität seiner Analysen beruft, sind verschiedene
Fragen zu stellen:

1. Weshalb beruft sich Bultmann so gut wie ausschließlich auf Heideggers Philosophie, und zwar nur die von "Sein und Zeit"?

Diese Frage wurde bereits ansatzweise beantwortet:

a) Bultmann und Heidegger kommen in der Bestimmung des "Wesens" des Daseins als Existenz überein.

b) Für den Theologen Bultmann bestehen Heideggers Analysen in der Explikation der Fraglichkeit des Menschseins. Sie verweisen so auf die existenzielle Begegnung mit der Offenbarung, die allein den Menschen heil machen kann. Dieser zweite Punkt wird noch zu belegen sein.

2. Wie weit wird Heideggers existenziale Analyse von Bultmann wirklich in Dienst genommen? Diese Frage wird nur in der Durchführung von Einzelvergleichen zu beantworten sein.

3. Um diese Einzelvergleiche durchführen zu können, bedurfte es der Explikation des Verstehens als Interpretation, die den Prozeß der Über-setzung beleuchtet (vgl. Punkt 5.1).

4. Wird bei dieser Interpretation Bultmanns erkenntnisleitendes Interesse selbst beeinträchtigt?

5. Ist die Existenzanalyse Heideggers so neutral, daß sie beide Anliegen, die Bestimmung des Menschseins aus dem Sein und aus Gott, zur Geltung bringen kann?

Um diese Fragen einer Antwort näher zu bringen, bedarf es des Einzelvergleichs von Bultmanns Johanneskommentar mit Heideggers "Sein und Zeit". Es wird dabei so vorgegangen werden, daß zunächst Heideggers Analysen erläutert werden, um dann die mögliche Deutung auf Bultmanns Theologie hin untersuchen zu können.

9   EINZELVERGLEICHE VON "SEIN UND ZEIT" UND DEM
     JOHANNESKOMMENTAR

9.1   Die Alltäglichkeit des Daseins und das Verfallen

9.1.1   Heideggers Explikation der Alltäglichkeit des Da-
         seins

In diesem Abschnitt werden die Existenzialien dargestellt, die Heidegger durch die Analyse der Alltäglichkeit aufdeckt.

Das "Wesen" des Daseins ist die Existenz. Als Existenz
versteht sich Dasein entweder aus sich selbst (eigentlich) oder nicht aus sich selbst (uneigentlich). Um den
Blick unverstellt auf die Existenzialität des Daseins
richten zu können, setzt Heidegger die Analyse des Daseins bei der Seinsart an, in der sich Dasein immer schon
aufhält, bei der "durchschnittliche(n) Alltäglichkeit"[1].
Diese versteht Heidegger als Modus der Uneigentlichkeit.

9.1.1.1 Die Alltäglichkeit

Diese Seinsart darf weder als Primitivität noch als zu
überwindende Haltung verstanden werden. Aus der Alltäglichkeit ist alles Existieren, wie es ist. Auch die philosophische Frage entspringt der Alltäglichkeit. Wie ist
das möglich?

"Auch in ihr (der Alltäglichkeit) und selbst im Modus der
Uneigentlichkeit liegt apriori die Struktur der Existenzialität. Auch in ihr geht es dem Dasein in bestimmter
Weise um sein Sein, zu dem es sich im Modus der durchschnittlichen Alltäglichkeit verhält und sei es auch nur

---

1) Sein und Zeit, S. 43.

im Modus der Flucht <u>davor</u> und des Vergessens <u>seiner</u>."[1]
Dasein ist auch in der Weise der Alltäglichkeit seinsverstehend. Es versteht sein Sein, ihm ist sein Sein erschlossen, und sei es in der Flucht vor sich selbst, daß
es sich aus den innerweltlichen Möglichkeiten statt aus
sich selbst versteht. Selbst die Uneigentlichkeit wurzelt
in der Seinsweise des Daseins als seinsverstehendem und
ist bestimmt durch das "Wesen" des Daseins, daß es sich
aufgegeben ist. Nur ist das Existieren in der Alltäglichkeit dahingehend modifiziert, daß das Dasein vor seinem
eigenen Sein flieht.

Ist aber dann nicht die Explikation der Existenzialität
unmöglich? Die Antwort lautet: Nein! Denn die ontologischen Strukturen der Existenz bleiben die gleichen, auch
wenn Dasein ontisch uneigentlich existiert. "Was ontisch
in der Weise der Durchschnittlichkeit <u>ist</u>, kann ontologisch sehr wohl in prägnanten Strukturen gefaßt werden,
die sich strukturell von ontologischen Bestimmungen etwa
eines <u>eigentlichen</u> Seins des Daseins nicht unterscheiden."[2]

9.1.1.2 Uneigentlichkeit und In-der-Welt-sein

Dasein versteht sich in der Alltäglichkeit ontisch nicht
aus sich selbst, ist nicht eigentlich. Wie aber ist es
für Dasein möglich, daß es sich nicht aus seinem Sein
versteht? Dasein ist In-der-Welt-sein, es hat immer schon
Welt erschlossen.

"Sie (die Welt) ist demnach etwas, 'worin' das Dasein je
schon <u>war</u>, worauf es in jedem irgendwie ausdrücklichen

---

1) Sein und Zeit, S. 44.
2) ebd., S. 44.

Hinkommen immer nur zurückkommen kann."[1][2] Welt ist
immer schon erschlossen. Sie ist der Sinnentwurf, aus dem
das Alltägliche, das jeweils Zuhandene, seine Bedeutung
gewinnt. Dies Zuhandene ist das, womit der Mensch täglich
umgeht, und zwar letztlich umwillen des Daseins selbst.
So versteht Heidegger die Welt[3] als den Verweisungszu-

---

1) Feick, Hildegard: Index zu Martin Heideggers "Sein und
   Zeit". Tübingen, 3. Auflage 1980, S. 45.
2) Was das In-der-Welt-sein anbelangt, sind folgende Deutungen zu vermerken. Zum einen die "subjektive": "Die
   gegenständliche Welt erhält ihr Sein in der Existenz
   des darauf gerichteten Menschen, denn dieses ihr Sein
   ist nichts anderes als der Aufglanz der menschlichen
   Selbstmacht in ihr."(Hommes, Jakob: Zwiespältiges Dasein. Freiburg 1953, S. 38, Anm. 83) Diese Auffassung
   verkennt jedoch, daß Dasein immer schon "draußen" sein
   muß, um etwas Bedeutung geben zu können. Pöggeler sagt
   richtig zum In-der-Welt-sein: "Das Dasein ist ein In-
   sein in der Welt, indem es immer schon in die Welt
   'geworfen' ist, diese Geworfenheit aber im 'Entwurf'
   übernimmt und den geworfenen Entwurf zu einem geglie-
   derten Bedeutungsganzen 'artikuliert'." (Pöggeler, S.
   55)
3) Besonders im Weltbegriff kommt die Verbindung und
   gleichzeitige Differenz Husserls zu Heidegger zutage.
   "Das gesuchte Verhältnis zwischen dem Bewußtsein (bei
   Husserl) von der Lebenswelt und dem Dasein als In-der-
   Welt-sein ist offenbar ein Fundierungszusammenhang,
   derart, daß das lebensweltbezogene Bewußtsein ontologisch im In-der-Welt-sein gründet und erst von dorther
   ontologisch verstehbar wird." (Herrmann, Friedrich-
   Wilhelm von: Subjekt und Dasein. Frankfurt/Main 1974,
   S. 61) Ferner führt Herrmann aus, Bewußtsein sei bei
   Husserl nur auf Innerweltliches, und dieses in der
   Defizienz des Um-zu als An-sich, bezogen, d.h. die
   Welt sei nicht in ihrer ontologischen Differenz zu
   innerweltlich Vorhandenem gesehen; die Offenheit der
   Welt als Erschlossenheit von Sein überhaupt sei daher
   bei Husserl nicht thematisiert. (vgl. Herrmann, S. 44
   - 65)
   "Angesichts der Mannigfaltigkeit der Seinsarten und
   deren Kategorien stellt er (Heidegger) die Frage nach
   dem verborgenen Einfachen des Seins, das dem Mannigfachen der Seinsarten und ihren kategorialen Bedeutungen
   voraufgeht und das die Vielfalt der Seinsarten ermöglicht, indem es sie aus sich entspringen läßt. ...
   Heidegger hat diesen Unterschied als ontologische
   Differenz bezeichnet." (Herrmann, S. 68)

sammenhang, aus dem das alltäglich zu Besorgende verständlich ist. Dasein ist kein Ich, das sich nachträglich
auf ein "Draußen" bezieht, sondern es ist immer schon
draußen. Aus dem Vorentwurf von Welt lassen sich dann
einzelne Möglichkeiten des Weltverhaltens erschließen.
Das Existenzial In-der-Welt-sein ist letztlich in der
Zeitlichkeit fundiert, die erst das "Draußen" des Sinnvorentwurfs ermöglicht.

Das In-der-Welt-sein ist die Bedingung der Möglichkeit
dafür, daß Dasein sich nicht aus sich selbst verstehen
kann. Die Uneigentlichkeit ist jedoch keine zwangsläufige
Folge des Seins des Daseins als In-der-Welt-Sein. Faktisch aber existiert Dasein zumeist uneigentlich, indem
es sich aus den vorhandenen Möglichkeiten versteht, die
das In-der-Welt-sein bereitstellt. Heidegger faßt diese
Weise der Durchschnittlichkeit als Existenzial auf und
nennt sie das Verfallen.

9.1.1.3 Das Verfallen

Das Verfallen besteht darin, daß Dasein uneigentlich existiert, sich also nicht aus sich selbst, sondern aus der
besorgbaren Welt versteht, die durch das In-der-Welt-sein
erschlossen ist. Dasein versteht sich aus dem, womit es
umgeht, aus den besorgbaren Möglichkeiten. "Von ihm
selbst als faktischem In-der-Welt-sein ist das Dasein als
verfallendes schon abgefallen; und verfallen ist es nicht
an etwas Seiendes, darauf es erst im Fortgang seines
Seins stößt oder auch nicht, sondern an die Welt, die
selbst zu seinem Sein gehört."[1]
Verfallen ist nicht etwas, das grundsätzlich nicht zu
sein bräuchte, sondern es ist ein Existenzial: "Ein exi-

---

1) Sein und Zeit, S. 176.

stenzialer Modus des In-der-Welt-seins dokumentiert sich im Phänomen des Verfallens."[1]

Dasein ist existenzial verfallendes[2]. Darin gründet die ursprüngliche Phänomenalität der Alltäglichkeit. Die Modi des Verfallens sind Neugier, Gerede und Zweideutigkeit. Die Neugier sucht lediglich die Sicht auf etwas um der Sicht, nicht um der Sache willen. Das Gerede unterdrückt das Ursprüngliche und wahrhaft Neue, indem es vorgibt, alles ja immer schon gewußt zu haben. Die Zweideutigkeit beherrscht schließlich alle Äußerungen des Geredes. Als uneigentliches schottet sich Dasein in den Weisen des Verfallens vor sich selbst ab. "Das verfallende In-der-Welt-sein ist sich selbst ... zugleich beruhigend."[3] Die

---

1) Sein und Zeit, S. 176.
2) Zur Verfallenheit sind folgende Hinweise zu geben: "Die Rede von der Uneigentlichkeit ist nicht eine moralische Wertung, sondern einfach der Aufweis einer Seinsweise, die unabdingbar zum Dasein gehört." (Pöggeler, Otto: Der Denkweg Martin Heideggers. Pfullingen 1963, S. 62) Die Bewegtheit des Wahrheitsbegriffes als Erschlossenheit gerade durch das Verfallen zeigt Tugendhat (Tugendhat, Ernst: Der Wahrheitsbegriff bei Husserl und Heidegger. Berlin 1967) auf: "Die Erschlossenheit läßt sich also - anders als die Intentionalität - nicht nur als abstrakte und modifizierbare Struktur sehen, sondern, weil sie in das Zu-sein gehört, 'um' das es dem Dasein geht, zeigt sie sich in einer Bewegtheit, in der nun der gegenläufigen Richtung des Sich-Verschließens und Verdeckens sogar ein Primat zukommt." (Tugendhat, S. 318) Zur selben Problematik vermerkt Bretschneider (Bretschneider, Willy: Sein und Wahrheit. Meisenheim am Glan 1965): "Beide (Wahrheit und Unwahrheit) werden in der Existenzialanalyse keineswegs sorgfältig voneinander geschieden und als das absolute Gegenteil getrennt, sondern erscheinen als die sich gegenseitig ermöglichenden Phänomene, die zusammen erst das Dasein in seinem Sein bestimmen. Nur sofern das Dasein sich selber erschlossen ist, ist es auch verschlossen, und nur auf dem Boden der Verschlossenheit läßt sich von der Erschlossenheit als der eigentlichen Wahrheit reden." (Bretschneider, S. 111)
3) Sein und Zeit, S. 177.

Beruhigung geschieht als Flucht in den Betrieb, der das Dasein vor seinem Selbst-sein schützen soll.

Wie das In-der-Welt-sein ist das Mitsein[1] ein Existenzial des Daseins. Indem Dasein ist, ist ihm Mit-sein erschlossen. In der Alltäglichkeit ist auch das Mitsein ontisch modifiziert als verfallendes. Der Mensch der Alltäglichkeit verschließt seinem Mitmenschen die Eigentlichkeit, indem er sich in der Auslegung der Öffentlichkeit hält, die wiederum von der Alltäglichkeit des Daseins beherrscht wird.

Das Wer der Alltäglichkeit und des Mitseins, also das faktisch zumeist vorkommende "Selbst" des Verfallens, ist das Man[2].

---

1) Zum Mitsein bemerkt richtig Zimmermann (Zimmermann, Franz: Einführung in die Existenzphilosophie. Darmstadt 1977): "'Dasein ist Mitsein' besagt weder, daß noch andere Subjekte außer mir vorhanden sind, von denen ich mich abhebe, noch daß ich beständig mit Menschen zu tun habe. Vielmerh ist 'Mitsein' so etwas wie die Bedingung der Möglichkeit dafür, daß der Andere begegnen, daß es 'Einsamkeit' und 'Geborgenheit' überhaupt geben kann und daß Dasein schon immer für Andere sich eröffnet, was die Voraussetzung jedes Sichoffenbarens bzw. Verschließens ist." (Zimmermann, S. 95f)
2) Das Man ist, soziologisch gesehen, zu kennzeichnen als ein Produkt der Masse. "Das eben heißt: den Mut zur Angst, in der Gewesenheit und Zukunft stets offenstehen und in die Beruhigtheit des Alltags drohend hineinragen, nicht aufkommen lassen." (Vogt, Annemarie: Das Problem des Selbstseins bei Heidegger und Kierkegaard. Dissertation Gießen 1936, S. 32) "In der Theorie des Man werden offensichtlich gewisse Grundzüge der modernen Massengesellschaft beschrieben und zugleich kritisiert." (Franzen, Winfried: Von der Existenzialontologie zur Seinsgeschichte. Meisenheim am Glan 1975, S. 39) Allerdings kritisiert Franzen wiederum Heideggers Position: "Wenn Gesellschaftlichkeit als solche im Effekt mit Uneigentlichkeit gleichgesetzt wird, dann kann es Eigentlichkeit nur in der radikalen Vereinzelung geben." (Franzen, S. 43) "So wird das Sein zum Tode samt allem, was daraus entspringt (Gewissen-haben-wollen, Entschlossenheit, etc.) zur letzten Bastion, hinter die sich das Ich,

Ihm eignen alle Weisen des Verfallens. Das Man ist ein
Existenzial. Charakteristisch für es ist die Durchschnittlichkeit, die alles wahre Selbstsein verdeckt und
einebnet. Das "Ich" des Menschen ist so zumeist nicht das
eigene Selbst, sondern das Man.

9.1.1.4 Existenzialität und Existieren

Heidegger grenzt die ontologische Analyse des Man gegen
ontische Umdeutungen ab. "Ontisch wird nicht entschieden,
ob der Mensch 'in der Sünde ersoffen', im status corruptionis ist, ob er im status integritatis wandelt oder
sich in einem Zwischenstadium, dem status gratiae, befindet."[1] Heidegger respektiert damit die Grenze zur Theologie, die solche Bestimmungen, nach Heideggers Verständnis, allein vom Glauben her treffen kann. Mit dem Ausdruck "in der Sünde ersoffen" nimmt er offenbar die Dik-
tion Luthers auf. Der status corruptionis meint das Sün-
dersein des Menschen; der Ausdruck status integratis wird
üblicherweise als Bezeichnung des Zustandes des Menschen
vor dem Sündenfall verwendet, während der Ausdruck status
gratiae den Zustand des Menschen nach dem Sündenfall,

---

der Flucht vorm Gesellschaftlichen, glaubt retten zu
können. Ein konsequenterer Subjektivismus - im Sinne
von Solipsismus - läßt sich in der Tat kaum denken als
derjenige es ist, der die angefochtene Identität des
Ich mit sich selbst nur noch durchs Vorlaufen-in-den-
Tod gewährleistet sieht." (Franzen, S. 44) Franzen
erkennt die positive Seite des Mitseins, wie sie auch
bei Heidegger zu finden ist. Außerdem übersieht er
Heideggers Erörterungen zur Geschichtlichkeit, wo vom
Schicksal eines Volkes gesprochen wird, das eigentliche Existenzmöglichkeit bewahren kann. Wie Kierkegaard
geht es Heidegger nicht um Solipsismus, sondern um das
wahre Miteinander freier Personen, zu dem das Mitsein
konstitutiv gehört.
1) Sein und Zeit, S. 180.

aber nach ergangener Begnadigung des Menschen durch Gott
meint.

Heidegger hält jedoch an der Relevanz der ontologischen
Aussagen für das Verstehen der ontischen Verhaltensweisen
fest. "Glaube und 'Weltanschauung' werden aber, sofern
sie so oder so aussagen, und wenn sie über Dasein als In-
der-Welt-sein aussagen, auf die herausgestellten existenzialen Strukturen zurückkommen müssen, vorausgesetzt, daß
ihre Aussagen zugleich auf begriffliches Verständnis
einen Anspruch erheben."[1] Mit "begrifflichem Verständnis" meint Heidegger die Explikation ontischer Verhaltensweisen mit Hilfe von Existenzialien. Damit ist seine
Meinung hier die selbe, die er in "Phänomenologie und
Theologie" kundgetan hat, wenn er von der Direktion der
(ontischen) Theologie und der Korrektion, die die Philosophie gibt, sprach.

In derselben Linie liegt eine weitere Äußerung Heideggers
in "Sein und Zeit": "Das ursprünglich zur Seinsverfassung
des Daseins gehörende Schuldigsein ist vom theologisch
verstandenen status corruptionis wohl zu unterscheiden.
Die Theologie kann in dem existenzial bestimmten Schuldigsein eine ontologische Bedingung seiner faktischen
Möglichkeit finden. Die in der Idee dieses status be-
schlossene Schuld ist eine faktische Verschuldung von
völlig eigener Art. Sie hat ihre eigene Bezeugung, die
jeder philosophischen Erfahrung grundsätzlich verschlossen bleibt. Die existenziale Analyse des Schuldigseins
beweist weder etwas für noch gegen die Möglichkeit der
Sünde. Man kann streng genommen nicht einmal sagen, daß
die Ontologie des Daseins von sich aus diese Möglichkeit
überhaupt offen läßt, sofern sie als philosophisches Fragen grundsätzlich nichts von der Sünde 'weiß'."[2]

---

1) Sein und Zeit, S. 180.
2) ebd., S. 306, Anm. 1.

Damit ist Bultmanns Auffassung bestätigt, daß die Philosophie, als der Vollzug des Verstehens aus sich selbst, grundsätzlich nichts von Sünde oder Glaube wissen kann, obwohl sie Dasein ontologisch analysiert und so der Theologie eine Begrifflichkeit bereitstellt, mit deren Hilfe ontisches Verhalten expliziert werden kann.

9.1.1.5 Das Mitsein

Heidegger charakterisiert die positive Form des Mitseins folgendermaßen: "Ihr gegenüber (der Möglichkeit uneigentlichen Sorgens) besteht die Möglichkeit einer Fürsorge, die für den Anderen ... vorausspringt, nicht um ihm die 'Sorge' abzunehmen, sondern erst eigentlich als solche zurückzugeben. Diese Fürsorge, die wesentlich die eigentliche Sorge - das heißt die Existenz des Anderen betrifft und nicht ein Was, das er besorgt, verhilft dem Anderen dazu, in seiner Sorge sich durchsichtig und für sie frei zu werden."[1] Diese Art der Sorge für den Anderen, die Fürsorge, besteht nicht (nur) darin, dem Mitdasein verschiedene Dinge, innerweltlich Vorhandenes, zu besorgen. Dieser Modus des Sorgens soll dem Anderen ermöglichen, eigentlich zu existieren. Der Fürsorgende springt also nicht ein, wenn ein Mangel an vorhandenen Dingen besteht, sondern er springt dem, dem die Sorge gilt, voraus, indem er selbst eigentlich existiert. So wird er Beispiel und Aufruf für das Mitdasein, sich eigentlich zu verstehen. Das Mitdasein wird frei für sich selbst, sein eigenes Sein als Seinkönnen, das sich je neu bevorsteht und sich aufgegeben ist, zu übernehmen. Um dies Vorausspringen leisten zu können und damit wahrhaft in der Sorge um den Anderen zu stehen, bedarf es des eigentlichen Seins des

---

1) Sein und Zeit, S. 122.

Fürsorgenden als Selbstsein. "Die Entschlossenheit zu sich selbst bringt das Dasein erst in die Möglichkeit, die mitseienden Anderen 'sein' zu lassen in ihrem eigensten Seinkönnen und dieses in der vorspringend-befreienden Fürsorge mitzuerschließen. Das entschlossene Dasein kann zum 'Gewissen' der Anderen werden. Aus dem eigentlichen Selbstsein der Entschlossenheit entspringt allererst das eigentliche Miteinander".[1]

9.1.1.6 Zusammenfassung zu Alltäglichkeit und Verfallen

(1) Heideggers Analyse geht aus von der durchschnittlichen Alltäglichkeit.

(2) Dieser Alltäglichkeit liegt die Existenzialität des Daseins zugrunde.

(3) Dasein existiert in der Alltäglichkeit uneigentlich, es flieht vor seiner Eigentlichkeit, dem Existieren als Selbstsein.

(4) Die Ermöglichung der Durchschnittlichkeit liegt im In-der-Welt-sein als einer Weise des Sinnvorentwurfs des Daseins.

(5) Uneigentliches Dasein versteht sich aus der Welt, aus den Möglichkeiten, die durch das In-der-Welt-sein als zuhandene Möglichkeiten erschlossen sind. Dasein ist so verfallendes.

(6) Das Wer der Alltäglichkeit ist das Man, nicht das Selbst.

(7) Dasein ist Mitsein. Dieses kann sowohl uneigentlich als auch eigentlich (Fürsorge) sein.

---

1) Sein und Zeit, S. 298.

Heidegger unternimmt hier den Versuch, die bis dahin in der Philosophie weitgehend vernachlässigte Alltäglichkeit ihrer ontologischen Struktur nach zu analysieren. Er tut dies im Hinblick auf die Eigentlichkeit des Daseins, deren uneigentlicher Modus die Alltäglichkeit ist. Diese wird unter dem Blickwinkel der Eigentlichkeit interpretiert. Ob die Analyse des Daseins dieses selbst unverstellt in den Blick bekommen kann, läßt sich nur von der Eigentlichkeit und deren fundamentalem Existenzial, der Zeitlichkeit, entscheiden.

Das In-der-Welt-sein und das Mitsein sieht Heidegger beides als wesentlich zum Dasein gehörig an. Damit versucht er, die Subjekt-Objekt-Spaltung Welt - Mensch bzw. Mensch - Mensch zu überwinden. Dasein ist wesentlich beim Anderen, wenn dies auch unter der Perspektive der Eigentlichkeit gesehen wird. Deren ontologische Gültigkeit als ein das Dasein unverstellt sichtbar werden lassendes Existenzial kann erst gegen Ende der Arbeit geprüft werden. Diese Einschränkung tastet jedoch die Eindringlichkeit und Treffsicherheit der Analysen, gerade was die Herausstellung des an die Welt verlorenen Daseins anbelangt, nicht an.

9.1.1.7 Das Man und das Johannesevangelium

Es ist durchaus möglich, die Analysen der Alltäglichkeit vom Johannesevangelium beeinflußt zu sehen. Als Beispiel für das "Man" im Johannesevangelium, das alle Ursprünglichkeit niederhält und im Gerede und in der Zweideutigkeit einebnet, kann Joh 7,27 dienen: "Aber von diesem (Jesus) wissen wir (die Juden), woher er ist. Vom Messias jedoch weiß niemand, woher er ist." Noch deutlicher erscheint folgende Stelle: "'Denn niemand wirkt im Verborgenen und bemüht sich zugleich, in der Öffentlichkeit zu sein. Wenn du solches wirkst, so offenbare dich der Welt'. Nicht einmal seine Brüder glaubten nämlich an ihn.

Da sagte Jesus zu ihnen: 'Meine Zeit ist noch nicht da.
Eure Zeit aber ist immer bereit.'" (Joh 7,4-6)

Dazu vermerkt Blank in seinem Kommentar, was das unterschiedliche Zeitverständnis Jesu und der "Welt" anbelangt: "Die Welt-Zeit kennt dieses (Jesu) Zeitverständnis
nicht; daher ist ihre Zeit auch stets vorhanden. Sie
kennt keinen wirklich entscheidenden 'Augenblick'. Bei
ihr ist es eigentlich gleichgültig, wann und wo etwas geschieht."[1] "Die Zeiterfahrung der 'Welt' ist rein äußer-
lich bestimmt; sie ist 'fremdbestimmt'. Es sind die übli-
chen Erwartungen..., 'die Mode', die gerade herrscht."[2]

Es ist höchst erhellend, in diesem Zusammenhang eine
Stelle aus "Sein und Zeit" als Kommentar zu der angegebe-
nen Stelle zu lesen:

"Sofern nun aber die Zeit des sich einsetzenden Daseins
in der Verschwiegenheit der Durchführung und des echten
Scheiterns eine andere ist, öffentlich gesehen eine wesentlich langsamere, als die des Geredes, das 'schneller
lebt', ist dies Gerede längst bei einem anderen, dem jeweilig Neuesten angekommen. ... Gerede und Neugier sorgen
in ihrer Zweideutigkeit dafür, daß das echt und neu Geschaffene bei seinem Hervortreten für die Öffentlichkeit
veraltet ist. Es vermag erst dann in seinen positiven
Möglichkeiten frei zu werden, wenn das verdeckende Gerede
unwirksam geworden und das 'gemeine' Interesse erstorben
ist. ... Zweideutig ist das Dasein immer 'da', das heißt
in der öffentlichen Erschlossenheit des Miteinanderseins,
wo das lauteste Gerede und die findigste Neugier den

---

1) Blank, Josef: Das Evangelium nach Johannes, Bd. 4, 1b.
   Düsseldorf 1981, S. 81.
2) ebd., S. 81 f.

'Betrieb' im Gang halten, da, wo alltäglich alles und im Grunde nichts geschieht."[1]

Gerade die Analysen zur Alltäglichkeit könnten also durchaus vom Johannesevangelium angeregt sein. So wäre das Verhalten der Juden als der Repräsentanten der Welt unter dem erkenntnisleitenden Interesse der Seinsfrage gedeutet als Verfallen. Als Sache gemeinsam wäre dann beiden Expositionen die Darstellung des dem Sein des Menschen nicht gemäßen Existierens gegenüber dem wahren Anspruch, zu dem der Mensch Stellung beziehen muß, und sei es, indem er davor flüchtet.

Es liegt jedoch nicht in der Absicht der Arbeit, auf diese Verhältnisbestimmung Johannesevangelium - Heidegger näher einzugehen. Denn ihre primäre Absicht ist die Untersuchung der Interpretation von philosophischem Gedankengut auf die Theologie hin. Daher beschränkt sich die Arbeit jeweils auf einige kurze Hinweise.

9.1.2 Heideggers Explikation der Alltäglichkeit und Bultmanns Johanneskommentar

Bultmann verwendet die Analysen Heideggers für sein Verständnis des Menschen, der die Welt als Gesamt der verfügbaren Möglichkeiten entwirft. Dies gilt es, im einzelnen nachzuweisen.

9.1.2.1 Die Alltäglichkeit

"Dies Heilsgeschehen aber ist deshalb das Gericht, weil sich die Menschen - wieder wird im Blick auf die

---

1) Sein und Zeit, S. 174.

Menschen, wie sie durchschnittlich sind, gesprochen - dem
'Licht' verschlossen haben."[1] Wie bei Heidegger besteht
die Durchschnittlichkeit im ontischen Existieren entgegen
der Eigentlichkeit. Bultmann und Heidegger verstehen beide die Alltäglichkeit als Flucht vor bzw. Ablehnung der
Eigentlichkeit. Die Eigentlichkeit bei Bultmann ist jedoch nur von der Offenbarung her zu verstehen, nicht von
der Seinsfrage her. In der Begrifflichkeit Bultmanns
heißt die Eigentlichkeit darum "eschatologische Existenz", die die Annahme der Offenbarung durch den Menschen meint.

Ebenso wie bei Heidegger ist die Alltäglichkeit nicht eigentliches Existieren. "Die Bezeichnung der Offenbarung
als ὕδωρ ζῶν beruht also auf dem eigentümlichen joh.
'Dualismus', demzufolge alle irdischen Güter scheinbare,
unechte Güter sind und das natürliche Leben nur ein uneigentliches Leben ist; allein, was die göttliche Offenbarung schenkt, hat den Charakter des Eigentlichen ..."[2]

Der Mensch weiß, auch wenn er uneigentlich existiert, von
seiner Eigentlichkeit, und zwar dann im Modus der Flucht
vor der Eigentlichkeit. "Gerade darin, daß der Mensch das
Uneigentliche für das Eigentliche hält, bekundet er ein
Wissen um das Eigentliche und Endgültige."[3] "Denn sie
(die Juden) können ja ihr Sein nur behaupten, wenn sie
sich jene Wirklichkeit (die Offenbarung) verdecken."[4]
Damit ist, analog zu Heidegger, gewährleistet, daß die
Frage nach der Eigentlichkeit auch in der Alltäglichkeit
ihren Ort findet. Denn Dasein bezeugt gerade in der
Flucht vor der Offenbarung deren Relevanz.

---

1) JK 113.
2) JK 133.
3) JK 133
4) JK 244

Und wie bei Heidegger, so ist auch bei Bultmann der eigentlich existierende Mensch nicht von der Uneigentlichkeit verschont und hat sie auch nicht einfach überwunden:
"Der Glaubende ist nicht aus der Welt hinweggenommen".[1]
"... das Sein des Menschen ist Welt-sein."[2] Der Glaubende muß sein Sein ständig gegen die Welt gewinnen. "Die
16,33 verheißene εἰρήνη muß ja im Kampf gegen die Welt
gewonnen werden, weil sie anderer Art ist, als die Welt
sie kennt ... ."[3] "Sondern was kommen wird, ist nur für
den Glauben ... und muß deshalb immer gegen die Welt
gewonnen werden."[4] Dies geschieht so, daß der Glaubende
sich nicht aus den verfügbaren Möglichkeiten, aus sich
selbst, sondern als Verwiesensein auf Begegnung versteht.

9.1.2.2 In-der-Welt-sein

Zum Begriff "Welt", κόσμος, sagt Bultmann[5]: "... daß die
Menschen nicht Wesen sind, die, wie andere auch, im κόσμος vorkommen, sondern daß sie es sind, die den κόσμος
zum κόσμος machen."[6] Das Sein des Menschen ist zu unterscheiden vom Vorkommen der Dinge. Erst der Mensch erkennt die Welt. Gemäß Bultmanns Intention wird dieser Gedanke modifiziert: "Aber der κόσμος ist für das NT ...
nur die Menschenwelt."[7] Welt ist, vom theologischen
Standpunkt aus gesehen, von der Entscheidung des Menschen
gegen das Göttliche gedacht und doch zugleich als Verwiesensein auf Offenbarung. "Dabei (bei der Logosgestalt)
ruht das Hauptinteresse auf der Frage nach dem Menschen,

---

1) JK 441
2) GV I 138
3) JK 462
4) JK 452
5) vgl. auch 9.1.2.4
6) JK 20
7) GV II, Tübingen 1952, S. 68.

der sein In-der-Welt-sein als Sein in der Fremde empfin-
det".[1] Die eigentliche Heimat des Menschen ist dagegen
die befreiende Liebe Gottes. Von daher wird das In-der-
Welt-sein als Heimatlosigkeit verständlich. Die Heimatlosigkeit als Selbstseinwollen ist es, deren Explikation
das Vorverständnis ergibt, das negative Wissen von Gott.
Dieses kann erst in der Begegnung mit Gottes Offenbarung
in Jesus Christus zum definitiven Verstehen werden. "Wenn
Jesu Verheißung für den Glaubenden überhaupt vom Hörer
verstanden werden soll, so verheißt sie ihm als Leben
das, was er in all seinen Wünschen und Hoffnungen dunkel,
irregeleitet und mißverstehend ersehnt: jene Eigentlichkeit der Existenz, die in der Erleuchtung des definitiven
Sichverstehens geschenkt wird. Und sie lehrt ihn, daß...
das Leben nur im Glauben an den Offenbarer geschenkt
wird".[2]

9.1.2.3 Das Verfallen

Bultmann stimmt mit "Sein und Zeit" darin überein, daß
mit dem In-der-Welt-sein das Verfallen als Möglichkeit
mitgegeben ist. Jedoch unterscheidet sich Bultmann von
Heidegger darin, daß der Mensch die Frage, die er ist,
gegenüber der Offenbarung ontisch zur Antwort umlügt und
aus sich selbst statt aus der Offenbarung lebt. "Die
scheltende Frage V.44 sagt deutlich, daß der Unglaube der
Welt seinen Grund in der Verfallenheit an sich selbst
hat".[3] Das heißt wiederum mit Heidegger: Dasein existiert uneigentlich. Das Verfallen wird aber von der
Seinsfrage auf die Gottesfrage hin gedeutet. Es erhält
eine neue ontische Bedeutung von der Begegnungswirklichkeit her, um die es Bultmann geht. Es wird nun verstanden

---

1) JK 10
2) JK 194
3) JK 203

als Flucht vor der Eigentlichkeit, der eschatologischen
Existenz. Verfallen ist bei Bultmann Flucht vor der Offenbarung. So aber weiß der Mensch negativ um die Offenbarung. Verfallen ist so im Johanneskommentar einerseits
nur verständlich von den Analysen Heideggers her, jedoch
andererseits zugleich nur verstehbar, wenn Bultmanns
erkenntnisleitendes Interesse berücksichtigt wird. Es
handelt sich bei der Interpretation also nicht um eine
Übernahme oder Abhängigkeit. Denn diese Modi kennen kein
erkenntnisleitendes Interesse und demzufolge auch keine
Veränderung des Sinnes der Gedankeninhalte in einem den-
kerisch neuen Kontext.

Dasein existiert auch bei Bultmann immer schon als verfallendes: "... der Mensch hat immer schon sein eigentliches Sein verfehlt".[1] So "behauptet das Neue Testament,
daß der Mensch selber ganz und gar verfallen ist."[2] Und
bei der Exegese von Joh 1,5 schreibt Bultmann: "Daß die
Menschen die Möglichkeit der σκοτία statt der des φῶς
ergriffen haben, ist freilich eine Tatsache, die der
Prolog nicht erklärt; und sie darf ja nicht erklärt werden, wenn der Grundsinn von φῶς und σκοτία als Möglichkeit menschlichen Selbstverständnisses nicht preisgegeben
werden soll."[3] Skotia bedeutet hier, daß sich der Mensch
aus den verfügbaren Möglichkeiten seiner selbst und nicht
aus der Begegnung versteht. Dagegen hat phos den Sinn des
Sich-verstehens der Existenz aus Gott, d.h. aus der Begegnung mit ihm. So existiert der Mensch eigentlich. Der
Mensch ist aber zumeist an die Skotia, an die Möglichkeiten dieser Welt, die ihm verfügbar sind, d.h. die nicht
aus der Begegnung sind, verfallen. Die uneigentliche Exi-

---

1) Bultmann, Rudolf: Theologie des Neuen Testaments, S.
   227.
2) Bultmann, Rudolf: Offenbarung und Heilsgeschehen,
   München 1941, S. 53.
3) JK 27 f.

stenz vollzieht die Blindheit und nicht die Eigentlichkeit. Und wie bei Heidegger ist die Wahl der Uneigentlichkeit nicht auf einen Grund zurückführbar. Denn der
Mensch als Existenz ist existenzial offen für beide Möglichkeiten. Das Festgelegtsein auf einen Grund würde ihm
aber diese Offenheit rauben.

9.1.2.4 Das Verfügbare und die Vorhandenheit bei Heidegger

Bei Johannes sieht Bultmann die Verfallenheit, die das
eigentliche Sein des Menschen verdeckt, ausgedrückt im
Begriff der skotia, der Dunkelheit, ferner auch im begriff sarx, "Fleisch". Die sarx "ist die Sphäre des Vorhandenen, vor Augen Liegenden, die auf den, der ihr ange-
hört, ihre verführerische Kraft ausübt ... . Sie hat ja
ein Scheinleben ..., das der Mensch zunächst für wirkliches Leben hält. In dieser Sphäre erscheint der Logos,
d.h. der Offenbarer ist nichts als ein Mensch."[1] Die
Vorhandenheit wird als "Scheinleben" gedeutet, das aus
vorfindlicher Möglichkeit, die nicht aus der Begegnung
gewonnen ist, lebt. Daher wird das Vorhandene zum Verfügbaren. Die Offenbarung erscheint in dieser Sphäre, d.h.
das Eigentliche, die Begegnungswirklichkeit, erscheint im
Uneigentlichen, im Selbstbeharren. Deshalb ist die Offenbarung der Nivellierung des Man ausgesetzt. "Ihre (der
Juden) Schriftforschung führt zu jener Dogmatik, die
ihnen ihre Sicherheit gibt, indem sie ihnen die Kriterien
für die Offenbarung verfügbar macht und sie dadurch taub
macht für die Offenbarung."[2] Denn das Man als die öffentliche Weise der jeweiligen Uneigentlichkeit beherrscht auch die Öffentlichkeit. "So besteht denn die

---

1) JK 40
2) JK 236

unheimliche Tatsache, daß der κόσμος, <u>die Menschenwelt,</u>
<u>die durch das, was die Einzelnen sorgen und tun, konsti-</u>
<u>tuiert wird,</u> seinerseits zum Herrn über den Einzelnen
<u>wird.</u>"[1]

Dasein versteht sich aus dem Vorhandenen, aus dem alltäglichen Besorgen seiner selbst: Das uneigentliche Verstehen des Daseins beherrscht die öffentliche Meinung, die
das Man vertritt. Diese Konzeption Heideggers wird von
Bultmann so verwendet, daß er darin die Eigenmächtigkeit
des Menschen sieht, die Verfügenkönnen bedeutet. "Die
eigenmächtige Haltung des Menschen steckt ebenso in seinem μεριμνᾶν ..., in dem er in seinem Willen, über den
κόσμος zu verfügen, diesem faktisch verfällt."[2] Das
Ganze wird noch deutlicher am Begriff des κόσμος: Zunächst ist κόσμος "<u>nicht ein kosmologischer, sondern ein</u>
<u>geschichtlicher Begriff</u>... ."[3] "Er (der Begriff κόσμος)
bezeichnet die Menschenwelt und die Sphäre menschlichen
Treibens einerseits..., andrerseits aber als die Sphäre
gegengöttlicher Macht, der der Einzelne, der von ihr
umfangen ist, verfallen ist."[4] Bultmann gebraucht hier
den Begriff des Verfügens, das nicht aus der Begegnung
gewonnen wird. Menschsein wird verfehlt. Die Durchschnittlichkeit beherrscht so das Verständnis des Menschen, indem sie ihm die Eigentlichkeit der Offenbarung
im Selbstseinwollen verschließt. So flieht der Mensch vor
der Eigentlichkeit in die "Sicherheit" des Verfügbaren.
"Menschlich natürliches μεριμνᾶν greift ... als Vorsorge
... eigenmächtig in die Zukunft vor und hat den Sinn,

---

1) Bultmann, Rudolf: Theologie des Neuen Testaments, S.
   257.
2) ebd., S. 242.
3) ebd., S. 255.
4) ebd., S. 257.

für die Zukunft zu sichern bzw. das Gegenwärtige für die
Zukunft zu erhalten. Es ist ein μεριμνᾶν τὰ τοῦ κόσμοου
(1 Kr 7,32 ff.), das auf dem Wahne beruht, durch das
weltlich Verfügbare das Leben sichern zu können."[1] So
wird auch das Eigentliche, die Offenbarung als Begegnungswirklichkeit, aus dem Verfügbaren des Sich-selbst-
setzens verstanden, d.h. aber mißverstanden. Daher wird
auch der Anstoß der Offenbarung heruntergespielt zu dem,
was immer schon bekannt war. Geschieht die endgültige
Entscheidung gegen die Offenbarung, aus sich zu sein,
d.h. nicht aus der Begegnung, so ist dies für Bultmann
definitive Sünde. Sünde ist aber auch schon die vorläufige Verfügbarkeit des Selbstseinwollens, auch wenn sie
noch vor der endgültigen Entscheidung zur Eigenmächtigkeit liegt. Indem aber der Mensch sich aus dem Verfügbaren versteht, kann er die Offenbarung nicht hören, weil
die (vorläufig) eigenmächtigen Maßstäbe gegenüber den
eigentlichen erst zerbrochen werden müssen. Da der Mensch
des Man das im Grunde weiß, nivelliert er den Anspruch
der Offenbarung auf das Verfügbare und flieht so vor sich
selbst. "... der Mensch, so wie er ist, ist vom Heil, von
der Sphäre Gottes, ausgeschlossen; es ist für ihn, so wie
er ist, keine Möglichkeit."[2]. Die Offenbarung widerspricht aufs Schärfste den eigenmächtig-verfügbaren
Möglichkeiten. "Die Offenbarung ist vielmehr Infragestellung, Verneinung der Welt, und die Annahme ihrer Gabe
fordert deshalb die Preisgabe aller menschlichen Wunsch-
bilder, Preisgabe alles Besitzen- und Verfügenwollens".[3]
So hält es Bultmann für einen "Grundgedanke(n) der joh.
Anthropologie ..., daß er (der Mensch) sich nicht sein
Heil besorgen kann, so wie er Dinge des irdischen Lebens

1) Bultmann, Rudolf: Theologie des Neuen Testaments, S.
   242.
2) JK 95
3) JK 270

besorgt."[1] Jede Sicherung im Alltäglichen zerbricht
angesichts der Offenbarung.

Doch auch indem der Mensch durchschnittlich existiert,
kommt er von der Frage der Eigentlichkeit nicht los.
"Denn auch in ihrer Empörung kommt die Welt nicht davon
los, Schöpfung zu sein... . Das kommt darin zutage, daß
das Leben des Menschen durchzogen ist von der Frage nach
der Wirklichkeit".[2]

Damit hat sich das Urteil Gadamers zur Verfügbarkeit bei
Bultmann bestätigt: "So ist der Sinn der Rede vom Selbstverständnis des Glaubens, daß der Glaube sich seiner
Angewiesenheit auf Gott bewußt wird. Er gewinnt die
Einsicht in die Unmöglichkeit, sich aus dem Verfügbaren
zu verstehen. Mit dem Begriff des Verfügens und dem notwendigen Scheitern eines darauf gegründeten Selbstverständnisses hat Rudolf Bultmann Heideggers ontologische
Kritik an der Tradition der Philosophie ins Theologische
gewendet."[3] Die genannte Kritik Heideggers bezieht sich
auf das Vorurteil der Philosophie, alles Seiende als
vorhandenes anzusehen. Demgegenüber steht das Verständnis
des Seins des Daseins als Existenz, das sich überantwortet ist als ein geschichtlich sich vollziehendes Sein.
Gleichzeitig zeigt Heidegger auf, daß Dasein sich allerdings in der Alltäglichkeit gerade aus den Möglichkeiten
der Vorhandenheit versteht statt aus der Eigentlichkeit.
Bultmann hat dies ins Theologische übertragen insofern,
als das Sich-verstehen des Menschen aus dem Verfügbaren,
d.h. aus der Eigenmächtigkeit seiner selbst, das Sein des
Daseins als Existenz verdeckt. In der Alltäglichkeit

---

1) JK 97
2) Bultmann, Rudolf: Theologie des Neuen Testaments, S.
   378.
3) Gadamer, Hans-Georg: Martin Heidegger und die Marburger Theologie, S. 174.

versteht sich der Mensch aus Möglichkeiten, die er in seiner Eigenmächtigkeit zu haben meint. So aber wird die Offenbarung selbst zum Verfügbaren degradiert und ins Man nivelliert, wenn auch das uneigentliche Sein die Angst vor der eigenen Nichtigkeit nie ganz verdecken kann.

Indem sich der Mensch ontisch aus dem Verfügbaren der Eigenmächtigkeit versteht, existiert er nicht eigentlich, nicht seinem Sinn gemäß. "... nicht bei sich selbst sein, ist das Wesen des menschlichen Seins unter der Sünde."[1]

Offenbarung ist nur verstehbar, wenn der Mensch sich seiner verfügbaren Möglichkeiten begibt und aus der Begegnung und mit ihr existiert. Dann steht er allerdings vor den Menschen der "Welt" ungerechtfertigt da.

Herausreißen aus der Welt kann den Menschen nur die Offenbarung. Sie ist aber wesentlich nicht aus dem Verfügbaren verstehbar, nicht nach Maßstäben meßbar, die vom Sein des Menschen als Bezogensein absehen. Denn "Voraussetzung für sein (des Offenbarungsgeschehens) Verständnis ist, daß der Mensch die Sicherheit fahren läßt, mit der er meint, Göttliches und Menschliches als objektiv konstatierbare Phänomene beurteilen zu können."[2] Das Verfügbare sind demnach gerade die Möglichkeiten der "Welt", die vom Sein des Menschen als Begegnenlassen absehen und den Menschen "objektiv" beurteilen, ihn vom Verfügbaren der Eigenmächtigkeit her bestimmen. Diese Bestimmung verkennt aber das konkrete Existieren in modo relationis. Deshalb wird die Offenbarung verfehlt. Sie wird aus dem Existieren "herausgenommen" und zum scheinbar objektiven Phänomen, das im Bekannten des Selbstseinwollens aufgeht statt zum echten Anstoß zu werden, durch den das Sein des

---

1) Bultmann, Rudolf: Theologie des Neuen Testaments, S. 245.
2) JK 171

Menschen existenziell in Frage gestellt wird. Daher gilt:
"Was sie (die Welt) Geheimnis nennt, ist gar kein echtes
Geheimnis. Den geheimnisvollen Ursprung, das Jenseits
ihrer selbst, macht sie in ihrer albernen Mythologie zum
Diesseits."[1]

Aber erst in der endgültigen Entscheidung gegen die Offenbarung wird die Durchschnittlichkeit von der vorläufi-
gen zur definitiven Sünde. "Ihre (der Welt) Verlorenheit
wird zu ihrer Schuld, da die Menschen sich nicht vorbe-
haltlos dem angebotenen Heil hingeben, d.h. sich nicht
selbst preisgeben wollen und sich damit auf ihre Verlorenheit festlegen."[2] "Vor der Begegnung mit dem Offenbarer bewegt sich das Leben aller Menschen in der Finsternis, in der Sünde. Aber diese Sünde ist keine Sünde,
sofern Gott durch die Sendung des Sohnes alle Vergangenheit in suspenso hält und so die Begegnung mit dem Offenbarer zum Augenblick der echten Entscheidung für den
Menschen macht. Gäbe es diese Begegnung nicht, so gäbe es
keine Sünde im definitiven Sinne... ."[3]

Dasein wird sowohl bei Heidegger als auch bei Bultmann
als EX-sistieren bestimmt. Daher vermutet Ittel[4], daß
das In-der-Welt-sein von Bultmann auf das Gebiet der
Geschichte übertragen worden sei. So sei die Struktur der
Welt, die Weltlichkeit als die Bedeutsamkeit der Welt, in
der christlichen Geschichte von Kreuz und Auferstehung
ins Theologische gewendet. Damit ist zweifellos gesehen,
daß es Bultmann nicht um objektive "Heilstatsachen" geht,

---

1) JK 223
2) JK 332
3) JK 115
4) Vgl. Ittel, Gerhard Wolfgang: Der Einfluß der Philosophie Martin Heideggers auf die Theologie Rudolf Bultmanns. In: Kerygma und Dogma, Jg. 2, Göttingen 1956,
   S. 90-108, hier insbes. S. 97 ff.

die das Menschsein essentiell verändern. Bultmann denkt
Menschsein als Existenz, als geschichtliches Sein, das
auf Begegnung verwiesen ist. Deshalb ist Kreuz und Auferstehung als objektives Faktum falsch verstanden, auch
wenn es "subjektiv" angeeignet werden könnte. Denn dies
Geschehen ist nur in der existenziellen Bedeutung für den
Menschen recht zu verstehen. "Wird für dieses Verhältnis
(des Offenbarers zu den Jüngern) das Verbum γινώσκειν
gebraucht, so meint es nicht ein rationales, theoreti-
sches Erkennen, bei dem das Erkannte dem Erkennenden gegenüber steht in der Distanz des objektiv Wahrgenommenen;
sondern es meint ein Innewerden, bei dem der Erkennende
durch das Erkannte - nämlich durch Gott - in seiner ganzen Existenz bestimmt ist."[1] Dies γινώσκειν ist "eine
existentielle Haltung".[2] Insofern ist Ittel recht zu
geben. Einzuschränken ist dies nur insoweit, als Ittel
nicht grundsätzlich das "Wesen" des Daseins als Existenz
bei Bultmann hervorhebt, das auch der Struktur der Weltlichkeit allererst Sinn gibt.

Sehen wir noch etwas näher zu, wie Bultmann den Begriff
des Verfügbaren ausarbeitet. Möglichkeiten der Verfügbarkeit sind vorhandene, objektivierte Möglichkeiten der
Eigenmächtigkeit, die vom Vollzug der Existenz in Begegnung absehen. Wenn der Mensch sich aus solchen Möglichkeiten versteht, ist sein Sein ontisch als "verfallen" zu
bezeichnen. Dieser Gedanke läßt sich an der Unverfügbarkeit Gottes weiter verfolgen. "Die Unzugänglichkeit Gottes bedeutet Gottes Unverfügbarkeit für den Menschen. Das
heißt aber nicht die zufällige Unverfügbarkeit eines
unerreichbaren Seienden; sondern es bedeutet in Einem die
Unverfügbarkeit des Menschen über sich selbst. Das Verlangen, Gott zu sehen, schließt, als das Verlangen, Gott

---

1) JK 290
2) JK 290

zum Objekt zu machen, das Grundmißverständnis des Menschen von sich selbst ein, als ob er zu solchem Unternehmen je frei, von Gott entlassen, wäre und das ποῦ στῶ finden könne, in dem er für solche Schau selbständig wäre."[1] Offenbarung ist nicht verfügbar, sie kann nicht zum Objekt werden. Sie kann nur aus und in der Begegnung verstanden werden. Gott objektiv verstehen zu wollen, bedeutete, ihn zur verfügbaren Möglichkeit zu degradieren anstatt aus seiner Offenbarung zu existieren.

In diesem Bezogensein, in dem der Mensch sein Sein als gerechtfertigtes geschenkt erhält, kann der Mensch über sein Sein nicht verfügen, als wäre es habhaft zu machen. Er empfängt sein Sein in der Beziehung, in der allein das Gottsein Gottes als liebende Zukunft verstanden ist. Daher liegt auch die Sünde des Menschen darin, die Frage des Menschen nach der Wirklichkeit von sich aus verfügbar und beantwortet machen zu wollen, was gerade heißt, sie zu pervertieren. Damit verschließt sich der Mensch die Zukunft Gottes und wird selbst unheil.

Bultmann deutet damit Heideggers Explikation des Vorhandenen und der Uneigentlichkeit im theologischen Kontext, und zwar der Begegnung mit der Offenbarung in Jesus Christus. Das Sich-verschließen des Menschen in sich selbst ist Ablehnung der Offenbarung. Daher ist J. De Fraine der Intention nach recht zu geben, der im Zusammenhang mit der Entmythologisierungsdebatte vermerkt: "Im allgemeinen beruht die Forderung, jede 'Mythologie' existential zu interpretieren, auf der Heideggerschen Überzeugung, daß alles schließlich darauf ankommt, das Dasein nicht als reine Vorhandenheit zu betrachten."[2]

---

1) JK 55
2) De Fraine, J.: Evangelische Botschaft und modernes Denken. In: Kerygma und Mythos. Bd. V (Hg.: Bartsch, HAns-Werner). Hamburg-Volksdorf 1955, S. 57-70, Zitat S. 65.

Die Modi des Verfallens, nämlich Neugier, Gerede und
Zweideutigkeit, die sich im Betrieb, in den Dasein sich
vor seinem eigenen Sein flüchtet, zeigen, sind auch bei
Bultmann in interpretierter Weise zu finden. Die Interpretation besteht darin, daß diese Existenzialien jeweils
auf den Horizont der Offenbarung hin gedeutet werden. So
zur Neugier: "Und zwar wird dem Menschen die Unruhe seines Lebens zum Bewußtsein gebracht, die ihn von einer
scheinbaren Erfüllung zur anderen treibt, und in der er
nie ein Endgültiges erreicht, ehe er das Lebenswasser
findet, wovon 'ein Trunk den Durst auf ewig stillt'."[1]
Oder zum Gerede und zur Zweideutigkeit, die nun Gere-
de/Zweideutigkeit gegenüber der Offenbarung sind: "Aber
ebenso zeigt sich wieder, daß die Welt sich selbst nicht
versteht und den Sinn jener Begriffe, die in einem ursprünglichen Fragen wurzeln, in ihr Gegenteil verdreht.
... Die Anerkennung des echten Geheimnisses setzt gerade
das Irrewerden an den geläufigen Maßstäben voraus. Deshalb bleibt der Welt die Offenbarung verborgen, und gerade indem sie weiß, weiß sie nichts. ... Jesus antwortet
nicht 'einigen Jerusalemern', sondern er antwortet der
Welt, die in jenem Gerede zu Worte kam."[2] Wenn der
Mensch uneigentlich existiert, kennt er auch nicht die
rechte Zeit, in der es darauf ankommt, sich zu entscheiden, sondern nur den Betrieb: "Ist ihr (der Ungläubigen)
καιρός immer da, so ist er in Wahrheit nie da, und in all
ihrem Handeln wird nie etwas entschieden, weil immer
schon alles entschieden ist".[3] Der Unglaube verleugnet
das eigentliche Sein des Menschen. Sein Sein ist das der
Lüge. Der uneigentliche Mensch flieht vor dem Eigentlichen der Offenbarung in den Betrieb. Diese Flucht ist zugleich eine Flucht vor sich selbst, vor der Eigent-

---

1) JK 138
2) JK 223
3) JK 220

lichkeit. "Denn sie können ja ihr Sein nur behaupten, wenn sie sich jene Wirklichkeit verdecken."[1]

9.1.2.5 Das Mitsein

In der uneigentlichen Seinsmöglichkeit ist auch das Mitsein als uneigentliches zu kennzeichnen, denn es "geschieht das 'die Lüge reden' ständig im Miteinander der Menschen".[2] Das so qualifizierte Mitsein verschließt die Eigentlichkeit des Menschen statt sie aufzudecken.

Doch Bultmann sieht auch die positive Seite des Mitseins, die Liebe. Diese ist, als Möglichkeit, ontologisch im Menschsein angelegt, denn das Liebesgebot ist "im menschlichen Miteinander und seinen Möglichkeiten von vornherein angelegt."[3] "Der Nächste aber ist der, mit dem ich in meinem konkreten geschichtlichen Sein immer schon verbunden bin; d.h. der Begriff des Nächsten beruht auf einer Auffassung des menschlichen Seins als eines Miteinanderseins, das von vornherein meine Existenz qualifiziert".[4]

Das ist durchaus im Sinne Heideggers zu verstehen, nach dessen Auffassung Dasein als Mitsein ist. Das Neue des Liebesgebotes bei Jesus besteht darin, daß es "ein Phänomen der neuen Welt (ist), die Jesus heraufgeführt hat"[5]. Das Neue des Liebesgebotes liegt also nicht darin, daß es bisher nicht bekannt gewesen wäre, sondern daß das im Menschsein angelegte Gebot durch den Glauben neu qualifiziert wird.

---

1) JK 244
2) JK 244
3) JK 404
4) GV I 81
5) JK 405

Läßt sich bei Bultmann auch die Konzeption des eigentli-
chen Mitseins finden, das die Anderen zu sich selbst
befreit und sie ihrem eigenen, aufgegebenen Selbstsein
erschließt? Tatsächlich kennt Bultmann die Seinsweise des
Seins für ... . Das Sein für ... ist in der Existenzweise
Jesu verwirklicht. Er allein ist den Jüngern der "Gute
Hirt", der den Seinen in die existenzielle Wahrheit der
Begegnung mit der Offenbarung vorausspringt. So wird
Jesus zum Gewissen der Welt. In ihm ist gegenwärtig die
Bezogenheit Gott - Mensch verwirklicht. Sein Sein gründet
jedoch nicht in der Eigentlichkeit philosophischer Exi-
stenz, sondern im Sein für den Vater, das ein "Sein von"
ist. Jesus springt in diesem Sinne den Jüngern voraus, er
zeigt ihnen, wie der Mensch leben soll, "was" sein wahres
Sein ist: die Begegnung mit Gott. So ermöglicht er den
Seinen das wahre Verständnis ihrer selbst. Dieses schöpft
seine Wahrheit nicht aus sich selbst, sondern aus dem
Sein auf den Vater hin, das ein Sein vom Vater ist und so
ein Sein für ... wird.

Das Man und die Alltäglichkeit werden von Heidegger zusammen expliziert. Die Deutung des Existenzials Man erfolgt auch bei Bultmann zugleich mit der Interpretation
der Alltäglichkeit bzw. Durchschnittlichkeit und Uneigentlichkeit. Daher sei für diesen Topos auf die gegebene
Darstellung dieser Einzelexistenzialien verwiesen, die
Bultmann im theologischen Kontext deutet.

9.1.2.6 <u>Zusammenfassung und abschließender Vergleich zu</u>
<u>Alltäglichkeit, Verfallen, Verfügbarkeit und</u>
<u>Mitsein</u>

(1) Dasein existiert bei Bultmann zunächst in der Durchschnittlichkeit und Alltäglichkeit.

(2) Der Alltäglichkeit liegt die Existenzialität des
Daseins zugrunde, die aber bei Bultmann entscheidend
durch sein Erkenntnisinteresse ontisch modifiziert
erscheint.

(3) Dasein existiert, als alltägliches, uneigentlich, es
flieht vor seiner Eigentlichkeit, dem Existieren als
eschatologische Existenz.

(4) Die Ermöglichung der Uneigentlichkeit liegt im Welt-
sein, das die Möglichkeit darbietet, sich nicht aus
dem eigentlichen Sein, sondern ontisch aus dem Verfügbaren der Eigenmächtigkeit zu verstehen.

(5) Der Mensch als verfallender versteht sich aus dem
Verfügbaren und damit aus dem Selbstseinwollen.

(6) Das Wer der Alltäglichkeit ist das Man, dessen
Selbstvollzug existential im Sein in der Lüge besteht. Es ist als Flucht vor sich selbst durch das
Streben nach Beruhigung und Sicherheit gekennzeichnet.

(7) Das Mitsein hat jedoch ontisch eine andere Seite,
die Fürsorge; sie ist bei Bultmann charakterisiert
durch die Fürsorge Jesu für die Seinen, indem er
selbst exemplarisch das eigentliche Sein vollzieht.
Er springt seinen Jüngern voraus, wird ihr Gewissen,
das sie zum wahren Sein aufruft, aus der Begegnung
mit der Offenbarung zu existieren.

Bultmann versteht wie Heidegger Dasein als Existenz, d.h.
als Seinkönnen, da sich je aufgegeben ist und sich in
geschichtlicher Begegnung vollzieht. Menschsein steht in
der Begegnung als ganzes auf dem Spiel: Der Mensch kann
sich verlieren oder auch gewinnen. Denn das Sein des
Menschen besteht als Existenz darin, sich selbst wählen
zu können, d.h. aber, eigentlich oder uneigentlich zu
sein. Es "steht" von diesem Sein des Menschen nur "fest",
daß es zu sein hat. Die Frage der Existenz ist nur durch
das Existieren selbst ins Reine zu bringen. Die Philosophie untersucht die ontologischen Strukturen der Existenz, die Existenzialität, wie es Heidegger auch mit der
Alltäglichkeit tut.

Bultmanns Absicht ist es, das Geschehen der Begegnung des
Menschen mit Gott als bestimmendes Geschehen für das Sein
des Menschen herauszustellen, "so daß jede im Bereich
seines (des Menschen) In-der-Welt-Seins auftauchende Frage ihre sachgemäße Behandlung nur unter dem Gesichtspunkt
der Eschatologie (also des Handelns Gottes als dem Menschen geschenkte Möglichkeit, sich aus der Liebe Gottes
zu verstehen) erhalten kann."[1] Der Mensch kann aus sich
selbst nicht heil werden. Dies sagt Bultmann als Theologe, der zwar die ontologische Gültigkeit der Philosophie
nicht anzweifelt, wohl aber den eigenmächtigen existenziellen Entwurf des reinen Philosophen. Heil ist nur als
Geschenk zu empfangen. Und so ist Ittels[2] Meinung von
Bultmann her zuzustimmen, die Philosophie setze auf den
Aufweis der "Natur" des Menschen, der allein genüge, den
Menschen zur Eigentlichkeit zu bringen. Die Theologie
dagegen müsse darauf beharren, daß das uneigentliche Sein
vom Menschen nicht aus eigener Kraft abgestreift werden

---

1) GV I 39
2) Vgl. Ittel, Gerhard Wolfgang: Der Einfluß der Philosophie Martin Heideggers auf die Theologie Rudolf Bultmanns, S. 90 f.

könne. Denn der Mensch bedürfe der Tat Gottes, so daß der
Theologe den existenziellen Entwurf des Philosophen als
verzweifelte Tat des Selbstseinwollens ansehen müsse. Das
rührt jedoch nicht an der Gültigkeit der Existenzialanalyse für alles Dasein.

Bultmann deutet nun die existenzialen Strukturen der
Alltäglichkeit im Horizont seiner Intention. So wird die
Alltäglichkeit ontisch zum Seinsmodus, in dem sich Dasein
uneigentlich, d.h. nun nicht seinem eigentlichen, eschatologischen Sein gemäß, verhält. Heideggers Analysen der
Alltäglichkeit und Bultmanns Deutung der Durchschnittlichkeit als Leben aus der Eigenmächtigkeit sind untrennbar verbunden und dialektisch aufeinander bezogen. Das
ist möglich einerseits durch die Identität des gemeinsamen Sachhorizonts beider Autoren, das Sein des Daseins
als Existenz zu sehen und die ontische Deutung Bultmanns
von der Offenbarung her. So entsteht auf der Seite Bultmanns die Konzeption der verfügbaren Möglichkeiten der
Eigenmächtigkeit: Dasein existiert zumeist in der Alltäglichkeit, dem Sich-verstehen aus den selbst entworfenen,
vom Vollzug in Begegnung abgelösten Möglichkeiten des
Selbstseinwollens. Der Begriff des Selbstseinwollens ist
gedacht einerseits gegen die Konzeption des Seins des
Daseins als Existenz, die sich in Begegnung vollzieht.
Andererseits ist er gedacht gegen den Begriff der eschatologischen Existenz. Das Verfügbare ist das aus dem
Vollzug der Begegnung Herausgenommene und für sich Betrachtete, das vom Vollzug absieht und in die Sicherheit
der "Allgemeingültigkeit" flieht, deren Nährboden das Man
ist. Das Vonwoher dieser Konzeption des Verfügbaren ist
das Sich-verstehen des Daseins aus innerweltlich vorhandenen Möglichkeiten, dem Verfallen bei Heidegger. Sowohl
der Alltäglichkeit Heideggers als auch der Bultmanns
liegt die ontologische Struktur der Existenz zugrunde.
Diese wird durch Bultmann dahingehend modifiziert, daß er
in dieser Struktur die Frage nach der Offenbarung sieht,
der der Mensch auszuweichen versucht und die er trotzdem
nicht los werden kann. So ist Dasein wesentlich das Wis-

sen um die eigene Eigentlichkeit. Dies äußert sich bei
Heidegger im Phänomen des Gewissens, das später noch zu
untersuchen sein wird. Bultmann entwickelt auf diesem
Wege den Begriff des Vorverständnisses. Dadurch ist aber
sowohl nach der Darstellung in "Sein und Zeit" als auch
nach der des Johanneskommentars die Möglichkeit der Umkehr zur Eigentlichkeit bzw. zum Glauben, denkbar.

Beide Male auch flieht Dasein vor der jeweiligen Eigentlichkeit in den Betrieb und das Man. Die Möglichkeit dafür liegt im Sein in der Welt, das bei Bultmann zur Verfallenheit wird. Dies entspringt aus dem spezifisch verstandenen In-der-Welt-sein als Fremdsein in der Welt, aus
der sich selbst verstehen zu wollen jeweils dem Seinscharakter der Existenz widerspricht.

Beide Male gehört das Verfallen grundlegend zum Sein des
Menschen. Sowohl die Eigentlichkeit Heideggers als auch
der Glaube bei Bultmann müssen sich je neu aus der Alltäglichkeit gewinnen.

Das Mitsein ist in beiden Konzeptionen zunächst von der
negativen Existenzmöglichkeit bestimmt. Die positive
Funktion des Mitseins wird bei Bultmann in der Fürsorge
Jesu Christi dargestellt. Er ist der Repräsentant des
wahren Lebens, das sich aus der Zukunft der Offenbarung
versteht. Das positive Mitsein wird bei Heidegger und
Bultmann jeweils zum Gewissen der Anderen.

Entscheidend für Bultmann ist sein Interesse: die eschatologische Möglichkeit der Offenbarung. Aus ihr kann sich
die Existenz verstehen. Sie ist das Geschenk des Vollzuges. Denn Dasein existiert geschichtlich in der Begegnung; die Geschichtlichkeit ist im Falle der Offenbarung
eschatologisch. Als eschatologisch ist die Wirklichkeit
zu bezeichnen, die der Mensch sich nicht selbst geben
kann. Sowohl Bultmann als auch Heidegger verstehen Dasein
als Existenz. Deshalb kann erstens Offenbarung nur vom
Sein des Daseins als Existenz aus verstanden werden.

Zweitens kann daher Bultmann die Existenzialien Heideggers im neuen Kontext seines Erkenntnisinteresses verwenden. Dies wurde hier am Existenzial Alltäglichkeit und
den damit zusammenhängenden Existenzialien dargestellt.
So ist Bultmanns Konzeption nicht ohne die Analyse der
Alltäglichkeit bei Heidegger zu verstehen. Er nimmt sie
für sein Anliegen in Dienst.

9.1.2.7 Sünde bei Bultmann

Bultmann versucht mit Heidegger, vom Verständnis des Menschen auszugehen, das zwar ontisch zumeist verbreitet
ist, das aber der Eigentlichkeit der Existenz widerspricht. Zur definitiven Sünde wird die Alltäglichkeit
nach Bultmann jedoch erst dann, wenn der Mensch sich definitiv entschließt, das eschatologische Ereignis der
Offenbarung abzulehnen und aus sich zu existieren.

Sünde ist in diesem Kontext keine Vorhandenheit, die dem
Menschen in seinem Wesen anhaftet, um wiederum ausgetilgt
oder von der Gnade "ersetzt" zu werden. Bultmann nimmt
sie als Vollzugsgeschehen ernst, das die Existenz des
Menschen betrifft und ihn in seinem Sein qualifiziert.
Darum ist auch die Einzelsünde nicht identisch mit dem
Grundvollzug Sünde. Denn dieser ist eine Art "optio fun-
damentalis", eine grundlegende Selbstwahl, die das Sein
des Menschen als ganzes qualifiziert. Die Existenz kann
sich nämlich nicht neben die Entscheidung stellen, sondern sie selbst steht im Existieren auf dem Spiel, sich
als ganze zu verschließen oder zu öffnen. Abgesehen vom
Existieren betrachtete Washeiten des Menschen wie z.B.
die "Sündhaftigkeit" oder auch die "Gnade" sind nach
Bultmann, für sich genommen, sinnlos. Denn es ist nur
sinnvoll, von Sünde, Gnade ... zu reden aus dem Vollzug
der Existenz in der Begegnung mit der Offenbarung. Durch
sie wird das Sein des Menschen nicht umerschaffen oder
mit neuen Vorhandenheiten "bereichert". Das Sein des

Menschen wird aus der Begegnung neu qualifiziert. In ihr
wird sich die Existenz neu geschenkt durch die Offenbarung als dem Handeln Gottes für den "sündigen" Menschen,
der in seine Eigenmächtigkeit verstrickt ist und sich
daraus nicht selbst befreien kann. Eigentliche Sünde kann
daher nur als Entscheidung in der Begegnung mit der Offenbarung angesehen werden. Sie ist ein Entschluß, aus
sich selbst zu existieren statt aus der eschatologischen
Möglichkeit der Offenbarung. Der Mensch ist so Sünder und
"hat" nicht Sünden. Denn der Mensch steht in der Verantwortung für sein Sein, sich zu verschließen oder offen zu
werden für die Zu-kunft der Begegnung, in der er befreit
werden kann durch das Handeln Gottes. Der Sünder, der
sich in sich selbst verschlossen hat, wird durch die
Begegnung mit Gott befreit und gerechtfertigt. Denn der
Mensch ist in seiner Existenz sich als ganzer aufgegeben.
Von daher sind Sündenkonzeptionen, die Sünde als vorhandenes Etwas, als ein Was, sehen und nicht als Wie des
Existierens, für Bultmann unannehmbar.

Sünde heißt, sich gegen das eigentliche Sein zu entscheiden, gegen die Liebe Gottes, gegen die Befreiung des
Selbst von sich selbst. Da Sünde für Heidegger ein streng
ontischer Begriff ist, sind ihm als Philosophen nur die
ontologischen Bedingungen derselben angelegen. Von ihr
als ontischem Sachverhalt kann er streng genommen gar
nichts wissen. Dennoch sind Anknüpfungspunkte für das
Verständnis von Sünde im Ontologischen gegeben: erstens
die Analyse der Schuld. Dies wird später darzustellen
sein. Zweitens die Analyse des Verfallens, die von Bultmann in sein Verständnis von Welt als Verfügenwollen gedeutet wird. Dieses ist jedoch nur die Bedingung der Möglichkeit von Sünde. Sünde ist nur im ablehnenden Vollzug
der Offenbarung gegenüber.

9.2   Dasein als Erschlossenheit seiner selbst

9.2.1   Dasein als Sein Da bei Heidegger

Der Titel "Sein des Da"[1] will Phänomene umfassen, die traditionell unter der Überschrift Verstehen oder Wahrheit behandelt werden.

Erkennen als Welterkennen ist in gewissem Sinne das In-der-Welt-sein selbst: "Erkennen ist ein Seinsmodus des Daseins als In-der-Welt-sein"[2], und zwar deshalb, weil das In-der-Welt-sein es ist, das den Entwurf "tätigt" und so das Verstehen ermöglicht.

9.2.1.1 Verstehen und Seinkönnen

Wie alle anderen Existenzialien ist auch das Verstehen darin fundiert, daß es dem Dasein um sein Sein geht, daß es sich erschlossen ist. Letztlich findet es in der Zeitlichkeit seine Ausweisung. Verstehen ist für Heidegger kein aus einem anderem Existenzial ableitbares Existenzial, sondern ursprünglich begründet im Sein des Da, das Dasein wesentlich ist. Dasein ist, indem es existiert, schon immer verstehend. Dasein ist sein Da, d.h. es versteht sich, indem es ist. Dasein ist erschlossen. Dieses Sich-verstehen, das ebenso die Welt betrifft, indem Da-

---

1) Was die Etymologien Heideggers angeht bzw. seine eigenwillige Wortwahl so gilt die Meinung Müllers: "Man versucht immer wieder an den 'Etymologien' Kritik zu üben, um von daher den Heideggerschen Denkversuch im Ganzen als gescheitert zu kennzeichnen. Aber Heideggers Etymologien sind nicht philologisch gemeint; auch dort, wo sie philologisch vielleicht sich als unhaltbar herausstellen, sind sie der Versuch, die in der Sprache sich bergenden und verbergenden Grunderfahrungen aufzuzeigen." (Müller, Max: Existenzphilosophie im geistigen Leben der Gegenwart. Heidelberg ²1958, S. 151 f.
2) Sein und Zeit, S.61.

sein In-der-Welt-sein ist, gründet letztlich darin, daß
es dem Dasein in seinem Sein um dieses Sein geht, und
zwar in der Erschlossenheit seiner selbst als seinsmäßi-
ger. Dasein kann nur Welt verstehen, indem es sich selbst
als I-der-Welt-sein versteht, indem es ist als Dasein,
dem es um sein Sein geht. "Dasein ist Seiendes, dem es
als In-der-Welt-sein um es selbst geht."[1] Verstehen ist
nicht einzuengen auf das Verstehen von Etwas, das nur
möglich ist im Vorentwurf, welcher die Struktur des Verstehens ausmacht. Verstehen ist Verstehen des sich vollziehenden Daseins. "Das im Verstehen als Existenzial
Gekonnte ist kein Was, sondern das Sein als Existieren.
Im Verstehen liegt existenzial die Seinsart des Daseins
als Sein-können. Dasein ist nicht ein Vorhandenes, das
als Zugabe noch besitzt, etwas zu können, sondern es ist
primär Möglichsein."[2] Das Verstehen als Verstehen des
ganzen, sich überantworteten Daseins, ist das Seinkönnen
selbst, als welches Dasein existiert. Als verstehendes
ist Dasein Seinkönnen, ist es Möglichsein. Dasein, sich
selbst als verstehendes erschlossen, ist sein Möglichsein.

So ist das Phänomen Verstehen existenzial zu umschreiben
als "erschließendes Seinkönnen"[3], das Möglichsein
selbst, das Dasein ist. Erst im Verstehen ist so etwas
wie Möglichsein, die "letzte positive ontologische Bestimmtheit des Daseins"[4], möglich. Allerdings hält sich
Dasein immer schon in bestimmten Möglichkeiten auf, es
existiert in ihnen, ohne jedoch sein Möglichsein zu verlieren. Das Verlieren von Möglichsein ist nur denkbar für
Vorhandenes nicht-daseinsmäßiger Art. Da nun Dasein, weil
es sich immer schon in bestimmten Möglichkeiten vorfin-

---

1) Sein und Zeit, S. 143.
2) ebd., S. 143.
3) ebd., S. 144.
4) ebd., S. 144.

det, faktisch existiert, ist es "geworfene Möglichkeit"[1].
Dasein ist die Möglichkeit, für sein Seinkönnen frei zu
werden. Da Dasein als solches verstehendes ist, weiß es
immer schon um sich selbst. "Und nur weil Dasein verstehend sein Da ist, kann es sich verlaufen und verkennen."[2] Dasein als geworfenes, d.h. in bestimmten Möglichkeiten faktisch existierendes, ist schon immer verfallendes Dasein so, daß es sich in seinem Möglichsein
erst zu entdecken hat.

So faßt Heidegger zusammen: "Verstehen ist das existenziale Sein des eigenen Seinkönnens des Daseins selbst, so
zwar, daß dieses Sein an ihm selbst das Woran des mit ihm
selbst Seins erschließt."[3] Verstehen ist also, ontologisch gesehen, das Seinkönnen, das Möglichsein des Daseins, das wiederum nur möglich ist, indem Dasein sinn-
entwerfendes ist. Daher hat sich Dasein immer schon in
gewisser Weise verstanden, es kennt sein Woran (es ist),
wenn es dieses auch nicht explizit zu begreifen braucht.
Als In-der-Welt-sein hat Dasein immer schon sich selbst,
und das heißt eo ipso auch Welt, er-schlossen. Dasein ist
das Da seines Seins als Sein dieses Da.

Was ist nun die Bedingung dafür, daß das Dasein Möglichsein ist? Worin zeigt sich die letzte ontologische Bestimmtheit des Daseins als Möglichsein? Die Antwort kennen wir bereits.[4] Dasein ist Möglichsein, weil es entwerfendes ist. Denn nur vom Entwurf aus als dem sinn-ge-
benden ist Dasein als Möglichsein verstehbar. "Der Entwurfcharakter des Verstehens konstituiert das In-der-
Welt-sein hinsichtlich der Erschlossenheit seines Da als
Da seines Seinkönnens."[5] Dieser Entwurf trägt also zwei-

---

1) Sein und Zeit, S. 144.
2) ebd., S. 144.
3) ebd., S. 144.
4) Vgl. die Explikation des Begriffs "Sinn" in Punkt 6.1.
5) Sein und Zeit, S. 145.

erlei in sich: erstens die Erschlossenheit, die dadurch
ist, daß innerhalb des Entwurfs Sinn und Verständlichkeit
ist. Zweitens das Möglichsein, das durch den Entwurf konstituiert wird. Dasein ist, da es sich immer schon in bestimmten Möglichkeiten aufhält, d.h. 'geworfen' ist und
dennoch seinen Entwurfcharakter nicht verliert, "in die
Seinsart des Entwerfens geworfen"[1], d.h. aber, daß es
als entwerfendes faktisch existiert. Das Entwerfen geschieht, so lange Dasein ist. Es ist nicht als ein Sich-
richten nach etwas Vorhandenem zu denken, das der Seinsart des Daseins zuwider wäre. Das Woraufhin des Entwurfs
ist noch nicht thematisch erfaßt, denn dies würde das
Möglichsein verhindern. "Das Verstehen ist, als Entwerfen, die Seinsart des Daseins, in der es seine Möglichkeiten als Möglichkeiten ist."[2] Die Möglichkeit ist nur
im Entwerfen der Möglichkeit als Möglichkeit, nicht im
nachträglichen Einfügen in ein vorgegebenes Raster.

Dasein als geworfenes versteht sich immer aus bestimmten
Möglichkeiten, die es ist. Das bedeutet, daß das ganze
Verstehen als existenziales Seinkönnen durchstimmt wird.
"Weil vielmehr das Verstehen jeweils die volle Erschlossenheit des Daseins als In-der-Welt-sein betrifft, ist
das Sichverlegen des Verstehens eine existenziale Modifikation des Entwurfes als ganzen."[3] Existenzial ist damit
umrissen, was Heidegger die Sicht des Daseins nennt.
Darunter versteht er die durch die Geworfenheit bestimmte
"Blickrichtung" des Daseins, die das Entwerfen und damit
das Möglichsein grundlegend durchstimmt.

Das Sein des Da als das existenziale Seinkönnen des Daseins ist im Existenzsein begründet. Nur so ist es möglich, daß Dasein sich aus sich selbst oder aus der Welt
versteht, deren Sinnhorizont jeweils das Worumwillen als

---

1) Sein und Zeit, S. 145.
2) ebd., S. 145.
3) ebd., S. 146.

Umwillen des Daseins selbst oder aber die Bedeutsamkeit
als die Weltlichkeit der Welt ist.

Was aber ist der Sinn des Verstehens als des Entwurfs?
Blicken wir zurück auf die Leitfrage von "Sein und Zeit",
die auf den Sinn von Sein geht. Inwiefern zeigt sich im
Verstehen der Sinn von Sein? Heidegger antwortet: "Sein
ist im Entwurf verstanden, nicht ontologisch begriffen.
Seiendes von der Seinsart des wesenhaften Entwurfs des
In-der-Welt-seins hat als Konstitutivum seines Seins das
Seinsverständnis."[1] Seinsverständnis bedeutet: daß Dasein sein Da ist, d.h. aber, daß es sich selbst als In-
der-Welt-sein versteht. Indem Dasein sein Da ist, ist das
Sein des Daseins diesem in seinem Da gelichtet. Im Sein
des Daseins liegt die Idee von Sein überhaupt beschlossen. Es ist damit nichts anderes bezeichnet als das Onto-
logisch-sein des Daseins: Dasein ist seinem Sein nach für
sich gelichtet. Zu beachten ist, daß das Sein selbst
nicht als Woraufhin des Entwurfs zu verstehen ist, sondern dieses ist im Entwerfen selbst immer schon mitver-
standen. Die Explikation des Seins des Daseins ist der
einzige Weg zum Verstehen des Seins zu gelangen, und zwar
insofern das Sein in die Verständlichkeit des Daseins
hineinragt.

9.2.1.2 Erschlossenheit und Wahrheit

Es bleibt festzustellen, daß das "Dasein ... seine Erschlossenheit (ist)"[2], daß es für sich gelichtet ist,
sich immer schon versteht und überhaupt nur als sein Sein
verstehendes ist, d.h. existiert. Da-sein ist im In-sein
fundiert, es ist dies In-sein. Wenigstens zu erwähnen
sind die ursprünglichen Weisen, in denen das Sein des Da

---

1) Sein und Zeit, S. 147.
2) ebd., S. 133.

ist, nämlich Verstehen, Rede und Befindlichkeit[1]. Die
Befindlichkeit erschließt das In-der-Welt-sein als ganzes
in den Stimmungen und Gefühlen. Das Sein des Da in den
genannten Weisen ist wiederum gleichursprünglich durch
das Existenzial der Rede bestimmt.

Wenden wir uns noch einmal dem Ziel zu, auf das "Sein und
Zeit" hinstrebt, dem Seinsverständnis. Dieses kann nur im
Dasein seinen Ort finden, weil nur Dasein ontologisch
ist. Nur Da-sein hat, als Da seines Seins, Sein im Entwerfen immer schon verstanden, wenn auch nicht begrifflich explizit. Die Frage nach dem Sinn von Sein fragt
nach dem Sein selbst, "sofern es in die Verständlichkeit
des Daseins hereinsteht".[2] Darum ist Sein nur zu verstehen, wenn der Sinn des Seins des Daseins verstanden ist
als die Bedingung der Möglichkeit, Sein verstehen zu
können. Das Sein muß so schließlich aus der Zeitlichkeit,
dem Sinn des Seins des Daseins, seine Verständlichkeit
gewinnen, indem diese den "Entwurf von Sein überhaupt"[3]
ermöglicht.
Kehren wir noch einmal zur Erschlossenheit[4] zurück, die

---

1) Zur Befindlichkeit und ihrer Bedeutung im Werke Hei-
   deggers bemerkt Gonzalez (Mendoza, Ramon Gonzalez de:
   Stimmung und Transzendenz. Berlin 1970): "Es geht also
   Heidegger darum, daß die ontologische Dimension des
   Affektiven als ein grundlegendes Konstitutivum der
   ontologischen Struktur des Daseins begriffen wird".
   (Gonzalez, S. 103) "Die große Bedeutung der Stimmungen
   für die Daseinsanalytik liegt darin, daß die Stimmungen im allgemeinen vorintentionale Phänomene sind."
   (Mendoza, S. 104) "Schließlich ist die Einbeziehung
   der Befindlichkeit in die Struktur des Daseins noch
   aus diesem anderen Grund für den fundamentalontologischen Ansatz von großer Bedeutung: Als 'Geworfenheit'
   und 'Faktizität' soll die Befindlichkeit die grundsätzliche Endlichkeit des Daseins beweisen." (Mendoza,
   S. 105)
2) Sein und Zeit, S. 152.
3) ebd., S. 437.
4) Mit der Problematik der Erschlossenheit bzw. Wahrheit
   ist die Erörterung von "Sein und Zeit" in ein entscheidendes Stadium getreten. "Die im Da des Da-seins

zurück, die Heidegger im Zusammenhang mit der Wahrheits-
problematik sieht. "Sofern das Daseins wesenhaft seine
Erschlossenheit ist, als erschlossenes erschließt und
entdeckt, ist es wesenhaft 'wahr'. Dasein ist 'in der
Wahrheit'. Diese Aussage hat ontologischen Sinn. Sie
meint nicht, daß das Dasein ontisch immer oder auch nur
je 'in alle Wahrheit' eingeführt sei, sondern daß zu
seiner existenzialen Verfassung Erschlossenheit seines
eigensten Seins gehört."[1] Dasein ist sein Da. Es existiert als sich verstehendes. Hier sieht Heidegger das
ursprüngliche Phänomen der Wahrheit beheimatet: das Erschlossensein als Gelichtetsein des eigenen Seins. Der
Philosoph grenzt dieses Verständnis von Wahrheit vom

---

erblickte Erschlossenheit von Sein ist Erschlossenheit
von Sein-überhaupt des Seienden im Ganzen in der
selbsthaft-existenzialen Erschlossenheit des Menschen." (Herrmann, Friedrich-Wilhelm von: Subjekt und
Dasein. Frankfurt/Main 1974, S. 21) Herrmann tendiert
dahin, "Sein und Zeit" vom späten Heidegger her zu
deuten: "Das Sein des Selbst ist das Erschlossensein,
doch so, daß das Selbst mit seinem Für-es-Erschlossen-
sein 'teilhaft' an der Erschlossenheit-überhaupt als
dem Sein als solchem." (Herrmann, S. 34) Oder: "Dieses
ontologische Phänomen der Erschlossenheit, die gleichbedeutend ist mit dem Da des Daseins, ist das schon
mit dem Einsatz der Daseinsanalyse vorweggenommene,
gesichtete Einfache des Seins-überhaupt, nach dessen
ontologischem Sinn Heidegger in 'Sein und Zeit'
fragt." (Herrmann, S. 75) "Was Heidegger in 'Sein und
Zeit' zunächst als Erschlossenheit aufweist und später
als Offenheit ... (Entbergung) des Seins und zuletzt
als Ereignis denkt, ist nichts, was nachträglich noch
als Eigenschaft zum Sein hinzukäme, sondern das, was
das Sein als Sein ausmacht." (Herrman, S. 79 f.) Ähnlich äußert sich auch Bretschneider (Bretschneider,
Willy: Sein und Wahrheit. Meisenheim am Glan 1965):
"Denn die Offenheit ist nichts anderes als die Wahrheit des Seins, die sich im Menschen einen Ort ihrer
Anwesenheit erwirkt hat." (Bretschneider, S. 106) Es
ist hier jeweils angedeutet, daß Sein und Gelichtetheit des Seins im Menschen als dem Ort, wo Sein zur
Sprache kommt, ursprünglich zusammengehören.
1) Sein und Zeit, S. 221.

uneigentlichen ab, welches das Sich-verstehen aus dem
Verfallen bedeutet. Das kann wiederum nur geschehen auf
dem Grunde des genannten ursprünglichen Wahrheitsphäno-
mens. Da aber Dasein gleichursprünglich verfallendes ist,
ist es zugleich in Wahrheit und Unwahrheit.

Wahrheit ist nur so lange, wie Dasein ist. Denn Wahrheit
ist Erschlossenheit des Daseins in seinem Da, sie ist von
der Seinsart des Daseins selbst. Jedoch ist das Mißverständnis abzuwehren, als ob hier die Wahrheit "subjekti-
viert" würde. Vielmehr kann erst dadurch, daß Dasein sein
Da ist, etwas entdeckt werden, wie es von sich aus ist.
So entzieht sich das ursprüngliche Wahrheitsphänomen
gerade jedem Subjektivismus. Als das Seiende, dem es in
seinem Sein um dieses Sein selbst geht,ist Dasein -als
Sein des Da - immer schon in der Wahrheit. Dasein ist
"Sorge", die das Entwerfen im Sich-vorweg-sein faßt. Aber
auch Faktizität und Verfallen sind nur, weil sie da, d.h.
erschlossen sind.

Da Seinsverständnis nur ist, wenn Erschlossenheit ist,
sind Wahrheit und Sein gleichursprünglich. Sein kann nur
beim Dasein sein, d.h. in das Verstehen des Daseins her-
einstehen, weil Dasein sich selbst erschlossen ist. Dasein kann nur Seinsverständnis sein, d.h. ontologisch
sein, weil es sein Sein immer schon erschlossen hat. In
dieser Erschlossenheit ist die Idee von Sein miterschlos-
sen. "Sein und Wahrheit 'sind' gleichursprünglich."[1]

Da nun Dasein immer schon in der Wahrheit ist, ist die
Untersuchung auf die Existenzialien hin, auf die aufbau-
end der Sinn von Sein gefunden werden soll, kein circulus
vitiosus, der Sein voraussetzt, um Sein zu explizieren.
Denn das Verstehen ist nur als Vorentwurf möglich.

----

1) Sein und Zeit, S. 230.

Alle Arten des Verstehens, die traditionell als Auslegung
und ähnliches mehr bezeichnet werden, sind abgeleitet aus
dem ursprünglichen Sein des Da. Dieses ist im In-sein und
schließlich in der Sorgestruktur verankert, die ihrer-
seits ihre Gültigkeit von der Zeitlichkeit her bezieht.

9.2.1.3 Zusammenfassung

(1)   Verstehendes Dasein ist als entwerfendes das Da
        seines Seins, d.h. existierendes Dasein ist we-
        sentlich sein Sein verstehendes Dasein.

(2)   Dasein versteht sein geworfenes Möglichsein, es
        ist Seinkönnen als bestimmter Entwurf.

(3)   Die Bedingung der Möglichkeit, uneigentlich sein
        zu können, liegt darin, daß Dasein sich versteht,
        das Da seines Sein ist.

(4)   Das Sein des Da als Erschlossenheit des eigenen
        Seins fundiert das Ontologisch-sein des Daseins.
        Dasein ist überhaupt seinsverstehend, weil es
        sein Da ist als In-der-Welt-sein. Solcherweise
        "transzendiert" Dasein auf Sein überhaupt.

(5)   Als Sein des Da im Entwerfen ist Dasein Seinkön-
        nen. Faktisch ist das Seinkönnen, weil es immer
        schon in bestimmten Möglichkeiten existiert.

(6)   Da zum Dasein Erschlossenheit und Verfallen gehö-
        ren, ist es gleichursprünglich in Wahrheit und
        Unwahrheit.

Wesentlich ist hier die Erkenntnis hervorzuheben, daß
Dasein nicht ein Vermögen hat, das, unter anderen, als
Verstehen vorkommt. Dasein ist überhaupt nur als verstehendes, daß es für sich in einer ursprünglichen Einheit,
die noch vor der Diastase Denken - Handeln liegt, seinsmäßig als Möglichsein durchsichtig ist. Dasein ist sein
Sein verstehendes Sein. Menschliches Sein ist Da-sein.

Alle weitere Rede vom Verstehen kann nur aus dieser Quelle der Konstitution des Daseins selbst schöpfen, die letztlich in der Zeitlichkeit fundiert ist. Die Existenz des Daseins ist ins Verstehen gewendet: Dasein ist im Verstehen als Seinkönnen. Sein "Denken" und "Handeln" ist ihm seinsmäßig licht geworden. Das Sein des Daseins ist Bei-sich-sein. Erst so ist ein Verstehen einsichtig geworden, das den ganzen Menschen nicht nur durchdringt, sondern das der ganze Mensch ist.

9.2.1.4 Das Sein des Da und das Johannesevangelium

Es fällt auf, daß Heideggers Wahrheitsbegriff, etwa des Seinkönnens, ein Entwerfen einschließt, also ein "Tun" des Menschen. Wahrheit ist nicht die "ewige Wahrheit" eines Vorhandenen, sondern rückbezüglich auf den Entwurf, auf die "Tätigkeit" des Daseins, für die erst Wahrheit als Seinsmöglichkeit ist. Betrachtet man diese "Tätigkeit" des Menschen, die Wahrheit konstituiert, so ist es vielleicht nicht abwegig, darin eine Parallele zum "die Wahrheit tun" im Johannesevangelium zu sehen (vgl. Joh 3,21 oder 14,12). Und wenn von Erschlossenheit im Zugleich von Wahrheit und Unwahrheit die Rede ist, ist es dann zu gewagt, an den Gegensatz Licht - Finsternis zu denken, der das Johannesevangelium durchzieht, welcher Gegensatz aber erst sein kann, weil der Logos das Licht des Menschen ist (Joh 1,4f: "In ihm war das Leben und das Leben war das Licht der Menschen. Und das Licht scheint in der Finsternis und die Finsternis hat es nicht ergriffen.")? Und läßt der Sinn von Geworfenheit sich vielleicht aus dem "aus der Welt" des Johannesevangeliums verstehen? Und vielleicht ist es auch das Verfallen, das existenzial zum In-der-Wahrheit- sein des Daseins gehört, das vorgebildet ist in den Worten Jesu. "Jesus antwortet ihnen: 'Glaubt ihr jetzt? Seht, es kommt die Stunde, und sie ist schon da, wo ihr zerstreut werdet, ein jeder zu dem Seinigen, und mich allein laßt." (Joh 16,31f.) Es ist durchaus als möglich anzusehen, daß Heidegger aus dem Johannesevangelium Anstöße zu seiner Konzeption des Verstehens als Sein des Da erhielt. Vielleicht mag sich sogar die Identität Gottes mit seinem Wort, das Gelichtetsein schlechthin, im Licht-sein des Seins des Da wiederfinden. Nicht zu vergessen ist jedoch dabei Heideggers erkenntnisleitendes Anliegen, die Frage nach dem Sinn von Sein.

9.2.2 Dasein als Sein des Da im Vergleich zum Johannesevangelium

9.2.2.1 Verstehen

Bei der Exegese von Joh 1,4 versteht Bultmann die ζωή des Logos als das Licht der Menschen, da alles erst durch das Wort Gottes verständlich wird. "Licht" besagt, "daß er (der Mensch) sich selbst in seiner Welt versteht"[1]. Es bedeutet "die Helligkeit", in der ich mich je befinde und zurechtfinden kann"[2], "das Erhelltsein des Daseins, meiner selbst"[3]. Dasein versteht sich immer schon in seinem Sein, "da zum menschlichen Dasein das Sich-verstehen gehört"[4], "da das Sich-Verstehen ein Strukturmoment des Existierens ist"[5]. Dasein hat also nicht das vorhandene Vermögen Verstehen, sondern das Verstehen ist, wie bei Heidegger auch, das Gelichtetsein des Existierens, das verstehende Seinkönnen der Existenz.

---

1) JK 22
2) JK 22
3) JK 22
4) Bultmann, R.: Glauben und Verstehen. Bd. I, S.178.
5) Bultmann, R. (Hg.: Dinkler): Der zweite Brief an die Korinther. Göttingen 1976, S.29.

Hiermit ist bereits angedeutet, daß der Glaube das die
Existenz verständnismäßig Betreffende ist. Und so lautet
der Titel von Bultmanns Aufsatzsammlung folgerichtig:
Glauben und Verstehen.
Auch hier wird das Phänomen Verstehen von Bultmanns Intention geprägt. Denn dem Theologen geht es nicht um das
Erhelltsein des Daseins, sondern zuerst um das Erhelltwerden des Daseins im Glauben. Das Licht-sein als die
Gelichtetheit des Seins des Daseins wird übersetzt zur
"Erleuchtung" des Menschen. Und weil Dasein sich nur in
der Begegnung mit der Offenbarung licht wird, bedeutet
diese Gotteserkenntnis notwendig zugleich Selbsterkenntnis. Das Wesentliche für Bultmann ist ja das Aufeinanderbezogensein der Begegnung. Der Logos, die Offenbarung
Gottes, wird zum eigentlichen Licht des Menschen. Aber
sein Wirken ist nicht verständlich ohne die Konzeption
des Daseins als sich selbst verstehendes Sein des Da. Der
Logos erleuchtet den Menschen als Existenz. "Der Prolog
aber sagt, daß die Bedeutung, die der Logos als Fleisch-
gewordener hat, ihm von je eigen war: ἦν τὸ φῶς τῶν ἀν-
θρώπων. Und wenn er dies war als der Schöpfer, als die
ζωή, so heißt das, daß in dem Ursprung der Existenz die
Möglichkeit der Erleuchtung der Existenz, das Heil des
definitiven Verständnisses ihrer selbst, gegeben war. Die
Schöpfung ist zugleich Offenbarung, sofern das Geschaffene die Möglichkeit hatte, um seinen Schöpfer zu wissen
und so sich selbst zu verstehen. Das für den Menschen
entscheidende Verständnis seiner selbst wäre also das
Wissen um seine Geschöpflichkeit gewesen, nur in solchem
Wissen wäre er 'im Lichte' gewesen und hätte damit das
Leben gehabt... ."[1]

---

1) JK 25

Was für Bultmann Geschöpflichkeit heißt, wurde an anderer
Stelle schon gesagt, aber es mag hier noch einmal im
Hinblick auf das Verstehen verdeutlicht werden. Geschöpf
sein bedeutet: sich aus der eschatologischen Möglichkeit
der Offenbarung verstehen: "Welt-sein bedeutet aber für
den Menschen zunächst Geschöpf-sein; und daß der Mensch
Welt, d.h. Geschöpf _ist_, schließt nach dem Prolog ein,
daß der Mensch sich in seiner Geschöpflichkeit _verstehen_
kann."[1] Menschsein ist damit wesentlich als existenzmäßig sich verstehendes Sein, als Seinkönnen, gekennzeichnet. Vom Anliegen Bultmanns her ist der Mensch das Sein
des Da der Offenbarung. Damit ist das Sein des Da, das
"vor" der Offenbarung liegt, als Vor-_verständnis_ qualifiziert. Die Existenz muß sich, wie bei Heidegger auch,
erst befreien zu ihrer Eigentlichkeit. Diese Befreiung
der Existenz als Sein-können geschieht bei Bultmann durch
das eschatologische Handeln Gottes. In der Begegnung mit
diesem wird das Verstehen des Menschen als Seinkönnen
- von dem nun klar ist, daß es die (ganze) Existenz betrifft - definitiv, d.h. der Mensch wird sich selbst
durchsichtig. Die Philosophie Heideggers ist daher, von
Bultmanns Theologie her gesehen, nichts anderes als die
sachgerechte Explikation der Existenz "vor" der Offenbarung.

Bultmann deutet das Sein des Da als Seinkönnen im Kontext
der Begegnung des Menschen mit der Offenbarung. Von diesem Kontext und damit von seiner Intention her wird das
Sein des Da zum Vor-verständnis. Dieses wird durch das
Handeln Gottes und die Entscheidung der Existenz ontisch
definitives Selbstverständnis, sei es nun, aus Gott zu
existieren oder nicht. Es ist daher Bultmanns Konzeption
des Verstehens von der Offenbarung her erst voll verständlich, wenn auf den Begriff des Seins des Da als

---

1) GV I 136.

Seinkönnen von "Sein und Zeit" rekurriert wird. Demgemäß
eignet der Existenz bei Bultmann primär das Erschlossensein, aufgrund deren erst von Verschlossenheit und Ver-
decktheit der Eigentlichkeit geredet werden kann. Dieses
Erschlossensein ist bei Bultmann die Erschlossenheit von
der Begegnung mit der Offenbarung her. "Denn wie das
Licht die Erhelltheit des Daseins ist, so ist die Finsternis die Verfassung des Daseins, in der es sich nicht
versteht, sich verirrt hat, seinen Weg nicht kennt ... ,
in der es blind ist ..., und in der es tot ist, das zum
echten Leben die Erhelltheit des Selbstverständnisses
gehört."[1] "Die σκοτία ist keine selbständige Macht neben
dem φῶς, sondern nur damit, daß es φῶς gibt, gibt es
σκοτία; deshalb nämlich, weil das φῶς seinen Grund in der
ζωή des Schöpfers hat, weil die Menschen Geschöpfe sind,
die nur in der Rückwendung zu ihrem Ursprung das echte
Verständnis ihrer selbst finden können."[2] Bultmann wendet also tatsächlich die Priorität des Erschlossenseins
des Daseins in seinem theologischen Kontext zum Erhelltwerden des Daseins durch die Offenbarung.

Dasein ist jedoch - zugleich mit der Priorität des Er-
schlossenwerdens durch die Offenbarung - verfallendes.
Denn der Mensch steht "immer schon in einem falsch orien-
tierten Verständnis seines Seins".[3] Existenz als Sein
des Da, als Seinkönnen, das auf Verwirklichung in Begegnung verwiesen ist, fragt trotz des ontisch falschen
Verständnisses von sich aus nach dem Heil als Hellwerden
der Existenz. Und "so gibt es kein Verstehen der Offenbarung für den Menschen, der seiner eigenen Fragwürdigkeit
nicht inne wird."[4] Der Mensch fragt als Seinkönnen aus

---

1) JK 27
2) ebd., 27
3) Bultmann, Rudolf: Theologie des Neuen Testaments,
   S.265.
4) JK 239

der Begegnung nach Antwort, die sein Sein neu qualifizieren kann und ihm definitives Heil als Sichverstehen
schenkt. Das Wissen von Gott ist zunächst das Vorverständnis, das Sein des Da der Existenz, jedoch geprägt
durch Bultmanns theologisches Grundinteresse. "Das Wissen
um Gott ist zunächst ein Wissen des Menschen um sich
selbst, um seine Begrenztheit, und Gott gilt als die
Macht, die diese Begrenztheit des Menschen durchbricht
und ihn dadurch zu seiner Eigentlichkeit emporhebt."[1]
Inwieweit die Philosophie Heideggers diese Begrenztheit
und damit Fraglichkeit des Menschen thematisiert, wird
noch zu untersuchen sein anläßlich der Besprechung des
Phänomens Gewissen.

In der Begegnung mit der Offenbarung ist die Existenz
durch das eschatologische Handeln Gottes in Frage gestellt und soll ihr Sein im Gehorsam gegen Gottes befreiende Liebe finden, soll diese anerkennen. "Aber angesichts der Offenbarung, die Jedem das echte Sich-verstehen erschließt, hört das Suchen auf, und Anerkennung ist
gefordert. Hier kann es keine Toleranz geben. Freilich
ist es die Offenbarung, die intolerant ist, Menschen
können gegeneinander nur tolerant sein".[2]

9.2.2.2 Ein Mißverständnis bezüglich des Selbstverständ-
nisses

An dieser Stelle kann ein typisches Mißverständnis der
Theologie Bultmanns aufgeklärt werden, das mit den Begriffen Verstehen und Selbstverständnis zusammenhängt.
Dazu exemplarisch Henderson: "Die eigentliche Stelle nun,
wo Bultmann sich dem Vorwurf aussetzt, über Gebühr von

---

1) Bultmann, Rudolf: Offenbarung und Heilgeschehen. München 1941, S.9.
2) JK 288

Heidegger beeinflußt zu sein, ist seine Annahme, alle
Mythologie müsse existential interpretiert werden, d.h.
darauf hin, wie der Erzähler im Erzählten ein Verständnis
seiner eigenen Existenz gibt. Bultmanns gesamte Stellungnahme ist auf diese Annahme gegründet.... . Sie wird als
Regel für die Interpretation benutzt, aber im Grunde ist
sie eine Annahme über das Wesen der Existenz. Es ist
nämlich die Annahme, daß Gottes einziges Wirken auf uns
darin besteht, daß er eine Änderung in unserer Auffassung
von uns selbst bewirkt."[1]

Hendersons Äußerung ist im Zusammenhang mit dem Problem
der Entmythologisierung getan, deren Programm die existenziale Interpretation Bultmanns darstellt. Diese sieht
ihre Aufgabe darin, den Bezug eines Textes zu je meiner
Existenz herauszustellen, d.h. den Text auf Möglichkeiten
des Existierens, Verstehensmöglichkeiten, die Existenz
als Seinkönnen angehen, abzufragen. Die Bedenken gegen
Bultmanns Rede vom Selbstverständnis haben ihren Grund in
der Annahme, das Selbstverständnis sei eben nur an Akzi-
denz zur eigentlichen Substanz Mensch, die bei Bultmann
vom göttlich-objektiven Handeln unberührt bleibe. Es
scheint daher so, als ob Bultmann das objektive, die
Substanz des Menschen betreffende, Handeln Gottes leugne
und nur das Verstehen, das "Selbstverständnis", für das
Handeln Gottes offen hielte. Genauso möchte aber Bultmann
seine Theologie nicht verstanden wissen. Ihm geht es
nicht um eine vorkommende Substanz Mensch, die ein Vermögen Verstehen besitzt. Dasein, der Mensch, ist Existenz,
ist Seinkönnen, das als Möglichsein existiert und sich in
der Begegnung überantwortet ist. Genau dies möchte die
Rede vom Selbstverständnis einsichtig machen und nicht
einen Teilaspekt des vorkommenden Wesens Mensch. Es wer-

---

1) Henderson, Ian: Mythos im Neuen Testament. In: Kerygma
und Mythos. Bd. IV, S.133-167, Zitat S.149.

den hier zwei Ebenen, zwei Sprachspiele, miteinander
verwechselt. Vom Sein des Daseins als Existenz aus gesehen besteht aber das Selbstverständnis - als Sein des Da
im Seinkönnen - gerade in der ver-antwortlichen Entscheidung "gegenüber" der Offenbarung. In ihr kann Existenz
neu werden, indem ihr die Möglichkeit gegeben ist, verstehend aus dem eschatologischen Handeln Gottes zu existieren.

9.2.2.3 Verstehen und Bedeutsamkeit

Für Bultmann ist Verstehen das Sein des Da als Entwerfen
des eigenen Seinkönnens, aber in Einheit mit seinem Erkenntnisinteresse, der existenziellen Begegnung mit der
Offenbarung. Demgemäß ist auch das Existenzial 'Bedeutsamkeit' aus der Begegnung verständlich. Die 'Bedeutsamkeit' ist nicht ein theoretisch-allgemeines Wissen über
einen Sachverhalt. So spricht Bultmann z.B. von der Bedeutsamkeit Jesu für die Jünger: "Ursprung seines Wollens
und Wirkens liegt nicht in ihm; er ist 'gesendet' und
handelt im Auftrag. All das aber ist nicht im Interesse
einer spekulativen Christologie gesagt, sondern deshalb,
weil sein Ursprung seine Bedeutsamkeit begründet: wer ihn
hört, hört Gott, dessen Worte er redet...; wer ihn sieht,
der sieht Gott".[1] Jesu Bedeutsamkeit ist die des Offenbarers, der den Menschen die Möglichkeit gibt, sich aus
der eschatologischen Möglichkeit des Handeln Gottes zu
verstehen. Gott bietet dem Menschen die eschatologische
Möglichkeit als Geschenk an, denn das Sein Gottes ist ja
das Sein für die Menschen. Jesus ist selbst das Wort
Gottes und braucht so gar keine neue Lehre mitzuteilen.
Allein das Daß des Gekommenseins ist entscheidend. Ohne
dieses aber hätte der Logos gar keine Bedeutung für den

---

1) JK 186

Menschen, wäre nicht Offenbarung. Der Mensch könnte höch-
stens seine Fragwürdigkeit explizieren, aber darauf keine
Antwort geben. Gott allein kann die Antwort geben, in der
sich der Mensch versteht.

Sinn hat für Bultmann damit zwar seine existenziale Ermöglichung in der ontologischen Struktur des Entwerfens,
aus dem etwas als solches verständlich wird. Faktisch
allerding ist Dasein verfallendes. Von sich aus kann es
nicht zur Eigentlichkeit kommen, sondern muß zu dieser
aufgerufen werden durch die Begegnung mit der Offenbarung. Erschlossenheit des Daseins meint daher bei Bultmann das Erleuchtetwerden des Daseins durch die begegnende Offenbarung. So ist auch der Sinn des Daseins, gemäß
der theologischen Intention, Geschenk Gottes in der Offenbarung, den sich der Mensch nicht geben kann; es ist
der Glaube.

9.2.2.4 Die Zirkelstruktur des Glaubens und des Vorver-
ständnisses

Bei der Explikation des Verstehens in "Sein und Zeit"
stießen wir auf den Zirkel des Verstehens bei der Frage
nach dem Sinn von Sein, die schon das voraussetzt, was
sie sucht: das Verstehen vom Sein. Ist dieser Zirkel zu
vermeiden? Heideggers Antwort ist klar: Nein! "Das Entscheidende ist nicht, aus dem Zirkel heraus-, sondern in
ihn nach der rechten Weise hineinzukommen. Dieser Zirkel
des Verstehens ist nicht ein Kreis ..., sondern er ist
der Ausdruck der existenzialen Vor-Struktur des Daseins
selbst."[1] "Der 'Zirkel' im Verstehen gehört zur Struktur
des Sinnes".[2]

---

1) Sein und Zeit, S.153.
2) ebd., S.153.

Auch Bultmann spricht vom Zirkel, allerdings vom Zirkel
des Glaubens, der aber einer des Verstehens ist. "Daß die
Erkenntnis, zu der der Glaube führt, wiederum den Glauben
begründet, ist in der Struktur des Glaubens gegeben".[1]
Eigentliches Verstehen ist demnach beide Male konzipiert
als ein Zirkel, der immer tiefer das versteht, was er
sucht. Nur ist diese Einsicht bei Bultmann dahingehend
modifiziert, daß der Glaube aus der Begegnung mit der
Offenbarung entspringt und so wiederum den Glauben begründet. Die Vor-struktur des Sinnes als Seinkönnen (qua
Fraglichkeit) ist ontisch modifiziert, nämlich aus der
Begegnung mit der Offenbarung. Der Zirkel des Verstehens
ist gedeutet als Zirkel des Glaubens.

Da Dasein entwerfendes Seinkönnen ist und als dieses erst
überhaupt das finden kann, was es sucht - d.h., daß es
schon vor-läufig versteht, was es sucht - ist das Vorverständnis selbst eine Weise des Zirkels. "Wir wissen -
offen oder verdeckt - um unsere Möglichkeiten, weil es zu
unserem Leben gehört, um das zu wissen, was wir sind."[2]
Demnach gilt es, in diesen Zirkel recht hineinzukommen,
um diesen aposteriori einholen zu können im Durchsichtig-
werden des Existenz. Erst so wird Offenbarung verständlich. Erschlossenheit qua Entwerfen, das Seinkönnen, wird
als Vorverständnis gedeutet, das nur in der Begegnung mit
der Offenbarung sich zirkulär einholen kann. Demnach hat
der Mensch immer - auch als Sünder, der sich gegen die
Offenbarung entschieden hat - die Möglichkeit der Umkehr
zum Glauben.

---

1) JK 455
2) GV I 126

9.2.2.5 Verstehen und Existenz

Wie in "Sein und Zeit" ist das Verstehen auch im Johanneskommentar begründet im Seinkönnen der Existenz, dem "Wissen" um das Möglichsein des Daseins. Nur ist im Johanneskommentar das Seinkönnen verstanden aus der Begegnung mit der Offenbarung. So führt Hasenhüttl vom Selbst des Menschen aus: "Der Mensch ist ein Wesen, das ein Verhältnis zu sich selbst hat, in dem es sich zu einem anderen verhält und dadurch sich selbst verlieren oder das Leben gewinnen kann. Daher ist die Identität des Selbst als Beziehung einer Beziehung zu begreifen, die nicht aus Mangel entsteht - die Seinserschlossenheit folgt ja aus der Lebendigkeit meiner selbst, sondern Wahl aus Vollkommenheit ist, d.h. sich selbst durchsichtig ist, d.h. ein Verstehen einschließt."[1] Existenz ist, als sich je bevorstehende, sich selbst erschlossen. Bei Bultmann wird das Existenzial Sein des Da gedeutet als Erleuchtetwerden durch die Offenbarung von der ontischen Begegnung her. Dies Erleuchtet-werden ist aber nur verständlich vom Sein des Da her. Heideggers Existenzanalyse wird so übersetzt zum Vorverständnis als Seinkönnnen auf Offenbarung hin. Auch die Konzeption der Unwahrheit wird von Bultmann im Raum des Glaubens gedeutet. Glaube ist nie ohne Unglaube, dieser muß ständig überwunden werden, der Glaube stets neu gewonnen werden. Von Bultmann her ist Heideggers Analyse fundamental für das theologische Verständnis. Dies gilt besonders für das Verstehen als Sein des Da. Das In-der-Welt-sein wird dadurch, wie schon gezeigt, zur Fremdheit der Existenz in der Welt. Die Explikation der Existenz erbringt so das Vorverständnis als das Licht-sein dieses Modus des In-der-Welt-seins.

---

1) Hasenhüttl, Gotthold: Der Glaubensvollzug. Essen 1963, S.199ff.

Das Licht ist jedoch ursprünglich die Offenbarung des
Logos selbst. Diese macht die grundsätzliche Gelichtetheit des Daseins in der Begegnung aus, aufgrund derer
erst Finsternis, die Irrwege des Menschen, sein kann.

Die Weisen, in denen das Verstehen sich in "Sein und
Zeit" entfaltet, also z.B. Befindlichkeit und Rede,
greift Bultmann nur insoweit auf, als er einzelne Phänomene dieser Modi anzeigt. Dies tut er z.B. mit der Angst,
um das Verhältnis der Jünger zur Welt und zur Offenbarung
zu charakterisieren. Einige dieser Phänomene werden später, vor allem im Kapitel über die Eigentlichkeit, darzustellen sein.

9.2.2.6 Wahrheit und Sein bzw. Wahrheit und Gott

Wie in "Sein und Zeit" Wahrheit und Sein gleichursprünglich sind, so auch im Johanneskommentar die Wahrheit und
Gott. Gleichursprünglich sind für Bultmann die Erschlossenheit der Existenz und die Offenbarung. Die Bestimmung
des Menschseins einerseits aus dem Sein und andererseits
aus Gott findet ihre Gemeinsamkeit in der existenzialen
Analytik, deren wesentliches Merkmal die "Transzendenz"
des Daseins ist. Denn in dieser Analytik ist Dasein beide
Male als Existenz verstanden, die sich seinsmäßig, als
Seinkönnen, dem es um es selbst geht, versteht. Beide
Male versteht sich Dasein, auf der Grundlage des Seins
des Menschen als Existenz, der gemeinsamen Sache von
Bultmann und Heidegger, aus dem Anderen. Für das Sein ist
der Mensch der Ort, wo es zu Worte kommt. Für Gott ist
der Mensch der Ort, wo er zum Worte kommt. Vom Sein bzw.
von Gott zu reden, heißt demnach beide Male, vom Menschen
zu reden. Was die existenziale Analytik und die Form der
Beziehung zum Anderen angeht, sind sich Bultmann und
Heidegger durchaus einig. Für Heidegger heißt das: Erst
der Mensch als Existenz kann Sein verstehen. Für Bultmann

heißt das: Erst der Mensch als Existenz kann den Anspruch
Gottes wahrnehmen, kann Offenbarung verstehen. Daher ist
für Bultmann das Verstehen der Existenz als Seinkönnen
von elementarer Bedeutung.

9.2.2.7 Zusammenfassung und abschließender Vergleich

(1)   Verstehendes Dasein ist als entwerfendes das Da
        seines Seins als Sein dieses Da, es ist sich
        selbst erschlossenes Seinkönnen. Darin liegt -
        von Bultmanns Intention her gesehen - die Mög-
        lichkeit des Vor-verständnisses. Existenz des
        Daseins heißt, sich zu verstehen als Seinkönnen.

(2)   Dasein versteht sein geworfenes Möglichsein, es
        ist Seinkönnen als bestimmter Entwurf, der zu-
        meist uneigentlich ist.

(3)   Die Ermöglichung dafür, eigentlich oder unei-
        gentlich zu existieren, liegt darin, daß Dasein
        sich versteht, sein Da ist. Ontologisch vor der
        Uneigentlichkeit ist das Erschlossensein selbst.
        Ontische Finsternis kann nur sein, wo Licht ist,
        nämlich das Erhelltwerden der Existenz durch die
        Begegnung mit der Offenbarung. Darin zeigt sich
        Bultmanns Erkenntnisinteresse.

(4)   Das Sein des Da als Sich-selbst-erschlossen-sein
        ermöglicht das Bezogensein des Menschen auf Of-
        fenbarung. Dasein kann Offenbarung verstehen,
        weil es sein Da ist als In-der-Fremde-sein. Sol-
        cherweise "transzendiert" Existenz auf Offenba-
        rung.

(5)   Als verfallendes ist Dasein gleichursprünglich in
        Wahrheit und Unwahrheit.

Bultmann versteht Heidegger aus dem Horizont seiner Konzeption von Eschatologie, der unverfügbaren, dem Menschen
von Gott geschenkten Möglichkeit, sich aus Gott neu zu
verstehen. Gott und Mensch sind in der Begegnung aufeinander bezogen. Das eschatologische Handeln Gottes ist
entscheidend. Bultmann deutet die Analysen Heideggers in
diesem Horizont. So ist das Verstehen bei Bultmann, wie
bei Heidegger auch, ein ganzmenschliches, das Dasein als
Seinkönnen in seinem Möglichsein erschließt, d.h. existieren läßt im Entwerfen. Verstehen ist Verstehen aus
Begegnung, d.h. geschichtliches Verstehen. Die Geschichtlichkeit findet bei Bultmann im Geschehen der Offenbarung
ihren Sinn.

Existenz wird als solche durch das Verstehen erschlossen.
Während bei Heidegger Dasein sich selbst anheimgegeben
ist, sieht Bultmann in der Explikation von Schuld und Tod
in "Sein und Zeit", worauf später zurückzukommen sein
wird, das Existieren des Menschen auf die Offenbarung
hin. Von der Sicht des Theologen aus analysiert Heideggers Philosophie nichts anderes als das Vorverständnis.
Dieses braucht, um definitiv zu werden, das eschatologisches Handeln Gottes, da es sich selbst nicht Antwort
geben kann. Obwohl Bultmann in Heideggers philosophischer
Explikation das Vorverständnis erkennen kann, bleibt
diese neutral. Denn sie sieht existenziell von der Offenbarung ab und legt nur die Daseinsstrukturen dar, wie
sie für alles menschliche Sein gelten. Heideggers Analysen bilden also, in ihren existenzialen Aussagen, den
"Anknüpfungspunkt" für Bultmanns Theologie.

Im Dasein liegt für Bultmann schon immer die Frage, die
das Vorverständnis ist. Denn dem Menschen ist sein Sein
als Seinkönnen erschlossen. So ist erst die Bedingung
dafür gegeben, sich selbst in der Begegnung zu wählen und
sich eigentlich oder uneigentlich zu verstehen. Beide
Male liegt denn auch die Eigentlichkeit im Sein des

Daseins gemäß seinem Seinscharakter, dem geschichtlichen
Existieren. Der Seinscharakter bleibt, auch im Modus der
Unwahrheit und des Verfallens, ontologisch derselbe,
wodurch die Möglichkeit der Besinnung und Umkehr garantiert ist. Beide Male wird auch die Faktizität menschlichen Verhaltens als zumeist uneigentlich erkannt. Das
Sich-durchsichtig-sein besteht bei Bultmann als Eigentlichkeit in der Erschlossenheit durch das Handeln Gottes.
Dieses ist aber nur verständlich durch die ontologischen
Bestimmungen Heideggers. Bultmann versteht im übrigen,
also "abgesehen" von der Offenbarung, das Verstehen wie
Heidegger auch: "Jedes geschichtliche Verständnis beruht
darauf, daß die Sachverhalte, die es zu interpretieren
gilt, zu meinem Dasein gehören, daß mein Dasein den Charakter der Erschlossenheit hat, daß ich mehr oder weniger
deutlich um meine Möglichkeiten weiß."[1]

9.2.2.8 Glauben und Verstehen

Glaube und Verstehen sind, da der Mensch Sein des Da als
Da seines Sein ist, in der Theologie Bultmanns eine un-
trennbare Einheit. Denn Existenz versteht sich als Möglichkeit, als Seinkönnen. Existenz als Werden in Begegnung ist das Verstehen ihrer selbst. Ist Glaube so ursprünglich mit Verstehen eins, dann vermittelt die Beziehung des Menschen zur Offenbarung Gottes alle weiteren
Beziehungen zwischen Mensch und Mensch. Diese Behauptung
ist m.E. fraglich. Es läßt sich zumindest fragen, ob
nicht ein Phänomen wie der Glaube erst aufgrund der fun-
damentalen Beziehung zwischen Menschen untereinander
zustande kommt. Festzuhalten bleibt aber, daß mit dieser
Konzeption das Zusammen von Verstehen und existenzieller
Bezugnahme auf das "Andere", das in der Begegnung auf den

---

1) GV I 128

Menschen zu-kommt, gewährleistet ist. Denn Existenz ist
erst solche als verstehende Bezugnahme auf das Begegnende, worin der Mensch und das Begegnende sich in Beziehungswirklichkeit ursprünglich gegenseitig erschließen.

9.3. Die Eigentlichkeit des Daseins

9.3.1 Die Eigentlichkeit des Daseins in "Sein und Zeit"

Bevor wir auf die eigentlichen Untersuchungen eingehen,
müssen wir auf das Existenzial eingehen, von dem her die
Frage nach der Eigentlichkeit des Daseins ihren Anfang
nimmt: die Sorge.

9.3.1.1 Die Sorge

Heidegger fragt nach dem Sein des Daseins. Diese Frage
soll das Fundament legen für die Frage nach dem Sinn von
Sein. Wie ist nun das Sein des Daseins zu bestimmen, wenn
solche Phänomene wie das In-sein, das Sein des Da oder
das Verfallen durch es verständlich sein sollen? Heidegger stellt die "Frage nach der ursprünglichen Ganzheit
des Strukturganzen des Daseins"[1]. Um diese Ganzheit
erfassen zu können, sind einige Vorüberlegungen erforder-
lich. Das Sich-entwerfen ist, in der Eigentlichkeit, auf
das eigenste Seinkönnen hin[2]. Daher ist Dasein, gemäß
dem Sinnentwurf, der als das Seinkönnen ist, in seinem
Sein sich immer schon vorweg.

---

1) Sein und Zeit, S.180.
2) vgl. Sein und Zeit, S.191ff.

Das "Sich-vorweg-sein"[1] ist als In-der-Welt-sein, da das
Entwerfen die Bedingung der Weltlichkeit des Daseins ist.
Dasein ist immer schon in der Welt. Innerhalb der Welt
aber und aus ihr begegnet dem Dasein innerweltliches
Seiendes. Dasein ist immer schon beim Seienden. Dadurch
ist die Möglichkeit des Verfallens gegeben. So enthüllt
sich die vorerst grundlegende Strukturganzheit als "Sich-
vorweg-schon-sein-in (der-Welt-) als Sein-bei (innerweltlich begegnendem Seienden)".[2] Diese Strukturganzheit
ist, obwohl gegliedert, als eine Einheit aufzufassen.
Heidegger faßt sie unter dem ontologischen Titel Sorge.
Die Sorge ist keineswegs ontisch zu verstehen, vielmehr
die Bedingung dessen, daß sich der Mensch ontisch sorgen
oder auch sorglos sein kann. Die Sorge ist in der explizierten Weise die Einheit von Existenzialität (Sich-vorweg-sein), Faktizität (Schon-sein-in-der-Welt) und Verfallen als Sein bei innerweltlich begegnendem Seienden.
Das Sich-vorweg-sein konstituiert die Freiheit und ist
daher die Bedingung der Möglichkeit von Eigentlichkeit
und Uneigentlichkeit. Das Sich-vorweg-sein ermöglicht
daher, die Uneigentlichkeit zu wählen. "Sofern nun aber
dieses Sein zum Seinkönnen selbst durch die Freiheit
bestimmt wird, _kann_ sich das Dasein zu seinen Möglichkeiten auch _unwillentlich_ verhalten, es _kann_ uneigentlich
sein und ist faktisch zunächst und zumeist in dieser
Weise."[3] Die ganze Struktur der Sorge ist sowohl beim
eigentlichen als auch beim uneigentlichen Existieren
gewahrt. Nur kann sich Dasein, weil es frei ist, als
solches entweder in die Möglichkeit des Freiseins für das
eigenste Seinkönnen oder in das Verfallen verlegen. Beides beläßt die Sorgestruktur als die Bedingung der Wahl
und ihres Vollzuges.

---

1) Sein und Zeit, S.192.
2) ebd., S.192
3) ebd., S.193.

Die Sorge ist, als Sich-vorweg-sein, die Bedingung der
Erschlossenheit und damit der Wahrheit. Doch es fragt
sich, ob nicht das Phänomen Sorge eine noch ursprüngli-
chere Grundstruktur zeigt, die das Sein des Daseins fundiert. Dazu gilt es, folgende Überlegungen anzustellen:

Die Frage nach dem Sinn von Sein ist die entscheidende
Frage von "Sein und Zeit". Dieser Frage kann erst der
zureichende Grund für eine Antwort bereitet werden, wenn
das Seinsverständnis des Daseins aus der Existenzialität
verstanden ist. So erst kann die Frage nach dem Sinn von
Sein als der Bedingung der Möglichkeit, Sein überhaupt
verstehen zu können, einer Lösung nähergebracht werden.
Dies kann nur geschehen, wenn der Sinn des Seins des
Daseins im Entwurf der Existenzialität ursprünglich gefaßt ist. Bisher nun trieb die Untersuchung die Frage bis
zur Sorgestruktur vor.

Doch diese Struktur ist vorwiegend gewonnen aus der Analyse der Alltäglichkeit des Daseins. Um daher die Frage
weiter zu treiben, muß Dasein nicht nur als alltägliches,
verfallendes, sondern auch als eigentliches, ganzes, in
den Blick kommen. Die weitere Untersuchung richtet sich
daher auf das mögliche Ganzseinkönnen des Daseins, die
Eigentlichkeit.

9.3.1.2 Der Gang der Untersuchung

Wie ist das eigentliche Seinkönnen zu bestimmen, wenn
Dasein als ganzes erfaßt werden soll? Die Untersuchung
verweist auf das Phänomen des Todes. Doch sogleich erhebt
sich die Frage, wie dies Ganzseinkönnen überhaupt sein
kann, da Dasein, wenn es tot ist, gerade nicht mehr ist.
Diese Frage wird sich als abgeleitet erweisen, denn es
gilt, den Tod und damit das eigentliche Ganzseinkönnen,
ontologisch-existenzial zu fassen. "Daseinsmäßig aber ist

der Tod nur in einem existenziellen Sein zum Tode. Die
existenziale Struktur dieses Seins erweist sich als die
ontologische Verfassung des Ganzseinkönnens des Daseins."[1] Das zunächst Dargestellte ist nur als ein Vor-
blick zu begreifen, wie ihn Heidegger gibt, um den Gang
der Untersuchung festlegen zu können.

Es stellt sich die Frage, nach welchem Maßstab die Eigentlichkeit des Daseins beurteilt werden kann. Dieser
Maßstab kann offenbar, bedingt durch das Existenzsein des
Daseins, nur durch das Dasein selbst gegeben werden.
Dieser Maßstab aber ist das Gewissen, ein Phänomen, von
dem zunächst alle ontischen Verständnisweisen fernzuhal-
ten sind. Sie haben aber im ursprünglich-ontologischen
Phänomen des Gewissens ihre Bedingung. Von daher wird
einsichtig werden, daß die Eigentlichkeit, die sich nur
aus dem Verfallen heraus vollziehen kann, im "Gewissen-
haben-wollen"[2] liegt. Dies Phänomen führt uns zum Sein
zum Tode. Damit wäre das Verfahren bis hin zum Aufweis
der Zeitlichkeit, der im nachfolgenden Kapitel geschehen
soll, soweit gegenwärtig. Gehen wir nun zu den Einzel-
schritten über.

9.3.1.3 Das Sein zum Tode

Das Phänomen Tod hält für die Erfassung des Ganzseinkönnens erhebliche Schwierigkeiten bereit. Ist doch dann,
wenn Dasein tot ist, es gerade nicht mehr daseinsmäßig
seiend. Denn der Tod läßt Dasein nur noch als Vorhandenes, also kategorial, übrig. Dasein ist - sofern es ist
- immer noch nicht tot, wenn es aber tot ist, ist es
nicht mehr daseinsmäßig. Wie läßt sich dies lösen?

---

1) Sein und Zeit, S.234.
2) ebd., S.288.

Der Tod ist offenbar das Ende des Daseins. Aber er ist es nicht bloß als feststellbares Etwas, sondern als Enden des Daseins. Dieses Enden faßt Heidegger als das Sterben. "So wie das Dasein vielmehr ständig, solange es ist, schon sein Noch-nicht _ist_, so _ist_ es auch schon immer sein Ende. Das mit dem Tod gemeinte Enden bedeutet kein Zu-Ende-sein des Daseins, sondern ein Sein zum Ende dieses Seienden."[1] Sterben kann Dasein nur, weil es sich immer schon zu seinem Ende, der letzten Möglichkeit, daß es schlechthin nicht ist, sich verhält.

Wie dieses Sein zum Ende als Sein zum Tode zu verstehen ist, läßt sich anhand des Aufweises der Sorgestruktur innerhalb des Phänomens Tod sehen. Das Sich-vorweg-sein zeigt sich in folgendem: Der Tod des Daseins ist die Möglichkeit der schlechthinnigen Unmöglichkeit des Daseins selbst, daß Dasein nicht mehr ist. Diese Möglichkeit erschließt das Sich-vorweg-sein als dreifach ausgezeichnete Möglichkeit: als eigenste, insofern das jeweilige Dasein selbst stirbt, was ihm niemand abnehmen kann; als unbezügliche, insofern diese Möglichkeit keinen Bezug auf Andere mehr zuläßt; als unüberholbare, weil diese Möglichkeit die letzte des Daseins ist, die Dasein auf sein eigenstes Seinkönnen zurückwirft.[2]

So ist das Sich-vorweg-sein, indem es ursprünglich diese ausgezeichnete Möglichkeit erschließt, im Sein zum Tode erst eigentlich.

Die Faktizität der Sorge zeigt sich darin, daß Dasein, sofern es ist, immer schon in die ureigenste Möglichkeit geworfen ist, nicht mehr sein zu können. Diese Möglichkeit enthüllt sich in der Befindlichkeit der Angst, in

---

1) Sein und Zeit, S.245.
2) Vgl. Sein und Zeit, S.250ff.

der Dasein sich um sich selbst ängstigt, sich ängstigt um
sein Seinkönnen schlechthin. Die Angst vor dem Tode erschließt das Sein zum Tode, das Dasein existenzial immer
schon ist.

Das Verfallen äußert sich schließlich in der Flucht vor
dem Sein zum Tode im Verdecken dieser letzten Möglichkeit
der Unmöglichkeit zu sein. "Dem Dasein geht es auch in
der durchschnittlichen Alltäglichkeit um dieses eigenste,
unbezügliche und unüberholbare Seinkönnen, wenn auch nur
im Modus des Besorgens einer unbehelligten Gleichgültig-
keit gegen die äußerste Möglichkeit seiner Existenz."[1]

"Das Sterben gründet hinsichtlich seiner ontologischen
Möglichkeit in der Sorge."[2]

Der Tod als das gekennzeichnete Phänomen ist das gewisseste, um das Dasein weiß. Dennoch flieht es vor ihm in
das Man des Betriebes, der vor dem Tod beruhigen soll:
Man stirbt ja noch nicht. Doch auch in der Flucht vor dem
Tod weiß das Dasein, wenn auch in verfallender Weise,
immer um seinen Tod.

Heidegger faßt zusammen: "Der volle existenzial-ontologische Begriff des Todes läßt sich jetzt in folgenden Bestimmungen umgrenzen: "Der Tod als Ende des Daseins ist
die eigenste, unbezügliche, gewisse und als solche unbestimmte, unüberholbare Möglichkeit des Daseins. Der Tod
ist als Ende des Daseins im Sein dieses Seienden zu seinem Ende."[3]

---

1) Sein und Zeit, S. 254 f.
2) ebd., S. 252.
3) ebd., S. 258 f.

Die gewisse Möglichkeit ist der Tod als die ureigenste
Gewißheit, die der Mensch hat, daß er sterben muß. Diese
Möglichkeit ist nur hinsichtlich ihres Wann unbestimmt,
d.h. aber, daß sie jeden Augenblick eintreten kann. Der
Tod ist nicht als Ereignis der Umwelt zu begreifen, sondern ontologisch als das Sich-verhalten des Daseins zu
dieser Möglichkeit, die die ausgezeichnete des Daseins
ist. Erst so ist der existenziale Sinn dieses Phänomens
verstanden.[1] Doch Dasein versteht sich existenziell
meist aus der Uneigentlichkeit, die das Sein zum Tode
verdeckt. Es stellt sich daher die Frage, ob diese Möglichkeit des Daseins, das Sein zum Tode, auch existenziell ergriffen werden kann. Die Bedingungen, diese Möglichkeit zu ergreifen, müssen aber ontologisch sein. Gibt
es diese Bedingungen?

Das Sein zum Tode ist die ausgezeichnete Möglichkeit des
Daseins. Darum gilt es zunächst, das existenzielle Verhalten zu einer Möglichkeit überhaupt existenzial zu

---

1) Das Sein zum Tode kann unter verschiedenen Aspekten
verstanden werden. Folgende Verstehensmöglichkeiten
seien aus der Literatur angeführt: Unter dem Aspekt
der Eigentlichkeit sieht Vogt (Vogt, Annemarie: Das
Problem des Selbstseins bei Heidegger und Kierkegaard.
Gießen 1936) das Sein zum Tode: "... wo ist die Instanz, die das Selbst auf sich selbst wirft? ... Heidegger gibt uns die Antwort: die letzte Instanz der
Selbstwerdung ist der Tod." (Vogt, S.13) Ähnlich äußert sich Reding (Reding, Marcel: Die Existenzphilosophie. Düsseldorf 1949): "Für Heidegger ist der Tod der
exzentrische Schwerpunkt des Daseins ... Am Gedanken
des Todes entzündet sich nach Heidegger das Dasein zur
Eigentlichkeit, wird aus seiner Uneigentlichkeit ge-
rissen." (Reding, S.181).
Den Tod unter dem Aspekt der Möglichkeit betrachtet
Müller-Lauter (Müller-Lauter: Möglichkeit und Wirklichkeit bei Martin Heidegger. Berlin 1960): "Der Tod
ist daher nicht ein Exempel von Möglichkeit, sondern
als Möglichkeit der Ursprung aller faktisch ergreif-
baren Möglichkeiten als Möglichkeiten. Er ist die
Ur-Möglichkeit des Daseins." (Müller-Lauter, S.25).

interpretieren. Wie ist das Sein des Daseins auf die
Möglichkeit hin zu verstehen, und zwar in existenzialer
Weise? "Solches Sein zur Möglichkeit fassen wir termino-
logisch als Vorlaufen in die Möglichkeit."[1] Das Vorlaufen enthüllt den Tod als die radikale Unmöglichkeit des
Daseins, sein zu können. Dadurch wird Dasein radikal sich
selbst erschlossen. Erst so kann es eigentlich existieren, da es sich selbst im Sein zum Tode als eigentliches
Seinkönnen versteht. Genau diesen Sinn hat das Wort "eigentlich" als "sich selbst zu eigen sein". Indem Dasein
auf sich zurückgeworfen ist, wird es selbst vereinzelt.
Das Vorlaufen in die unbezügliche Möglichkeit, sein eigenstes Sein von ihm selbst her zu übernehmen, zwingt das
Dasein in das Sein zum Tode. Durch das Vorlaufen in die
letzte Möglichkeit werden auch alle anderen Möglichkeiten, die "vor" dem Tode liegen, eigentlich erschlossen.
Daher kann Dasein als ganzes und echtes Seinkönnen erst
im Sein zum Tode existieren. Die Gewißheit des Todes ist
so das Gewißsein des eigentlichen Selbst. Die Unbestimmtheit des Todes aber läßt Dasein frei sein für die Befindlichkeit der Angst, in der Dasein sich vor sich selbst
und vor seiner eigenen Nichtigkeit ängstigt. In der Angst
ängstigt sich Dasein um sich selbst und kann so erst
eigentlich werden. Ja, mehr noch, das Sein zum Tode äußert sich in der Angst. Darunter darf nicht eine bloße
Emotion verstanden werden, die meist in der Furcht vor
innerweltlichem Seienden besteht. Das ganze Erschlossensein des Daseins als nichtiges steht auf dem Spiel[2].

---

1) Sein und Zeit, S.262.
2) Eine drastische Schilderung der Angst bei Heidegger
   gibt Bollnow (Bollnow, Otto Friedrich: Existenzphilosophie. Stuttgart, 3.Auflage 1949): "Alles bunte und
   farbige Leben erstarrt und verblaßt in der Angst. Alle
   Sinngebung des Lebens ist in hoffnungsloser Fragwürdigkeit versunken. Der Mensch hat nichts mehr, an das
   er sich halten könnte. Er greift ins Leere und findet
   sich in völliger schrecklicher Einsamkeit und Verlas-
   senheit. Die Angst ist also ... das aufbrechende

Heidegger faßt zusammen: "Die Charakteristik des existenzial entworfenen Seins zum Tode läßt sich dergestalt
zusammenfassen: 'Das Vorlaufen enthüllt dem Dasein die
Verlorenheit in das Man-selbst und bringt es vor die
Möglichkeit ... es selbst zu sein, selbst aber in der
leidenschaftlichen, von den Illusionen des Man gelösten,
faktischen, ihrer selbst gewissen und sich ängstenden
Freiheit zum Tode."[1] Damit ist das Sein zum Tode seiner
ontologischen Möglichkeit nach im Vorlaufen begründet.
Doch nach wie vor erhebt sich die Frage, ob es auch existenziell sein kann und nicht nur bloß gedacht existiert.

Daher gilt es nachzuprüfen, ob das eigentliche Dasein das
Sein zum Tode aus sich fordert und es existenziell als
möglich erweist. Dasein muß seine mögliche Eigentlichkeit
selbst bezeugen. Erst dann kann nach einem Zusammenhang
zwischen dem Vorlaufen als Sein zum Tode und dem Eigentlichsein gefragt werden. So könnte das Sein zum Tode
existenziell aufgewiesen werden.

Gefühl der Unheimlichkeit als solcher." (Bollnow,
S.67).
Aber: "Die Angst ist notwendig, um den Menschen aus
dem Gleichmaß seines alltäglichen gedankenlosen Dahin-
lebens aufzuscheuchen. Sie hat eine starke, ja einzig-
artige aufrüttelnde Kraft. Nur in ihr wird der Mensch
aus siner Verfallenheit an die Welt herausgerissen und
damit für seine eigentlichen existentiellen Aufgaben
erst freigemacht." (Bollnow, S.68).
Was den Einfluß Kierkegaards auf Heidegger betreffs
der Angstanalyse angeht, so schreibt Gonzales (Mendoza, Ramon Gonzales de: Stimmung und Transzendenz. Berlin 1970): "Von Kierkegaard hat Heidegger offenbar die
stärkste Anregung für seine Angstinterpretation bekommen." (Mendoza, S.124.) "Anstatt jedoch von einer
'Verwässerung' ... des Kierkegaardschen Angstbegriffes
zu sprechen, scheint es uns angemessener, darin eine
Transposition des Begriffes von der existenziellen in
die existenzalontologische Dimenson zu sehen." (Mendoza, S.125).
1) Sein und Zeit, S.266.

Es geht also um die "daseinsmäßige Bezeugung eines eigentlichen Seinkönnens"[1), und zwar so, daß das eigentliche Seinkönnen existenziell vom Dasein selbst bezeugt
wird. Es wird sich dies Eigentlichsein im Sein des Daseins als begründet erweisen. Dies Eigentlichsein muß
aber so sein, daß es das Dasein aus dem Man zurückholt
auf sein eigentliches Seinkönnen, d.h. es muß aufrufen
zur Wahl des eigentlichen Seinkönnens. Das setzt voraus,
daß Dasein sich erst einmal finden muß. Das Finden ist
aber existenzial nur so möglich, daß sich Dasein immer
irgendwie schon gefunden hat. Die Eigentlichkeit muß
demnach als Möglichkeit im Dasein da-sein. Dasein muß
diese Möglichkeit als Erschlossenheit seiner selbst sein.

9.3.1.4 Das Gewissen

Die bestimmte Bezeugung des eigentlichen Seinkönnens, und
zwar im existenziellen Modus, sieht Heidegger im Gewissen. Das Gewissen darf keineswegs in irgendeiner ontischen Weise verstanden werden. Es stellt vielmehr die
Bedingung aller ontischen Verständnisweisen des Phänomens
Gewissen dar. In "Sein und Zeit" ist die Untersuchung des
Gewissens in fundamental-ontologischer Absicht unternommen. Die Untersuchung des Phänomens Gewissen sieht folgenden Leitfaden vor. Das Gewissen ist erschließender
Ruf, der Dasein sich selbst erschließt als "eigenstes
Selbstseinkönnen und das in der Weise des Aufrufs zum
eigensten Schuldigsein"[2). Das Verstehen dieses Aufrufs
verwirklicht sich als Gewissen-haben-wollen. "In diesem
Phänomen aber liegt das gesuchte existenzielle Wählen der
Wahl eines Selbstseins, das wir, seiner existenzialen

---

1) Sein und Zeit, S.267.
2) ebd., S.269.

Struktur entsprechend, die Entschlossenheit nennen."[1]
Damit wäre das Eigentlichsein, dem Programm nach, als
existenziell möglich nachgewiesen. Allerdings ist der
Zusammenhang mit dem Sein zum Tode noch herzustellen.

Doch zunächst gilt es, das, was "Sein und Zeit" unter
Gewissen versteht, näher zu erläutern. Das Gewissen ruft.
Es ruft Dasein an, indem es dieses aus dem Man herausruft
zum eigentlichen Selbstsein. Daher kann und darf es nicht
in der Art des Man rufen, also in Neugier und Zweideutigkeit. Als Ruf kann das Gewissen nur sein, wenn es etwas
erschließt, und zwar das Dasein selbst. Daher gehört das
Phänomen Gewissen zum Phänomen der Erschlossenheit.

Das Gewissen ruft Dasein an, aber nicht in den Weisen
des Man. Wie aber ruft das Gewissen dann? Der Anruf des
Dasein ergeht ohne bestimmten "Inhalt", da er nur das
Angerufensein zum eigensten Seinkönnen ist. So "redet"
das Gewissen nicht. Sein Ruf ergeht im Schweigen. In ihm
ruht das zu Sagende als Aufruf. Erst so ist Gewissen ein
Ruf aus dem Man heraus. Doch es stellt sich die Frage,
wer denn Dasein zu diesem Selbstsein aufruft. Im Phänomen
Gewissen geht der Rufer nicht nur im Rufen auf, sondern
Dasein ist selbst sein Rufen als Gewissen. Dasein ten-
diert ontologisch auf seine Eigentlichkeit.

Dasein ruft im Ruf des Gewissens[2] sich selbst. Doch
Dasein ruft nicht als es selbst, vielmehr zeigt sich der

---

1) Sein und Zeit, S.270
2) Das Phänomen Gewissen kann besonders vielschichtig
   betrachtet werden, sei es nun in anthropologischer,
   psychologischer, ethischer oder in theologischer Absicht. Allerdings besteht dabei auch die Gefahr von
   Mißdeutungen. So schreibt warnend Müller (Müller,Max:
   Existenzphilosophie im geistigen Lebnen der Gegenwart.
   Heidelberg, 2.Auflage 1958): "Aus dieser anthropolo-
   gisch-psychologischen Mißdeutung allein stammen also
   der 'heroische Pessimismus' der 'Tragizismus', 'Nihi-

Ruf als ein "Es ruft". Wie ist dieses Es aus dem Dasein

---

lismus', die Kennzeichnungen als 'Philosophie der Angst', 'Verabsolutierung der Endlichkeit' und so fort, obwohl doch 'Sein und Zeit' nur versucht, den Raum zu gewinnen, um die unendliche Frage des Seins mit der endlichen Kraft des Menschen aushalten zu können." (Müller, S.52).

Die ontologische Analyseabsicht hält Vogt richtig fest (Vogt, Annemarie: Das Problem des Selbstseins bei Heidegger und Kierkegaard, Gießen 1936): "Wo ist die Macht, die überhaupt darüber entscheidet, ob Dasein in der Eigentlichkeit existiert oder ob es sich verloren hat in die Alltäglichkeit des Man? Heidegger hält die überkommene Antwort aufrecht: diese Macht ist das Gewissen. Jedoch führt er dieses zumeist in der Theologie und Ethik behandelte Phänomen zurück auf seine ontologischen Gründe. Das Gewissen wird zum ontologischen Problem. Das aber heißt: das Gewissen muß aus der bisher gegebenen existenzialen Interpretation erhellt werden. Das Gewissen muß aus der Grundverfassung des Daseins, d.h. dem In-der-Welt-sein selbst interpretiert werden können ..." (Vogt, S.37).

Von der theologischen Seite her interpretiert Hollenbach (Hollenbach, Johannes Michael SJ: Sein und Gewissen. Baden-Baden 1954) das Gewissen bei Heidegger: "In 'Sein und Zeit' erinnert Heidegger an die nicht unbedenklichen Versuche, das Gewissen als 'Mischprodukt' aus Verstand, Wille und Gefühl zu deuten. .. Die phänomenologische Interpretation sucht das Gewissen zwar mehr als einen Akt der ganzen Person zu verstehen, läßt aber die Sinndeutung dieses Aktes im Ungewissen." (Hollenbach, S.11). "Schließlich deutet die Eigenart des Gewissenphänomens - sein unerbittlich fordernder Charakter, wodurch die Personmitte aufgewühlt und bedrängt wird - auf einen Ursprung dieser Regung, der mit dem Handelnden kaum identisch sein kann und dennoch eine personale Macht sein muß. Gerade dieser entscheidende Grundcharakter des Gewissenphänomens bleibt in allen Gewissensdeutungen ungeklärt, die von vornherein darauf verzichten, sich mit der Möglichkeit einer natürlichen Erkenntnis des Daseins Gottes auseinanderzusetzen." (Hollenbach, S.12).
"Die Deutung der Sinnerfüllung von Sein ist so auch letzte Deutung des Gewissenphänomens. Ist die Sinnerfüllung von Sein 'Sorge', dann bleibt der Gewissensruf der Ruf der Sorge, der einsame sich-Angst-zumutende Ruf der 'in-sich-hinein-gekrümmten Kreatur'. Ist aber die Sinnerfüllung von Sein Hingabe an die Übermacht des verfügenden Schöpfers, dann ist der Gewissensruf ein Zeichen für die in natürlicher Ehrfurcht wurzelnde Leidenschaft des Geschöpfes, von Gott anerkannt und gewollt zu sein." (Hollenbach, S.347).

heraus zu verstehen? Das Es ist Dasein als seine eigene
Geworfenheit in die Unheimlichkeit, sein Daß zu sein.
Dies darf nicht so begriffen werden, als habe irgendwer
oder irgendetwas das Dasein in die Welt geworfen. Denn
die Faktizität als Warum ist dem Dasein nicht erschlossen, nur das Daß seines Seins. "Unheimlichkeit ist die
obzwar alltäglich verdeckte Grundart des In-der-Welt-
seins. Das Dasein selbst ruft als Gewissen aus dem Grunde
dieses Seins."[1] Damit ist das Gewissen im Sein des Dasein verankert, das als Sorge bestimmt wurde. "Das Gewissen offenbart sich als Ruf der Sorge: der Rufer ist das
Dasein, sich ängstigend in der Geworfenheit (Schon-sein-
in ...) um sein Seinkönnen. Der Angerufene ist eben dieses Dasein, aufgerufen zu seinem eigensten Seinkönnen

---

Zu dieser Deutung sind folgende Anmerkungen in kriti-
scher Absicht zu machen:

1. "Sein und Zeit" versucht, Verstand, Wille und Gefühl
   allererst verständlich zu machen in der Konzeption des
   Seins des Da als der Erschlossenheit. Von daher gesehen kann das Gewissensphänomen nur von dieser grundlegenden Entdeckung der Erschlossenheit des Daseins
   angegangen werden und ist nie als Mischprodukt zu
   verstehen von ontologisch unbefragten, vorhandenen
   Eigenschaften des Geistes, die das Existenzsein des
   Daseins gerade verkennen und Dasein zum Vorhandenen
   machen.
2. Die Sinndeutung des Gewissensphänomens, das nicht als
   Akt verstanden werden kann, so als ob Dasein als Substanz noch zusätzlich einen Akt vollzöge, ist keineswegs offen gelassen: Dasein ruft sich selbst dazu
   auf, sich zu gehören, sich eigen zu sein im Lichte der
   Erschlossenheit seines Seins.
3. Hollenbach setzt voraus, daß der Mensch - und damit
   sein Gewissen - erklärt werden kann nur als verursach-
   tes Seiendes gemäß dem Satz vom Grunde. Dieser Satz
   gilt jedoch nur für Seiendes, nicht aber für das Sein,
   auch nicht für das Sein des Menschen. Dieses zu erhellen ist Aufgabe, und zwar ontologische, von "Sein und
   Zeit". "Sein und Zeit" verläßt damit die Kategorie,
   alles Seiende aus seinem Grund heraus verstehen zu
   wollen und wendet sich dem Sein zu. Hollenbach über-
   trägt ein Denkschema, das für Seiendes gilt - daß
   alles Seiende durch seinen Grund erst verstehbar ist
   - unzulässigerweise auf das Sein.

1) Sein und Zeit, S.277.

(Sich-vorweg...). Und aufgerufen ist das Dasein durch den
Anruf aus der Verfallen in das Man (Schon-sein-bei der
besorgten Welt)."[1] Damit ist das Gewissen von der Sorgestruktur her ontologisch begriffen.

Doch die Zielsetzung für das Phänomen Eigentlichkeit war,
ein ontisches Zeugnis des eigensten Seinkönnens zu fin-
den. Daher fragt "Sein und Zeit" weiter nach dem diesem
Rufen des Gewissens entsprechenden Hören, um so das ganze
Phänomen in den Blick zu bekommen. Erst so kann auch die
"Inhaltlichkeit" des Rufes ausdrücklich gefaßt werden.
Der Ruf gibt dem Dasein kein ideales Seinkönnen vor.
Vielmehr ruft er Dasein in seine Eigentlichkeit, und zwar
so, daß er Dasein zurückruft in die eigentliche Sorge.

Damit ist allerdings noch nicht der Inhalt des Rufes
geklärt. Allen Gewissensauslegungen ist nun gemeinsam,
daß der Ruf des Gewissens in irgendeiner Weise von der
Schuld des Menschen spricht. Die ontischen Auslegungen
verweisen zwar auf das ontologische Phänomen, aber dieses
ist dadurch noch lange nicht aus sich heraus als ontologisches expliziert. Was besagt das Schuldigsein in existenzialer Hinsicht?

Das existenziale Schuldigsein ist eng verwandt mit dem
"Nicht", ferner mit dem Verantwortlichsein des Menschen
als "Grundsein für ... ."[2] Daher sagt "Sein und Zeit"
von diesem Schuldigsein: "Die formal-existenziale Idee
des 'schuldig' bestimmen wir daher also: Grundsein für
ein durch ein Nicht bestimmtes Sein - das heißt Grundsein
einer Nichtigkeit."[3] Dasein kann nur schuldig werden,
weil es ontologischerweise immer schon schuldig ist.

---

1) Sein und Zeit, S. 277.
2) ebd., S. 283.
3) ebd., S. 283.

Dasein ist immer geworfenes, d.h. faktisch als Sorge
existierendes. Die Geworfenheit[1] ist aber nicht etwas
Vergangenes. Vielmehr ist Dasein seine Geworfenheit. Es
selbst ist der Grund seines Seinkönnens, der sich als die
Last des Seinmüssens offenbart. Dasein als "lastiger"
Grund seiner selbst existiert als der Grund seiner selbst
und ist doch, als geworfenes Dasein, dieses Grundes nie
mächtig. Daß Dasein nicht vor seinem Grundsein existiert,
d.h. daß es seiner selbst nie mächtig war oder je werden
wird, ist der eine Aspekt des existenzialen Schuldigseins. "Es (das Dasein) ist nie existent vor seinem Grunde, sondern je nur aus ihm und als dieser. Grundsein
besagt demnach, des eigensten Seins von Grund auf nie
mächtig sein."[2] Dasein ist, als geworfens, nichtig, und
zwar als Ohnmacht seiner selbst, nicht das Warum seiner
selbst sein zu können, sondern nur zu existieren als
dieser Grund, sein zu müssen. Das bedeutet aber nicht das
zufällige Schuldigwerden, weil irgend etwas nicht oder
falsch getan wurde, auch nicht ein Mangel im Sinne des
innerweltlich Vorhandenen. Schuld des Daseins besagt die
Nichtigkeit des Daseins als Geworfenheit, als solches,
das sich nicht selbst ins Existieren bringen kann, sondern in seiner Gegebenheit existiert. Dasein hat sich
nicht selbst begründet. Es ist als dieser bestimmte

---

1) Zur Geworfenheit bemerkt Bollnow richtig (Bollnow,
   Otto Friedrich: Existenzphilosophie. Stuttgart. 5.Auf-
   lage 1955): "Diese Endlichkeit, die das menschliche
   In-der-Welt-sein näher bestimmt, hat Heidegger ter-
   minologisch als die 'Geworfenheit' des menschlichen
   Daseins näher zu bestimmen gesucht, als 'die Geworfenheit dieses Seienden in sein Da' (SuZ. 133), wobei das
   'Da' des Daseins den ganz bestimmten Ort bezeichnen
   soll, in den sich das Dasein schon immer gestellt
   findet. Daß der Menscgh sich diesen Ort nicht hat
   aussuchen können ..., sondern daß er ihn einfach vorfindet ..., das eben sollte in dem Begriff der 'Geworfenheit' zum Ausdruck gebracht werden." (Bollnow,
   S.47)
2) Sein und Zeit, S.284.

Grund, sein Da sein zu müssen. "Nicht durch es selbst,
sondern an es selbst entlassen aus dem Grunde, um als
dieser zu sein. Das Dasein ist nicht insofern selbst der
Grund seines Seins, als dieser aus eigenem Entwurf erst
entspringt, wohl aber ist es als Selbstsein das Sein des
Grundes. Dieser ist immer nur Grund eines Seienden, dessen Sein das Grundsein zu übernehmen hat."[1]

Doch es gibt noch einen zweiten Aspekt der Schuld, der in
der Struktur des Daseins als entwerfendes wurzelt. Sich
entwerfend auf Möglichkeiten ist das Dasein immer schon
auswählend zwischen verschiedenen Möglichkeiten, die es
ontisch vollzieht oder nicht. So ist Dasein gerade das
Nichtgewählthaben vieler Möglichkeiten, das den zweiten
Aspekt des Schuldigseins darstellt. Damit ist die Nichtigkeit zweifach als Wurzel des Schuldigsein herausgestellt, nämlich als dies, seiner selbst nicht mächtig zu
sein und als Nicht-gewählt-haben mannigfacher Möglichkeiten.

Heidegger resümiert: "Die Sorge selbst ist in ihrem Wesen
durch und durch von Nichtigkeit durchsetzt." Die Sorge -
das Sein das Daseins - besagt demnach als geworfener
Entwurf: Das (nichtige) Grund-sein einer Nichtigkeit. Und
das bedeutet: Das Dasein ist als solches schuldig, wenn
anders die formale existenziale Bestimmung der Schuld als
Grundsein einer Nichtigkeit zu Recht besteht."[2]

Damit ist, für diese Untersuchung hinreichend, das ontologische Fundament des Schuldigseins[3], also der Inhalt

---

1) Sein und Zeit, S.284f.
2) ebd., S.285.
3) Zum Schuldbegriff sagt Pöggeler (Pöggeler, Otto: Der
   Denkweg Martin Heideggers. Pfullingen 1963): "Der
   Schuldbegriff von 'Sein und Zeit' akzentuiert, in
   rechter Weise aufgefaßt, keine 'Nachtansicht' des
   Daseins. Er gehört vielmehr in den Versuch einer

des Gewissensrufes, geklärt, obwohl hier der Vorbehalt
anzubringen ist, daß, wie "Sein und Zeit" selbst betont,
"der ontologische Sinn der Nichtheit dieser existenzialen
Nichtigkeit noch dunkel (bleibt)".[1] Diese Dunkelheit ist
aber durch die Ungeklärtheit des Sinnes von Sein verursacht, auf den die Untersuchung erst hinstrebt.

So hat sich der Inhalt des Rufes im Phänomen Gewissen als
das "schuldig" kundgetan, das Dasein immer schon zu seinem Schuldigsein aufruft, weil es im Grunde seines Seins
durch Nichtigkeit bestimmt ist. In diesem Phänomen ist
die Bedingung aller ontischen Auslegung des "schuldig" zu
sehen. "Dieses wesenhafte Schuldigsein ist gleichursprünglich die existenziale Bedingung der Möglichkeit für
das 'moralisch' Gute und Böse, das heißt für die Moralität überhaupt und deren faktisch mögliche Ausformun-
gen."[2]

Daß Dasein verfallendes ist, erweist sich zusätzlich in
folgender Überlegung: Nur weil Dasein verfällt, d.h. sich
nicht aus seiner Eigentlichkeit versteht, ist der Ruf des
Gewissens als vorausrufender Rückruf ins eigenste Seinkönnen überhaupt möglich. Das Verfallen besteht in der
Flucht vor dem existenzialen Schuldigsein. Damit ist auch
das wesentliche Schuldigsein ausgesagt, das der Sorge in
ihrer Nichtigkeit zukommt. Die Nichtigkeit durchherrscht
die Sorge von Grund auf.

Die Unheimlichkeit des Daseins ist nicht so zu verstehen,
als ob irgend etwas oder irgend jemand das Dasein aus
einer früheren, womöglich präexistenten, Daseinsweise in

---

letzten 'Begründung' des Denkens, in dem das Denken
sich das Nichts und im Nichts das Sein als den 'Grund'
seiner selbst 'voraussetzt'." (Pöggeler, S.60).
1) Sein und Zeit, S.285.
2) ebd., S.286.

seine Existenz geworfen habe. Vielmehr ist darunter das
nichtige Grundsein zu verstehen, die Last des Daseins,
daß es zu sein hat, vor der es aber im Verfallen immer
wieder flieht.

Zu was aber ruft der Ruf auf? Lediglich dazu, das eigentlich zu sein, was Dasein im Grunde seines Seins immer
schon ist, nämlich nichtig. "Dieses Seiende (das Dasein)
braucht sich nicht erst durch Verfehlungen oder Unterlas-
sungen eine 'Schuld' aufzuladen, es soll nur das 'schuldig' - als welches es ist - eigentlich sein."[1] Das Hören, die Annahme des Rufes, ist dann im "Sichentwerfen
auf das eigenste eigentliche Schuldigwerdenkönnen"[2] zu
sehen. Dasein erkennt, was es ontologisch immer schon
ist: seine eigene Nichtigkeit als "Schuld". Erst so
weicht es vor dem Schuldigwerden nicht mehr aus ins Verfallen und kann es eigentlich übernehmen. Solcherweise
existierend ist Dasein sich selbst hörig, es gehört sich
eigentlich. Dasein wählt, ein Gewissen haben zu wollen,
das es auf sein eigenstes Seinkönnen als Schuldigsein
zurückruft. Das Verständnis des Anrufs besteht daher im
Sich-wählen des Daseins als für den Anruf des Gewissens
frei seiendes, welches Phänomen "Sein und Zeit" "Gewissen-haben-wollen"[3] nennt. Erst darin ist die existenzielle Bedingung des faktischen Schuldigwerdens und damit
auch die Verantwortung gegeben. Da jedes Tun schon als
solches im Verfallen gewissenlos ist, "wird das Gewissen-haben-wollen zur Übernahme der wesenhaften Gewissen-
losigkeit, innerhalb der allein die existenzielle Möglichkeit besteht, 'gut' zu sein."[4]

---

1) Sein und Zeit, S.287.
2) ebd., S.287.
3) ebd., S.288.
4) ebd., S.288.

Damit ist die Auslegung des Gewissens als Bezeugung eines
eigentlichen Seinkönnens zumindest vorläufig abgeschlossen. Denn auch dieses Phänomen kann letztlich nur verständlich werden, wenn der Sinn von Sein an den Tag gebracht ist. Dazu ist die Untersuchung aber allererst
unterwegs. Als der Sinn des Seins des Daseins wird sich
die Zeitlichkeit erweisen, die den Horizont gibt, aus dem
Sein verstehbar ist.

"Die existenziale Interpretation des Gewissens soll eine
im Dasein selbst seiende Bezeugung seines eigensten Seinkönnens herausstellen."[1] Das Phänomen ist existenziell
erst im Anrufverstehen gesichert, weshalb in ihm erst die
existenzielle Bezeugung des eigentlichen Seinkönnens
liegt. Um aber das eigentliche Seinkönnen explizit zu
fassen, muß es auf seine ontologische Struktur hin entworfen werden. Dies entspricht der leitenden Frage nach
dem Sinn des Seins des Daseins, die an dieser Stelle bei
der Frage nach dem Ganzseinkönnen und der existenziellen
Bezeugung des eigentlichen Ganzseinkönnens steht. Die
Analyse des Gewissens auf seine ontologischen Fundamente
hin wird letztlich dazu dienen, den Zusammenhang zwischen
der existenziellen Bezeugung und dem ontologischen Ganzseinkönnen als Sein zum Tode herzustellen.

9.3.1.5.   Die Entschlossenheit

Die Explikation des Gewissen-haben-wollens[2] als existenzieller Bezeugung des Ganzseinkönnens ergibt folgendes:

---

1) Sein und Zeit, S.295.
2) Zum Phänomen Gewissen sei folgende Zusammenfassung
   gegeben: (Misgeld, Dieter: Schuld und Moralität. Gewissen, Schuld und Ganzsein des Daseins nach Heideggers "Sein und Zeit" im Verhältnis zu Kants Grundlegung der Ethik. Heidelberg 1966): "Gewissen ist Rede,
   weil es erschließt, nicht weil es aussagt. Sein

"Die im Gewissen-haben-wollen liegende Erschlossenheit des Daseins wird demnach konstituiert durch die Befindlichkeit der Angst, durch das Verstehen als Sichentwerfen auf das eigenste Schuldigsein und durch die Rede als Verschwiegenheit."[1] Das Gewissen-haben-wollen erschließt Dasein hinsichtlich seines eigenen Seins, das Seinkönnen ist, in der Stimmung der Angst. Diese vereinzelt Dasein radikal auf sich selbst und läßt so den Ruf des Gewissens hören. Die Erschließung erfolgt, gemäß der Sinnstruktur des Daseins, als Sich-entwerfen auf das durch den Ruf des Gewissens Erschlossene, das Schuldigsein. Der Entwurf läßt Dasein als eigentliches und verschwiegendes existieren, um dem Gerede des Man zu entgehen. Diese Struktur der Eigentlichkeit, "das verschwiegene, angstbereite Sichentwerfen auf das eigenste Schuldigsein - nennen wir die Entschlossenheit."[2] Als solche ist die Entschlossenheit die eigentliche Weise des Seins des Da als Erschlossenheit. Damit ist auch das ursprüngliche Wahrheitsphänomen aufgedeckt, die "eigentliche Wahrheit des Daseins".[3]

Redecharakter ist der Ruf als stoßendes Aufrütteln." (Misgeld, S.54). "Das Beredete ist das Dasein, wie es sich alltäglich und durchschnittlich immer schon versteht." (Misgeld, S.54). "Das Geredete des Rufes ist das, wozu das Man sich verhält und dem es doch dauernd zu entgehen versucht, das Schweigen als die Leere des Nichts der Welt im Sinne des Versinkens der Umweltbezüge, das dem Man nachgeht und dem es überantwortet bleibt." (Misgeld, S.55) "Für Heidegger ruft sich Dasein im Gewissen selber, indem es den Ruf weder plant noch vorbereitet noch willentlich vollzieht." (Misgeld, S.56). "Der 'Es'-Charakter des Rufes meint gerade radikale Unverfügbarkeit." (Misgeld, S.56) "Nichtigkeit ist die Unmöglichkeit der Selbstbegründung und die Notwendigkeit, Grund seiner selbst zu sein aus solcher Unmöglichkeit." (Misgeld, S.70) "In dem, was der Gewissensruf ruft, liegt gerade Unganzheit. Der Ruf fordert die Übernahme der Unganzheit des Daseins. Eigentlichkeit ist nur Annahme der Uneigentlichkeit als solcher." (Misgeld, S.164).
1) Sein und Zeit, S.296
2) ebd., S.296f.
3) ebd., S.297.

Die Entschlossenheit ist der Ruf des Gewissens und zu-
gleich das Hören dieses Rufes als Gewissen-haben-wollen.
Die Entschlossenheit ist verschwiegene, insofern sie den
Gewissensruf in seiner Verschwiegenheit existenziell hört
und sich aus dem Geräusch des Man ins Schweigen des wah-
ren Selbstseins bringt. Ferner ist sie bereit für die
Stimmung der Angst, die Dasein ursprünglich erschließt.
Die Angst erschließt nicht, wie die Furcht, innerweltlich
Seiendes, sondern Dasein selbst. Die Angst als die Stim-
mung, die Dasein vereinzelt, erschließt so das Daß des
Existierenmüssens, das Seinkönnen des Daseins. Solcher-
maßen wird Dasein frei, sich selbst zu übernehmen, d.h.
Gewissen haben zu wollen. Dasein entwirft sich als ent-
schlossenes Seinkönnen auf das nun eigenste Schuldigsein.
Damit ist Dasein eigentlich, es gehört sich selbst. Und
da Dasein In-der-Welt-sein ist und solchermaßen in der
Wahrheit, ist die Entschlossenheit die eigentliche Wahrheit.

Der Entschlossenheit denkt Heidegger in "Sein und Zeit"
noch genauer nach. Die Frage steht an: "Aber woraufhin
entschließt sich das Dasein in der Entschlossenheit? ...
Die Antwort vermag nur der Entschluß selbst zu geben."[1]
Der Entschluß kann nicht auf ein festlegbares Was gehen,
weil dies dem Existenzcharakter des Daseins widersprechen
würde. Die Entschlossenheit bleibt ontisch unbestimmt.
Der Entschluß selbst entwirft erst die Möglichkeit als
Möglichkeit. Neben die existenzielle Unbestimmtheit tritt
aber die existenziale Bestimmtheit, das Eigentlichsein
des Daseins aus seiner ontologischen Struktur heraus.
Diese Bestimmtheit des Existenzialen macht das Phänomen
deutlich, das Heidegger unter dem Titel "Situation"[2]
faßt. Darunter versteht er die jeweilig in der

1) Sein und Zeit, S.298.
2) ebd., S.299.

Entschlossenheit daseinede Möglichkeit, als welche Dasein existiert. Existenziell muß die Situation, die hier als existenziales Phänomen gesehen wird, unbestimmt bleiben. Denn die jeweilige Möglichkeit kann erst in der jeweiligen Situation entschlossen ergriffen werden. Dem Man allerdings bleibt solche Situation unzugänglich, da es nicht entschlossen ist.

Erst in der Entschlossenheit ist auch das Anrufverstehen als solches in den Blick gekommen und zum vollen Verständnis gebracht. "Daraus wird vollends deutlich, daß der Gewissensruf, wenn er zum Seinkönnen aufruft, kein leeres Existenzideal vorhält, sondern in die Situation vorruft."[1]

Wesentlich hängt die existenzielle Struktur der Entschlossenheit mit der schon herausgestellten Sorgestruktur zusammen, ja die Entschlossenheit ist die eigentliche Sorge: "Die Entschlossenheit aber ist nur die in der Sorge gesorgte und als Sorge mögliche Eigentlichkeit dieser selbst."[2]

Damit ist das Ganzseinkönnen als Entschlossenheit ontologisch hinreichend expliziert. Die Frage kann erneut gestellt werden, wie das vorher entworfene eigentliche Ganzseinkönnen als Sein zum Tode mit dem Phänomen Entschlossenheit zusammenhängt. Dazu bedarf es zunächst der Rückbesinnung.

Die existenziale Struktur, die das Sein zum Tode ermöglicht, ist das Vorlaufen. Die Entschlossenheit als Konkretion des Gewissen-haben-wollens stellt die existenzielle Seinstendenz eines eigentlichen Ganzseinskönnens

---

1) Sein und Zeit, S.300
2) ebd., S.301.

dar. So stellt sich die Frage nach dem Zusammenhang beider Strukturen. Soll ein methodisch sauberer Weg gegangen
werden, so muß zur Aufzeigung eines eventuellen Zusammenhangs das Sein zum Tode als Vorlaufen aus der existenziellen Seinstendens des eigentlichen Ganzseinkönnens
heraus folgerichtig "ableitbar" sein, d.h. aus der Entschlossenheit selbst heraus gefordert werden. Die Entschlossenheit müßte also aus sich die vorlaufende Entschlossenheit entlassen als Konkretion des Seins zum
Tode. "Sein und Zeit" formuliert die Frage so: "...weist
die Entschlossenheit in ihrer eigensten existenziellen
Seinstendenz selbst vor auf die vorlaufende Entschlossenheit als ihre eigenste eigentliche Möglichkeit?"[1] Die
Entschlossenheit ist die existenzielle Bezeugung des
eigentlichen Seinkönnens. Daher muß danach gefragt werden, wie das eigentliche Ganzseinkönnen existenziell als
vorlaufende Entschlossenheit bestimmt werden kann.

Die Entschlossenheit weist nun tatsächlich die Struktur
auf, sich als Vorlaufen zu zeitigen, d.h. als Sein zum
Tode. Denn nur dann ist das Gewissen-haben-wollen, ist
Entschlossenheit eigentlich, wenn Dasein auf seine letzte
Möglichkeit vorläuft, Sein zum Tode ist, Sichverhalten
zur letzten Möglichkeit der Unmöglichkeit des Daseins. So
stellt "Sein und Zeit" die These auf: "Die Entschlossenheit wird eigentlich das, was sie sein kann, als verstehendes Sein zum Ende, d.h. als Vorlaufen in den Tod.
...Sie birgt das eigentliche Sein zum Tode in sich als
die mögliche existenzielle Modalität ihrer eigenen Eigentlichkeit."[2] Der Ruf des Gewissens gibt dem Dasein
sein Schuldigsein zu verstehen als sein im Grunde nichtiges Sein der Sorge. Das Schuldigsein ist aber dem Dasein
nicht irgendwie angestückt, sondern Dasein ist dieses

---

1) Sein und Zeit, S.302.
2) ebd., S.305.

ontologische Schuldigsein als Seinkönnen. Das Seinkönnen aber ist als Sein zum Tode expliziert. Somit ergibt sich, daß die Entschlossenhiet ihre Eigentlichkeit erst im Vorlaufen gewinnt und sich so eigentlich zum eigensten Seinkönnen verhalten kann[1]. Der Tod als Möglichkeit der schlechthinnigen Unmöglichkeit und die Schuld als nichtiger Grund eines Nichtigseins gehören zusammen. Beides ist im Grunde der Sorge ursprünglich verankert. Erst wenn die Entschlossenheit vorlaufende wird, ist die Nichtigkeit des Daseins voll erfaßt.

Dies hat Auswirkungen auf den Entschluß des Daseins, als der die Entschlossenheit erst ist. Der Entschluß ist erst eigentlich zu nennen im Angesichts des Todes. So ist der Entschluß frei für die Übernahme auch seiner Ohnmacht, in welcher Bereitschaft er angesichts des Seins zum Tode eigentlich ist und sich so ursprünglich gewiß ist wie der bevorstehende Tod selbst. Erst als Eigentlichkeit erkennt Dasein das Zusammen von Wahrheit und Unwahrheit, die es beide ist. Und erst als Sein zum Tode kann Dasein seine Unbestimmtheit, seine Last, eigentlich übernehmen. Es ist dann angstbereites Dasein, das um seine Nichtigkeit weiß und als Gewissen-haben-wollen bereit ist, sich von den Verdeckungen des Man zu befreien und eigentlich als Sein zum Tode zu existieren.

Mit diesen Aufweisen ist folgendes erreicht: Das Vorlaufen hat sich nicht als eine leere Konstruktion erwiesen, die aus der Luft gegriffen ist. Es ist vielmehr die eigentliche Möglichkeit des existenziellen Ganzseinkönnens im Gewissen-haben-wollen. Dasein kann ganz sein. Dies ist im Gewissen-haben-wollen bezeugt, dessen eigenste Möglichkeit das Vorlaufen ist. Damit ist das Ganzseinkönnen an das Existenzielle gebunden. "Die Frage nach dem

---

1) Vgl. Sein und Zeit, S.306.

Ganzseinkönnen ist eine faktisch-existenzielle. Das Dasein beantwortet sie als entschlossenes."[1] Das Ganzseinkönnen ist damit eine ontische Möglichkeit des Daseins.

Heidegger sagt folgendes von der vorlaufenden Entschlossenheit als existenzieller Haltung im Leben: "Die vorlaufende Entschlossenheit ist kein Ausweg, erfunden, um den
Tod zu 'überwinden', sondern das dem Gewissensruf folgende Verstehen, das dem Tod die Möglichkeit freigibt, der
Existenz des Daseins mächtig zu werden und jede flüchtige
Selbstverdeckung im Grunde zu zerstreuen. Das als Sein
zum Tode bestimmte Gewissen-haben-wollen bedeutet auch
keine weltflüchtige Abgeschiedenheit, sondern bringt
illusionslos in die Entschlossenheit des 'Handelns'. ...
Mit der nüchternen Angst, die vor das vereinzelte Seinkönnen bringt, geht die gerüstete Freude an dieser Möglichkeit zusammen. In ihr wird das Dasein frei von den
'Zufälligkeiten' des Unterhaltenwerdens, die sich die
geschäftige Neugier primär aus den Weltbegebenheiten
verschafft."[2]

Die Rechtfertigung des Vorgehens Heideggers, die sich in
"Sein und Zeit" zwischen dem soeben Explizierten und der
Erörterung der Zeitlichkeit findet, wird später noch
explizit zu betrachten sein.[3]

---

1) Sein und Zeit, S.309.
2) ebd., S.310.
3) Vgl. 11.10.

9.3.1.6 Zusammenfassung

(1)   Der Tod ist Phänomen des Daseins als dessen Sein
        zum Tode.

(2)   Das Sein zum Tode ist die äußerste Möglichkeit
        der Sorge als die eigenste, unbezügliche, unüber-
        holbare Möglichkeit des Daseins, d.h. gerade die
        gewisseste Möglichkeit, nicht mehr sein zu kön-
        nen.

(3)   Das Sein zum Tode ist als Vorlaufen in die letzte
        Möglichkeit der Unmöglichkeit, die alle anderen
        Möglichkeiten auf die Eigentlichkeit hin er-
        schließt.

(4)   Die Angst vor sich selbst, die gleichzeitig die
        um sich selbst ist, erschließt Dasein ursprüng-
        lich in seiner Nichtigkeit.

(5)   Die Bezeugung des existenziellen Ganzseinkönnes
        als Sein zum Tode gibt das Gewissen.

(6)   Das Gewissen (als Sorge selbst) ruft das Dasein
        aus dem Man auf sein Schuldigsein, nämlich das
        Seiner-selbst-nicht-mächtig-sein und das Auswäh-
        lend-sein, zurück.

(7)   Den Ruf des Gewissens beantwortet das Dasein,
        indem es sich wählt, und zwar als Frei-sein für
        den Anruf; als Gewissen-haben-wollendes.

(8)   Die Gewissen-haben-wollende Erschlossenheit ist
        die Entschlossenheit, die die eigentliche Wahr-
        heit des Daseins ist.

(9)   Dasein existiert eigentlich im Entschluß, der die
        Situation als solche existenziell erschließt,
        indem sie existenzial schon erschlossen ist.

Heideggers Explikation hilft wesentlich, das Sein des Menschen als Existenz neu zu verstehen. Von daher sind die Phänomene Angst und Gewissen durchaus positiv als Hinweise auf das "Wesen" des Menschen zu sehen. Dasein ist in solcher Weise immer schon auf das Existieren, das sich nicht aus vorhandenen Möglichkeiten "sättigen" läßt, angelegt. Tatsächlich ruft ja das Gewissen immer sein "schuldig". Aber tut es dies, indem es das Seiner-selbst-nicht-mächtig-sein verlauten läßt? Wenn, wie Heidegger das tut, Dasein als zukünftiges gesehen wird, das als solches endlich ist, ist die Konzeption folgerichtig. Dann ist die Konsequenz des Seins zum Tode nicht umgehbar. Das Sein zum Tode ist dann als Wählen der Eigentlichkeit.

Es ist jedoch eine Gegenfrage zu stellen: Ist nicht der Mensch sterblich, indem er "Anderes", wie immer dies auch nun gedacht sein mag, kennt und erkennt und dies nicht erst aus dem Vorlaufen, das aus der Zukunft ist? Ist nicht der Existenzcharakter des Menschen geleugnet, wenn das Sein des Menschen zuerst eine Beziehung zu sich selbst ist? Ist diese Beziehung wiederum nicht erst möglich, indem der Mensch auf "Anderes" hin angelegt ist? Das ist die Frage, die an "Sein und Zeit" zu stellen sein wird.

9.3.1.7 Die Eigentlichkeit und das Johannesevangelium

Bei allem Vorbehalt, der an dieser Stelle anzubringen ist - Heidegger denkt von der Seinsfrage her - ist doch ein ansatzweiser struktureller Vergleich zwischen der Eigentlichkeit und dem Johannesevangelium erlaubt.
Was das Sein zum Tode angeht, sei auf den Vergleich im Kapitel über die Zeitlichkeit verwiesen.[1]

---

1) Vgl. 9.4.1.8

Das Gewissen bei Heidegger läßt sich mit der grundlegenden "Gelichtetheit" des Menschen bei Johannes vergleichen, die im Offenbarer erscheint und den Menschen der
Finsternis zum Glauben ruft: "Und das Licht scheint in
der Finsternis, und die Finsternis hat es nicht ergriffen." (Joh 1,5). Strukturell stimmt dieses "Gewissen-
sein" Jesu gegen und so zugleich für die Welt mit dem Ruf
des Gewissens bei Heidegger überein: Das "Gewissen" ruft
den Menschen aus der "Uneigentlichkeit" zu seiner "Eigentlichkeit" auf und kann es, weil es im Grunde immer
schon zum Menschen "gehört". Der Ruf trifft die "Uneigentlichkeit". Er wird beantwortet dadurch, daß der
Mensch das "Wort" des Gewissens "hört".
Diese Struktur findet sich bei Johannes wieder: "(Das
Wort) war das wahre Licht, das jeden Menschen erleuchtet;
es kam in die Welt. Er war in der Welt, und die Welt ist
durch ihn geworden, und die Welt hat ihn nicht erkannt.
Er kam in sein Eigentum, und die Seinigen nahmen ihn
nicht auf. Allen aber, die ihn aufnahmen, gab er Macht,
Kinder Gottes zu werden..." (Joh 1,9-12).
Das Verhalten Jesu, das selbst die Diener des Hohen Rates
staunend ausrufen läßt: "Noch nie hat ein Mensch so geredet, wie dieser Mensch redet." (Joh 7,46) läßt in analoger Weise die "Entschlossenheit" erkennen, die der eigentlich existierende Mensch ausstrahlt. Das Pathos sowohl in "Sein und Zeit", was die Entschlossenheit an-
langt, als auch im Johannesevangelium trägt durchaus
ähnliche Züge und bildet eine Gestimmtheit des "Echten",
auch wenn das Johannesevangelium z.B. in den Abschiedsre-
den "menschlichere" Züge zeigt.

9.3.2   Die Eigentlichkeit des Daseins im Vergleich zum Johanneskommentar

Bultmanns Werk wird von der Frage nach dem Sinn des Menschseins bestimmt. Wir werden noch sehen, daß der Theologe zur Explikation dieser Frage von der Zukunft Gottes her viele Existenzialien von "Sein und Zeit" in den Kontext seiner Intention übersetzt.[1] Die Zeitlichkeit wird sogar mit dem Erkenntnisinteresse Bultmanns eine dialektische Verbindung eingehen. Daß dadurch die Intention Bultmanns als der heilbringenden Gegenwart Gottes in Begegnung nicht verloren geht, ist inzwischen klar geworden.

9.3.2.1 Das Sein zum Tode und die Fraglichkeit des Menschen

Rufen wir uns kurz das Phänomen des Seins zum Tode von "Sein und Zeit" ins Gedächtnis zurück. "Der Tod als Ende des Daseins ist die eigenste, unbezügliche, gewisse und als solche unbestimmte, unüberholbare Möglichkeit des Daseins. Der Tod ist als Ende des Daseins im Sein dieses Seienden zu seinem Ende."[2]

Für Bultmann lebt der Mensch in der Sphäre der Nichtigkeit. "Mit σάρξ wird bei Joh die Sphäre des Weltlich-Menschlichen im Gegensatz zum Göttlichen, als der Sphäre des πνεῦμα, bezeichnet ..., und zwar nach ihrer Vergänglichkeit, Hilflosigkeit und Nichtigkeit ...."[3] So wird "die Weltlichkeit als die Sphäre des Gottfeindlichen σκότος genannt ... ."[4] Doch wie bestimmt sich die Sphäre der sarx genauer? "... vielmehr bezeichnet σάρξ die Nich-

---

1) vgl. Kap. 9.4.
2) Sein und Zeit, S. 258 f.
3) JK 39 f.
4) JK 40

tigkeit des ganzen Daseins, die Tatsache, daß der Mensch
seinem Schicksal wie seinem eigenen Tun gegenüber letztlich fremd ist, daß er so, wie er sich vorfindet, nicht
in seiner Eigentlichkeit ist ... ."[1] Damit verbunden
ist das Wissen um die Begrenztheit, die er (in der Sünde)
aufheben will. Dem Tod kann man aber nicht entrinnen. "Es
verrät sich also, wo von 'Offenbarung' in diesem Sinne
geredet wird, ein Daseinsverständnis, das um die Begrenztheit des Daseins weiß und sie sprengen will."[2]
"Denn die Tatsache der Begrenztheit unseres Lebens bewegt
unser Leben; wir tragen unsern Tod mit uns herum. Eben
damit aber qualifiziert auch die Frage nach der Offenbarung unser Leben".[3]

Das "Sein zum Tode" wird bei Bultmann im Rahmen der Fraglichkeit des Menschen, die nur in und aus der Offenbarung
heil werden kann, gedeutet. Erst indem der Mensch (im
explizierten Horizont) Sein zum Tode ist, indem er
stirbt, endlich ist, d.h. als endlicher existiert, fragt
er nach Offenbarung, nach seinem Heil, in dem jede Frage
erlischt. Der Intention Bultmanns nach hat das so verstandene Sein zum Tode als Fraglichkeit der Existenz sein
Ziel in der Offenbarung, die die Freiheit vom Tode als
Begegnungswirklichkeit gewährt. "Denn wie zum 'Leben' das
definitive Sich-Verstehen gehört, das keine Frage, kein
Rätsel mehr kennt, so gehört zu dem 'Licht', das der
Mensch als dieses definitive Erleuchtetsein ersehnt, die
Freiheit vom Tode als dem Schicksal, das das Dasein
schlechthin unverständlich macht.
Je konsequenter aber das φῶς als das eschatologische Gut
gedacht ist, desto mehr bildet sich die Überzeugung aus,
daß die definitive Erhellung der Existenz nicht innerhalb
der menschlichen Möglichkeit liegt, sondern nur göttliches Geschenk sein kann."[4]

---

1) JK 100
2) GV III 3.
3) GV III 6.
4) JK 24

Die Zukunft Gottes erschließt die Fraglichkeit der Existenz. Diese Erschließung geschieht so, daß die Existenz
ihrer radikalen Nichtigkeit inne wird und sich so die
Zukunft Gottes schenken läßt, in der sie heil werden
kann. Dadurch wird die Fraglichkeit und derart das Sein
zum Tode nicht entschärft, sondern in höchstem Maße verschärft: "Denn gerade wenn ihm (dem Menschen) die Nichtigkeit seiner selbst zum Bewußtsein kommt, wenn er von
sich selbst her nichts ist, kann er von Gott her alles
haben und sein ... ."[1] In einer Predigt Bultmanns heißt
es: "Sind es nicht die Boten des Todes, die Boten der
Ewigkeit, die uns zu uns selbst bringen?"[2]
Fast noch deutlicher spricht folgende Stelle des "frühen"
Bultmann: "Und in der Tat läßt sich sagen, daß der Tod
ebenso wie die Gottesherrschaft nicht für den Menschen in
Betracht kommt als ein zufälliges Ereignis ..., sondern
als die echte Zukunft, die jedem Menschen begegnet und
ihn dadurch in seiner Gegenwart bestimmt und in die Situation der Entscheidung stellt."[3]

In der Fraglichkeit des Menschen zeigt sich sein "Sein
zum Tode". Sie wird aus der Zukunft Gottes bestimmt. Wenn
aber der Glaubende Heil geschenkt erhält, nach welchem er
als fragliches Sein immer schon fragt, ereignet sich die
Freiheit vom Tode. "... das Sterben ist für ihn (den
Glaubenden) wesenlos geworden. Denn Leben und Tod im
menschlichen Sinne - das höchste Gut und der tiefste
Schrecken - sind für ihn wesenlos geworden; er steht ja,
sofern er den Offenbarer glaubend sieht, vor Gott
selbst."[4]

---

1) Bultmann, Rudolf: Offenbarung und Heilsgeschehen.
   München 1941, S. 45.
2) Bultmann, Rudolf: Marburger Predigten. Tübingen 1956,
   S. 123.
3) Bultmann, Rudolf: Jesus. Tübingen 1961 (1926), S. 49.
4) JK 308

Angesichts der Offenbarung wird das Todesverständnis neu
qualifiziert, es wird übernommen als zum eigenen Sein
gehörig. "Der Erhöhte aber ist nicht direkt zugänglich,
etwa in Momenten ekstatischer oder mystischer Schau, die
die geschichtliche Existenz des Menschen unterbrechen.
Vielmehr ist der Weg zu ihm der Weg des 'Dienstes', der
zur Übernahme des Todes in seiner Nachfolge führt."[1]
Demnach wird der Tod zur Preisgabe der menschlichen Maßstäbe, um Gottes Handeln allein wirken zu lassen und es
als Geschenk aus der Zu-kunft zu empfangen. In Jesu Tod
ist dies Sein verwirklicht. "Wird er (der Jünger) verstehen, daß Jesu Tod wesentlich zur Offenbarung Gottes gehört? Daß alle Reden Jesu von seinem Gesendetsein, in dem
alle menschlichen Maßstäbe und Wertungen in Frage gestellt und zunichte gemacht werden, sein Siegel empfängt
im Tode Jesu? Daß also alles Reden nicht als bloße Rede,
als allgemeine Wahrheit, als Weltanschauung des Pessimismus oder der Askese, angeeignet werden kann, sondern nur
als ein Wirken, das auf den Tod zielt und sich im Tode
als der radikalen Preisgabe zur Ehre Gottes vollendet?"[2]
Jesus und damit auch der Glaubende radikalisieren im
"Sein zum Tode" die Nichtigkeit des Menschen vor Gott,
indem sie ihr Leben zur Ehre Gottes preisgeben.

Die Fraglichkeit als das In-Frage-gestellt-sein des Menschen durch die Offenbarung ist der Rahmen, innerhalb
dessen das Sein zum Tode gedeutet wird. Die Zukunft Gottes ist so aber verständlich aus dem nun gedeuteten Sein
zum Tode, das die Existenz als vorverstehende ist. Das
Sich-verhalten zum Tode, das Existenz als endliche ist,
wird zum Sich-verhalten gegenüber der eschatologischen
Möglichkeit, die dem Menschen in Jesus Christus, der
Zukunft Gottes, offen steht. Der Tod qualifiziert entscheidend das Mensch-sein, aber nun bei Bultmann so, daß

---

1) JK 326
2) JK 329

er der Vollzug der "Erkenntnis" des Menschen ist, nicht
aus sich selbst existieren zu können, sondern nur als
Preisgabe vor dem Geschenk des Heils.

9.3.2.2 Die Fraglichkeit und die Angst

Bei Heidegger erschließt die Angst Dasein als vereinzel-
tes, sie läßt ihm sein Sein, daß es zu sein hat, als Last
erkennen. "Das Nichts, davor die Angst bringt, enthüllt
die Nichtigkeit, die das Dasein in seinem Grunde bestimmt, der selbst ist als Geworfenheit in den Tod ."[1]
Das Sein zum Tode und die Nichtigkeit des Daseins, die im
Gewissensruf erschlossen wird, gehören ursprünglich zusammen.

Die Angst im Johanneskommentar ist zunächst die Angst der
Welt vor sich selbst, ihrer eigenen Leblosigkeit und
Fraglichkeit. Denn die Offenbarung stellt die Welt in
Frage. Die Welt erfährt so ihre Nichtigkeit, jedoch im
Modus der Flucht vor ihr. Sie versucht, sich dieses An-
stoßes zu entledigen. Aber gerade dadurch verrät sie ihre
eigene Fraglichkeit. "Darin, daß sie (die Juden) sich
seiner (Jesu) entledigen wollen, verrät sich ihre verbor-
gene Angst, die 'Angst vor dem Guten'. Denn eben das
'Gute' fordert vom Menschen die innere Freiheit zur
Selbsthingabe."[2]

Weiterhin sichtbar ist das Phänomen Angst in der λύπη und
ταραχή. "Für den Menschen bedeutet die eschatologische
Stunde also zunächst eine Stunde des Schreckens; ehe er
ihrer χαρά inne wird, wird er ihre λύπη erfahren."[3] Doch

---

1) Feick, Hildegard: Index zu Heideggers "Sein und Zeit".
   Tübingen, 3. Auflage 1980, S. 55.
2) JK 339
3) JK 456

in welchem Zusammenhang stehen die Trauer und der Schrecken, in die jeder Glaubende gestellt ist? "Wie aber die λύπη nicht deshalb überwunden werden muß, weil sie ein πάθος ist, sondern weil sie ein Übergang ist, und wie sie den positiven Sinn hat, Ursprung der χαρά zu sein (16,21) so wird auch die ταραχή nicht als πάθος abgewiesen, an dessen Stelle die ἀρετή der ἀταραξία zu treten hätte. Nicht das Ideal des harmonischen Menschen begründet die Forderung zur Überwindung der ταραχή, wie denn diese nicht aus menschlicher Schwäche entsteht, sondern aus dem Zusammenstoß von Welt und Offenbarung. Deshalb hat auch die ταραχή einen positiven Sinn; in ihr wird ja der Bruch mit der Welt erfahren. Würden die Jünger die Fruchtbarkeit der Einsamkeit erfahren, wenn sie sie nicht erst mit Schrecken erfüllte? Das ταραχθῆναι ist also dem Jünger in gewisser Weise angemessen; sein Glauben enthält es als überwundenes ständig in sich."[1] Die Angst läßt den Menschen seine Fraglichkeit erkennen, sein "Sich-nicht-aus-dem-Verfügbaren-verstehen-können." Die Angst ist gedeutet als Einsamkeit der Jünger, die sie für Gottes Handeln in der Erkenntnis ihrer Nichtigkeit offen werden läßt. "Aber er (der Gläubige) darf die Verheißung nur hören in der Vereinsamung wie sie nur dem Glauben eigen ist."[2] Die Angst wird selbst Ursprung der Freude, insofern sie nämlich den Menschen als Fraglichkeit erschließt und er so inne wird, daß er nur aus der Zukunft Gottes Heil gewinnen kann.

Angst ist somit, als der Zusammenstoß von Fraglichkeit und Offenbarung die "Stimmung", in der vorzugsweise die Eigentlichkeit des Menschen statt hat. Sie erschließt radikal das Sein des Menschen: "Die Angstbereitschaft wird also dem Glauben geschenkt, der nichts anderes ist als die Freiheit von uns selbst (als dem alten Selbst)

---

1) JK 462 f.
2) JK 465

für uns selbst (als dem neuen Selbst)".[1] Und so ist die
Sache Heideggers, denkt man sie auf die Zukunft Gottes
hin, die Sache Bultmanns: "Das als Sein zum Tode bestimmte Gewissen-haben-wollen bedeutet auch keine weltflüchtige Abgeschiedenheit, sondern bringt illusionslos in die
Entschlossenheit des 'Handelns'. ... Mit der nüchternen
Angst, die vor das vereinzelte Seinkönnen bringt, geht
die gerüstete Freude an dieser Möglichkeit zusammen."[2]

9.3.2.3 Das Vorlaufen

Das Vorlaufen besteht bei Heidegger als die existenziale
Bedingung des Seins zum Tode im Verhalten des Daseins zu
dieser ausgezeichneten Möglichkeit. Das Vorlaufen soll
das Verhaltenkönnen einer Möglichkeit gegenüber existenzial einsichtig machen. Gemäß Bultmanns Intention und
ihrer Verbindung mit der Zeitlichkeit besteht das Vorlaufen im Johanneskommentar im gläubigen Sich-verstehen aus
der Da-gewesenheit des Offenbarers. Diese läßt die Zukunft Gottes aufscheinen. Das Vorlaufen läuft in die
Zukunft vor und kann dies erst, indem die Zukunft in
besagter Weise beim Menschen ist und ihn erschließt. So
bedeutet das Vorlaufen das geschichtliche Existieren auf
die Offenbarung in Jesus Christus hin. Das Vorlaufen
gewinnt die Zukunft Gottes und versteht sich aus dieser
eschatologischen Möglichkeit: "Die εἰρήνη ist also nicht
Seelenfriede, nicht stoische αταραξία, sondern die ständig zu ergreifende Möglichkeit des gläubigen Existierens
... . Die εἰρήνη wird wirklich nur im Vollzuge der gläubigen Existenz, die eben darum eschatologische Existenz
ist, daß sie ständig die Welt überwindet und sich aus der

---

1) Bultmann, Rudolf: Zum Problem der Entmythologisierung,
   In: Kerygma und Mythos. Bd. II, S. 204.
2) Sein und Zeit, S. 310.

schon gewonnenen Zukunft versteht. Solche Existenz aber
ist Möglichkeit geworden durch den Sieg des Offenbarers,
auf den der Glaube blickt."[1] Der Vollzug des Sich-her-
ausreißens aus der Welt geschieht als Vorlaufen in die
Zukunft Gottes, die in der zukünftigen Dagewesenheit Jesu
Christi, des Offenbarers, besteht. Vorlaufen und Geschichtlichkeit sind demnach eng verwandt. Die Eigentlichkeit, die wesentlich Vorlaufen in die eschatologische
Möglichkeit der Offenbarung ist, geschieht im geschichtlichen Sein des Menschen.

9.3.2.4 Das Gewissen

Das Gewissen bezeugt bei Heidegger das eigentliche Seinkönnen, indem es Dasein in seinem schweigenden Ruf, der
das "schuldig" zum Inhalt hat, auf sich selbst zurückruft. Der Ruf erschließt das eigenste Seinkönnen und
gehört so zum Phänomen Erschlossenheit. Im Gewissen ruft
Dasein sich zur Eigentlichkeit auf, und zwar existenziell.

Schon allein der Titel Gewissen bestätigt übrigens in
gewisser Weise, was Gadamer sagt: "Und es waren theologische Fragen, die von Anfang an in ihm (Heidegger)
drängten."[2]
So könnte man erstaunt sein, warum Heidegger im Zusammenhang mit der Frage nach dem Gewissen die Gottesfrage
nicht aufgreift. Das liegt wohl nicht daran, daß Heidegger das nicht wollte. Ihn hinderte die Explikation des
"Wesens" des Menschen, vom θεῖον, dem Göttlichen des

---

1) JK 458
2) Gadamer, Hans-Georg: Martin Heidegger und die Marburger Theologie. In: Pöggeler, Otto (Hg.): Heidegger.
   Köln-Berlin 1969, S. 170.

Seins, zu sprechen. Das wird gegen Ende der Arbeit zu
bedenken sein.

Wie versteht Bultmann im Johanneskommentar das Gewissen?
Folgender Gedankengang ist zu berücksichtigen: Existenz
ist ihre eigene Fraglichkeit. In solcher Weise ist sie
auf Offenbarung bezogen, d.h. auf die Zukunft Gottes in
der "vergangenen" Existenzmöglichkeit Jesu, des Offenbarers. Indem sie sich aus dieser versteht, wird ihr definitives Verständnis geschenkt. Die Offenbarung stellt den
Menschen aus der Zukunft in Frage, ob er sich aus sich
und dem Verfügbaren oder aus der Begegnung mit ihr verstehen möchte. Solcherweise radikalisiert sie die Fraglichkeit der Existenz und vermag, diese zu erschließen.
Die Offenbarung ruft den Menschen zu sich selbst, zu
seiner Eigentlichkeit.

"... in der Entscheidung des Glaubens oder Unglaubens
kommt zutage, was der Mensch eigentlich ist und immer
schon war. Aber es kommt so zutage, daß es sich jetzt
erst entscheidet. Durch die Begegnung mit dem Offenbarer
wird der Mensch so in Frage gestellt, daß auch seine
ganze Vergangenheit, die sein Sein in der Gegenwart bestimmt, in Frage steht."[1]
Das Gewissen ist bei Heidegger letztlich in der Zukunft
der Zeitlichkeit fundiert, die Dasein auf sich zurückkommen läßt. Für Bultmann wird die Offenbarung zum Ruf des
Gewissens selbst, der das erschließt, was der Mensch
immer schon war: vom Ruf in Frage gestellt, endlich zu
existieren und so Heil als Geschenk zu empfangen. Der Ruf
ist aber erst existenziell im Hören-wollen gehört. Offenbarung ist nur wirklich als Offenbarung in der antwor-
tenden Begegnung mit ihr erkannt, in der Entscheidung für
den Ruf der Zukunft Gottes. Erst indem die Offenbarung

---

1) JK 115

solcherweise zum "Gewissen" des Menschen wird, stellt sie
- als Zukunft Gottes - die Vergangenheit des Menschen in
Frage und zeitigt den Augenblick der Entscheidung. So
wird das Sein des Menschen eigentlich oder uneigentlich
in der Entscheidung für oder gegen den Ruf der Offenbarung.

Der Ruf der Offenbarung kann den Menschen nur aufrufen,
weil er von der Fraglichkeit durchherrscht wird, als
"Sein zum Tode" existiert. Der Gewissensruf erschließt
die Fraglichkeit und Nichtigkeit. Den Inhalt des Rufes
stellt nicht ein Was dar. Der Ruf erschließt als Inhalt
die Fraglichkeit der Existenz, die der Antwort Gottes
bedarf, und das geschichtlich je neu, um heil zu werden.

"Die von einer 'natürlichen Theologie' zu leistende Arbeit wäre eben die, aufzudecken, inwiefern die ungläubige
Existenz und ihr Selbstverständnis von ihrer Fragwürdigkeit beherrscht und bewegt wird, die als solche erst dem
gläubigen Daseinsverständnins sichtbar geworden ist. Als
ein solches Phänomen wird sie z.B. das Gewissen interpretieren, und das entspricht der Tatsache, daß sich das
christliche Kerygma an das Gewissen wendet (2 Kor. 4,2).
Eben deshalb kann das Kerygma Ruf zur Entscheidung und
der Glaube Entscheidung sein."[1] Der Sache nach fast noch
deutlicher wird Bultmann an anderer Stelle: "... der Ruf
des Gewissens, der dem Menschen seine eigene Kleinheit,
Halbheit und Erbärmlichkeit zeigt, ist Gott."[2]

Weil der Mensch immer schon an die Welt, das Verfügbare
des Man, verfallen ist, ruft die Offenbarung ihn aus dem
Man heraus und stellt ihn allein vor sich selbst: "...
der Mensch hat ein Gewissen, das ihn in die Einsamkeit

---

1) GV I 298
2) GV II 4

ruft."[1] Der Mensch wird sich selbst aufgegeben, indem er
sich selbst erschlossen wird und sich in die Entscheidung
gestellt sieht, hören zu wollen oder nicht. "Echte Anrede
ist nur ein Wort, das dem Menschen ihn selber zeigt ...,
und zwar nicht als theoretische Belehrung über ihn, sondern so, daß das Ereignis der Anrede ihm eine Situation
des existentiellen Sich-Verstehens eröffnet ..., die in
der Tat ergriffen werden muß. Anrede stellt nicht dies
oder das für mich zur beliebigen Wahl, sondern sie stellt
in die Entscheidung, sie stellt gleichsam mir mich selbst
zur Wahl, als ein welcher ich durch die Anrede und meine
Antwort auf sie sein will."[2]

Im Johanneskommentar stellt die Offenbarung den Menschen
in Frage, erschließt sie seine Fraglichkeit und bringt
ihn so zu sich selbst. "Ist die Offenbarung die Infragestellung des natürlichen Menschen, so gibt es kein Verstehen der Offenbarung für den Menschen, der seiner eigenen Fragwürdigkeit nicht inne wird."[3] "Denn alles Verstehen des Menschen gründet in seinem Sich-selbst-verste-
hen; und eben dieses wird durch die Offenbarung in Frage
gestellt."[4] "... denn er (der Jünger) wird ja durch die
Frage des Offenbarers eben in seinem Sein in Frage gestellt; er wird zur Entscheidung gerufen."[5] Die Offenbarung ruft in die Zukunft Gottes hinein, indem sie die
Fraglichkeit des Menschen erschließt, ihn als endlichen
Menschen sich verstehen läßt, der nur heil werden kann
aus dem Geschenk der Offenbarung. "Er kann der Offenbarer
nur sein als der ständig das Gegebene Zerbrechende, alle
Sicherheit Zerstörende, ständig von jenseits Hereinbrechende und in die Zukunft Rufende."[6]

---

1) Bultmann, Rudolf: Marburger Predigten, S. 11.
2) GV I 283
3) JK 239
4) JK 239 f.
5) JK 240
6) JK 431

Der Ruf der Offenbarung und des Offenbarers bringt so den
Menschen zur Eigentlichkeit, indem er ihm sein Sein aufdeckt. "Der Glaube an ihn (den Offenbarer) beruht also
darauf, daß dem Glaubenden in der Begegnung mit ihm die
eigene Existenz aufgedeckt wird."[1]

Doch das Gewissen ist erst verstanden, indem es existenziell gehört wird. Der Mensch muß Gewissen haben wollen.
"Von Gott wissen, bedeutet ja nicht, hinreichend über ihn
informiert sein, sei es aus der Tradition (wie bei den
Juden oder in irgendeiner, auch christlichen, Orthodo-
xie), sei es aus allgemeinen Gedanken oder Ideen; sondern
es bedeutet, um ihn als um den wissen, der in seiner Offenbarung begegnet, den Menschen in Frage stellend und
seinen Gehorsam fordernd. Das Wissen um Gott schließt
also die echte Bereitschaft ein, ihn zu hören, wenn er
spricht."[2] "Denn die Bewegung des Glaubens ist der existenzielle Vorgang selbst, das gehorsame Hören des Wortes".[3]
Die Offenbarung erschließt die Existenz ursprünglich aus
der (doppeldeutigen) Zukunft. Die Erschließungsfunktion
von Offenbarung geschieht demnach, laut der Struktur des
Gewissens, als Ruf. Dieser bringt den Menschen zu sich
selbst, indem er ihn in die Einsamkeit der Angst und der
Fraglichkeit stößt und ihn so sein eigentliches Sein im
Augenblick wählen läßt, zu hören (oder nicht).

"Der Glaube gründet freilich in der Vergangenheit, sofern
in ihr das eschatologische Wort ihn aufrief; und der
Paraklet, der ihm in der Zukunft die ἀλήθεια zeigen wird,
wird ihn nur an das schon Gehörte erinnern. Aber der
Glaube gründet nur so in der Vergangenheit, daß er in ihr

---

1) JK 75
2) JK 213
3) GV I 90

zur eschatologischen Existenz gerufen wurde, die ständig auf die Zukunft gerichtet ist."[1]

Ittel sieht ebenfalls den Rufcharakter der Verkündigung in Entsprechung zum Ruf des Gewissens bei Heidegger[2]. Insofern in der Verkündigung Jesus selbst der Verkündigte ist und so Offenbarung im Augenblick der Verkündigung geschieht, ist Ittels Meinung nach der gegebenen Analyse durchaus Recht zu geben.[3]

Ist das "schuldig", der Inhalt des Gewissensrufes bei Heidegger, von Bultmann auch berücksichtigt? Bei Heidegger bestand das existenziale Schuldigsein darin, daß Dasein seiner selbst nicht mächtig ist, sich selbst nicht ins Dasein bringen konnte, sondern nur als dieser Grund existiert, sein zu müssen, der Geworfenheit. Ferner bedeutet das Schuldigsein, daß die Handlungen des Daseins von der Nichtigkeit durchherrscht sind, insofern Dasein immer bestimmte Möglichkeiten auswählt und damit andere negiert.

Bultmann gibt uns einen ersten Hinweis: "Er (der Offenbarer) ist ja als Gottes Offenbarer der Richter der Welt, die Infragestellung der Welt."[1] Tut sich im Richtersein

---

1) JK 448
2) Vgl. Ittel, Gerhard Wolfgang: Der Einfluß der Philosophie Martin Heideggers auf die Theologie Rudolf Bultmanns, S. 100 f.
3) Auch die Verkündigung ruft also den Menschen zu seiner "Eigentlichkeit", indem sie ihn in Frage stellt durch die Offenbarung der Liebe Gottes, die in der Verkündigung selbst geschieht. Die Verkündigung wird so - von der Offenbarung her - zum "Gewissen" des Menschen, das ihn aus der uneigentlichen Weise zu sein in die eigentliche ruft. Damit gibt sich auch in der Konzeption der Verkündigung bei Bultmann die Deutung des Gewissens(rufes) im Licht des eschatologischen Ereignisses der Offenbarung zu erkennen.
4) JK 383

Gottes ein Schuldspruch auf? Tatsächlich bedeutet das Gericht über die Welt ihre Krise: "Besteht das δοξασθῆναι
Jesu darin, daß sein irdisches Leben zum eschatologischen
Ereignis eingesetzt wird, das aller Geschichte ein Ende
macht, indem es für alle Geschichte die κρίσις bedeutet,
so besteht es zugleich darin, daß dadurch die Welt den
Charakter der Schöpfung wiedergewinnt."[1] Das Gericht
über die Welt hat als Entscheidungskriterium das Verhalten gegenüber der eschatologischen Möglichkeit der Offenbarung. Doch worin besteht das Gericht und was ist der
Inhalt des Urteils?

"Die Funktion des Parakleten ist das ἐλέγχειν: er wird
die Schuld der Welt aufdecken."[2] Dieser Prozeß wird sich
nicht erst am Ende der Tage abspielen, sondern bald nach
Jesu Fortgang aus der Geschichte. "Und zwar nicht etwa in
inneren Vorgängen im Gewissen der Menschen, sondern in
den einfachen geschichtlichen Tatsachen, die deutlich
sprechen - sprechen freilich nur für die Ohren des Glaubens ...; die Welt selber merkt es gar nicht, daß Existenz und Predigt der christlichen Gemeinde ihre eigene
Überführung ist; ... Das Gericht besteht darin, daß angesichts der in der Gemeinde fortwirkenden Offenbarung der
sündige Charakter der Welt zutage kommt."[3] Die Schuld
der Welt besteht im Nichtgewähltthaben der eschatologischen Möglichkeit, womit der zweite Teil des "schuldig"
von "Sein und Zeit" auf Bultmanns Intention übersetzt
ist. Die Welt hat die Möglichkeit der Offenbarung nicht
gewählt und ist schuldig geworden. Doch nur die Gemeinde
weiß davon, weil sie ein "Gewissen-haben-will". Worin
aber besteht die "Schuld" der Welt?

---

1) JK 379
2) JK 433
3) JK 433

"Echter Gottesglaube wächst ja aus dem Innewerden der
Fraglichkeit des Daseins ... ."[1] "Denn er (der Mensch)
lebt als Geschöpf ... immer nur aus einem unverfügbaren
Ursprung, der Macht über ihn hat."[2] Der Gläubige wird
durch die Offenbarung in seinem Seiner-nicht-mächtig-sein
erschlossen, aber so, daß in der Bezugnahme zur Offenbarung dieses aufgehoben wird ins definitive Verstehen
hinein. So wird die Schuld von "Sein und Zeit" zunächst
zur Fraglichkeit, die auf Gottes Macht, die den Menschen
heilen kann, hinweist, welche selbst erst wiederum die
Fraglichkeit erschließt. Die "vorläufige Schuld" hat ihr
Sein im Noch-nicht-entschieden-sein des Menschen gegenüber der angebotenen Liebe Gottes. Diese Schuld ist daher
gekennzeichnet durch einen Schwebezustand, in dem der
Mensch zwar aus der Verfügbarkeit lebt, aber sich noch
nicht definitiv entschieden hat, aus sich selbst zu existieren. Hier kommt nicht nur der eine Aspekt der interpretierten Schuld von "Sein und Zeit", das Seiner-selbst-
nicht-mächtig-sein, zu Wort, sondern auch der andere
Aspekt, daß Dasein zwischen verschiedenen Möglichkeiten
auswählen muß und daher immer die existenziale Schuld
vollzieht, eine Möglichkeit nicht gewählt zu haben. Auch
dieser Aspekt wird von der Offenbarung her gedeutet.
Endgültige Schuld besteht bei Bultmann im Sich-verschließen gegen die angebotene Möglichkeit der Offenbarung.
Schuld wird damit zur Ohnmacht des Menschen, die nur heil
werden kann aus der Zukunft Gottes. Sie kann nur erkannt
werden aus dem Ruf dieser Zukunft Gottes in der Offenbarung als dem Gewissen der Menschen. Der Ruf der Offenbarung wird so zum Anruf an den Menschen, sich aus der
Offenbarung zu verstehen. Die Schuld der Welt ist so das
Nicht-hören-wollen der Offenbarung dessen, was der Mensch
immer schon ist: ein Sein, das nur aus Gottes Zukunft

---

1) GV II 6
2) Bultmann, Rudolf: Theologie des Neuen Testaments, S.
   372.

heil werden kann. " ... wird an die Schuld der Welt erinnert: obwohl der Vater den Sohn vor der Grundlegung der
Welt liebte, d.h. obwohl die Welt selbst ihren Ursprung
in der Liebe Gottes hat und deshalb die Möglichkeit der
Offenbarung von jeher gegeben war - hat die Welt Gott
nicht erkannt."[1]

Damit ist zugleich die Unverfügbarkeit des Menschen über
sich selbst ausgesagt. Nur aus der Beziehung und nur in
ihr kann er sein Sein gewinnen. Solcherweise steht der
Mensch unter der "Macht" Gottes und kann nicht von ihr
absehen, wenn er nicht sein beziehungsmäßiges Sein ver-
fehlen will. So aber ist Gott nur in der Begegnung und
nicht objektiv verfügbar. "Die Unzugänglichkeit Gottes
bedeutet Gottes Unverfügbarkeit für den Menschen. Das
heißt aber nicht die zufällige Unverfügbarkeit eines
unerreichbaren Seienden; sondern es bedeutet in Einem die
Unverfügbarkeit des Menschen über sich selbst."[2]

Das "schuldig" besteht also im Nicht-seiner-selbst-mäch-
tig-sein im Sinne des Beziehungsseins, das in der definitiven Entscheidung gegen die Offenbarung zur Sünde wird.
Es ist gekoppelt mit der Unverfügbarkeit Gottes. Denn der
Mensch kann sich allein aus der Zukunft der Offenbarung
gewinnen. Er steht immer schon in ihrem An-spruch. Gott
ist somit nie als verfügbares Objekt zu sehen, sondern
der Mensch ist auf das Beschenktwerden verwiesen. Er kann
sein Sein nicht aus sich selbst gewinnen, sondern es wird
ihm in der Beziehung geschenkt.

---

1) JK 400
2) JK 55

9.3.2.5 Die Entschlossenheit

Wie deutet Bultmann die Entschlossenheit als " ... das
verschwiegene, angstbereite Sichentwerfen auf das eigenste Schuldigsein"[1])? Die Einzelmomente der Entschlossenheit, die Verschwiegenheit als die Einsamkeit, die den
Menschen vor sich selbst stellt und der Ruf des Gewissens
als das "schuldig" wurden bereits in der Verwendung Bultmanns aufgezeigt. Uns geht es nun vor allem um ein Spezifikum der Entschlossenheit, nämlich die Selbstwahl des
Menschen, in der er sich neu verstehen kann. Dieses Spezifikum hängt eng mit dem zusammen, was Bultmann Selbstverständnis nennt, "des Selbstverständnisses, das ja
nicht das Orientiertsein über das Ich als ein neutrales
Phänomen ist, sondern wissende Wahl seiner selbst, die
allem einzelnen Verhalten zugrunde liegt."[2]) Diese
Selbstwahl geschieht so, daß die Zukunft Gottes die Gewesenheit der Existenz im Gewissensruf erschließt. Sie
zeitigt so den Augenblick, in dem der Mensch in der Entscheidung sein Sein neu wählt. "Der Glaube ... ist als
gehörsames Hören des Wortes - des Wortes nämlich, daß ich
ein Sünder bin, und daß Gott mir in Christus die Sünden
vergibt - freie Tat der Entscheidung."[3]) Die Entscheidung
des Menschen wird durch die Zukunft möglich. Sie geschieht so, daß der Mensch auf sich zurückkommt. Der
Entschluß ist bei Bultmann als Selbstwahl aus der Zukunft
Gottes gedeutet, in der der Mensch sein Sein gewinnt oder
verliert. Das Kriterium des Glaubens ist gleichursprünglich in der Zukunft Gottes und der Selbstwahl des Menschen zu sehen. Der Mensch erschließt sich der geschenkten Möglichkeit, indem er sich als Offenbarung-hören-wol-
len wählt. Die Bezugnahme als in der Zukunft Gottes geschenkte ist jedoch das Entscheidende.

---

1) Sein und Zeit, S. 296 f.
2) JK 27
3) GV I 101

Von Heideggers Analysen her ist verständlich, daß die
Entschlossenheit als Selbstwahl jeweils aus der Situation
erwächst, in der das Sein der Existenz auf dem Spiel
steht. "Es (das Wort Petri: Du hast Worte ewigen Lebens)
zeigt damit den Charakter echten Bekenntnisses, insofern
es 1. aus der Situation erwächst und deshalb nicht allgemeine Zustimmung zu einer Lehre, sondern Tat der Entscheidung ist, und insofern es 2. die Antwort auf die
durch die Offenbarung gestellte Frage, nicht Ergebnis der
Spekulation ist."[1] Die Entschlossenheit ist nur im Entschluß selbst gegenwärtig und vollzieht so die Wahl des
eigenen Seins.

Die Entschlossenheit ist zwar existenzial bestimmt, jedoch existenziell nur aus der jeweiligen Situation be-
stimmbar. "Der Glaube ist also in Einem die entschlossene
Entscheidung für das gehörte Wort und die Entschlossenheit, die alle möglichen zukünftigen Entscheidungen des
Lebens in der Zeit schon ergriffen hat. Der Glaube ist
also als isoliertes Phänomen gar nicht sichtbar, weder
für die eigene Reflexion, noch für den Blick eines anderen Menschen. Er ist nur wirklich in der das Leben tra-
genden Entschlossenheit; und da diese Entschlossenheit
des Glaubenden in der Entscheidung für das Wort gründet,
ist der Glaube seiner selbst nur in dem Sinne sicher, daß
er sich das Wofür seiner Entscheidung gegenwärtig hält,
also im Blick auf das Wort."[2] Es ist das "Woraufhin" des
Entschlusses, das bei Bultmann das Spezifikum ausmacht:
das Wort der Offenbarung, die Zukunft Gottes in Jesus
Christus. Entschlossenheit ist so aber, wie in "Sein und
Zeit" auch, niemals ohne den konkreten Entschluß; Existenz vollzieht sich ontisch. Das durch den Augenblick
der Entscheidung Erschlossene, die Situation, wird zur

---

1) JK 343
2) JK 421

Zukunft Gottes hin erschlossen. Der Mensch qualifiziert
die Situation durch das Vorlaufen in die Zukunft der
eschatologischen Möglichkeit. Dies geschieht im konkreten
Entschluß der Selbstwahl.
"Sie (Glaube, Hoffnung, Liebe) sind Weisen der Vorläufigkeit in dem radikalen Sinne, daß sie in der währenden
Zeitlichkeit jeweils zum ἔσχατον als ihrem Nicht-mehr
vorlaufen und von ihm her den jeweiligen Augenblick als
Vorläufigkeit qualifizieren."[1] Das Vorlaufen ist Entschluß und nur wirklich als Selbstwahl, sich aus der
Zukunft Gottes zu verstehen. Dem "Vorlaufen" und der
Gleichzeitigkeit des Augenblicks entspricht als Antwort
die Konzeption der indirekten Offenbarung im Zusammen der
Zukunft Gottes und der Zukunft der Zeitlichkeit, wie sie
noch dargestellt werden wird.

"Die Frage nach der ὁδός wird alsbald zurückgebogen zur
Frage nach der gegenwärtigen Gemeinschaft mit dem Offenbarer, sodaß die Sorge, in die der Glaubende gestellt
wird, nicht die Sorge um die verheißene jenseitige Zukunft ist, sondern die Sorge um die glaubende Existenz in
der Welt."[2] Die Entschlossenheit bringt den Menschen
erst in die Situation, die das Man nicht kennt, da es im
Grunde seines Seins unentschlossen ist.
Das Sich-verstehen als Entscheidung aus der Zukunft Gottes läuft in dieselbe vor, wodurch diese Zukunft das Sein
des Menschen existenziell als "schuldiges" erschließt.
"So vergessen und überspringen sie (GLaube, Hoffnung,
Liebe) nicht die Endlichkeit des Augenblicks, sondern
stiften sie gerade im Hinblick auf das Jenseits allen
Augenblicks."[3]

---

1) Bultmann, Rudolf (Hg. Dinkler): Der zweite Brief an
   die Korinther. Göttingen 1976, S. 143.
2) JK 465
3) Bultmann, Rudolf (Hg. Dinkler): Der zweite Brief an
   die Korinther, S. 143.

Indem der Mensch entschlossen existiert, erkennt er, daß
sein Sein zugleich in Wahrheit und Unwahrheit ist. "Denn
der Glaubende wäre der Verzweiflung preisgegeben, wenn er
sein jeweiliges Bekenntnis als in dem Sinne definitiv
verstehen müßte, daß es, wenn er es je verleugnet hat,
nicht wieder erneut werden könnte. Er soll gerade wissen,
daß sein 'ich glaube' von dem 'hilf meinem Unglauben' ...
begleitet sein muß ... ."[1]

9.3.2.6 Zusammenfassung

Es werden folgende Existenzialien interpretiert:

(1) Durch das In-Frage-gestellt-sein des Menschen durch
    die Offenbarung, die Fraglichkeit, wird das Sein zum
    Tode gedeutet.

(2) Der Sinn von Offenbarung ist das Existieren als
    diese Fraglichkeit im Vorlaufen in die gewesene
    Existenzmöglichkeit Jesu, die eigentliche, eschato-
    logische Möglichkeit erschließt. Jesus und der je-
    weilige Glaubende existieren als "Sein zum Tode",
    d.h. um willen der Zukunft Gottes. Sie gewinnen ihr
    Sein aus dieser Möglichkeit. Das Sein zum Tode wird
    von der Fraglichkeit her in der Zukunft Gottes zur
    Preisfrage des Gläubigen. Damit ist der Glaube als
    Nachfolge Jesu in das Vorlaufen in die eschatologi-
    sche Möglichkeit verwiesen. Dadurch werden alle an-
    deren Möglichkeiten der Existenz erst als eigentli-
    che qualifiziert.

(3) Die Angst vor sich und um sich selbst findet sich
    bei Bultmann gedeutet vor allem in den Begriffen

---

1) JK 457

λύπη und ταραχή. Die Angst erschließt die Eigentlichkeit menschlichen Daseins, indem sie den Menschen
vereinsamt. Sie stellt ihn vor die Offenbarung und
damit in die Entscheidung, das Sein aus der Zukunft
Gottes gewinnen zu können. Das Menschsein wird so radikal fraglich. Nur aus der Zukunft kann sich der
Mensch gewinnen.

(4) Das Gewissen ist für Bultmann Ruf der zukommenden Offenbarung, der erst im Hörenwollen eigentlich "da"
ist.

(5) Dieser Ruf, der als Voraussetzung die Fraglichkeit
des Menschen hat, ruft das Dasein aus dem Man heraus
auf sein Schuldigsein. Als Beziehungssein kann der
Mensch nicht aus sich selbst sein, sondern nur auf
Offenbarung hin, in der er heil werden kann.

(6) Der Ruf der Offenbarung wird beantwortet in der
Selbstwahl des Menschen, insofern er ständig für die
Zukunft Gottes frei ist.

(7) Diese Selbstwahl als die Entschlossenheit des Existierens ist grundlegend "existenzial" bestimmt, aber
nur je existenziell aus der Situation zu gewinnen.
Solcherweise ist auch die Entschluß- und Situations-
konzeption von "Sein und Zeit" im besagten Horizont zu
verstehen.

Im "Sein zum Tode" in der Fraglichkeit des Menschen ist
einerseits die Frage nach der Offenbarung aufgeworfen,
andererseits aber diese Frage nicht beantwortet. Die
Antwort kann nur in der Beziehung geschenkt werden. Der
Mensch ist nicht aus sich selbst. Damit er heil wird, muß
er sein Sein geschenkt erhalten. Es ist die Absicht Bultmanns als Theologe, dies deutlich zu machen, und zwar aus
dem Sein des Menschen als Beziehungssein. Das Sein zum

Tode erscheint ihm wertvoll, weil es das Beschenktsein
dem Vorverstehen nach verständlich machen kann. Der Sinn
von Offenbarung für den Menschen besteht so im Vorlaufen
in die Existenzmöglichkeit Jesu, die die exemplarische
Existenzmöglichkeit ist. Denn sie vollzieht selbst die
Antwort, die Offenbarung ist. Das "Sein zum Tode" ist für
Jesus völlig aus der Zukunft Gottes. Die Fraglichkeit ist
in Jesus Christus - in der Preisgabe der menschlichen
Maßstäbe - ganz in der Liebe Gottes aufgehoben. Jesus ist
der Sterbende schlechthin. Erst als Fraglichkeit vermag
der Mensch auf die Zukunft Gottes hin zu existieren. Die
Angst erschließt diese Fraglichkeit. Sie ist eine auf die
Zukunft Gottes hin übersetzte Befindlichkeit. Die Angst
vereinzelt den Menschen radikal auf sich selbst, indem
sie ihn vor die eschatologische Möglichkeit stellt, vor
die Zukunft Gottes selbst, und damit vor die Entscheidung, sein Sein in der Selbstwahl zu gewinnen oder zu
verlieren.

So wird das Gewissen gedeutet als Ruf der Offenbarung,
der den Menschen aus dem Man herausruft und ihn sich
selbst neu verstehen läßt, sei es nun für oder gegen die
Offenbarung. Das Sein des Menschen wird von der Zukunft
radikal erschlossen. Der Mensch wird seiner "Schuld"
inne; er kann selbst nicht Antwort sein. Der Mensch ist
nicht der Grund seiner Existenz, sondern existiert nur
als der Grund, daß er zu sein hat. Gerade hier sieht
Bultmann bei Heidegger, zusammen mit dem Sein zum Tode,
den Anknüpfungspunkt für seine Theologie, von Offenbarung
und dem Handeln Gottes sinnvoll sprechen zu können. Heidegger sieht nämlich die Ohnmacht, die Fraglichkeit des
Daseins, die für Bultmann nur in der existenziellen Begegnung mit Gott aufgehoben werden kann. Gleichzeitig
wird damit klar, warum der Mensch einerseits auf Antwort
verwiesen ist und warum er sie andererseits überhaupt
verstehen kann.

Dem Ruf entspricht auch das Rufverstehen als Gewissen-haben-wollen: Offenbarung ist nur für den Glaubenden. Der
Glaube bezeugt sich selbst im Hören auf die Zukunft Gottes. So aber nimmt der Mensch seine "Schuld" auf sich,
nicht aus sich selbst sein zu können, indem er sich der
Liebe Gottes preisgibt und diese allein hören will. Das
Hören aber vollzieht sich als die Wahl des Selbst so, daß
die Zukunft Gottes die "Vergangenheit" des Menschen qualifiziert und diese in der Entscheidung des Augenblicks
neu wird. Denn der Mensch ist Existenz, Sein, das sich je
neu bevorsteht und das sich nur aus dem Entschluß heraus
gewinnen kann.

9.4. Dasein als Zeitlichkeit

9.4.1. Die Zeitlichkeit in "Sein und Zeit"

Im vorigen Kapitel wurde die Analyse auch der Eigentlichkeit mitgeteilt. Nachdem dadurch das ganze Dasein in den
Blick gekommen ist, kann die Frage nach der existenzialen
Struktur gestellt werden, die auch das bisher grundlegende Existenzial der Sorge fundiert.

9.4.1.1 Die Zeitlichkeit von der Sorge her

"Der ursprüngliche ontologische Grund der Existenzialität
des Daseins aber ist die Zeitlichkeit. Die gegliederte
Strukturganzheit des Seins des Daseins als Sorge wird
erst aus ihr existenzial verständlich."[1)]

Der Sinn der Sorge als des Existenzials, das die Einheit
von Existenzialität, Faktizität und Verfallen ermöglicht,

---

1) Sein und Zeit, S.234.

ist die Zeitlichkeit. "Zeitlichkeit enthüllt sich als der Sinn der eigentlichen Sorge."[1] Warum aber zielt Heidegger überhaupt auf solches ab? Was trägt es bei für die Frage nach dem Sinn von Sein?

Wir sahen, daß Dasein ontologisch ist, d.h. daß es, indem es ist, seinsverstehend ist. Sinn bedeutet, wie schon expliziert wurde, das Woraufhin des Entwurfs, letztlich aber ist Sinn "das Woraufhin des primären Entwurfs des Verstehens von Sein."[2]. Was bedeuten diese beiden Aussagen? Indem der Sinn des Seins des Daseins gehoben wird, d.h. das Woraufhin des existenzialen Entwurfs dieses Seienden expliziert wird, wird, weil Dasein seinsverstehendes ist, die Bedingung der Möglichkeit, Sein zu verstehen, ans Licht kommen. Dadurch wird der Sinn, die Bedingung der Möglichkeit des Seinsverstehens, expliziert, der, da Dasein In-der-Welt-sein ist, allem Sein der Seienden das Woraufhin gibt.

Wenden wir uns nun der Zeitlichkeit selbst zu. "Was" ist Zeitlichkeit? Zunächst ist vorbeugend zu sagen, daß die Frage nach dem Was eigentlich zu den Fragen nach den Kategorien zählt, die die Seinscharaktere nichtdaseinsmäßiger Seiender anzeigen. Dasein aber ist ein Seiendes, dessen Seinscharakter die Existenz ist, sein Da zu sein. "Was" aber ermöglicht dieses Sein und ist dessen Bedingung? "Was" ist überhaupt die Bedingung der Möglichkeit, Sein zu verstehen?

Wenden wir uns zunächst der Herleitung der Zeitlichkeit aus der Sorgestruktur zu, die eigentlich eine Rückleitung ist. Die Zeitlichkeit ist das Phänomen, das eins ist "als

---

1) Sein und Zeit, S.326.
2) ebd., S.324.

gewesend-gegenwärtigende Zukunft"[1]. Was bedeutet dies innerhalb der Sorgestruktur?

"Das Sich-vorweg gründet in der Zukunft."[2] Das Sich-vorweg-sein kann nur sein, weil Dasein es selbst erst ist als auf sich zurückkommendes. Denn das Sich-vorweg-sein ist nur möglich, indem Dasein auf sich zurückkommt bzw. sich zu-kommt. Dieses Phänomen des Auf-sich-selbst-zurückkommens ist die Zukunft der Zeitlichkeit. So ist die Zu-kunft "die Kunft, in der das Dasein in seinem eigensten Seinkönnen auf sich zukommt."[3]

Die Zu-kunft, die nicht als etwas noch Ausstehendes gesehen werden darf, was Dasein zum Vorhandenen machen würde, erschließt die Gewesenheit. Indem Dasein auf sich zurückkommt, erschließt es seine Faktizität, daß es ist, "wie es je schon war".[4] Dasein _ist_ als zukünftiges sein Gewesensein. Es ermöglicht die Zukunft dieses Gewesensein allererst, da sie das Zurückkommen des Daseins auf sich selbst ist.

Das Gewesensein äußert sich in der Sorge im Schon-sein-in-der-Welt. Die ersten beiden Ekstasen der Zeitlichkeit nun, Zukunft und Gewesenheit, ermöglichen das Gegenwärtigen des innerweltlich begegnenden Seienden. Das Gegenwärtigen darf nicht als Gegenwart im landläufigen Sinne verstanden werden. Das Gegenwärtigen wird erst durch das zukünftige Gewesensein erschlossen, welches "beides" die Sicht ursprünglich frei gibt auf das innerweltlich begegnende Seiende. So ist der Satz expliziert: "Dies derge-

---

1) Sein und Zeit, S.326.
2) ebd., S.327.
3) ebd., S.325.
4) ebd., S.325.

stalt als gewesend-gegenwärtigende Zukunft einheitliche Phänomen nennen wir die Zeitlichkeit."[1]

Es erscheint sinnvoll, die Zeitlichkeit anhand dieser Hinweise zu verdeutlichen. Erst so wird nämlich die Anwendung auf die Sorgestruktur verständlich, wie Heidegger sie zusammenfassend gibt: "Das Sich-vorweg gründet in der Zukunft. Das Schon-sein-in... bekundet in sich die Gewesenheit. Das Sein bei ... wird ermöglicht im Gegenwärtigen."[2] Diese Titel sind durchweg ontologisch zu verstehen. Von ihnen muß deshalb jeder landläufige Sinn von Zeit, die sich in Zukunft, Vergangenheit und Gegenwart "aufspaltet", welches Aufspalten in "Sein und Zeit" eigens behandelt wird, ferngehalten werden.

9.4.1.2. Das Entwerfen und die Zeitlichkeit

Gehen wir noch etwas genauer auf die Zeitigungsweisen der Zeitlichkeit ein. Die Sinnstruktur des Daseins, zu allererst das Sich-vorweg, gründet in der Zukunft. Erst indem Dasein auf sich zurückkommendes im Entwerfen ist, wird die Sinnstruktur voll erfaßt. So allein ist das Beziehungssein, im Vorrang der Zukunft, überhaupt möglich. "Das" 'vor' und 'vorweg' zeigt die Zukunft an, als welche sie überhaupt erst ermöglicht, daß Dasein so sein kann, daß es ihm um sein Seinkönnen geht. Das in der Zukunft gründende Sichentwerfen auf das 'Umwillen seiner selbst' ist ein Wesenscharakter der Existenzialität. Ihr primärer Sinn ist die Zukunft."[3] Das Woraufhin, aus dem Dasein als solches verständlich ist, ist zuerst eine bestimmte Zeitigung der Zeitlichkeit, nämlich die Zukunft. In

---

1) Sein und Zeit, S.326.
2) ebd., S.327.
3) ebd., S.327.

dieser ist Dasein, auf sich zurückkommend, sein Gewesensein und damit das Gegenwärtigen als aus beiden Zeitigungsweisen entspringendes. Aus der Zukunft muß sich
schließlich die Bedingung der Möglichkeit gewinnen lassen, so "etwas" wie Sein verstehen zu können, und zwar
insofern, als das Sein in die Verständlichkeit des Daseins hereinragt. "Demnach (nach der Entdeckung des Sinns
des Seins des Daseins als der Zeitlichkeit) muß eine
ursprüngliche Zeitigungsweise der ekstatischen Zeitlichkeit selbst den ekstatischen Entwurf von Sein überhaupt
ermöglichen."[1]

9.4.1.3. Die Faktizität und das Gewesensein

Wenden wir uns nun der zweiten Zeitigungsweise der Zeitlichkeit zu, die allerdings in der Zukunft ihre Bedingung
findet, der Gewesenheit. Denn die Zukunft erschließt das:
ich bin gewesen. Dies besagt zweierlei. Zuerst: Dasein
wird sich als geworfenes bewußt, das immer schon in bestimmten Möglichkeiten existiert. Zweitens besagt dies,
daß diese Möglichkeiten nicht irgendwie in der Vergangenheit liegen und abgetan sind, sondern daß Dasein sie ist.
Nur so ist es möglich, daß die Sorge Dasein immer schon
in der Welt sein läßt, ist die Geworfenheit des Daseins
in bestimmte Möglichkeiten überhaupt denkbar. Dasein ist
Gewesenheit und damit nicht vergangen im Sinne eines
Vorhandenen, das einfach nicht mehr ist. Was oben schon
ausgewiesen wurde, daß sich die Faktizität der Sorge in
der Gewesenheit begründet, wird von Heidegger eigens
expliziert: "Der primäre existenziale Sinn der Faktizität
liegt in der Gewesenheit."[2]

---

1) Sein und Zeit, S.437.
2) ebd., S.328.

Das Gegenwärtigen ist, entgegen den beiden anderen Zeitigungsweisen der Zeitlichkeit, keine eigene Zeitigungsweise, sondern entspringt aus den beiden anderen. Jedoch
bleibt es unbenommen, das Verfallen, die dritte Einzel-
struktur der Sorge, zuerst im Gegenwärtigen begründet zu
sehen, wenn auch das Gegenwärtigen der eigentlichen Existenz zukommt. Dies holt sich aus dem Verfallen in das
eigentliche Seinkönnen zurück, um so für die erschlossene
Situation im Augenblick offen zu sein. Dennoch aber
bleibt die existenziale Struktur des Gegenwärtigens auch
im Verfallen gewahrt.

So kann der Schluß gezogen werden, der oben schon vorweg-
genommen wurde: "Die Zeitlichkeit ermöglicht die Einheit
von Existenz, Faktizität und Verfallen und konstituiert
so ursprünglich die Ganzheit der Sorgestruktur."[1] Nach
dieser Herleitung, die vielmehr eine Rückleitung in das
Sein des Daseins darstellt, wendet sich Heidegger der
Zeitlichkeit selbst zu.

Wir sahen also, daß die Zeitlichkeit in drei Zeitigungsweisen ist. Sie ist daher nie so zu verstehen, als ob sie
ein zugrunde liegendes Seiendes, eine vorkommende Substanz wäre.

9.4.1.4 Zeitlichkeit als Ekstase

Die Zeitlichkeit zeitigt sich und ist nur im Zeitigen
ihrer selbst. Sie ist ganz in jeder Zeitungsweise, als da
sind Zukunft, Gewesenheit und Gegenwärtigen. "Zeitlichkeit zeitigt und zwar mögliche Weisen ihrer selbst. Diese
ermöglichen die Mannigfaltigkeit der Seinsmodi des Daseins, vor allem die Grundmöglichkeit der eigentlichen

---

1) Sein und Zeit, S.328.

und uneigentlichen Existenz."[1] Damit ist die Zeitlichkeit als das Grundexistenzial des Daseins ausgewiesen.[2]

---

1) ebda., S.328.
2) Die Zeitlichkeit ist das wohl umstrittenste Existenzial in der Literatur zu "Sein und Zeit". Folgende
   Thesen sind hier zunächst auszugsweise wiederzugeben,
   insofern sie "konsensfähig" sind: "Diese Bestimmung
   des Seins des Menschen als Zeitlichkeit stellt zugleich eine radikale Absage an jene Tradition dar, die
   den Menschen im Ausgang von einem Bleibenden oder
   überzeitlich Unendlichen, sei es als Person oder Subjekt, Geist- oder Vernunftwesen, bestimmte und damit
   seiner Endlichkeit nicht gerecht wurde." (Zimmermann,
   Franz: Einführung in die Existenzphilosophie. Darmstadt 1977, S.103)
   "Zukunft, Vergangenheit und Gegenwart sind für die
   innere Zeitlichkeit nicht mehr Teile eines und desselben zeitlichen Kontinuums, sondern die drei Richtungen, in denen sich das zeitliche Verhalten des Menschen ausstreckt und aus denen zusammen sich der gegenwärtige Augenblick konstituiert." (Bollnow, Otto
   Friedrich: Existenzphilosophie. Stuttgart, 5.Auflage
   1955, S.106)
   Franzen (Franzen, Winfried: Von der Existenzialontologie zur Seinsgeschichte. Meisenheim am Glan 1975)
   spart dagegen nicht mit Kritik an der Konzeption der
   Zeitlichkeit durch Heidegger: "Was in SuZ 'Zeitlichkeit' genannt wird, erweist sich bei näherem Hinsehen
   als eine weitgehend bloß konstruierte, mit einer gewissen Dialektik ausgestattete Dreierstruktur, deren
   Stellen nicht durch wirkliche Zeitphänomene, sondern
   durch die Hauptmomente eines seinerseits auf Minimal-
   inhalte reduzierten Ideals eigentlicher Existenz be-
   setzt sind." (Franzen, S.48f.) Man vergleiche dazu,
   was das Existenzideal angeht, Kap. 11. Auf den Zusammenhang der Zeitlichkeit mit dem Gedanken des Horizontes als der Endlichkeit weist Möller (Möller, Joseph:
   Existenzialphilosophie und katholische Theologie. Baden-Baden 1952) hin: "Die Zeitigung besagt in sich
   stets die Bildung eines nichtigen Horizontes. Dieser
   Horizont muß sich in jeder Ekstase der Zeitlichkeit
   bilden. In der Zukunft zeigt er sich als ein Umwillen
   seiner, insofern Dasein als Verstehen Entwurf seiner
   selbst auf sich als Nichtiges besagt. Er tut sich in
   der Gewesenheit als ein Wovor kund, indem die Befindlichkeit als Angst sich vor dem eigenen Nichtsein
   ängstigt. Der Horizont ist in der Gegenwart ein Um-zu,
   insofern Dasein gegenwärtigend ist, d.h. Welt begegnen
   läßt. Ebenso wie sich nun die Zeitlichkeit in den
   Ekstasen zeitigt, zeitigt sich damit auch der Horizont
   in einer Einheit. Diese Einheit aber als Umwillen,
   Wovor und Wozu ist der sich zeitigende nichtige Hori-

Als sich zeitigende, d.h. als das Sein des Daseins voll-
ziehende, der keine Substanz zugrunde liegt, ist die
Zeitlichkeit das, was "außer sich" ist, aber dabei gerade
"an und für sich": "Zeitlichkeit ist das ursprüngliche
'Außer sich' an und für sich selbst".[1] Denn die Zeitlichkeit geht aus sich selbst hervor und kehrt wieder zu
sich zurück, um Dasein als Gewesenheit zu erschließen und
so das Begegnende auf sich zukommen zu lassen. Zeitlichkeit ist "das ἐκστατικόν schlechthin"[2], also das aus
sich selbst herausgehende und zu sich selbst zurückkeh-
rende. Deshalb nennt Heidegger die Zeitigungsweisen der
Zeitlichkeit die "Ekstasen der Zeitlichkeit"[3]. Die
Zeitlichkeit ist eine in den Ekstasen ihrer selbst, und
zwar als Zeitigung, d.h. sie ist nur, indem sie die Ekstasen zeitigt, und zwar gleichursprünglich. Dennoch ist
die Zukunft die primäre Zeitigungsweise, da nur sie Gewesenheit und Gegenwärtigen erschließen kann, indem sie
Dasein auf sich zurückkommen läßt. "Das primäre Phänomen
der ursprünglichen und eigentlichen Zeitlichkeit ist die

---

zont der Welt, der als solcher die Zeitigung der Zeit
und damit das Sein des Daseins innerlich bestimmt. Die
existenzial-zeitliche Bedingung der Möglichkeit der
Welt liegt demnach darin, daß die Zeitlichkeit als
ekstatische so etwas wie einen Horizont hat. Damit
zeitigt sich Dasein immer als In-der-Welt-sein, und
insofern Dasein ist (d.h. sich zeitigt), ist auch eine
Welt." (Möller, S.87)
Den Vorrang der Möglichkeit innerhalb der Zeitlichkeit
stellt Müller-Lauter heraus (Müller-Lauter, Wolfgang:
Möglichkeit und Wirklichkeit bei Martin Heidegger.
Berlin 1960): "Auf der Basis des Vorranges der Möglichkeit, die alle diese Analysen trägt, arbeitet
Heidegger schließlich den Vorrang der Zukunft in der
'ursprünglichen Zeit', der eigentlichen Zeitlichkeit
des Daseins, heraus." (Müller-Lauter, S. 1) "Innerhalb
dieser Strukturganzheit (der Zeitlichkeit) kommt dem
Sich-vorweg, dem verstehenden Entwerfen auf Möglichkeiten, ein Vorrang vor den anderen Momenten zu."
(Müller-Lauter, S.15)
1) Sein und Zeit, S.329.
2) ebd., S.329.
3) ebd., S.329.

Zukunft."[1] Auf diesem Sachverhalt, der eine Seinsweise
des Daseins ist, beruht jenes Phänomen, das unter dem
Titel Sein zum Tode zu explizieren war.

9.4.1.5 Die Endlichkeit des Daseins und die Zeitlichkeit

Das Sein zum Tode[2] ist das Sein zur letzten, unüberbiet-
baren, unüberholbaren Möglichkeit des Daseins, nicht mehr
zu sein, der Unmöglichkeit des Daseins, sein zu können.
Damit ist klar, daß Dasein nicht endlich ist, weil es
zufällig einmal eine Ende in der Zeit hat, sondern weil
es als endliches existiert. Dasein stirbt immer schon, es
verhält sich zur letzten Möglichkeit seiner selbst, nicht
mehr zu sein. Dies ist möglich auf dem Grunde der primären Zeitigungsweise der Zeitlichkeit, der Zukunft, die
Dasein im eigentlichen Modus als Sein zum Tode erschließt, indem sie das Endlichsein des Daseins ist.
Dasein ist endliches, weil die Zeitlichkeit sich primär
in der Ekstase der Zukunft bewegt, die Dasein in seinem
Möglichsein, das durch das Entwerfen gezeitigt wird, auf
sich zurückkommen läßt. Durch dieses Zurückkommen wird
die Möglichkeit der absoluten Unmöglichkeit des Daseins
diesem selbst erschlossen, Dasein ist als Zukunft Sein
zum Tode. Damit ist die Zeitlichkeit an sich endlich[3].

---

1) Sein und Zeit, S.329.
2) Eine Zusammenfassung des Phänomens Sein zum Tode gibt
   Demske (Demske, James, M.: Sein, Mensch und Tod. München 1963): "Der ontologische Sinn des Seins zum Tode
   ist die Zeitlichkeit. Der Drei-dimensionalität der
   Zeitlichkeit entspricht eine Dreiheit in der Struktur
   der vorlaufenden Entschlossenheit: Vorlaufen in den
   Tod, Entschlossenheit zur eigenen Schuld, Vorrauf in
   die Situation. Die Geschichtlichkeit des Daseins besteht darin, daß es als zeitliches gebürtiges Sein zum
   Tode existiert." (Demske, S.74).
3) Zur Problematik der Endlichkeit sind folgende Äußerungen anzuführen:
   "Die Zukunft ist geschlossen, insofern der äußerste
   Horizont, den sie für das Entwerfen freigibt, das Sein

Durch die Zukunft ist die Nichtigkeit des Daseins erschlossen. Dies bekundet sich in der uneigentlichen
Seinsweise des Daseins darin, daß dieses Dasein sagt, die
Zeit vergehe und nicht einfach von einem bloßen Weiterge-
hen der Zeit spricht.

Heidegger faßt zusammen: "Der ekstatische Charakter der
ursprünglichen Zukunft liegt gerade darin, daß sie das
Seinkönnen schließt, das heißt selbst geschlossen ist und
als solche das entschlossene existenzielle Verstehen der
Nichtigkeit ermöglicht. Das ursprüngliche und eigentliche
Auf-sich-zukommen ist der Sinn des Existierens in der
eigensten Nichtigkeit."[1] Damit ist das Verständnis des
Philosophen bezüglich des Seins des Daseins, der im Ontologischen vorgezeichnet ist, klar umrissen. Er besteht in
der freien Übernahme des eigenen Daseins als Wahl des
eigensten Seinkönnens. Dies kann nur sein im entschlossenen Blick auf die ureigenste Möglichkeit des Daseins,
nämlich nicht mehr sein zu können, also im Sein zum Tode.
Damit bestätigt sich die Auffassung, die Heidegger in
seiner Schrift "Phänomenologie und Theologie" geäußert
hat bezüglich des Verhältnisses der Lebensformen des

---

zum Ende des Daseins ist. Das heißt aber dann: die
Zukunft ist selbst endlich." (Müller-Lauter, Wolfgang:
Möglichkeit und Wirklichkeit bei Martin Heidegger.
Berlin 1960, S.31)
Schulz (Schulz, Walter: Philosophie in der veränderten
Welt. Pfullingen 1972) versucht, die Endlichkeit in
der Existenzphilosophie insgesamt einzuordnen: "Dieser
Wende zur sich sorgenden Existenz entsprechen die
anderen berühmt gewordenen Entdeckungen der Existenz-
philosophie: das Lebensgefühl des Pessimismus, das im
Gegensatz zum idealistischen Optimismus steht, die
Meinung, daß das Leben weitgehend zufällig, unvernünf-
tig, wenn nicht gar sinnlos sei und schließlich das
Gefühl der Geworfenheit und der Weltangst. Alle diese
Tendenzen der Existenzphilosophie lassen sich dahingehend zusammenfassen, daß der Mensch wesenhaft als
endlich bestimmt wird." (Schulz, S.273)
1) Sein und Zeit, S.330.

Philosophen und des Gläubigen. Er bezeichnete es als
Todfeindschaft. Die Philosophie übernimmt sich in ihrer
Nichtigkeit selbst und versteht sich aus sich selbst,
während der Gläubige sich aus Gott versteht, der in Jesus
Christus offenbar ist. Dennoch hält Heidegger daran fest,
daß die ontischen Begriffe ein ontologisches Fundament
haben, das in der Zeitlichkeit ausgewiesen wird.

"Sein und Zeit" hält die unendliche Zeit, die auch noch
sein wird, wenn das je einzelne Dasein nicht mehr ist,
für ein Derivat der endlichen Zeit des Daseins, der eigentlichen Zeitlichkeit. "Nur weil die ursprüngliche Zeit
endlich ist, kann sich die 'abgeleitete' als un-endliche
zeitigen."[1] Die unendliche Zeit ist eine Hervorbringung
der uneigentlichen Weise des Daseins zu sein, die sich in
der Alltäglichkeit und der Herrschaft des Man konkretisiert. Zeit, sei sie nun eigentlich oder uneigentlich
gedacht, wird begriffen als Zeitigung der Zeitlichkeit,
ohne die sie nicht wäre, was sie ist, und dies selbst im
uneigentlichen Dasein.

Heidegger faßt das bezüglich der Zeitlichkeit Erarbeitete
in vier Thesen zusammen:

"Zeit ist ursprünglich als Zeitigung der Zeitlichkeit,
als welche sie die Konstitution der Sorgestruktur ermöglicht. Die Zeitlichkeit ist wesenhaft ekstatisch. Zeitlichkeit zeitigt sich ursprünglich aus der Zukunft. Die
ursprüngliche Zeit ist endlich."[2]

---

1) Sein und Zeit, S.331.
2) ebd., S.331.

9.4.1.6 Zeitlichkeit und Geschichtlichkeit

Mit der Zeitlichkeit grundlegend verbunden ist das Phänomen der Geschichtlichkeit, die das Zwischen (Geburt und
Tod) des Daseins ausmacht. Dies Zwischen wollte bisher,
innerhalb der Untersuchung des Seins zum Tode, nicht
recht in den Blick kommen. Doch auf welche Weise gehören
beide Phänomene zusammen?

"Die Analyse der Geschichtlichkeit des Daseins versucht
zu zeigen, daß dieses Seiende nicht 'zeitlich' ist, weil
es 'in der Geschichte steht', sondern daß es umgekehrt
geschichtlich nur existiert und existieren kann, weil es
im Grunde seines Seins zeitlich ist."[1]

So wie die Zeit erst durch die Zeitlichkeit möglich ist,
so stellt die Zeitlichkeit auch die Bedingung von Geschichtlichkeit dar. Wie ist das möglich und was ist
überhaupt Geschichtlichkeit im ursprünglichen Sinne?

Zunächst ist abwehrend zu sagen, daß Geschichtlichkeit
nicht als Geschichte im landläufigen Sinne verstanden
werden darf, also als etwas, das "vergangen" ist und
trotzdem sich in irgendeiner Weise auf Dasein bezieht.
Was heißt überhaupt "vergangen sein, wenn wir das 'vergangen' als 'jetzt nicht mehr vorhanden bzw. zuhanden'
bestimmen?"[2] Offenbar nicht, daß Dasein gänzlich 'vergangen' ist, wenn diese Vergangenheit selbst im landläufigen Verständnis noch eine gewisse Bedeutung für
Dasein hat. Dasein ist nie vorhanden, weil sein Seinscharakter die Existenz ist. Wenn daher von Geschichte zu
sprechen ist, und zwar in ontologischer Absicht, so darf
nicht vom nicht mehr vorhandenen Dasein gesprochen werden, sondern von einem da-gewesenen.[3] Allein, das Da-ge-

---

1) Sein und Zeit, S.376.
2) ebd., S.380
3) vgl. Sein und Zeit, S.380.

wesensein offenbart dies, daß es nur dem Seienden verständlich ist, das Dasein ist. Wie aber kann Dasein Geschichte, das Dagewesensein, verstehen? Es muß immer im
Blick gehalten werden, daß Dasein geschichtlich ist auf
dem Boden der Zeitlichkeit. Der Zusammenhang zwischen
Zeitlichkeit und Geschichtlichkeit bleibt aber noch näher
aufzuhellen.

Heidegger stellt im Vorhinein eine These auf: "Das Dasein
hat faktisch je seine 'Geschichte' und kann dergleichen
haben, weil das Sein dieses Seienden durch Geschichtlichkeit konstituiert wird."[1] Dazu bedarf es eines ersten
Blicks auf die Zeitlichkeit als fundamentalem Existenzial
des Daseins. Dasein ist immer schon geworfenes Dasein,
d.h. in bestimmten Möglichkeiten existierendes und dies
als In-der-Welt-sein[2]. Eigentliches Dasein findet als
geworfenes immer schon eine Erbe vor, das "Vergangenheit"
ist, die es teilweise selbst ist. Dasein überliefert sich
also immer schon an "vergangene", besser dagewesene,
Möglichkeiten, die eigentliches Seinkönnen ermöglichen.
Eigentlich existiert Dasein im Sein zum Tode als vorlaufende Erschlossenheit, die das erschließt, was Heidegger
Schicksal nennt. Schicksal kann nur für eigentliches
Dasein sein, und zwar als Überlieferung des Daseins an
eine überkommene Möglichkeit, aber so, daß sich Dasein an
sich selbst überliefert, d.h. eigentlich ist als nichtiges. Als solches, d.h. als Sein zum Tode, existierend zur
ureigensten Möglichkeit des Daseins, nicht mehr sein zu
können, übernimmt es mit seiner Überlieferung die "Ohnmacht der Überlassenheit an es selbst."[3]. Dasein ist
dann eigentliches Seinkönnen. In solcher Weise seiend
bestimmt sich das Mitsein mit den anderen als Geschick,

---

1) Sein und Zeit, S.382.
2) Vgl. Sein und Zeit, S.383ff. Der vorläufige Begriff
   wurde in der Arbeit unter 9.2.1.1 expliziert.
3) Sein und Zeit, S.384.

d.h. als Existieren aus der Möglichkeit, die durch eine
Gemeinschaft oder ein Volk dem Dasein mitgegeben wird.

Doch noch ist die Frage offen, wie Dasein in der explizierten Weise geschichtlich sein kann, d.h. wie es dagewesene Möglichkeiten übernehmen kann als Sein zum Tode.
Die Antwort auf diese Frage liegt in der Zeitlichkeit
selbst, die die Bedingung von Geschichtlichkeit ist. Nur
weil die Zeitlichkeit zukünftig ist, d.h. in der eigentlichen Existenz auf das Gewesensein zurückkommen kann,
kann Dasein seine Geworfenheit übernehmen und sich der
dagewesenen Möglichkeit überliefern. Durch Zukünftigkeit
und Gewesenheit wird das Gegenwärtigen gezeitigt als
Augenblick der Entschlossenheit. Die eigentliche Zeitlichkeit erweist sich als das Konstitivum, von dem her
Geschichtlichkeit allein sein kann[1].

---

1) Zur Geschichtlichkeit, die bei Heidegger mit Yorck und
   Dilthey in enger Verbindung steht, sind folgende Erläuterungen heranzuziehen: "Die (objektive) Geschichte
   wird damit auf die (subjektive) Geschichtlichkeit des
   Menschen zurückgeführt. Dabei wird jetzt aber das
   besondre existenzphilosophische Verständnis dadurch
   bestimmt, daß die Geschichte und sie besonders als der
   Ausdruck der menschlichen Endlichkeit erscheint."
   (Bollnow, Otto Friedrich: Existenzphilosophie. Stuttgart, 5.Auflage 1955, S.112)
   Pöggeler (Pöggeler, Otto: Der Denkweg Martin Heideggers. Pfullingen 1963) weist in diesem Zusammenhang
   auf den Einfluß der urchristlichen Erfahrung auf Heidegger hin, der zusammen mit Dilthey und Yorck den
   Heideggerschen Geschichtlichkeitsbegriff mitgeprägt
   haben soll: "Doch geben die christliche Glaubenserfahrung und die geschichtliche Erfahrung eines Dilthey
   und Yorck den Anstoß zu dem Versuch, das In-der-Welt-
   sein als Geschichtlichkeit, als Zeitigung der Zeit
   selbst, ontologisch ursprünglich zu Begriff zu bringen." (Pöggeler, S.63)
   Was den Einfluß Diltheys und Yorcks auf Heidegger anbelangt, so vermerkt Franzen (Franzen, Winfried: Von
   der Existenzialontologie zur Seinsgeschichte. Meisenheim am Glan 1975): "Der entscheidende Anstoß für die
   Entwicklung des Heideggerschen Denkens bis zu SuZ
   scheint zunächst die mehr oder weniger gleichzeitige

"Nur Seiendes, das wesenhaft in seinem Sein zukünftig
ist, so daß es frei für seinen Tod an ihm zerschellend
auf sein faktisches Da sich zurückwerfen lassen kann, das
heißt nur Seiendes, das als zukünftiges gleichursprünglich gewesen ist, kann, sich selbst die ererbte Möglichkeit überliefernd, die eigene Geworfenheit übernehmen und
augenblicklich sein für 'seine Zeit'. Nur eigentliche
Zeitlichkeit, die zugleich endlich ist, macht so etwas
wie Schicksal, das heißt eigentliche Geschichtlichkeit
möglich."[1]

Im Grunde wird Geschichtlichkeit durch zwei Momente bestimmt: durch die Gewesenheit, die die dagewesene Möglichkeit erschließt, was nur durch die Zukunft der Zeitlichkeit möglich ist; und durch die Freiheit des Daseins,
die im Sich-vorweg-sein, also wiederum in der Zukunft der
Zeitlichkeit, gründet. Dadurch kann Dasein sich als ganzes wählen. Gewesenheit und zukünftige Freiheit sind
demnach die Grundcharaktere der Geschichtlichkeit. Erst

Auseinandersetzung mit der klassischen, besonders der
antiken - ferner der mittelalterlichen - Ontologie auf
der einen Seite sowie der christlichen, besonders der
urchristlichen Glaubenserfahrung auf der anderen Seite
gewesen zu sein." (Franzen, S.3). "Von Dilthey bezog
Heidegger die 'Axiome' einer hermeneutischen Theorie,
um sie zum einem für seine existenziale Analytik
fruchtbar zu machen und so mit der phänomenologischen
Methode zu verquicken, und um sie zum anderen inhaltlich zu einer existenzialen Theorie des Verstehens
weiterzuführen bzw. zu radikalisieren. Yorcks Ansätze
zu einer Theorie der Geschichtlichkeit gehören zu den
wichtigsten Anregungen für Heideggers Explikation der
Zeitlichkeit und der Geschichtlichkeit des Daseins.
Wie ansatzweise schon bei Yorck verbanden sich auch
bei Heidegger die Grundbestimmungen christlicher Glaubenserfahrung mit denen ursprünglichen Geschichtsver-
ständnisses im Sinne Heideggers. Nur wurden dann im
Laufe der Entwicklung zu SuZ hin jene Bestimmungen
ihres spezifischen religiös-theologischen Gehaltes
entkleidet und rein existanzial-anthropologisch bzw.
fundamentalontologisch verwendet." (Franzen, S.4).
1) Sein und Zeit, S.385.

so ist verständlich, daß Dasein dagewesene Existenzmöglichkeit übernehmen kann. Die ausdrückliche Übernahme bzw. Überlieferung des Daseins an diese Möglichkeit nennt "Sein und Zeit" die Wiederholung[1]. Diese ist gedacht als ein Wieder-holen, nämlich der Eigentlichkeit des Daseins, das sich aus der gewonnenen Existenzmöglichkeit zum eigentlichen Seinkönnen wiedergewinnt. Wiederholung ist nur möglich, weil Dasein zeitlich ist und so als Sein zum Tode, sich wählend als Eigentlichkeit, frei wird für dagewesene Existenzmöglichkeiten. Ohne den Rückwurf des Daseins in seine Nichtigkeit wäre Wiederholung unmöglich, denn erst dieser Wurf macht Dasein frei, läßt es sich so wählen, daß die Wahl dagewesener Existenzmöglichkeit möglich wird. So ist die Möglichkeit der Wiederholung in nichts anderem als der Zeitlichkeit fundiert.

Aber die Wiederholung ist nicht so zu verstehen, als ob es um eine bloße Nachahmung ginge. Weil sie eigentlich nur möglich ist im Sein zum Tode, "erwidert (sie) vielmehr die Möglichkeit der dagewesenen Existenz"[2]. Die Wiederholung geschieht im eigensten Seinkönnen, so daß die Existenzmöglichkeit immer durch die Eigentlichkeit des Dasein bestimmt wird. In der Wiederholung liegt gerade der Widerruf des Verstehens der Vergangenheit durch das Man, welches diese Vergangenheit in Uneigentlichkeit vollzieht.

---

1) Pugliese (Pugliese, Orlando: Vermittlung und Kehre. Grundzüge des Geschichtsdenkens bei Martin Heidegger. Freiburg-München 1967) sagt von der Wiederholung: "In der entschlossenen Wiederholung übernimmt das Dasein den Modus der Eigentlichkeit, d.h. es läßt die Geworfenheit in das Da, die die Angst als eine 'mögliche wiederholbare' (S/Z 343) offenbart, im Augenblick wiederkehren. Diese Wiederkehr ist ein ausdrückliches Zurückkommen auf die in der Nichtigkeit der Existenz erschlossene Möglichkeit des eigentlichen Ganz- und Selbstseinkönnens, die eben dadurch zum Schicksal wird." (Pugliese, S.211f.)
2) Sein und Zeit, S.386.

Die Geschichtlichkeit hat ihre Wurzel in der Zukunft der
Zeitlichkeit als Endlichkeit, die Dasein in seiner Gewesenheit als Sein zum Tode erschließt. Dadurch erhält die
Gewesenheit selbst erst ihr Gewicht in der Geschichtlichkeit als das, worin Dasein als Sein zum Tode faktisch
existiert. Dagewesene Möglichkeiten können erst eigentlich in der Wiederholung übernommen werden, in der Dasein
sich aus dem Verfallen zurückholt und sich an sich selbst
überliefert. "Das eigentliche Sein zum Tode, das heißt
die Endlichkeit der Zeitlichkeit, ist der verborgene
Grund der Geschichtlichkeit des Daseins."[1] Erst so hat
Dasein Schicksal. Damit ist aber auch verifiziert, daß
die eigentliche Zeitlichkeit die Bedingung von Geschichtlichkeit ist. Indem Dasein geschichtlich ist, hat es als
einzige Autorität die "wiederholbaren Möglichkeiten der
Existenz"[2], d.h. solcher Existenzmöglichkeiten, die ein
eigentliches Existieren aufscheinen lassen. Uneigentliche
Geschichtlichkeit, die gleichwohl noch die eigentliche
als ihre Ermöglichung hat, verschließt sich der eigentlichen Zeitlichkeit im Verfallen. "Das Man weicht der
Wahl aus."[3]

Die Flucht vor der Selbstwahl als dem Wählen der Eigentlichkeit kennzeichnet das Man. Dieses existiert nicht als
Sein zum Tode und kann sich so auch nicht wahrhaft an das
Übernommene überliefern und in der Wiederholung geschichtlich sein. Es kann nur das "Neue" kennen, das in
der Neugier des Man seinen Platz hat. Das Suchen nach dem
immer "Neuen" zeigt sich in der Sucht nach dem Modernen,
die die "Vergangenheit" als erledigtes, weltgeschichtlich
Vorhandens abtut. Die Wurzel solchen Verhaltens liegt in
der Flucht vor der Eigentlichkeit, die als Beruhigung des

---

1) Sein und Zeit, S.386.
2) ebd., S.391.
3) ebd., S.391.

Daseins vor sich selbst geschieht.Die uneigentliche Existenz verharrt jedoch nicht nur im "Heute", sondern kann sich auch in das "Vergangene" verlegen. Es besteht die Gefahr, daß "die Historie das Dasein seiner eigentlichen Geschichtlichkeit zu entfremden trachtet."[1] Diese Gefahr des Historismus hat ebenfalls ihre Wurzel in der Uneigentlichkeit.

Nach dieser Abklärung des Begriffs Geschichtlichkeit, in der, wie "Sein und Zeit" sagt[2], die Rätselhaftigkeit jenes Bewegens des Sich-erstreckens des Daseins zwischen Geburt und Tod hervortritt, bleibt ein wichtiges Phänomen bezüglich der "Vergangenheit" nachzutragen. Dasein findet sich, bedingt durch sein Gewesensein, immer schon in der "Vergangenheit". Da diese ihm immer schon "vorausgeht", ist "das Fragen nach dem Sein, das hinsichtlich seiner ontisch-ontologischen Notwendigkeit angezeigt wurde, ... selbst durch die Geschichtlichkeit charakterisiert."[3] Dies hat zur Folge, daß die Frage nach dem Sein in ihrer geschichtlichen Entwicklung aufgearbeitet werden muß, um in die volle Fragestellung eindringen zu können. Es ist jedoch nicht einfach blind der Tradition zu folgen, da diese, weil Dasein immer schon verfallendes ist, die Geschichtlichkeit des Daseins meist verdeckt. Die Tradition muß daher kritisch gesichtet und von solchen Übermalungen und falschen Systematisierungen frei gemacht werden, die das ursprüngliche Fragen verdecken.

---

1) Sein und Zeit, S.396
2) Vgl. ebd., S.392.
3) ebd., S.20.

9.4.1.7. Zusammenfassung

In diesem Kapitel sollte das fundamentale Existenzial des Daseins dargestellt werden, das allen anderen Existenzialien zugrunde liegt. Hierin liegt das Ziel des veröffentlichten Teils von "Sein und Zeit": in der Herausstellung der Zeitlichkeit als des Sinns des Seins des Daseins. Die Zeitlichkeit ist die Bedingung der Möglichkeit, Sein verstehen zu können.

Eine Zusammenfassung soll das Erarbeitete noch einmal herausstellen:

(1) Die zunächst grundlegende Struktur des Daseins ist die Sorge: Sich-vorweg-schon-sein-in (der Welt-) als Sein-bei (innerweltlich begegnendem Seienden).

(2) Das Sich-vorweg-sein als Grund der Freiheit ist konstitutiv für die Möglichkeiten der Eigentlichkeit und Uneigentlichkeit.

(3) Der Sinn des Seins des Daseins ist die Zeitlichkeit, die das Grundexistenzial ist als gewesend-gegenwärtigende Zukunft.

(4) Die primäre Zeitigung (Ekstase) der Zeitlichkeit ist die Zukunft als das Zurückkommen des Daseins auf sich selbst.

(5) Die Zeitlichkeit fundiert das Existenz-sein des Daseins.

(6) Die Zeitlichkeit ist nur im Zeitigen ihrer selbst.

(7) Zeitlichkeit ist als endliche, da sie als Zukunft das Dasein auf sich zurückwirft, auf die letzte Möglichkeit der Unmöglichkeit. So erschließt die Zukunft das Sein zum Tode.

(8) Eigentlichkeit bedeutet, als eigentliche Zeitlichkeit zu existieren, d.h. in der freien Übernahme des Daseins in der Wahl des eigensten Seinkönnens.

(9) Dasein ist geschichtlich, weil es zeitlich ist.

(10) Eigentliche Geschichtlichkeit bedeutet das Existieren in der eigentlichen Zeitlichkeit als Sein in überlieferten Möglichkeiten (Wiederholung).

(11) Als zu-künftiges kann sich Dasein als ganzes wählen.

(12) Da Dasein geschichtlich ist, bedarf es der kritischen Erforschung der Geschichte der dagewesenen Möglichkeiten, Sein zu denken, um Sein zu verstehen.

Heidegger versucht in der Explikation der Zeitlichkeit, das Dasein als Existenz, sich vollziehendes Sein, zu fundieren. Er unternimmt diesen Versuch nicht, indem er auf eine Substanz rekurriert, sondern auf die Ekstasen der Zeitlichkeit. Dasein ist also nicht als Ding an sich oder als zugrunde liegendes Ich denkbar noch als eine Weise von Materie, sondern es ist Vollzug seiner selbst. Das "Ich" ist vom Substanzcharakter befreit. Dasein ist in den Blick genommen als ein in und aus seinen Möglichkeiten seiendes, aber so, daß es diese Möglichkeiten immer schon transzendiert und selbst die Offenheit der Möglichkeit ist. Damit ist die Offenheit in Denken und Handeln fundiert. Es ist ontologisch klar geworden, wie der Mensch ein Verhältnis zu sich selbst haben kann und daß in dieser Relation zum eigenen Sein der Ort der Wahrheit oder auch Unwahrheit für alles Seiende statt hat. Zudem ist die zeitliche Einheit des Daseins und der Zusammenhang von Zukunft, Vergangenheit und Gegenwart aufgezeigt. Das Dasein ist wesentlich seine Vergangenheit, indem es zu-künftig ist.

Daher hat die Zukunft die Vorrangstellung. Diese Ekstase stellt die zentrale Zeitigung der Zeitlichkeit dar. Ohne sie sind Phänomene wie Endlichkeit, Sein zum Tode, Gewissen oder auch Eigentlichkeit/Uneigentlichkeit nicht möglich. Darum ist die Frage, die es nun von der Zukunft der Zeitlichkeit her zu beachten gilt, die, ob Heideggers Position einen unverstellten Blick auf Dasein ermöglicht.

Es ist bei Heidegger ferner die Geschichtlichkeit des Daseins radikal gesehen, wenn auch unter dem Blickwinkel der Eigentlichkeit. Dasein kann sich in geschichtlichen Möglichkeiten aufhalten, sie existierend übernehmen, indemm es sich als ganzes wählen kann. Dies findet in der Zukunft der Zeitlichkeit seinen Grund. Dasein ist seine Vergangenheit, es lebt aus ihr und mit ihr, indem es sich neu wählen kann. Die Vergangenheit wird als durch die Zukunft qualifizierte verständlich. Daher ist die Erforschung der "Vergangenheit" des Daseins geboten, um dagewesene Möglichkeiten verstehen zu lernen und sie für "heutiges" Dasein fruchtbar machen zu können.

9.4.1.8. Die Zeitlichkeit und das Johannesevangelium

Ein so komplexes Phänomen wie die Zeitlichkeit, das zudem von alters her vornehmlich verstanden wird unter der Maßgabe des aristotelischen Zeitbegriffs, die der Zeitlichkeit des Daseins nicht entspricht, ist zwar nur schwer auf das Johannesevangelium zu beziehen, jedoch sind einige Vergleichspunkte unübersehbar.

Zum einen wäre die Wiederholung zu nennen, die im Johannesevangelium durchaus mit Heideggers Wiederholung vergleichbar ist. Dies zeigt sich z.B. in der Auseinandersetzung Jesu mit den Juden (vgl. Joh 8,31-59): Die Juden als die Repräsentanten der Welt, wie Bultmann sie nennt, berufen sich auf ihre Abrahamskindschaft (Joh 8,39). Jesus deckt ihre Berufung auf den Erzvater als Sein in der Unwahrheit auf: "'Wenn ihr Kinder Abrahams wäret, würdet ihr die Werke Abrahams tun. Nun aber sucht ihr

mich zu töten, der ich euch die Wahrheit verkündet habe,
die ich von Gott gehört habe. Das hat Abraham nicht getan.'" (Joh 8,39b-40). Die Welt versteht die da-gewesene
Möglichkeit falsch. Nur der eigentlich lebende Mensch,
der die Wahrheit "kennt", vermag, wahrhaft aus der Vergangenheit zu leben, sie zu übernehmen, aber nicht als
bloße Nachahmung, sondern in der Kraft der Wahrheit
("Wahrlich, wahrlich, ich sage euch: Ehe Abraham ward,
bin ich." (Joh 8,58)). Gemeinsam ist "Sein und Zeit" und
dem Johannesevangelium, daß nur der die Gewesenheit eigentlich vollzieht, der sie nicht als bloße Nachahmung
und Garantie der eigenen Existenz versteht, sondern sie
wieder-holt. Das Man kann das nicht verstehen. Nur der
eigentlich lebende Mensch, der sich aus seiner Endlichkeit versteht - im Johannesevangelium wohl ausgedrückt in
der "Stunde Jesu", die seine Todesstunde ist - vermag,
die "Vergangenheit" zu verstehen und sie in der Kraft der
Eigentlichkeit sich anzueignen. Diese schließt die "Ohnmacht" als Überantwortung in den Tod und das Lassen-kön-
nen des Lebens im Sein zum Tode ein. "Wahrlich, wahrlich,
ich sage euch: Wenn das Weizenkorn nicht in die Erde
fällt und stirbt, bleibt es allein. Wenn es aber stirbt,
bringt es viele Frucht. Wer sein Leben liebt, verliert
es, und wer sein Leben in dieser Welt haßt, der wird es
zu ewigem Leben bewahren." (Joh 12,24f). Aus dem jeweiligen Sein zum Tode verstehen sowohl "Sein und Zeit" als
auch das Johannesevangelium die Eigentlichkeit menschlichen Lebens.

Ferner ist die Konzeption der Zeitlichkeit als Einheit
der drei Ekstasen Zukunft, Gewesenheit und Gegenwärtigen,
durchaus mit dem Leben Jesu, wie es im Johannesevangelium
gesehen ist, zu vergleichen. Jesu "Stunde" ist dort die
Passion, die in Jesu Tod die Einheit darstellt von Kreuz
und Auferstehung. Darin vollendet sich die Rückkehr zum
Vater. Zukunft Jesu und seine Gewesenheit sind also in
der Stunde, die beides zusammen sein läßt, zusammenge-
schlossen. So aber bricht für die Jünger erst die Gegen-

wart des Offenbarers an (vgl. Joh 16,16 ff.: "Es ist gut,
daß ich von euch gehe." (Joh 16,7)). Die Zeitlichkeit des
Offenbarers erschließt demnach die Gegenwart der Jünger
zur Freiheit gerade zur Ohnmacht der Welt gegenüber, zum
Schicksal des Todes ("Das habe ich zu euch geredet, damit
ihr keinen Anstoß nehmt. Sie werden euch aus den Synago-
gen ausstoßen. Ja es kommt die Stunde, wo jeder, der euch
tötet, Gott damit einen heiligen Dienst zu erweisen
glaubt... . Aber dieses habe ich zu euch geredet, damit
ihr, wenn die Stunde kommt, euch daran erinnert, daß ich
es euch gesagt habe." (Joh 16,1 ff.). Von der "Stunde
Jesu" schreibt Blank in seinem Kommentar zum Johannesevangelium: "Die Bedeutung der 'Stunde' wird näher bestimmt als 'Hinübergehen Jesu aus dieser Welt zum Vater',
sowie als 'Liebe bis zum Ende' oder 'bis zur Vollendung'.
Im griechischen Text ist dieser Zusammenhang noch deutlicher zu erkennen; denn das Wort eis télos = bis zum Ende,
oder: bis zur Vollendung, entspricht dem Wort TETELESTAI
= es ist vollendet, es ist vollbracht (19,30 b). Der
Hinübergang Jesu zum Vater, der seinen Tod am Kreuz und
seine Auferstehung einschließt - ebendies ist der gesamte
Inhalt der 'Stunde' -, wird von Johannes als die höchste
Vollendung der Liebe Jesu zu den Seinen verstanden."[1]

Mit "Sein und Zeit" hat dies Verstehen des Johannesevangeliums folgendes gemeinsam: Erst der Tod, oder besser
gesagt das Sterben als Sein zum Tode, erschließt die
Gewesenheit des eigentlich Existierenden, indem er aus
der Zu-kunft des Seins zum Tode lebt. Daher geschieht die
Eigentlichkeit nicht aus dem Verstehen des Man, sondern
aus der Zukunft des Seins zum Tode, das die Gewesenheit
als Wiederholung erschließt und den Augenblick zeitigt,

---

1) Blank, Josef: Das Evangelium nach Johannes. Bd. 4/2.
Düsseldorf 1977, S.36.

der 'seine Stunde' kennt. Die Uneigentlichkeit versteht das Eigentliche erst, wenn sie sich aus der Zu-kunft, der Endlichkeit des Todes, versteht. Wohl nicht nur formal gesehen enthüllen sich hier Analoga von "Sein und Zeit" zum Johannesevangelium.

Es ist durchaus möglich, "Sein und Zeit" von dieser Seite her zu betrachten. Es darf aber nicht vergessen werden: "Sein und Zeit" ist zuerst der philosophischen Tradition verpflichtet, und d.h. der griechischen. In einem späteren Werk Heideggers wird gelegentlich der Zusammenhang mit dem Johannesevangelium (!) deutlicher, wenn z.B. im "Brief über den Humanismus" vom Hirt-sein des Menschen gesprochen wird. Es mag durchaus angehen, dieses Hirt-sein mit dem Gleichnis vom "Guten Hirten" Joh 10,1-6 zu vergleichen. Die Intention Heideggers jedoch darf nicht übersehen werden. Heidegger versteht den Menschen als Hirten des Seins!

9.4.2   Die Zeitlichkeit und der Johanneskommentar

9.4.2.1 Die Ausgangslage

Bisher wurde an einzelnen Existenzialien Heideggers den Interpretationen Bultmanns nachgegangen, und zwar unter der Frage, wie weit Bultmann Heideggers Analysen für sein Erkenntnisinteresse deutet. Es ist aber auch zusätzlich die Frage zu beachten. wie weit Bultmanns Theologie selbst durch die Hereinnahme der ontologischen Analysen in den theologischen Kontext verändert wird.

Skizzieren wir die Ausgangslage: Für Bultmann sind die Analysen von "Sein und Zeit" fundamental für die Theologie, denn sie explizieren das Vorverständnis. Sie verweisen auf die Begegnung, das Existieren selbst, das allein die Frage der Existenz ins Reine bringen kann[1]. Heidegger und Bultmann verstehen beide Dasein als Existenz und ihr gemeinsamer Sachhorizont ist in der existenzialen Analytik der Existenz zu sehen. Aber Bultmann beharrt unverrückbar darauf, daß der Mensch erst in einem definitiven Verstehen heil werden kann, das sich aus der eschatologischen Möglichkeit der Offenbarung ergibt. Der "natürliche" Mensch, und d.h. auch der Philosoph, ist von sich aus nicht in der Lage, Antwort zu geben auf die Frage der Existenz.

Das Sich-verstehen aus Gott in seiner Offenbarung kann nie als Bescheidwissen über ... verstanden werden, sondern nur als Verstehen, Hellwerden der Existenz in der Begegnung. "Man kann über Gott sinnvoll so wenig reden wie man über _Liebe_ reden kann. In der Tat, auch _über_ Liebe kann man nicht reden, es sei denn, daß dies Reden über Liebe selber ein Akt des Liebens wäre. Jedes andere Reden über Liebe ist kein Reden von Liebe, da es sich außerhalb der Liebe stellt. ... Liebe ist keine Gegebenheit, woraufhin ein Tun und Reden, ein Nichttun oder Nichtreden möglich wäre. Sie besteht nur als eine Bestimmtheit des Lebens selbst; sie _ist_ nur, indem ich liebe oder geliebt werde, nicht daneben oder dahinter."[2] Das Vorverständnis ist nur die Bedingung, Offenbarung zu verstehen und kann diese nicht ersetzen. Insofern die Philosophie Existenz analysiert, legt sie die Strukturen dieser dar. Sie weist damit ins Existieren selbst, das allein die Frage, die die Existenz ist, beantworten kann. Heideggers und Bultmanns Interesse kommen darin überein, das Sein des Daseins als Existenz zu bestimmen.

---

1) Vgl. Sein und Zeit, S.12.
2) GV I 26 f.

9.4.2.2 Die Sorge und der Johanneskommentar

Die Interpretation Bultmanns der einzelnen Strukturele-
mente der Sorge, nämlich Existenz (Sich-vorweg-sein),
Faktizität (Schon-sein-in-der-Welt) und Verfallen wurden
bereits aufgewiesen. So ist, wenn Bultmann von Sorge
spricht, von ihm eher das Gesamt der Existenz angesprochen, das unter der eschatologischen Möglichkeit der
Offenbarung gesehen wird: "Vielmehr ist die Frage nach
der ἀλήθεια orientiert an der Frage nach der ζωή als dem
eigentlichen Sein des um sein Sein besorgten Menschen,
dem diese Frage aufgegeben ist, da er Geschöpf ist."[1]
Das Sein des Menschen als Existenz ist das Sein, das als
eigenes in der Sorge steht, um das es dem Menschen zu tun
ist. Dasein ist sich aufgegeben und versteht existierend
seine Möglichkeiten. Das Sich-vorweg-sein, die Faktizität
und das Verfallen sind im Rahmen des theologischen Interesses Bultmanns zu verstehen.

Zwar ist die Freiheit der Sorge nur aus der Existenzanalyse Heideggers verständlich. Aber die eigentliche Freiheit wird dem Menschen für Bultmann durch die Offenbarung
geschenkt. "Denn freilich ist die Freiheit vorgegeben,
aber nicht in dem ursprünglichen Sein des Menschen, sondern durch Gottes Offenbarung, die dem Menschen im Wort
als dem eschatologischen Ereignis begegnet. Da er sich
diese Freiheit im Glauben zu eigen macht, ist sein Freisein, als die von ihm angeeignete Freiheit, in seinem
Freiwerden, als dem ergreifenden Glauben, begründet."[2]
"Und eschatologisches Geschehen kann diese Sendung (des
Logos) sein, weil in ihr Gottes Liebe dem Menschen die
verlorene Freiheit zurückgibt, seine Eigentlichkeit zu

---

1) JK 333
2) JK 334 f.

ergreifen."[1] Der Sinn der Existenz als Sorge um sich selbst, als Sorge um das eigene Sein, liegt in der eschatologischen Freiheit.

9.4.2.3 Die Zeitlichkeit und die Intention Bultmanns

Was versteht Bultmann unter Zeitlichkeit? Es ist zu beachten, daß nicht nur dort ein Vergleichspunkt zu "Sein und Zeit" zu finden ist, wo auch das Wort Zeitlichkeit erscheint. Vielmehr liegt häufig in der strukturellen Vergleichsmöglichkeit das Entscheidende. Das Wort Zeitlichkeit selbst kommt fast nur in der Bedeutung des "vulgären Zeitbegriffes", wie Heidegger sagen würde, bei Bultmann vor.

Einen Hinweis für einen strukturellen Vergleich gibt der Ort, den die Zeitlichkeit in "Sein und Zeit" inne hat. In "Sein und Zeit" ist dieser Ort bei der Explikation des grundlegenden Seinscharakters des Daseins zu finden.

Für Bultmann kommt diese Explikation mit dem Kern des Vorverständnisses überein. Denn Heideggers Philosophie ist für ihn die sachgemäße Explikation des Vorverständnisses, der Existenz als Seinkönnen, "daß der Mensch jeweils selbst Möglichkeit _ist_, daß sein Sein ein Seinkönnen ist, daß der Mensch jeweils zur Entscheidung aufgerufen ist und auf dem Spiel steht."[2]

Wie hängt dies nun mit der Zeitlichkeit zusammen? "Nach Joh ist die Erlösung ein Geschehen, das sich in der Existenz des Menschen durch die Begegnung mit dem Offenbarer ereignet, sodaß die Gegenwart des Glaubenden schon aus

---

1) JK 115
2) GV I 139

der Zukunft ist; seine Existenz ist eschatologische Existenz; sein Weg ist schon sein Ziel."[1] Die Offenbarung
begegnet dem Menschen als Zukunft.

Wie aber bekommt Bultmann die ontische Möglichkeit der
Offenbarung in den Blick? Diese ontische Möglichkeit
besteht in der Begegnung des Menschen mit Gott in Jesus
Christus. Hier ist die Offenbarung als ganze Gegenwart,
ist ontisch Zukunft als die zukommende Möglichkeit, sich
aus der Liebe Gottes verstehen zu können. Die Offenbarung
ist damit wesentlich konzipiert als gegenwärtige, als die
Fülle der Zeit in der Begegnung. "Der Sinn der Geschichte
liegt je in der Gegenwart". [2]

Wie ist nun diese Gegenwart gedacht? Läßt sie sich aus
der Zeitlichkeit Heideggers verstehen? Damit wäre ein
wichtiger Schritt getan. Es wäre gezeigt, daß Bultmanns
theologisches Interesse in der Zeitlichkeit Heideggers
verwurzelt ist. Dies könnte Bultmanns erkenntnisleitendes
Interesse unter Umständen selbst bestimmen und verändern.
Und da Bultmann selbst aussagt, die Offenbarung müsse als
für Existenz verständliche interpretiert werden, d.h.
existenzial verständlich gemacht werden, ergibt sich
schon von hier aus die Vermutung, daß dem tatsächlich so
sein könnte. Expliziert Bultmann also sein Anliegen
selbst, die Offenbarung, in und durch die Verwendung der
Zeitlichkeit? Wenn der Nachweis dafür gelingen könnte,
wäre damit allerdings nicht behauptet, daß die (ontische)
Erfahrung des Eschatologischen in dieser Struktur aufgeht, sondern nur, daß sie anhand dieser Struktur verständlich würde. Dann könnte vielleicht nachgewiesen
werden, daß die eschatologische Erfahrung dadurch selbst,

---

1) JK 467
2) Bultmann, Rudolf: Geschichte und Eschatologie. Tübingen 1958, S.184.

ihrer Verständlichkeit nach, qualifiziert wird und so
eventuell andere Verstehensmöglichkeiten dieser Erfahrung
des Beschenktseins ausschließt. Diese Annahme würde allerdings nur eintreten, wenn die Zeitlichkeit ein Phänomen wäre, das Dasein nicht unverstellt in den Blick kommen läßt. Wäre das der Fall, müßte das Sein des Daseins,
trotzdem es als Existenz erkannt ist, neu zu überdenken
sein, damit aber auch die Erfahrung des Be- und Geschenktseins der Existenz. Selbst wenn sich nun diese
Übersetzung der Zeitlichkeit auf das Anliegen Bultmanns
hin als gegeben erweisen läßt, muß folgendes festgehalten
werden:

Was die Theologie Bultmanns bezüglich des Heilsgeschehens
des Menschen angeht, so besteht allerdings kein Zweifel,
daß sie von der Philosophie Heideggers unabhängig und
eigenständig ist, "weil Bultmann der Theologe war, den
die Frage Overbecks nach der Christlichkeit der Theologie
nicht losließ, und mit dem er darin übereinstimmte, daß
sie allein in dem Bezug Glaube/Geglaubtes gründe und daß
von daher das 'vorgläubige Dasein' in die denkende Rechenschaft des Glaubens einzuholen sei."[1] Heidegger
selbst versichert: "Bultmann baut keine Theologie auf
meiner Philosophie auf."[2] So wäre vielleicht die Bemerkung De Fraines nicht unberechtigt: "Man vergleicht
selbst Bultmanns Versuche mit denen des hl.Thomas von
Aquin in seiner Zeit ... ."[3] Ähnlich äußert sich auch
Henderson: "So wie Aquinus eine Annäherung zwischen dem

---

1) Anz, Wilhelm: Bedeutung und Grenze der existentialen
   Interpretation. In: Jaspert, Bernd (Hg.): Rudolf Bult-
   manns Werk und Wirkung. Darmstadt 1984. S.348-358.
   Zitat S.348. Die Unterstreichung ist von mir.
2) Heidegger brieflich am 6.Nov. 1954. Zit. nach Ittel,
   Gerhard-Wolfgang: Der Einfluß der Philosophie Martin
   Heideggers auf die Theologie Rudolf Bultmanns, S.91
3) De Fraine, J.: Evangelische Botschaft und modernes
   Denken. In: Kerygma und Mythos. Bd.V, S.57-70, Zitat
   S.64.

Christentum und der aristotelischen Philosophie ausarbei-
tete, so entwirft Bultmann wenigstens die Umrisse - und
die Grenzen - einer Annäherung zwischen dem Christentum
und der Existentialphilosophie."[1]

9.4.2.4 Zu-kunft Gottes und Zu-kunft der Zeitlichkeit

Ist die Zu-kunft Gottes, sein Zu-kommen, verständlich zu
machen aus der Zukunft der Zeitlichkeit, der Kunft, in
der Dasein auf sich selbst zurückkommt? Schließt sich
beides nicht gegenseitig aus und muß sich nicht die Zukunft Gottes und die Rückkunft des Menschen auf sich
selbst widersprechen? Oder geschieht die Zukunft Gottes
nur als die Rückkunft des Menschen auf sich selbst?

Wie ist das eschatologische Handeln Gottes nach Bultmann
beim Menschen? "Die Offenbarung ist immer nur eine indirekte; sie erweckt dadurch, daß sie sich in der mensch-
lich-geschichtlichen Sphäre ereignet, das Mißverständnis,
als sei sie eine direkte. Um dieses Mißverständnis zu
zerstören, muß der Offenbarer Abschied nehmen und die
Seinen in der λύπη, in der Anfechtung, lassen, in der
sich die Lösung vom direkt Gegebenen und ständig der
Vergangenheit Verfallenden und die Hinwendung zum nur
indirekt Greifbaren, ständig Zukünftigen vollzieht." [2]
"Er (Jesus) kann der Offenbarer nur sein als der ständig
das Gegebene Zerbrechende, alle Sicherheit Zerstörende,
ständig von jenseits Hereinbrechende und in die Zukunft
Rufende. Nur so wird der Glaubende davor bewahrt, sich in
der Wendung zur Gabe zu sich selbst zurückzuwenden und
bei sich zu verweilen, statt sich, dem Sinn der Gabe

1) Henderson, Ian: Mythos im Neuen Testament. In: Kerygma
   und Mythos. Bd.IV, S.143f.
2) JK 431.

entsprechend, von sich selbst losreißen zu lassen, sich
ins ständig Künftige weisen zu lassen. Die Offenbarung
will ja den Glaubenden frei machen; die Sicherheit, die
sie schenkt, ist ... die Ewigkeit der Zukunft."[1] Die
Offenbarung ist zum ersten nicht verfügbar, sondern sie
ereignet sich stets aus der Zukunft, der das radikale
Offensein des Menschen auf das Zu-kommen Gottes korre-
spondiert. So soll der Glaubende von sich frei werden.
Widerspricht das nicht gerade der Zeitlichkeit Heideggers?

Es muß an dieser Stelle auf eine Doppeltheit im Gottesbegriff Bultmanns aufmerksam gemacht werden. Gott ist zwar
in seiner Offenbarung ganz da, er ist ganz Gegenwart in
der Begegnung, aber diese Begegnung ist nichts anderes
als die Begegnung der Jenseitigkeit Gottes. Dies drückt
sich darin aus, daß der Logos als Offenbarer Gottes zwar
das Wort Gottes ist, es aber ist als das "Daß des Gekommenseins". Die Offenbarung Gottes ist wesentlich eine
indirekte. Der nahe Gott ist zugleich der ferne Gott. Die
Begegnung ist als Zukunft zwiespältig: sie ist ganz Gegenwart Gottes in der Offenbarung, die Ganzheit der Offenbarung selbst, aber sie ist es als Jenseitigkeit. Die
Existenz wird in der Begegnung mit der Offenbarung neu,
aber so, daß sie nun aus dem Jenseits Gottes lebt. Dies
Jenseits ist nicht das Jenseits einer Vorhandenheit als
Woraufhin, sondern das Jenseits der steten Zukunft Gottes.

Es müssen zwei gleichursprüngliche Elemente der "Zukunft"
Gottes und damit der Offenbarung unterschieden werden.
Diese Zukunft kann am ehesten als "Anwesenheit" gefaßt
werden, um einen Terminus Heideggers zur Explikation
heranzuziehen. Er ist jedoch nur analog zu Heideggers

---

1) JK 431 f.

Intention gedacht. Gottes Zukunft ist als "Anwesenheit".
Die "Anwesenheit" hat zwei Momente: Sie ist 1. die Gegenwärtigkeit des "Wesens" (verbal verstanden) Gottes und 2.
die Gegenwart des Zukommens Gottes, oder anders: die
Ankunft der Kunft. Gottes Sein ist von seinem Zukommen
her zu verstehen, von seiner Beziehung auf den Menschen.
Gott ist in diesem Sinne keine Wesenheit, kein Seiendes
hinter dem Zukommen, sondern das Zukommen selbst. Die
Ankunft des Zukommens beim Menschen, dem das Zukommen als
solches erscheint, ist seine Gegenwärtigkeit. Diese
schließt nicht eine Wesenheit ein, die über sie hinausgeht, sondern sie ist das Zukommen als solches, das Erscheinen des Zukommens. Das bedingt eine Zwiefalt des
Gottes- und damit Offenbarungsbegriffs Bultmanns: "Das
Offenbarungswort ist, was es ist, in seiner ständigen
Neuheit in seiner jeweiligen Gegenwärtigkeit."[1] Gott ist
Gegenwart als Präsenz, als Erscheinen (des Zukommens),
aber er ist es nur als das "Jenseits" des Zukommens (auf
den Menschen). Dies "beides" macht die "Anwesenheit"
Gottes aus als seine Offenbarung. Der Mensch erfährt die
Gegenwärtigkeit Gottes so, daß sie das Zukommen als Zukommen ist. Die "Anwesenheit" Gottes ist das Erscheinen
des Zukommens als Einheit von Gegenwart und "Jenseitigkeit", daß Gott stets auf den Menschen zukommt und so als
"ewige" Zukunft ist.

Nach dem Explizierten ließe sich jedoch das Daß des Gekommenseins nur als direkte Offenbarung verstehen. Denn
das "Jenseits" Gottes ist gerade als Zukommen ins Erscheinen getreten. Woher aber rührt dann die Indirektheit
der Offenbarung? Bultmann spricht von einem wirklichen
Jenseits, auch wenn er es als Zukommen denkt. Genau diese
Jenseitigkeit als solche (nicht die "Jenseitigkeit" des
Zukommens) ist es, die die eigentliche Diastase des

---

1) JK 472. Die Unterstreichungen sind von mir.

Gottesbegriffs ausmacht: Gott ist da, er erscheint als Zukommen, als "Anwesenheit". Aber die Ankunft Gottes ist nicht die Ankunft der Nähe Gottes, sondern die Ankunft der Ferne Gottes, seiner wirklichen Jenseitigkeit.

So gilt einerseits: "Denn daß Gott der Gott der Geschichte ist, heißt vor allem, daß er immer neu als der zukommende begegnet."[1] Gott begegnet hier und jetzt in seiner Offenbarung als der auf den Menschen in der Begegnung zukommend-präsente Gott. Andererseits gilt: "Der Gottesgedanke ist also von vornherein durch den Offenbarungsgedanken bestimmt. ... Gott war stets der Gott, als der er in der geschichtlichen Offenbarung kund wurde, und er war nur dieser. Als dieser aber ist er der Gott jenseits von Welt und Zeit, der nie in der Weise mit seiner Offenbarung identisch ist, als wäre er der Welt und Zeit immanent."[2] In Jesus "begegnet die Wirklichkeit, die jenseits von Welt und Zeit liegt."[3] "Das 'Kommen' des Offenbarers und sein 'Fortgehen', in der irdischen Zeit getrennt, sind in der eschatologischen 'Zeit' gleichzeitig."[4] Damit ist die Indirektheit der Offenbarung umschrieben. Gott kommt je neu auf den Menschen zu als Gegenwärtigkeit, aber so, daß er die Ewigkeit der Zukunft ist, der jenseitig bleibende, der so den Menschen von sich losreißt.

Der Begriff Gottes ist demnach zwiespältig. Einmal meint er die Gegenwart Gottes als zukommende, das andere Mal, und das gleichzeitig, die Jenseitigkeit Gottes als seine Ferne, daß das Zukommen nur als Ferne ankommt. Woher rührt diese Zwiespältigkeit? Vielleicht von der

---

1) Bultmann, Rudolf: Glauben und Verstehen. Bd. III, S.159.
2) JK 18
3) JK 16
4) JK 146 f

Zeitlichkeit her? Kann diese die Indirektheit der Offenbarung erklären?

Bultmann verwendet die Zeitlichkeit im Vorrang der Zukunft, als das Existenzial, das Dasein als solches sein läßt, für seine theologische Absicht. "... vielmehr ist die Transzendenz Gottes seine ständige Zukünftigkeit"[1]. Die Offenbarung "steht der Geschichte als ständige Zukunft gegenüber."[2] Das ist durch folgende Überlegung verstehbar: Einerseits ist Offenbarung zukommende Gegenwart Gottes, die Fülle der Zeit als seine Epiphanie (in der Entscheidung des Menschen). Andererseits kann diese Ankunft nur statt haben in der Kunft, in der der Mensch als Zukunft der Zeitlichkeit auf sich zurückkommt, so daß Gottes Ankunft seine Zukünftigkeit als Jenseits, seine Ferne, bedeutet.[3] Gegenwart und Jenseitigkeit von Bultmanns Gottesbegriff sind demnach Konsequenzen der Verwendung der Zeitlichkeit für die theologisch intendierte Begegnungswirklichkeit. Damit ist zweierlei für Bultmann gewährleistet: 1. Die strenge Jenseitigkeit Gottes ist festgehalten, er ist ständig zukünftig. Sein Sein ist schlechthin das Anderssein. 2. Gleichzeitig aber ist gerade dies Anderssein, die Ferne, die "Fülle" der Zeit für den Menschen, indem diese "Anwesenheit" die Kunft wird, in der der Mensch auf sich zurückkommt.

Damit ist Jenseitigkeit und Gegenwart des zukommenden Gottes untrennbar verbunden. Offenbarung ist indirekte.

---

1) Bultmann, Rudolf: Glauben und Verstehen. Bd. II, S.244.
2) JK 377.
3) Daß die Zukunft der Zeitlichkeit die "Anwesenheit" Gottes nur sein läßt als Ankunft der Ferne, setzt voraus, daß die Zeitlichkeit, indem sie Dasein existenzmäßig öffnet, das Dasein gleichzeitig schließt und das Begegnende nur als Ferne da sein kann. Daß dem so ist, kann erst dargelegt werden bei der Erörterung des Wesens der Zeitlichkeit (vgl. dazu 11.11).

So gesehen ist Bultmanns Konzeption von Offenbarung ein Zusammenwirken von ontologischem Existenzial und seiner theologischen Intention. Und es ist die Zeitlichkeit, die für die so verstandene zukommende Gegenwart und Jenseitigkeit Gottes in Bultmanns Theologie verantwortlich ist. Denn die Zu-kunft der Zeitlichkeit läßt Bultmanns Intention von Begegnungswirklichkeit als Geschenktsein des menschlichen Seins nur verständlich sein durch die Kunft, in der der Mensch auf sich zurückkommt. Die "Anwesenheit" Gottes wird so jenseitige[1], aber dadurch ist es zugleich die Jenseitigkeit Gottes als zukommende Präsenz, die diese Zukunft der Zeitlichkeit wahrhaft erschließt und möglich macht. Die Zukunft der Zeitlichkeit läßt also die zukommende Präsenz Gottes nur sein als Ferne, aber diese in der Kunft, in der das Dasein auf sich zurückkommt. Sie macht die Zukunft Gottes zur Zukunft der Jenseitigkeit, indem sie die Anwesenheit Gottes so aus-schließt, daß dieses Aus-schließen, die Jenseitigkeit der zukommenden Präsenz, die Kunft wird, in der Dasein auf sich zurückkommt.

Daß die Begegnung mit Gott nur verständlich ist in der Kunft, in der der Mensch auf sich zurückkommt, wodurch die Jenseitigkeit der Anwesenheit Gottes gezeitigt wird, sagt Bultmann selbst in der Konzeption von Glauben: "Wir können uns nur klar machen, was dies Müssen (von Gott reden zu müssen) bedeutet, daß es nämlich von uns aus nur freie Tat sein kann, weil es ja sonst nicht unser existentielles Sein enthalten würde. Ob dies Müssen Wirklichkeit ist, das können wir nur glauben."[2] Indem also die Zukunft Gottes nur als Tat des Menschen im Auf-sich-zurückkommen verständlich ist, der Zukunft der Zeitlichkeit, geschieht es, daß die Epiphanie Gottes schlechthin jenseitige, "außerhalb" des Menschen liegende Möglichkeit,

---

1) Vgl. Anm. 3 S. 265.
2) GV I 35

wird, die der Mensch nur im Glauben erkennt. Dieses Glaubensverständnis aber ist die Konsequenz daraus, daß der
Mensch nur von Gott reden kann oder muß, wenn er auf sich
zurückkommt in seiner freien Tat. Und so geschieht es,
daß im Glauben die Jenseitigkeit Gottes es ist, die in
der menschlichen Tat, im Auf-sich-zurückkommen, offenbar
wird. Gleichzeitig wird das Auf-sich-zurückkommen des Daseins zur Ankunft der zukommenden Präsenz Gottes in seiner Jenseitigkeit. Es wird so in Jesus Christus das "Daß
des Gekommenseins" erkannt. Dies geschieht jeweils in der
Entscheidung des Menschen, im konkreten Entschluß, sich
aus der Liebe Gottes in Jesus Christus, aus dem Sein von
... der Jenseitigkeit zu verstehen, das nur ist als Sein
für ... .[1]

Mit dieser Konzeption ist auch gewährleistet, daß der
Mensch von sich selbst frei ist, indem er sich aus Gott
versteht. Zugleich aber ist er auf diese Weise gerade bei
sich selbst im eigentlichen Selbstverständnis. Er ist
wahrhaft er selbst im Geschenk der Jenseitigkeit Gottes,
der eschatologischen Möglichkeit, sich aus Gott zu verstehen und damit frei von sich zu werden. Gleichzeitig
ist damit das ausgesagt, was Bultmann meint, wenn er
sagt: Von Gott reden, heißt, vom Menschen zu reden.

Damit ist Bultmanns Intention und die ontologische Bestimmung des Daseins durch die Zeitlichkeit ein dialektisches Verhältnis eingegangen. Beides ist untrennbar miteinander verbunden im Gedanken der indirekten Offenbarung. Zugleich ist damit gewahrt die Zukunft Gottes als
der Intention Bultmanns von Begegnungswirklichkeit und
das Sein des Daseins qua Zeitlichkeit, jedoch ist nun
eines nicht mehr ohne das andere denkbar. Ob diese beiden
Topoi theologischer bzw. philosophischer Reflexion das
Dasein bzw. das Be- und Geschenktsein des Menschseins

---

1) vgl. 9.4.2.5.

unverdeckt sehen lassen, ist eine weitere Frage, die uns
später vor allem im Hinblick auf die Zeitlichkeit be-
schäftigen soll.[1]

Diese Einheit von Offenbarung und Zeitlichkeit wird nochmals durch folgenden Text deutlich: "die χαρά der Gegenwart (ist) durch die Bezogenheit des christlichen Seins
auf die Zukunft begründet".[2] Gegenwart, die Fülle der
Zeit der Ankunft Gottes im Augenblick, bedeutet die Zukunft Gottes als Zukünftigkeit des Jenseits. Das "Daß des
Gekommenseins" als indirekte Offenbarung ist nur auf
diesem Hintergrund verständlich. Es ist die Fülle der
Zeit, die Entscheidung für Christus und eschatologische
Tat Gottes ist. Sie läßt das Sein des Menschen neu werden
in der erfüllenden Bezugnahme auf diese Tat. Die erfül-
lende Gegenwart ist aber zugleich die Bezugnahme auf die
Jenseitigkeit Gottes.

Ein Beispiel, wie Bultmann dieses "Zugleich" der Ankunft
Gottes und der Zukunft der Zeitlichkeit, in der der
Mensch auf sich zurückkommt, versteht, mag seine Exegese
von Joh 16,20 sein: "So seid auch ihr jetzt traurig (weil
der Offenbarer von den Jüngern geht). Aber ich werde euch
wiedersehen. Da wird euer Herz sich freuen. Und eure
Freude nimmt euch niemand weg." "Die λύπη gehört notwendig zur christlichen Existenz, wenn der Sinn der Offenbarung deutlich werden soll."[3] "Die Einsamkeit der Jünger,
die der Grund ihrer λύπη ist, ist deshalb zugleich der
Grund ihrer χαρά, weil sie ihrer Abwendung vom κόσμος
entspringt; sie hat den positiven Sinn der Freiheit
(8,32), und die Jünger werden dieses Sinnes inne werden:
Jesus wird sie 'wiedersehen', d.h. in ihrer Abwendung von
der Welt werden sie die Gemeinschaft mit ihm erfahren,

---

1) Vgl. 11., u.a. 11.11.
2) Bultmann, Rudolf: Theologie des Neuen Testaments,
   S.340.
3) JK 446

und 'ihr Herz wird sich freuen', - und diese ihre Freude ist unantastbar für die Welt."[1] Das Sein der Jünger auf die Offenbarung hin ist gekennzeichnet durch die Trauer in der Welt, aber diese Trauer bedeutet Freiheit von der Welt und Freiheit zur Wahrheit.

Wie aber wird die Gemeinschaft mit Jesus verwirklicht, wie geschieht sie?

"Sachlich aber ist jedes Jetzt des Glaubenden dadurch charakterisiert, daß sich in ihm die erste für Jesus gefällte Entscheidung durchhalten muß. ... Aber der Glaubende gründet nur so in der Vergangenheit, daß er in ihr zur eschatologischen Existenz gerufen wurde, die ständig auf die Zukunft gerichtet ist. Er hält dem gehörten Wort die Treue, wenn er gewärtig bleibt, es ständig neu zu hören, wenn er nicht bei _seiner_ Vergangenheit verweilt, sondern bei dem Gesprochensein des Wortes, welches als eschatologisches Geschehen zugleich ein Voraussein vor jedem menschlichen Glaubensakt bedeutet. Dies Voraussein des Wortes hat der Glaubende ständig einzuholen; in solchem Einholen ist er aber auch ständig am Ende der Zeit"[2]. Die Eigentlichkeit menschlichen Seins, das Leben aus der eschatologischen Wirklichkeit, ist auf die unverfügbare, je sich neu ereignende Begegnung mit Gott in Jesus Christus gerichtet. Das eschatologische Geschehen ist aber jedem Glaubensakt immer schon voraus, es ist immer schon das "Jenseits" der zukommenden Präsenz, das der Glaubende im Entschluß "einholen" muß. Nur so ist über die Zeit entschieden, da der Glaubende in der Entscheidung aus der jenseitigen Gegenwart Gottes in Jesus Christus lebt. So ist er am Ende der Zeit, da sein Sein hell geworden ist: "Das aber ist eben _die eschatologische Situation_: keine Frage mehr haben! Im Glauben hat die Existenz ihre eindeutige Auslegung erhalten, weil sie

---

1) JK 447
2) JK 448

nicht mehr von der Welt her ausgelegt wird und damit ihre Rätsel verloren hat."[1] "Indem sie ihn (Jesus) sehen, verstehen sie sich selbst ... . Ihre Existenz ist ihnen durchsichtig geworden".[2] Die Gegenwart der stets zukünftigen, d.h. je neu zu-kommenden und wesentlich jenseitigen, eschatologischen Möglichkeit, die in Jesus Christus dem Menschen in der Entscheidung dargeboten wird, ist der Grund der Freude. Diese Möglichkeit kommt so auf sie zu, daß die Jünger keine Frage mehr haben, sich selbst geschenkt werden. Der Mensch ist damit wahrhaft er selbst geworden, zu sich zurückgekehrt. Die Rückkehr des Daseins auf sich selbst besteht in der Offenbarung der Jenseitigkeit, die selbst als Wirklichkeit Gottes ist. So ist Jesus Christus "das echte, eigentliche Licht, das allein den Anspruch erfüllt, dem Dasein das echte Verständnis seiner selbst zu schenken."[3]

9.4.2.5 Die Liebe als Sein für ... im Sein von ...

Die genannte Zwiespältigkeit des Gottesgedankens, was die Ankunft Gottes anbelangt, findet sich ferner in der Einheit von Nähe und Ferne in der "Konzeption" der Liebe, wie sie Jesus exemplarisch verwirklicht. "Ist Liebe das Sein für ... in dem radikalen Sinne, daß es zugleich ein Sein von ... ist, so besteht Gottes ewige auf den Sohne gerichtete Liebe darin, daß Gott der Schöpfer ist. Gottes Sein von ... ist sein Sein als Schöpfer, in dem er sein Sein für ... selbst gründet."[4] Klar ist die Einheit von Nähe und Jenseitigkeit Gottes hervorgehoben. Der Sinn dieser Doppeltheit aber liegt im Selbstverständnis des Menschen, das den κόσμοσ zum κόσμοσ macht. Gott und

---

1) JK 449
2) JK 450
3) JK 32
4) JK 400

Mensch sind streng aufeinander bezogen in der Begegnung.
In ihr wird der Mensch durch die Liebe Gottes (Gottes
Sein für ... in Jesus Christus) von und so zu sich selbst
befreit (durch Gottes Sein von ... in Jesus Christus).
Dies geschieht so, daß es das Jenseits der "Anwesenheit"
Gottes ist, das die Kunft ist in der der Mensch auf sich
zurückkommt, er selbst wird als von sich selbst befrei-
ter. Dies gilt auch für die Liebe des Menschen zum Menschen: sein Sein für ... gründet im Sein von ... . Das
Zeugnis des Christen ist es, auf die eschatologische
Möglichkeit hinzuweisen, indem er eschatologisch existiert. Er existiert aus dem Sein für ... als der Nähe
Gottes und wird zugleich von sich befreit durch die Jenseitigkeit Gottes als seines Sein von ..., das als die
Kunft ist, in der der Mensch auf sich zurückkommt, und
zwar so, daß er zu sich befreit ist. Damit sind Gegenwart
und Jenseitigkeit Gottes in der Rückkunft des Menschen
auf sich selbst untrennbar miteinander verbunden.

Die Liebe der Jünger ist erst möglich durch die "Vergangenheit" Jesu, die ihnen Gottes Sein von ... in Jesu Sein
für die Seinen erschließt. Die Gewesenheit (Jesu) bestimmt also gleichwesentlich die Jünger. Aber sie bestimmt sie, insofern diese durch die zwiespältige Zukunft
Gottes ihren Sinn erhält. Die Zukunft hat Vorrang, sie
erschließt die Gewesenheit. Deshalb ist die Erfahrung der
Liebe Jesu für die Jünger nur möglich in deren Liebe als
Gerichtetsein auf die Zukunft Gottes. Die Zukunft Gottes
allein erschließt wahrhaft das Sein für ... als Sein von
...; beide sind untrennbar. Darum gilt für Bultmann, "daß
es wahren Glauben nur gibt, wenn er in der Liebe wirkt
(Gal 5,6)"[1].

Ist damit als Phänomen recht gesehen, daß Gott erfahrbar
ist in der gegenseitigen Liebe, so ist doch die Gefahr

---

1) GV I 244

gegeben, daß die gegenseitige Liebe nicht zur Fülle der Gotteserfahrung wird, sondern diese durch das Sein von ... vermittelt wird. Die Theologie Bultmanns steht hier in einem Zwiespalt.

9.4.2.6 Die Entscheidung und die Gewesenheit

Wegen der Zeitlichkeit, deren primäre Ekstase die Zukunft ist als die Kunft, in der Dasein auf sich zurückkommt, ist es verständlich, daß Bultmann den ontischen Charakter der Entscheidung stark hervorhebt. Denn in ihr wählt sich Existenz, entscheidet sie über ihr ganzes Sein, indem sie ihr Seinkönnen entwirft. Indem die Zukunft des Daseins die Kunft ist, in der der gleichzeitig ferne und nahe Gott dem Menschen seine Eigentlichkeit schenkt, geschieht in der Entscheidung das Ergreifen der eschatologischen Möglichkeit. "Nur als Ergreifen der Verheißung ist der Glaube seiner selbst sicher."[1] "Durch die Begegnung mit dem Offenbarer wird der Mensch so in Frage gestellt, daß auch seine ganze Vergangenheit, die sein Sein in der Gegenwart bestimmt, in Frage steht. ... Vor der Begegnung mit dem Offenbarer bewegt sich das Leben aller Menschen in der Finsternis, in der Sünde. Aber diese Sünde ist keine Sünde, sofern Gott durch die Sendung des Sohnes alle Vergangenheit in suspenso hält und so die Begegnung mit dem Offenbarer zum Augenblick der echten Entscheidung für den Menschen macht. ... Er (der Mensch) entscheidet sich ja tatsächlich auf Grund seiner Vergangenheit, aber so, daß er in dieser Entscheidung zugleich erst seiner Vergangenheit ihren Sinn gibt".[2]

---

1) JK 172
2) JK 115

Die Zukunft Gottes ist es, die in der Entscheidung des
Augenblicks die Vergangenheit der Existenz qualifiziert,
sich aus der eschatologischen Möglichkeit neu zu verstehen oder nicht. Die Zukunft erschließt die "Vergangenheit", und zwar gemäß Bultmanns Intention, indem sie sie
in Frage stellt und so den Augenblick der Entscheidung
zeitigt. Gewesenheit ist erst möglich durch die Zukunft.
Der Augenblick, das Gegenwärtigen als Entscheidung, entspringt der durch die Zukunft Gottes in Frage gestellten
Gewesenheit.

Existenz ist (als gläubige) wahrhaft aus der Zukunft und
übernimmt da-gewesene Möglichkeiten (im christlichen Verständnis die der Existenz Jesu), insofern in ihr die
Zukunft Gottes geschieht. Diese kann nie vergangen sein,
sondern ist stets zukünftig, so daß die Existenz von
ihrer verfallenden Vergangenheit frei werden und ihr Sein
als neues, das aus Gott geschieht, in der Entscheidung
wählen kann.

Die Wichtigkeit der Entscheidung stellt auch Ian Henderson fest: "Zunächst müssen wir einen immer wiederkehren-
den Grundzug in Bultmanns Exposition des Christentums
feststellen, und zwar die Betonung der Entscheidung."[1]

"Die Lösung von der Vergangenheit besteht aber nicht in
ihrer Vergleichgültigung angesichts der Zukunft. Vielmehr
löst die Zukunft in _der_ Weise von der Vergangenheit, daß
sie ein verfügbendes Besitzen des Vergangenen zerstört
und damit seine echte Fruchtbarmachung ermöglicht. Um der
Zukunft willen war die Vergangenheit; und die entschlossene Wendung zur Zukunft auf Grund der Vergangenheit
bleibt gerade in echter Weise bei der Vergangenheit, -

---

1) Henderson, Ian: Mythos im Neuen Testament. In: Kerygma
und Mythos. Bd. IV, S. 133 - 167, Zit. S. 144.

frei von ihr, sofern sie meine Vergangenheit ist, gebunden an sie, sofern Gottes Handeln in ihr wirkte."[1]

Die Zukunft Gottes erschließt die Gewesenheit und qualifiziert sie allererst als echte. So wird in ihr da-gewesene Möglichkeit eigentlichen Seins erschlossen. Bultmann
verwendet die "Ekstase Gewesenheit" im Kontext seiner
Intention. Die Gewesenheit wird durch die indirekte Offenbarung von der Zukunft Gottes bestimmt. "Der Gott der
Gegenwart ist immer der kommende Gott; und gerade indem
er das ist, ist er der Gott der Gegenwart, dessen Gnade
den Menschen von der Gebundenheit an seine Vergangenheit
befreit und für die Zukunft - für Gottes Zukunft - öffnet."[2]

Das Freiwerden von der Vergangenheit besteht in der
Fruchtbarmachung derselben, in der Freilegung eigentlicher Möglichkeiten des Menschen in Gottes Zukunft. Diese
ist durch Gottes Handeln in der "Vergangenheit" nicht
erschöpft, sondern kommt je neu auf den Menschen zu. "...
der Abschied bringt gerade zur Klarheit, daß der Sinn des
Vergangenen die Erschließung der Zukunft ist."[3] Grundsätzlich hat die Zukunft den Vorrang, "... weil die Zukunft die Vergangenheit erst zu dem macht, was sie
ist".[4]

Heideggers Konzeption der Gewesenheit wird im Horizont
des dialektischen Verhältnisses der Zukunft Gottes und
der Zukunft der Zeitlichkeit interpretiert. Die Zukunft
hat den Vorrang vor der Gewesenheit, sie erschließt diese

---

1) JK 403 f.
2) GV III 90
3) JK 412
4) Bultmann, Rudolf: Theologie des Neuen Testaments,
   S. 401

allererst. So erweist sich das "ich bin-gewesen"[1] im gegebenen Horizont als gedeutetes Strukturelement der Zeitlichkeit.

9.4.2.7 Das Gegenwärtigen

Bei Bultmann wird das Phänomen Gegenwärtigen unter dem Titel Augenblick, was wohl auf Einflüsse Kierkegaards zurückgeht, als Gegenwart oder Jetzt umschrieben. Es spiegelt das νῦν des Johannesevangeliums wider. Die Zeitlichkeit von "Sein und Zeit" faßt das Gegenwärtigen als eine aus Zukunft und Gewesenheit entspringende Ekstase. Der Johanneskommentar konzipiert folgendermaßen: "Jesu Kommen hat also gerade deshalb das volle Gewicht des eschatologischen Ereignisses, weil, indem er den Glaubensanspruch erhebt, alle Vergangenheit, aus der der Mensch kommt, ... in Frage gestellt wird. Dieses Jetzt ist das entscheidende".[2] Die Zukunft Gottes in Jesus Christus erschließt die "Vergangenheit" des Menschen als Gewesenheit. Sie zeitigt so das Jetzt, die Entscheidung, sich aus sich selbst oder aus Gott, der eschatologischen Möglichkeit, zu verstehen. Der Augenblick entscheidet über das Sein der Existenz. "Im eschatologischen Geschehen gibt es nicht Vorbereitung und Entwicklung; es gilt nur das entscheidende Jetzt, kein Dann, kein Später".[3] Die Zukunft Gottes stellt die Existenz in Frage. Der so gedachte Augenblick besteht in der Entscheidung über das Sein des Menschen, er selbst zu sein oder nicht. Damit entscheidet der Mensch auch über seine Vergangenheit, und zwar im Augenblick. Es gibt nur "das Hören auf sein (Jesu) eschatologisches Wort, jeweils im νῦν".[4] Im Jetzt geschieht das Sein des Daseins in der Entscheidung, der

---

1) Sein und Zeit, S. 326
2) JK 121
3) JK 147
4) JK 213

Wahl des Selbstseins, in der der Mensch sich als existie-
render, als Seinkönnen, das sich jeweils bevorsteht,
realisiert.

Diese Realisation des Selbst geschieht von Augenblick zu
Augenblick, je neu, denn der Mensch verliert nicht sein
Existenzsein. Die Frage der Existenz ist immer nur durch
das Existieren selbst zu beantworten (vgl. SZ 12). "Sachlich aber ist jedes Jetzt des Glaubenden dadurch charakterisiert, daß sich in ihm die erste für Jesus gefällte
Entscheidung durchhalten muß."[1]

Erschlossen ist der Augenblick durch die Zukunft Gottes,
die in der genannten Doppeltheit von Nähe und Ferne als
das Jenseits der zukommenden Präsenz Gottes gedacht ist.
"Vielmehr ist die Gottesherrschaft eine Macht, die die
Gegenwart völlig bestimmt, obwohl sie ganz Zukunft
ist."[2]

9.4.2.8 Die Endlichkeit

In "Sein und Zeit" ist die Endlichkeit in der Zeitlichkeit des Daseins als zukünftiger begründet. Die folgende
Darstellung soll zur Klärung der Frage, warum Bultmann
auf Heideggers Philosophie Bezug nimmt, beitragen.

Es ist bereits klar, daß "Sein und Zeit", indem es die
Existenzialität darlegt, für Bultmann ein Vorverständnis
der christlichen Verkündigung als nichtwissendes Wissen
von Gott darlegt. Aber woran liest Bultmann dies ab?
Einen ersten Wink gibt uns Bultmann selbst: Offenbar
redet das rein menschliche oder philosophische Denken
nicht von der Sünde, sondern einfach von der Menschlichkeit und ihrer Endlichkeit. Auch im Johanneskommentar

---

1) JK 448
2) Bultmann, Rudolf: Tübingen 1961 (1926), S. 46.

besteht "dieselbe" Ausgangslage: "Jenes Vorwissen (das
Vorverständnis) ist ein negatives Wissen; das Wissen um
die Begrenztheit und Gottferne des Menschen, verbunden
mit dem Wissen um das Angewiesensein des Menschen auf
Gott".[1] "Entsprechend ist durch πνεῦμα das Wunder einer
Seinsweise bezeichnet, in der der Mensch in seiner Eigentlichkeit ist, sich versteht und sich nicht mehr von
seiner Nichtigkeit bedrängt weiß."[2] "Denn die Tatsache
der Begrenztheit unseres Lebens bewegt unser Leben; wir
tragen unsern Tod mit uns herum. Eben damit aber qualifiziert auch die Frage nach der Offenbarung unser Leben".[3]
Was also Bultmann an der Philosophie Heideggers, - außer
dem Verstehen des Daseins als Existenz - anzieht, ist
dies, daß Heidegger die Endlichkeit des Menschen so radikal denkt, daß Dasein als zukünftiges wesentlich stirbt
und als endliches erst Dasein ist. Aus diesem Grunde
nimmt Bultmann Bezug auf Heideggers Philosophie; denn
erst von daher kann Bultmann "existenzial" seiner Intention gerecht werden: Der Mensch fragt wesentlich nach Offenbarung. Er fragt danach, weil sein Sein brüchig, endlich ist, seiner Fragwürdigkeit anheimgegeben, da es als
diese selbst ist. Die Existenz weiß durch ihre Begrenztheit existenzial und in negativer Weise um Offenbarung.

"Es verrät sich also, wo von 'Offenbarung' in diesem
Sinne geredet wird, ein Daseinsverständnis, das um die
Begrenztheit des Daseins weiß ... ."[4] Das vor-gläubige
Dasein ist zwar auf den Glauben angelegt durch seinen
Seinscharakter. Aber damit ist in keiner Weise die Neu-
tralität Heideggers angetastet. Denn die vorgläubige
Existenzanalyse gilt für alles Dasein. Es ist allerdings
eine andere Frage - wie bereits erwähnt -, ob die

---

1) JK 39
2) JK 100
3) GV III 6
4) GV III 3

Explikation der Existenz in "Sein und Zeit" diese selbst unverstellt in den Blick kommen läßt.

9.4.2.9 Die Geschichtlichkeit

Gemäß der Tradition, in der Bultmann als Theologe steht, ist für ihn die entscheidende "Vergangenheit" die Jesu, denn von ihr kommt auch die "Vergangenheit" der Jünger her.

Die Zeitlichkeit eint ursprünglich die drei Ekstasen Zukunft, Gewesenheit und Gegenwärtigen. Die Zukunft ist die grundlegende Ekstase.

Die Gegenwart Gottes in Geschichte ist der Logos selbst. Seine Sendung ist das Erscheinen Gottes in der Geschichte. "Für ihn (den Evangelisten Johannes) hat das Schicksal Jesu nicht kosmische Bedeutung als Ingangsetzung des Naturprozesses der Erlösung, auch bringt Jesus nicht wunderbare kosmologische und soteriologische Lehren; seine Lehre ist das Daß seiner Sendung, sein Offenbarersein. Vielmehr ist <u>der Gedanke von Gottes Wirken in seinem Offenbarer vergeschichtlicht</u>."[1] Jesu Verkündigung besteht darin, daß sie "nur das eine Wort vom Daß seines Gekommenseins als dem eschatologischen Geschehen sein kann."[2] Gott ist offenbar geworden, ist gegenwärtig in seinem Logos, seinem Wort, das Gott selbst ist. Aber er ist nur so gegenwärtig, daß er das Daß des Gekommenseins offenbart, die Einheit von Sein für als Sein von. "Das 'Kommen' des Offenbarers und sein 'Fortgehen', in der irdischen Zeit getrennt, sind in der eschatologischen 'Zeit' gleichzeitig"[3]. Gott ist als zukünftiger in der

---

1) JK 188
2) JK 189
3) JK 146 f.

Geschichte gegenwärtig. Solcherweise ist er die "Vergangenheit" der Offenbarung in Jesus Christus und provoziert den Augenblick der Entscheidung. Gottes "Geschichtlichkeit" besteht in der genannten Doppeldeutigkeit seiner Zukunft. Er ist Beziehung auf den Menschen hin und gleichzeitig Offenbarung seines Jenseits. Sein Sein ist das Zugleich von Sein von und Sein für.

Nur indem der Mensch geschichtlich existiert, d.h. sein Sein aus der Zukunft erwartet, hört er immer schon auf den Offenbarer. "Festgehalten aber ist der Gedanke, daß das eigentliche Sein des Menschen mehr ist als sein zeitlich-historisches Dasein, und daß der Mensch deshalb von je ein Verhältnis - wenngleich ein verdecktes - zum Offenbarer hat, auch ehe dieser ihm begegnet ist. Freilich ist dieses Verhältnis ... nicht ein naturgegebenes und deshalb kein eindeutiges, an das der Mensch nur 'erinnert' zu werden braucht; vielmehr muß er sich dafür entscheiden."[1] Die Geschichtlichkeit wird von Bultmann auf die Zukunft Gottes hin gedeutet, so daß der Mensch als ganzer in der geschichtlich qualifizierten Begegnungswirklichkeit existiert: "Denn die radikale Erfassung dessen, was der Dienst Jesu bedeutet, erfolgt in der Aneignung dieses Dienstes im geschichtlichen Vollzug der Existenz, nicht im dogmatischen Wissen oder in einer 'christlichen Weltanschauung'."[2] Die Geschichtlichkeit der Jünger ist so auf die "Geschichtlichkeit" der Zukunft Gottes mit den Menschen bezogen: "Sie (die Gemeinde) steht, da sie sich Gottes Offenbarung in der Entscheidung des Glaubens an Jesus aneignet, in der Unsicherheit alles geschichtlichen Seins, dem kein unmittelbares Gottesverhältnis gegeben ist."[3]

---

1) JK 285
2) JK 361
3) JK 383

Zusammenfassend sagt Bultmann: "Glaube ist Glaube an die
Zukunft, die Gott schenkt, an den kommenden Gott. Und das
heißt wiederum: in der Bibel ist der Mensch in seiner
Geschichtlichkeit verstanden; rein formal ausgedrückt:
als der in seiner Gegenwart durch seine Vergangenheit
qualifizierte und der von der Zukunft geforderte."[1]
Gottes Zukunft ist demnach - in ihrer Doppeltheit - die
maßgebliche "Ekstase" der "Zeitlichkeit". Durch sie wird
die Gewesenheit erschlossen im Augenblick der Entscheidung. Rein formal heißt das für Bultmann:

"Dies immer Zukünftigsein ist die Geschichtlichkeit des
menschlichen Seins oder genauer: seine _Zeitlichkeit_, in
der seine Geschichtlichkeit gründet."[2]. Es bedarf dazu
der Entscheidung zum schon Geschehenen, der Zukunft Gottes in Jesus Christus. Denn der Mensch ist durch die
Zukunft Gottes nicht der Geschichtlichkeit beraubt, sondern sie ereignet sich so erst in rechter Weise. "Der
Glaubende ist nicht aus dem geschichtlichen Sein entlassen; und gerade darin besteht die gläubige Existenz: sich
zu eigen zu machen, was schon geschehen ist."[3] Die Zukunft Gottes geschieht, indem der Mensch sich selbst von
dieser "geschehenen" Zukunft in Jesus Christus her versteht, sich selbst wählt, d.h. aber, indem er sich aus
der eschatologischen Möglichkeit versteht.

Die Wiederholung gründet bei Heidegger in einer schon
dagewesenen Existenzmöglichkeit. Für Bultmann ist diese
Existenzmöglichkeit exemplarisch die Jesu Christi. Aller
Christlichkeit liegt diese eine Existenzmöglichkeit zugrunde. Sie allein erschließt das wahre, eigentliche Sein
des Menschen. "So wenig der Jünger an ein _Werk_ gewiesen
wird, so sehr in ein _Tun_, und zwar in ein solches Tun,

---

1) Bultmann, Rudolf: Geschichte und Eschatologie. Tübingen 1958, S. 110 f.
2) ebd., S. 168
3) JK 483

das im Tun Jesu begründet ist und deshalb nie den Charakter des Werkes gewinnen kann."[1] Christlichkeit gründet in der Wieder-holung der Existenzmöglichkeit Jesu. Eigentliches Sein des Menschen kann nur sein in der Überlieferung der Existenz an die bestimmende Existenzmöglichkeit Jesu und damit an die Zukunft Gottes. "Natürlich richtet sich die Liebe des Sohnes wie die des Vaters werbend auf die ganze Welt; aber diese Liebe kommt zur Verwirklichung nur dort, wo sich der Mensch ihr erschließt."[2] Bultmann stellt immer wieder den Glauben als existenziellen Vollzug dar. Dies gehört zweifellos zu seinen großen Verdiensten.

Die Wieder-holung von Jesu Existenzmöglichkeit geschieht im Existieren selbst, so wie auch Jesu Existenz nicht in einer Wesenheit begründbar ist, und sei sie auch als heilige gedacht. Vielmehr ist Jesu Heiligkeit "kein statisches, substantiales Anderssein als die Welt, sondern er gewinnt sie erst im Vollzuge seines Eintretens für Gott gegen die Welt."[3]

So ist es verständlich, daß Bultmann mit Heidegger dagewesene Existenzmöglichkeiten zu erforschen sucht, um in ihnen eigentliche Möglichkeiten zu "entdecken", die das Sein des Menschen "neu" und entscheidend qualifizieren können. Das Fragen beider Denker ist durch das Rück-fragen bestimmt, das auf die Gewesenheit geht, weil es durch die Zukunft erschlossen ist. Daher muß auch für Bultmann seine maßgebende Frage aus der Geschichte verstanden werden. Genau dieses Anliegen hält Bultmann im Johanneskommentar in Atem. So wie Heidegger auch immer wieder auf einzelne Philosophen zurückkommt, um sie für seine Fragestellung fruchtbar zu machen, so kommt auch Bultmann auf

---

1) JK 363
2) JK 373
3) JK 391

die Zeugnisse christlichen Glaubens im Neuen Testament
zurück. Bultmann möchte in dieser Rückfrage das Fragen
des Menschen nach Gott von seinem Ursprung her begreifen.
Dies tut er anhand eines Zeugnisses von Christlichkeit,
dem Johannesevangelium. Der Theologe ist dabei immer
schon von der Sache selbst geleitet. "Vielmehr kann die
Interpretation nur geleitet sein einerseits durch den
Blick auf das Ganze und andrerseits durch die Kenntnis
der Tradition, aus der die Aussagen des Textes erwachsen
sind. Und die Exegese hat die erste Aufgabe, die für den
Verf. mit der Tradition, in der er steht, gegebenen Möglichkeiten des Redens aufzudecken."[1] Die Frage der Ursprünglichkeit des christlichen Fragens steht immer im
"Hintergrund" der historischen Erörterungen, die nur
sind, weil der Mensch geschichtlich existiert.

Daß die Geschichtlichkeit für Bultmann ein zentrales
Motiv gewesen sei, gerade Heideggers Philosophie als
relevant für seine Theologie anzusehen, behauptet Schnübbe[2]. Dieser Auffassung ist insofern zuzustimmen, als die
Geschichtlichkeit die Ausfaltung der Zeitlichkeit darstellt.

9.4.2.10   Zusammenfassung

(1)   In Bultmanns Werk verschmilzt die Zeitlichkeit
       mit der Offenbarung. Beides steht nun im dialek-
       tischen Verhältnis. Die Zeitlichkeit als Zukunft,
       in der Dasein auf sich zurückkommt, läßt die
       zukommende Präsenz Gottes in der Begegnung als

---

1) JK 6
2) Schnübbe, Otto: Der Existenzbegriff in der Theologie
   Rudolf Bultmanns. Ein Beitrag zur Interpretation der
   theologischen Systematik Bultmanns. Göttingen 1959, S.
   15 ff.

Ankunft des Jenseits sein. Gottes Zukunft wird so
doppeldeutig als Zukunft der Nähe (Ankunft) und
der Ferne (Jenseits) in der Begegnung, die das
Sein des Menschen entscheidend, nämlich eschatologisch, qualifiziert. Es entsteht Bultmanns
Verständnis von indirekter Offenbarung.

(2)   Der Sinn des Seins des Daseins besteht bei Bultmann in der gewesend-gegenwärtigenden Zukunft
(Gottes). Die Zukunft Gottes erschließt die Gewesenheit und zeitigt so den Augenblick der Entscheidung.

(3)   Die doppeldeutige Zukunft Gottes, die indirekte
Offenbarung, erschließt die Existenz. Diese versteht sich aus dem Vorrang der Zukunft. Sie entschließt sich, sich aus der eschatologischen
Möglichkeit der Offenbarung zu verstehen. Der
Mensch wird sich aus der Zukunft geschenkt, indem
er sich für sie entscheidet.

(4)   Die Zukunft Gottes erschließt die Gewesenheit des
Menschen. Seine Vergangenheit wird in Frage gestellt. Der Augenblick zeitigt sich aus Zukunft
und Gewesenheit als Augenblick der Entscheidung
für oder gegen die Offenbarung. Die Zukunft Gottes kann die Existenz deshalb in Frage stellen,
weil diese endlich ist.

(5)   Die Zeitlichkeit in der Verschmelzung mit Bultmanns Offenbarungsbegriff fundiert für den Theologen das Existenzsein des Daseins.

(6)   Die "Zeitlichkeit" Bultmanns ist nur im Zeitigen
ihrer selbst, im Existieren, das sich je neu
bevorsteht.

(7)   Ein entscheidendes Motiv für Bultmann, Heideggers
Philosophie aufzugreifen, ist die Explikation des

Menschen als <u>endliches</u> "Wesen", das von sich aus
auf seine Endlichkeit zurückgeworfen wird und als
solcher Rückwurf seine Fraglichkeit offenbart.

(8)   Die Offenbarung hat so ihre eigene Geschichtlich-
        keit, die in der Zeitlichkeit begründet ist. Auch
        für das Dasein gilt: es ist "geschichtlich", weil
        es "zeitlich" ist.

(9)   Geschichtlichkeit bedeutet bei Bultmann das Exi-
        stieren in der eigentlichen Zeitlichkeit als
        Wieder-holung der christlichen Existenzweise
        (Jesu).

Bei der Verwendung der Existenzialien im Kontext der
Theologie wird diese selbst verändert und Bultmann gelangt durch die Zeitlichkeit Heideggers zur Konzeption
der indirekten Offenbarung. Bultmanns Intention, die
Begegnung des Menschen mit Gott als den Ort der Gegenwart
des befreienden Gottes darzustellen, geht eine dialektische Verbindung mit der Zeitlichkeit ein. Diese Verbindung von Bultmanns theologischer Intention und der Zeitlichkeit von "Sein und Zeit", die um der ontologischen
Explizierbarkeit des Glaubens willen geschieht, also
diesen existenzial verdeutlichen soll, um Begegnungswirklichkeit verstehbar zu machen, ist dialektisch. Beide
Termini, d.h. sowohl Bultmanns Anliegen als auch die
Zeitlichkeit, bilden in der Konzeption von indirekter
Offenbarung eine unauflösliche Einheit. Die Zeitlichkeit
und Bultmanns theologisches Interesse erläutern sich
gegenseitig und bringen die Konzeption von indirekter
Offenbarung allererst als Einheit zustande. "Beides" ist
aufeinander bezogen und bildet eine Einheit. Diese Verbindung ist dafür verantwortlich, daß die "Anwesenheit"
Gottes zur Offenbarung der Jenseitigkeit Gottes wird, da
die Zukunft der Zeitlichkeit diese Gegenwart "ausschließt", welches Ausschließen die Ankunft der Jensei-

tigkeit Gottes zeitigt. So ist es die indirekte Offenbarung als Gedoppeltheit von Nähe und Ferne Gottes, die die
Rückkunft des Menschen auf sich selbst wahrhaft erschließt und sein läßt als Entscheidung für oder gegen
die Zukunft Gottes. Dem entspricht die Konzeption der
Geschichtlichkeit des Menschen, die aus der doppeldeutigen Zukunft Gottes geschieht. Diese stellt die "Vergangenheit" des Menschen als ganze in Frage und so den Menschen vor die Entscheidung, die aus der Zukunft und der
durch sie qualifizierten "Vergangenheit" entspringt. Im
Augenblick der Entscheidung geschieht die reditio des
Menschen auf sich selbst, indem er sich für oder gegen
die eschatologische Möglichkeit entscheidet, d.h. sich
aus ihr versteht oder nicht. Damit ist das Anliegen Bultmanns und die Explikation des Daseins durch Heidegger
dialektisch verbunden.

Bei der Explikation des Vergleichs zeigte sich ferner,
daß Bultmann u.a. deshalb Heideggers Philosophie als
maßgebend für die Explikation menschlichen Seins ansieht,
weil Heidegger Dasein radikal von seiner Endlichkeit her
versteht. Dasein ist erst solches weil und indem es als
sterbendes existiert. Die Offenbarung qualifiziert die
Endlichkeit der Zukunft von "Sein und Zeit" zur Begrenztheit des Menschen. Diese stellt die Frage nach Gott, die
den Menschen als existierenden ergreift und ihn Frage auf
Offenbarung hin sein läßt. Sie läßt ihn nach der Zukunft
fragen, aus der er heil werden kann, indem diese Zukunft
Freiheit vom Tode und ein Sein ohne Frage schenkt. Die
Begrenztheit ist theologisch nichts anderes als die Endlichkeit bei Heidegger. Demnach ist die ursprüngliche
"Kategorie" Bultmanns das Licht der Offenbarung - analog
zu Heideggers In-der-Wahrheit-sein des Daseins - jedoch
in der genannten doppeldeutigen Zukunft Gottes gedacht.

9.4.2.11   Zwei Anfragen

Bultmanns Konzeption birgt eine Diastase in sich. Zum
einen soll durch die Beziehung Gott - Mensch die Relation
Mensch - Mensch vermittelt werden. Dadurch wird diese
etwas Abgeleitetes. "Dann aber ist die Liebe zum Nächsten
nur echt und wahr, wenn sie zugleich Liebe zu Gott ist;
denn nur dann ist sie ja möglich."[1] Zum anderen bleibt
die Beziehung Gott - Mensch eine Beziehung der Ferne; die
Offenbarung eröffnet in Jesus Christus nur das Daß des
Gekommenseins. Dies rührt daher, daß Bultmann, um die
Beziehung Gott - Mensch zu verstehen, das Dasein durch
und in der Zeitlichkeit expliziert. Das Handeln Gottes
wird dadurch jenseitiges Handeln.

So ist die Zerissenheit einerseits der Relation Mensch -
Mensch, da sie durch die Relation Gott - Mensch vermittelt ist und andererseits der Offenbarung Gottes als des
jenseitigen gegenseitig durch das Verständnis des Menschen als Zeitlichkeit bedingt. Denn, und dies wird sich
noch erweisen (vgl. 11.11.), die Zeitlichkeit verhindert,
daß das Begegnende wahrhaft beim Menschen ist. Da Bultmann das Jenseits Gottes und die Bezogenheit der Menschen
untereinander nicht in Frage stellt und in einer neuen
existenzialen Analytik fundiert, bleibt bei ihm ein Gegenüber Gottes als der Ferne des Jenseits und damit die
Abgeleitetheit der Beziehung Mensch - Mensch bestehen.

So steht seine Theologie im Zwiespalt, der ihn zum Überdenken der indirekten Offenbarung überhaupt hätte nötigen
müssen.[2] Vielleicht ist es kein Zufall, daß Bultmann der
erste Übersetzer gewesen ist, der der Gott-ist-tot-Theologie im deutschen Sprachraum zum Durchbruch verholfen

---

1) GV I 243
2) Vgl. dazu Boutin, Maurice: Relationalität als Verstehensprinzip bei Bultmann. München 1974.

hat[1] Vielleicht mußte er die Ferne Gottes als durch die Zeitlichkeit bedingte in Frage stellen.

Auch zu Heidegger ist eine Anfrage zu stellen. Er zeigt den Seinscharakter des Daseins als Existenz auf. Aber es ist vielleicht die Fundierung des Seins des Daseins in der Zeitlichkeit und derem primären Zeitigungsmodus, der Zukunft, die das Offensein des Menschen dem Begegnenden gegenüber verschließt. Es ist hier zwar Heideggers Absicht anzuerkennen, dieses Offensein allererst ontologisch zu explizieren und einsehbar zu machen. Aber ist es die Zukunft, die Dasein sein läßt? Eröffnet nicht erst das Begegnende selbst die Rückkunft des Daseins auf sich selbst? Ist es vielleicht Heideggers sogenannte "Kehre" und die darin liegende Einsicht, die "Sein und Zeit" Fragment bleiben ließ und sich dem zuwandte, von dem der Mensch und damit die Zeitlichkeit und das Begegnende selbst offengehalten wird? Die Zeitlichkeit ist es, die die Mitte von "Sein und Zeit" ausmacht. In ihr entscheidet sich der Ort von "Sein und Zeit" und die Stelle des Weges, den dieses Werk einnimmt.

---

1) Aus der umfangreichen Literatur zur Gott-ist-tot-Theologie vgl. Altizer, J.: Daß Gott tot sei. Zürich 1968. Bishop, J.: Die Gott-ist-tot-Theologie. Düsseldorf 1968. Sölle, Dorothee: Stellvertretung. Ein Kapitel Theologie nach dem "Tode Gottes". Stuttgart 1965.

10 ZWISCHENÜBERLEGUNG

Es ist festzustellen, daß zwischen Heidegger und Bultmann ein gemeinsamer Sachhorizont und ein jeweils verschiedenes Erkenntnisinteresse besteht. Dieser gemeinsame Horizont, ist nach der Deutung des Daseins bzw. Menschseins zu urteilen, in der Frage nach der existenzialen Analytik zu sehen. Das erkenntnisleitende Interesse Bultmanns ist es, die Begegnung mit dem sich offenbarenden Gott selbst als das herzustellen, "was" das beziehungsmäßige Sein des Menschen heil werden lassen kann.

Heideggers Erkenntnisinteresse ist die Seinsfrage, in "Sein und Zeit" näherhin die Frage nach dem Sinn von Sein.

Von daher sind die Deutungen der einzelnen Existenzialien zu verstehen, wie sie in Punkt 9) aufgezeigt wurden. Es ist festzustellen, daß Bultmanns erkenntnisleitendes Interesse mit der in der Zukunft fundierten Zeitlichkeit von "Sein und Zeit" eine Verbindung eingeht. Diese Verbindung konstituiert die Konzeption von indirekter Offenbarung und, damit korrespondierend, des Selbstverständnisses qua Geschichtlichkeit. Bultmanns Erkenntnisinteresse wird dadurch selbst von der Zeitlichkeit entscheidend geprägt.

Die Frage "Warum beruft Bultmann sich auf Heidegger?" konnte durch zwei Hinweise geklärt werden. Zum einen verstehen beide Autoren den Menschen als Existenz. Zum anderen sieht Bultmann in der Explikation der Endlichkeit des Daseins, die sich in Phänomenen wie Sein zum Tode und Gewissen findet, den Anknüpfungspunkt für seine Theologie. Die Existenz hat qua Endlichkeit ein nichtwissendes Wissen von Gott. So erhält das Sein des Da, zusammen mit dem Sein zum Tode und dem Gewissen, die Bedeutung des Vorverständnisses. Es ist die Darstellung der Fraglichkeit des Daseins qua Endlichkeit, die Heideggers "Sein und Zeit" für Bultmann so anziehend werden läßt. Denn so sieht sich Bultmann imstande, einerseits das Bewegtsein des Vorgläubigen als negatives Wissen um den Glauben zu verstehen. Andererseits kann diese Frage ihre Antwort nur erhalten aus der Offenbarung. So bildet das Vorverständnis und die Offenbarung eine unauflösliche Einheit. Heideggers Existenzialien bilden daher eine unauflösliche Einheit mit Bultmanns Anliegen.

Damit sind - bis auf eine - die entscheidenden Fragen bezüglich des Verhältnisses Bultmann - Heidegger geklärt.

Die eine Frage, die es noch zu lösen gilt, ist die der "Neutralität" der Analyse Heideggers. Läßt Heideggers Zeitlichkeit Dasein unverkürzt sehen? Wenn nein, dann ist zu fragen, ob die Explikation Bultmanns bezüglich des Be- und Geschenktseins menschlichen Seins dadurch verkürzt wird.
Beide Fragen sind von Wichtigkeit. Denn das Ineinander von Zeitlichkeit und eschatologischer Möglichkeit als Offenbarung in der Begegnung bestimmt - wie wir gesehen haben - Bultmanns Theologie.

11   DIE NEUTRALITÄT HEIDEGGERS

Wenn Heideggers Analyse nicht neutral, d.h. nicht dem
Sein des Daseins gemäß ist, besteht die Gefahr, daß Bult-
manns theologisches Anliegen verzerrt wird, so daß seine
Theologie selbst dem Menschsein nicht gerecht wird.

Soweit ich die Literatur zum Thema Heidegger - Bultmann
überblicke, ist es diese Frage, die besonders eingehend
diskutiert wird, weil die existenziale Analytik die Explikation des Seins bzw. der Gottesfrage wesentlich bestimmt.

11.1   "Sein und Zeit" als Stahlkonstruktion für die
       Theologie

Als philosophisch kompetenter Vertreter ist vor allen
anderen Karl Jaspers zu nennen[1]. Er hält zwei Voraussetzungen Bultmanns fest: Zum einen, daß Bultmann einen
bestimmten Begriff eines modernen Weltbildes und moderner
Wissenschaft habe. Dieser lasse alle Phänomene in einer
geschlossenen Kausalität aufgehen. Jaspers sagt das vor
allem gegen den Mythosbegriff der sogenannten Entmythologisierung. Was dieses Problem angeht, so sei auf folgendes verwiesen:

Jaspers geht von einem bestimmten Begriff von Wissenschaft aus. Dieser hängt wesentlich mit der Konzeption
seines Begriffs von Welt zusammen. Der Begriff Welt, und
hier trifft sich Jaspers mit Kant, ist eine Idee und bezeichnet keinen Gegenstand, denn ein solcher läßt sich
nur innerhalb der Welt aussondern und erkennen. Das Ganze

---

1) Vgl. Jaspers, Karl: Wahrheit und Unheil der Bultmannschen Entmythologisierung. In: Kerygma und Mythos. Bd.
   III, S. 9 - 46.

bleibt unerkannt. So ist der Gedanke von Welt als Grenz-
gedanke zu fassen, als Leitidee der Forschung, der immer
schon vorausgesetzt wird, und zwar als regulatives Prinzip der Vernunft, wie Kant sagen würde. Die Welt ist aber
als Ganzes ein Umgreifendes. Dieses Umgreifende ist nur
zugänglich in der Subjekt-Objekt-Spaltung. Aber auch in
dieser ist die Welt unabschließbar für die Forschung.
Denn immer neue Gegensätze treten aus der Welt hervor,
neue Fragen und daher auch Untersuchungsmethoden der
Wissenschaft. So ist die Welt erforschbar als Unendlichkeit des objektiv Wirklichen. Die Subjekt-Objekt-Spaltung bewirkt das immer neue Hervortreten von Gegenstän-
den. Die Weltorientierung kommt nie zum Ende. Ein ge-
schlossenes Weltbild ist unmöglich[1].

Jaspers meint nun, daß Bultmann einen Weltbegriff habe,
der die Welt als abgeschlossenes System betrachte, das
nach Kausalgesetzen genau berechenbar ist. Das aber hieße
für Jaspers: der Status von Welt als regulatives Prinzip
der Vernunft wäre in der Berechenbarkeit eines mathe-
matischen Kalküls aufgehoben. Dagegen steht die Aussage-
absicht Bultmanns. Die Absicht des Theologen geht nämlich
nicht dahin, die Welt in einem Kausalzusammenhang aufgehen zu lassen. Bultmann will lediglich aufzeigen, daß das
mythische Weltbild -d.h. beispielsweise, daß Gott "oben"
ist, die Erde "unten", daß der Auferstandene "nach oben"
fährt oder daß es Wunder im Sinne des Mirakels gibt- für
den heutigen Menschen nicht mehr verstehbar ist. Deshalb
kommt es nach Bultmann nicht darauf an, diese Phänomene
durch ein Kalkül ad absurdum zu führen, sondern es existenzial, d.h. als Existenz betreffende Erfahrung zu
interpretieren, sie in ihrem Sinn für den Menschen

---

1) Vgl. Jaspers, Karl: Philosophie. Bd. I. Philosophische
   Weltorientierung. 4. Aufl., Berlin-Heidelberg-New York
   1973.

aufscheinen zu lassen. Dies ist die eigentliche Absicht Bultmanns.

Der wesentliche Unterschied zu Jaspers besteht darin, daß für Bultmann sich das letzt- und alleingültige Beschenkt-sein des Menschen in Jesus Christus ereignet hat. Dieser ist die alleinige Offenbarung Gottes. Dagegen betrachtet Jaspers Jesus Christus zwar als wichtige Person der Ge-schichte, -und zwar auch, indem er den Anspruch der Of-fenbarung im Sinne Bultmanns in seine Härte sieht und für Philosophie im Sinne des Gegenüber anerkennt. Aber Jesus Christus ist letztlich für den Philosophen Jaspers ein Phänomen nach seiner sogenannten Achsenzeit (800 - 300 v. Chr.), das keine letztgültige Verbindlichkeit hat.

Zum anderen meint Jaspers, Bultmann wolle den Glauben durch die sogenannte existentiale Interpretation über-lieferter Texte auf die Seinsmöglichkeiten des Daseins hin einsehbar machen. Die Philosophie, die er dazu ver-wende und von der diese Interpretation im wesentlichen abhänge, sei die Philosophie Heideggers, und zwar aus-schließlich die von "Sein und Zeit"[1].

Jaspers geht mit Bultmann noch soweit konform, daß er eine Interpretation überlieferter Texte auf die Existenz hin bejaht, wiewohl er über die Texte der Bibel und an-derer christlicher Texte hinausgeht. Das Unternehmen wird Jaspers aber fraglich, wenn er die Philosophie, die für ihn hinter dem Ganzen steht und die sowohl die existenti-ale Interpretation als auch den Johanneskommentar be-stimmt, mit in Rechnung stellt. Denn an dieser Philoso-phie hat er einiges auszusetzen. "Sein und Zeit" sei ein in sich zwiespältiges Werk. Es sei zwar aus existenziel-lem Antrieb geschrieben. Dieser sei aber in das Korsett

---

1) Vgl. Jaspers, Karl: Wahrheit und Unheil, a.a.O., S. 14.

einer "Strahlkonstruktion" - gemeint ist die Existenzialität - gezwängt, die dem Existenziellen zuwider sei.
"Heideggers Buch ist ein kompliziertes Gebilde: In Gestalt phänomenologisch objektivierender Analyse unter
Aufstellung der Existentialien in Analogie zu den Kategorien wird ein Wissen in lehrbarer Form nahegelegt, erbaut
wie eine Stahlkonstruktion. Aber der Antrieb des Ganzen
ist ... eine Grunderfahrung des Menschseins".[1]

Hinter dieser Kritik steht die Auffassung Jaspers, daß
die Grundoperation der Philosophie das Transzendieren
sei, und zwar in folgendem Sinne: Alles, was wir erkennen, erkennen wir in Subjekt-Objekt-Spaltung. Das Sein an
sich zu erkennen, bleibt uns verwehrt, da es immer nur
als Objekt erkennbar wird, nicht als das, was Subjekt und
Objekt umgreift. Daher bleibt als einziger Weg einer
ganzheitlichen Erkenntnis die Erhellung des Umgreifenden,
die das Gegenständliche transzendiert und so des Umgreifenden inne wird, ohne es jedoch je besitzen zu können.

Genau diese grundsätzliche Methode der Philosophie ver-
mißt Jaspers in "Sein und Zeit". Er meint, erkennen zu
können, daß dieses Werk Heideggers die Wirklichkeit in
ein Korsett zwänge, das das Eigentliche, nämlich das
Umgreifende, in Objektivität gerinnen lasse. Bultmann
betone nun -und dies sei sein Fehler- allein die objektive Seite von "Sein und Zeit", ohne den existenziellen
Antrieb desselben wahrzunehmen. Deshalb sei es für ihn
nur möglich, Richtigkeiten, aber keine Wahrheit, die nur
existenziell und im Transzendieren zu vollziehen sei, zu
erkennen. So aber werde die übernommene Philosophie, die
die Existenz von ihrem existenziellen Vollzug abschnüre,
zu allgemeingültigen Erkenntnis. Von daher lehnt Jaspers
den durch ihn festgestellten Einfluß der Gedanken von

---

1) Jaspers, Karl: Wahrheit und Unheil, a.a.O., S. 14.

"Sein und Zeit" auf Bultmann als philosophisch unberechtigt ab.

Dazu ist folgendes zu sagen, zunächst was die "Objektivierungstendenz" von "Sein und Zeit" selbst angeht:
Jaspers grundlegende These ist die der Subjekt-Objekt-
Spaltung. Ohne sie gibt es kein Erkennen. Dies geht zweifellos auf die neuzeitliche Philosophie seit Descartes
zurück. Allein, diese Voraussetzung wird auch bei Jaspers
grundsätzlich nicht in Frage gestellt. Der erste, der
dies systematisch unternommen hat und der explizit gegen
diese These Stellung nimmt, ist Heidegger in der Explikation des In-der-Welt-seins in "Sein und Zeit". Er
stellt fest, daß die Bedingung, überhaupt von einer Subjekt-Objekt-Spaltung reden zu können, diese ist, daß
Dasein immer schon In-der-Welt-sein ist. Jaspers müßte
also erst einmal zeigen, inwieweit die These von der
Subjekt-Objekt-Spaltung angesichts dieses Verständnisses
des Daseins haltbar bleibt.

Weiter ist zum Vorwurf der Objektivierungstendenz bei
Heidegger zu fragen, ob denn Dasein grundsätzlich ohne
bestimmte existenziale Strukturen, nach denen es sich
vollzieht, erhellt werden kann. Selbst Jaspers vermag
nicht ohne solche Strukturen auszukommen. Man denke nur
an die Subjekt-Objekt-Spaltung selbst, die Weisen des
Umgreifenden oder seine "Definition" der Existenz im
Anschluß an Kierkegaard als Sein, das sich zu sich selbst
verhält und dessen Nähe zu Heidegger. Es ist gerade Heideggers Verdienst, dieser Auffassung vom Menschen als
Existenz, wenn auch vom Sein her, nachgedacht und sie auf
ihre Bedingungen entworfen zu haben. Heideggers Philosophie könnte sogar als Versuch gesehen werden, die
Grundlagen Jaspers neu zu durchdenken und sie in ihrer
Tiefe verständlich zu machen.

Allein, wenn auch in dieser Hinsicht Heidegger gegen
Jaspers in Schutz genommen werden muß, so trifft Jaspers

Kritik doch einen Punkt, der zum Nachdenken anregen sollte. Hier ist das zu nennen, was vielleicht mit dem Wort
Unheimlichkeit als Unheimatlichkeit bezeichnet ist. Heideggers Werk "Sein und Zeit" wirkt auf einen Leser, auch
wenn das Fragen Heideggers vom Sein her und auf dieses
hin geschieht, im guten Sinne befremdlich. Jaspers hat
vielleicht darin recht, dieses Werk als ein Werk der
Fremde des Menschen zu empfinden. Vielleicht ist "Sein
und Zeit" das erste Werk nach Nietzsche, das dieser Fremde nicht aus dem Wege geht, sondern es erstmals auf sich
genommen hat, sich in diese Fremde wahrhaft einzulassen.
Doch woher diese Unheimatlichkeit? Um "Sein und Zeit" zu
verstehen, ist diese Frage vielleicht die wichtigste.
Jaspers hat ihr, soweit ich sein Schaffen kenne, leider
nicht nachgedacht.

Was nun die Kritik Jaspers bezüglich der "Übernahme" von
Gedanken aus "Sein und Zeit" durch Bultmann angeht, ist
folgendes zu beachten: Bultmann versteht, wie Heidegger
auch, Dasein als Existenz. Von daher ist gewährleistet,
daß Dasein nicht mehr als vorhandenes Seiendes gedacht
werden kann, das substanziell durch die göttliche Gnade
"umgewandelt" wird, wobei die "Objektivität" des Handelns
Gottes als vorgängige Autorität gedacht wird und der
Mensch nur mehr die Möglichkeit der "subjektiven" Aneignung hat. Begriffe wie Subjekt und Objekt, die aus der
griechischen Philosophie stammen, bleiben hier im Dunkel. Der Mensch wird aber bei Heidegger erstmals als
geschichtliches, sich in Beziehung verwirklichendes Vollzugsgeschehen gesehen, das, indem es ist, sich-verstehen-
des ist. Damit ist für Bultmann eine Theologie, die den
Menschen als Substanz denkt, unmöglich geworden. Von daher ist Jaspers nicht recht zu geben, daß Bultmann den
existenziellen Antrieb des Menschen verkenne oder gar
verleugne. Das Gegenteil ist der Fall. Jaspers Vorwurf
ist nicht, daß Bultmann aus Heideggers Philosophie allge-
meingültige Erkenntnis mache und so den Glauben (auf
falsche Weise) vermitteln wolle. Bultmann weist das mit

Recht - man denke nur an die Bestimmung des "Wesens" des
Menschen als Existenz - zurück. "Seine (Heideggers) phänomenologische Analyse des Daseins... nimmt auch demjeni-
gen, den sie als 'Lehre' überzeugt, nicht das Wagnis der
Existenz ab. Vielmehr zeigt sie, daß Existenz nur je von
mir übernommen werden kann."[1] Sondern Jaspers sieht eine
Gefahr: Bultmann verwendet Heideggers Existenzialien für
sein erkenntnisleitendes Interesse, ohne über die Fremdheit, die Unheimatlichkeit dieser Analysen nachzudenken.
Diese Fremde drückt sich aus in der Angst, in der dem Dasein die Welt versinkt und es sich als solus ipse findet.
Es ist die Erfahrung des Nichts hier am Werk, wie sie eigentlich erst ab dem 19. Jahrhundert sich eröffnet und
wie sie sich in dem treffend-furchtbaren Wort Nietzsches
"Die Wüste wächst - weh dem, der Wüsten birgt" niederge-
schlagen hat. Heidegger selbst hat dieser Erfahrung nachgedacht in seinem späteren Denken. Er hat sie so verstanden, daß es mit dem Seienden im Ganzen nichts auf sich
hat, weil das Seiende seinen "Sinn" aus dem Gemächte des
Willens zur Macht zieht - d.h. aber, daß es mit dem Sein
selbst nichts ist. Der Mensch hat seinem Wesen, Hirt des
Seins zu sein, nicht entsprochen. Bultmann selbst denkt
"Sein und Zeit" nicht in dieser Richtung weiter. Daher
ist Jaspers Kritik wohl dahingehend zu verstehen, daß die
Theologie allererst darüber nachdenken solle, wo die
Fremde von "Sein und Zeit" ihren Ursprung hat und ob sie
sich mit dem theologischen Anliegen verträgt, bevor die
eschatologische Erfahrung mit Hilfe der existenzialen
Analytik expliziert wird.

---

1) Bultmann, Rudolf: Zur Frage der Entmytholisierung.
Antwort an Karl Jaspers. In: Kerygma und Mythos. Bd.
III. S. 47 - 59. Zitat S. 54

11.2 Bultmanns angeblich falsche Heidegger-Rezeption

Eine andere Kritik, die im wesentlichen von Ott[1] und
Kirchhoff[2] gemeinsam getragen wird, besagt, daß Bultmann
Heidegger falsch oder nicht adäquat rezipiert habe. Was
Ott anbetrifft, so sagt er, daß Bultmanns Denken in der
Subjekt-Objekt-Spaltung hängen bleibe, so daß es bei ihm
nur ein Denken über... gebe[3]. Theologie sei für Bultmann
"ein objektivierendes Reden über den Glauben als eine in
der Verfassung der Existenz angelegte Möglichkeit...,
worauf dann der Glaube selbst eben nur noch als Entscheidung vollziehbar ist, aber kein weiteres Denken ... mehr
nach sich zieht."[4]

Diese Haltung gegenüber Bultmann resultiert aus einer
Hypothese, die Ott aufstellt: "Man wird Bultmann auch
nicht von Heidegger her widerlegen können. Man kann höch-
stens nachweisen, daß Bultmann sich nur in sehr be-
schränktem Umfange rechtmäßig auf Heidegger beruft."[5]
Bultmann habe nur die existenziale Analytik ausgebeutet,
ohne die Frage nach dem Sinn von Sein, die die treibende
Kraft des Ganzen darstellt, auch nur in Ansätzen zu berücksichtigen, geschweige denn zu bedenken. Und so sei
auch der Existenzbegriff bei Heidegger ursprünglicher
gefaßt als bei Bultmann[6].

Zunächst ist die Subjekt-Objekt-Spaltung zu bedenken.
Bultmanns Bestreben besteht gerade in der Intention, daß
der Mensch nicht als Substanz und Subjekt verstanden
wird, die dann noch einzelne Charakteristika wie Wille,

---

1) Vgl. Ott, Heinrich: Denken und Sein. Der Weg Martin
   Heideggers und der Weg der Theologie. Zollikon 1959
2) Kirchhoff, Walter: Neukantianismus und Existenzialanalytik in der Theologie Rudolf Bultmanns. Hamburg 1957.
3) Vgl. Ott, Heinrich: Denken und Sein, S. 173 ff.
4) ebd., S. 173.
5) ebd., S. 8.
6) ebd., S. 21 ff.

Verstand etc. hat. Menschsein ist von der Begegnung her
zu verstehen als geschichtlich-beziehungsmäßiges Sein,
und zwar gerade was die Beziehung Gott-Mensch angeht.
Diese ist nicht unter dem Aspekt wie Gott und Mensch "an
sich" sind, zu sehen, sondern unter dem der Begegnung in
der Offenbarung. In diesem Sinne ist es abwegig, Bultmann
eine Subjekt-Objekt-Spaltung vorzuwerfen, die nur ein
Denken über... erlaube. Denn Bultmann versteht den Menschen als Existenz, nicht als Subjekt.

Aber wir müssen bedenken, ob Otts Kritik nicht etwas
anderes meint. In dem ersten angeführten Zitat spricht er
davon, daß der Glaube bei Bultmann eine existenziale
Möglichkeit des Menschen selbst sei und daß Bultmann
darüber objektivierend rede. Offenbar liegt hier ein
Mißverständnis vor, da Ott nicht zwischen "ontologisch"
und "ontisch", also den Existenzialien und dem ontischen
Vollzug in Begegnung, unterscheidet. Wenn Bultmanns Explikation allein in der Darstellung der Existenz auf-
ginge, hätte Ott recht (unter dem Vorbehalt, was die Subjekt-Objekt-Spaltung angeht). Dann wäre der Glaube ontologisch im Dasein angelegt, ja Dasein wäre, indem es ist,
gläubig. Und in der Tat: Bultmanns Theologie steht in der
Gefahr, daß wir die Ontologie als das Eigentliche verstehen. Das aber liegt nicht in Bultmanns Intention. Diese
Gefahr rührt daher, daß Bultmann den Glauben existenzial
verständlich zu machen sucht. Deshalb ist um so strenger
der Unterschied ontisch-ontologisch festzuhalten. Nur
wenn man die Existenzialien als objektivierend ansieht,
was für Ott wohl heißt "aus dem Denkprozeß herausgenommen" und zudem die Ontologie mit dem Ontischen zusammenfallen würde, wäre Ott recht zu geben. Hier wird aber die
Wichtigkeit der beziehungsmäßigen, letztlich eschatologischen Erfahrung der Existenz übersehen, die einen eigenen
Ursprung hat, der nicht in der Existenzialität aufgeht.

Recht dagegen sieht Ott, daß der Glaube bei Bultmann nur
als Entscheidung möglich ist. Aber dies wäre gerade nicht

einsehbar, wenn der Glaube in der Existenzialität auf-
ginge. Denn dann wäre eine Entscheidung weder möglich
noch notwendig. Entscheidung kann erst sein, wenn der
Mensch von der Zukunft her gesehen ist und so allererst
auf sich selbst zurückkommen kann, um sich als ganzen aus
der Zukunft zu verstehen, d.h. sich selbst zu wählen. So
ist die Entscheidung auch nicht eine, die kein weiteres
Denken nach sich zieht, sondern eine, die der Mensch
seinem Sein nach versteht.

Wohl dagegen ist Ott zuzugeben, daß Bultmann über den
Charakter der Entscheidung als aus der Zeitlichkeit ent-
springender nicht mehr reflektiert. Insofern wird er dem
Denkanstoß, der in "Sein und Zeit" am Werke ist, nicht
gerecht. Bultmann legt sich hier fest auf einen Wegpunkt,
ohne dem weiter nachzudenken. Und hier liegt eine Gefahr
für Bultmann, nämlich die, daß die Auffassung vom Dasein
als Existenz qua Zeitlichkeit unreflektiert bleibt. Von
daher allein ist Ott recht zu geben, was die Berufung
Bultmanns auf Heidegger anbelangt. Diese aber muß immer
auch mit der eschatologischen Erfahrung zusammen gesehen
werden. Bultmann hat den frühen Heidegger genau verstanden, und er benutzt "Sein und Zeit" nicht eklektisch. Nur
was die Frage nach dem Sinn von Sein angeht, scheint es
so zu sein, daß Bultmann ihr gegenüber sich indifferent
verhält und sie nicht weiter bedenkt. Daher ist Ott zuzugeben, daß der Existenzbegriff bei Heidegger, was den
weiteren Denkweg anbelangt, nachhaltiger durchdacht ist.

Was Kirchhoff anbelangt, so meint auch er, daß Bultmann
der Subjekt-Objekt-Spaltung verfallen sei, die das Verhältnis Mensch - Gott als Aufeinanderbezogensein zweier
Seiender sehe. Bultmann setze aber damit das Subjektsein
des Menschen als Maßstab. Von daher kommt der Autor zur
Kritik, daß es ein wirkliches Skandalon bei Bultmann gar
nicht gebe, weil das Subjekt im Grunde nur sich selbst
kennen könne. Außerdem stellt auch er fest, daß die Frage

nach dem Sein bei Bultmann nicht aufgenommen und bedacht
worden sei.

Was die erste Aussage bezüglich der Subjekt-Objekt-Spaltung anbelangt, so sind hier, noch genauer als bei Ott,
zwei Momente zu unterscheiden. Zum einen das Sein des
Daseins (streng gedacht) als Existenz, die bezugsmäßiges
Sein ist, und zwar in eins damit, daß sie seinsmäßig ihr
Da ist. Rechtfertigung z.B. ist so nur in der da-seienden
Beziehung Gott - Mensch zu sehen, nicht aber im nachträglichen Aufeinanderbezogensein zweier Seiender. Bultmann
betont immer wieder, daß Gott zu erkennen nicht heißt,
ihn an sich als Wesen, als Essenz oder nach allgemeingültigen Gesetzen zu erkennen. Gott erkennen, heißt nach
Bultmann, beneficia eius zu erkennen, d.h. ganzmenschlich
angesprochen zu werden. In diesem Sinne ist Bultmann
gegen Kirchhoff, was die Subjekt-Objekt-Spaltung des
Menschen angeht, in Schutz zu nehmen.

Freilich ist ein zweites zu sehen: Im Beziehungssein
selbst klafft eine Diastase auf, die sich den Menschen
auf das Jenseits beziehen läßt, und zwar selbst im eschatologischen Ereignis. Das Handeln Gottes als seine hei-
lende Gegenwart bleibt in der Zukunft. Das Beziehungssein
der Existenz in der Zeitlichkeit hat letztlich nicht die
Kraft, Gott ganz beim Menschen sein zu lassen. Das Jenseits Gottes hat andererseits nicht die Kraft, beim Menschen zu sein. Genau diese Diastase meint Kirchhoff wohl
eigentlich, wenn er von Subjekt-Objekt-Spaltung in bezug
auf das Verhältnis Gott - Mensch spricht. Beides, sowohl
das Beziehungssein der Existenz als auch das Jenseits
Gottes - in welchem Spannungsfeld Bultmann die Struktur
von Beziehung überhaupt erst sichtet - haben ihre Wurzel
in der Zeitlichkeit, aus der beides verständlich wird.
Diese Spaltung ist verstehbar, wenn das Wesen der Zeitlichkeit aufgedeckt ist. Beziehungssein und Gespaltensein
im genannten Sinne sind in der Zeitlichkeit vereint. In
dieser Diastase bleibt Bultmann stehen. Daher werden ihm

aber weder die Vorwürfe gerecht, er verneine die göttliche Objektivität, noch der Einwand, daß er die Erfah-
rungsstruktur des Menschen zugunsten des Handelns Gottes
vernachlässige. Beides muß in Einem gesehen werden, aus
dem es seinen Sinn erhält.

Kirchhoff sieht bei Bultmann nicht das Skandalon, den
Anstoß, gegeben, daß sich Gott in einem geschichtlichen
Menschen geoffenbart hat: In diesem Menschen ist das
eschatologische Handeln Gottes als das Angebot der Befreiung des Menschen ergangen. Denn das Subjekt könne
nach Bultmann im Grunde nur sich selbst kennen. Dazu ist
wiederum auf die oben explizierte Kluft der indirekten
Offenbarung Gott - Mensch hinzuweisen, die ihre Aufklä-
rung erst in der Untersuchung der Zeitlichkeit findet.
Was allerdings die eschatologische Erfahrung angeht, das
Beschenktwerden des Menschen in der Relation zu Gott, das
keine menschliche, sondern die göttlich befreiende Möglichkeit ist, so ist unzweifelhaft das Skandalon bei
Bultmann gegeben. Bultmann betont immer wieder, daß in
Jesus Christus die letztgültige Offenbarung Gottes auf
den Menschen gekommen ist. Wohl aber sieht Bultmann
auch - und dies ist wohl die Ursache dafür, daß Kirchhoff
Bultmann "Subjektivismus" vorwirft - daß Offenbarung nur
dann ist, wenn sie Bedeutung für den Menschen hat, wenn
der Mensch als Vorverständnis existiert. Bultmann kennt
also sehr wohl das Skandalon. Kirchhoff ist von daher
nicht recht zu geben. Wohl aber ist die Frage zu bedenken, wie die Auffassung der Existenz als Zeitlichkeit das
Skandalon sein läßt.

Noller[1] gibt in diesem Zusammenhang zu bedenken, daß
Bultmann zwar Heidegger rezipiere, jedoch ihn nicht in

---

1) Noller, Gerhard: Sein und Existenz. Die Überwindung
   des Subjakt-Objektschemas in der Philosophie Heideggers und in der Theologie der Entmythologisierung.
   München 1962

seinem eigenen Sinn verstehe, sondern wieder der Subjekt-
Objekt-Spaltung, die von Heidegger mit dem In-der-Welt-
sein überwunden sei, verfalle[1]. Bultmann habe Heideggers
Denken -wider dessen Absicht- in und aus der metaphysischen Grundstellung verstanden, die der Neuzeit eigen
sei. Diese metaphysische Grundstellung findet, nach Noller, ihren Ausdruck in der Subjekt-Objekt-Spaltung.
Heidegger versucht tatsächlich, die Subjekt-Objekt-Spaltung mit dem In-der-Welt-sein zu "überwinden". Ob er dies
in "Sein und Zeit" leisten konnte, ist allerdings fraglich. Jedenfalls müßte Noller den späteren Heidegger dann
konsequenterweise so verstehen, daß er wieder der Subjekt-Objekt-Spaltung anheimgefallen sei. Noller geht leider nicht darauf ein, inwiefern der späte Heidegger zur
Vertiefung des In-der-Welt-seins beitragen kann und ursprünglicher die Subjekt-Objekt-Spaltung "überwindet".
Nollers Hauptvorwurf richtet sich gegen Bultmann: dieser
habe "Sein und Zeit" nicht im Sinne Heideggers rezipiert.
Daß es Bultmann mit der Hervorhebung der Begegnungswirklichkeit und der Ablehnung der Substanzontologie, die
einhergeht mit dem Verständnis des Seins des Daseins als
Existenz, gerade um die ursprüngliche Hinterfragung der
Subjekt-Objekt-Spaltung geht, ist bereits klar geworden.
Aber hat Bultmann Heidegger falsch, d.h. nicht Heideggers
Intention nach, rezipiert?

Zunächst ist zu sagen, daß der Vorgang der Interpretation
immer schon ein erkenntnisleitendes Interesse voraussetzt, wenn nicht eine bloße Abhängigkeit gegeben sein
soll. Der Text ist immer auf neue Fragestellungen hin zu
lesen. Dieses kann nur geschehen, wenn gleichzeitig ein
gemeinsamer Horizont gegeben ist, wie wir festgestellt
haben. Dazu später. Aber würde nicht Heidegger vergewal-

---

1) vgl. Noller, S. 98 ff.

tigt, wenn es wahr wäre, daß Bultmann Heideggers "Sein
und Zeit" wider dessen eigentliche Absicht, die Subjekt-
Objekt- Spaltung zu "überwinden", rezipiert hätte? Ich
meine, das Problem liegt umgekehrt, wie Noller es sieht.
Überspitzt formuliert: Bultmann hat Heideggers Intention
besser verstanden als "Sein und Zeit" sich selbst. Denn
wenn "Sein und Zeit", wie Heidegger selbst sagt und wie
sich später noch zeigen wird, in der Gefahr der "Subjektivität" steht, dann ist es am Ende vielleicht Bultmanns
Denken aus der Begegnung, das dieser Gefahr adäquater aus
dem Wege zu gehen versucht als "Sein und Zeit" selbst. So
gesehen braucht Bultmann die Kehre Heideggers gar nicht
mitzumachen. Und liegt Bultmanns Rede von Begegnung und
Heideggers "Gegnet" so weit auseinander, daß "beides"
nicht vielleicht dies zeigen könnte, daß Bultmann in der
Deutung von "Sein und Zeit" Heidegger besser versteht als
dieser sich selbst? Von daher ist die Rückfrage an Noller
zu stellen, ob Heidegger tatsächlich die Subjekt-Objekt-
Spaltung in "Sein und Zeit" überwunden hat. Das Denken
Bultmanns aus der Begegnung und der weitere Weg Heideggers, der vielleicht erstaunliche Parallelen zu Bultmanns
Konzeption von Offenbarung qua deren "Sein" ausweisen
möchte, lassen dies zumindest bezweifeln.

Noller führt einen weiteren Vorwurf gegen Bultmann ins
Feld: Bultmann habe die rein ontologisch-existenziale
Analytik fälschlicherweise umgewandelt zu einem anthro-
pologischen Selbstverständnis des Menschen.

Dazu ist folgendes zu sagen: Wie wir bereits gesehen
haben, ist Heideggers existenziale Analyse tatsächlich
verwandelt worden - aber nicht in ein anthropologisches
Selbstverständnis, sondern in ein fundamental theologisches Vorverständnis. Noller verkennt aber grundsätzlich,
daß ein echter Verstehensvorgang vom erkenntnisleitenden
Interesse her dem zu Verstehenden einen neuen Sinn gibt.

Wie schon Bultmann selbst gezeigt hat[1], ist es eine un-
sinnige Forderung an den Verstehenden, das "Subjektive"
auszuschalten um einer nur vermeintlichen "Objektivität"
willen. Bultmann verwandelt die existenziale Analytik und
gibt ihr einen neuen Sinn. Es ist daher falsch, vom erkenntnisleitenden Interesse Heideggers her - der Seinsfrage, die sich für Noller in der Überwindung der Sub-
jekt- Objekt-Spaltung kristallisiert - die nun neu zu
verstehende, für Bultmann fundamental theologische,
Struktur des Daseins beurteilen zu wollen. Dies Verfahren
verkennt den Verstehensprozeß.

Wir stehen wieder bei der eigentlichen Frage, nämlich
nach der Berechtigung der Verwendung Heideggerscher Philosophie für die Theologie. Es ist die Frage, ob und
inwiefern Heideggers Philosophie für die eschatologische
Existenz die ontologische Begrifflichkeit so zur Verfügung stellen kann, daß Offenbarung unverkürzt expliziert
werden kann. Damit kommen wir zugleich zur Kernfrage, ob
Heidegger Dasein in "Sein und Zeit" unverstellt ans Licht
kommen läßt. Ist die Zeitlichkeit wirklich das gesuchte
neutrale Existenzial?

11.3 Die strikte Ablehnung des sogenannten Existenti-
alismus

An dieser Stelle ist zunächst die harte Ablehnung des
sogenannten Existentialismus festzustellen, gegen welche
Prädikation Heidegger sich auch gewehrt hat. Manche Stimmen verurteilen diesen sogenannten Existentialismus rund-
weg, ohne irgend eine Erhellung oder Begründung ihres
Urteils zu geben. Trotzdem sei an dieser Stelle einmal
solch ein Beispiel genannt, um die manchmal übertrieben

---

1) vgl. Punkt 5.1.2

harte Gegnerschaft, die Heidegger und Bultmann erfahren
mußten, deutlich werden zu lassen. So schreibt Adolf
Kolping: "Der Existentialismus (in der Betonung der Entscheidung als angebliches fundamentum inconcussum) ist,
will man nicht in den Abgrund des verzweifelnden Skepti-
zismus versinken, die letztmögliche Konsequenz, der das
neuzeitliche Welt-Mensch-Verständnis mit seinen Exponen-
ten Luther und Descartes zutreiben mußte."[1]

Unbestreitbar ist die Wichtigkeit der Entscheidung bei
Bultmann. Aber ebenso unbestreitbar ist auch die ontologische Charakteristik des Daseins, die die Entscheidung
als Konsequenz sein läßt. Von dieser Charakteristik her
erhält das Phänomen Entscheidung seine Ausweisung, wie
wir schon bei der Untersuchung der Geschichtlichkeit
gesehen haben. Offenbar scheint für Kolping die existentiale Interpretation von einer nihilistischen Sphäre
umgeben zu sein. Diese droht die substanzhaften, objektiven, ewigen Wahrheiten, in Subjektivismus aufzulösen und
so anstelle der Wahrheit die Willkür des Menschen zu
setzen.

Kolping übersieht, daß Dasein als Sein des Da sowohl bei
Bultmann als auch bei Heidegger im Modus des verstehenden
und geschichtlichen Seins zu verstehen ist. Der Mensch
wird nicht mehr als essentia betrachtet. Ferner beachtet
das eschatologische Geschehen das Beschenktsein in Beziehung, die Geschichtlichkeit des Menschen. Um diese adäquat erfassen zu können, dienen die sogenannten ewigen
Wahrheiten nicht. Wohl auch Luther ging es gerade um
diese existenzielle Wahrheit, die nicht in objektiver
Wahrheit aufgehen kann, weil sie im Vollzug des Menschen
selbst geschieht. Was Descartes angeht, so verkennt Kolping offenbar, daß sein Denken, das die Subjekt-Objekt-

---

1) Kolping, Adolf: Sola fide. In: Kerygma und Mythos. Bd.
   V, S. 11-28, Zitat, S. 23.

Spaltung voraussetzt, selbst im Wesensbereich der Philosophie Descartes steht. Die Berufung auf die Objektivität
setzt nämlich immer schon ein Subjekt voraus, dessen ego
cogito allererst Subjekt und Objekt sein läßt.

11.4 Die Unabhängigkeit Bultmanns von Heidegger

Birkel[1] sieht Bultmanns Theologie weitgehend unabhängig
von "Sein und Zeit". "Der Einfluß der Heideggerschen
Begrifflichkeit soll und kann dabei (beim Existenzbegriff) selbstverständlich nicht geleugnet werden. Doch
kommt ihm m.E. vor allem Bedeutung für die begriffliche
Klärung der hermeneutischen Frage in Bultmanns Denken zu.
Eine grundlegende Neuorientierung seiner Theologie hat
sie nicht ausgelöst".[2] Später verschärft Birkel dieses
Urteil: "Von einem vorausgesetzten, inhaltlich vorbe-
stimmten Existenzbegriff, der in irgendeiner Weise übernommen sei, kann also keine Rede sein."[3]
Birkel selbst gibt zum einen keine Rechenschaft darüber,
wie Bultmann dann selbst immer wieder erklären kann, daß
sich die Theologie auf die Philosophie notwendigerweise
beziehen müsse, wenn sie denn den Anspruch auf Wissen-
schaftlichkeit beibehalten möchte. Zum anderen zeigt
sich, daß in der Explikation Birkels - vor allem was den
Existenzbegriff und das Existenzial Verstehen anbelangt -
dem Inhalt nach immer wieder und sogar im Mittelpunkt der
Analysen zentrale Gedanken aus "Sein und Zeit" auftau-
chen, selbst wenn sich Birkel auf genuin theologische
Voraussetzungen beruft.

---

1) Birkel, Hans Friedrich: Das Verhältnis von existentialer Interpretation und historischer Jesusfrage als
   Problem des Verstehens in der Theologie bei Bultmann
   und Ebeling. Erlangen-Nürnberg 1974.
2) Birkel, Hans Friedrich: Das Verhältnis... S. 19.
3) ebd. S. 32.

So Birkel: "Allein die Seinsweise des Wortes genügt der
Forderung ungegenständlicher, die Existenz als ganze und
ungeteilt beanspruchende Begegnungsweise von Wirklichkeit. Dabei war ein Verständnis von Existenz hervorgetre-
ten, welches - vom Gottesgedanken her entwickelt - im
Verhältnis der Existenz zu sich selbst das Verhältnis zu
Gott bestimmt sieht: Existenz kann - ihrer in Gott grün-
denden Seinsbestimmung gemäß - nur im Bezug 'sein'."[1]
Oder an anderer Stelle: "Als besonders bedeutsam muß die
anthropologische Unterscheidung zwischen dem 'Selbst' als
dem Personzentrum und eigentlichen Subjekt und dem übrigen Bereich von menschlichen Verhaltensweisen gelten, der
von diesem Selbst als Ich gesteuert wird. Diese Differen-
zierung ermöglicht das spezifische, für Bultmann charak-
teristische Glaubens- und Wortverständnis. Existentiale
Interpretation ... setzt diese Unterscheidung als formal-
ontologische (!) Bestimmung des Personseins voraus und
bezieht sich auf sie zurück."[2] Beide Male ist hier das
Verständnis von Existenz im Unterschied zum Vorhandensein
nicht daseinsmäßiger Seiender angesprochen: Existenz ist
eine Vollzugsgröße (vgl. das Zu-sein Heideggers), die
sich selbst ins geschichtliche Sein aufgegeben ist und
ihr Sein in Beziehung verwirklicht, da es ihr in ihrem
Sein um dieses Sein selbst geht. Das dabei leitende Verständnis ist ein existenzielles. Gerade weil Birkel hier
nicht auf das Verhältnis Bultmanns zu Heidegger eingeht,
wird ein eigentliches, präzises Verständnis Bultmanns
erschwert und es erscheint eine Pseudophilosophie in den
Aussagen Birkels, deren Begrifflichkeit und Sinn unklar
bleibt. Wer kann etwa vermuten, daß hinter dem "Selbst",
dem "Personzentrum", ja dem "Ich" und dem "übrigen Bereich menschlicher Verhaltensweisen" die Unterscheidung
zwischen Dasein als Existenz und der Sichtweise, die

---

1) ebd. S. 29.
2) ebd. S. 30.

Dasein unter dem Blickwinkel vorhandener, nicht daseinsmäßiger Seiender sieht, steckt? Gerade die Nichtbeschäf-
tigung mit Heidegger läßt die Theologie Bultmanns in
einer undeutlichen und unsauberen Begrifflichkeit ver-
schwimmen.

Ein anderes Beispiel hierzu ist die Konzeption von Verstehen, wie sie Bultmann haben soll. Darin ist nichts
anderes als das Phänomen Sein des Da bzw. das Seinkönnen
zur erblicken: "Die für Bultmanns Ansatz der Verstehens-
frage ebenso kennzeichnende wie entscheidende Verknüpfung
von Existenzverständnis und Verstehensproblematik ist
damit in ihrem inneren Zusammenhang deutlich, sie stellt
m.E. die eigentlich epochale Leistung dieses Ansatzes in
systematisch-theologischer wie hermeneutischer Hinsicht
dar: Verstehen darf nicht als partieller, noetischer oder
intellektueller Vorgang in der Existenz aufgefaßt werden
... . Es stellt vielmehr einen ganzheitlichen, das Selbst
der Existenz unmittelbar betreffenden Vorgang dar, in
welchem sich Existenz zunächst vermittels eines alle ihre
Seinsweisen betreffenden Aktes in Hör-Bereitschaft ver-
setzt ... ."[1] "Damit ist Verstehen als lebendiger Vorgang in Gang gebracht, bei dem der Hörer als Ganzer ins
Spiel kommt, ja seine Existenz aufs Spiel setzt."[2] An
Birkel ist lernbar, daß gerade Heideggers Philosophie von
entscheidender Bedeutung ist für ein echtes Verständnis
von Bultmanns Theologie.

---

1) Birkel, Hans Friedrich: Das Verhältnis ... . S. 34 f.
2) ebd. S. 35.

11.5 Die Indifferenz gegenüber Bultmanns Beziehung zu Heidegger

Zuweilen ist einfach die Unkenntnis um das Verhältnis Bultmanns zu Heidegger festzustellen. So schreiben z.B. Heinz und Dressel: "Ich kann in Bultmanns Verhältnis zur Existenzphilosophie weder etwas so gefährliches noch den Schlüssel zu seiner Theologie finden und möchte diesen Punkt übergehen."[1] Ähnlich äußert sich auch Johnson: "Der Autor (Johnson) kann hier keine besondere Sachkenntnis in Anspruch nehmen".[2]

11.6 Heideggers "subjektives Existenzverständnis"

Es gibt Mißverständnisse der Theologie Bultmanns, die auf die Annahme zurückzuführen sind, Heidegger habe ein subjektives Existenzverständnis. "Es ist nämlich die Annahme (Bultmanns), daß Gottes einziges Wirken auf uns darin besteht, daß er eine Änderung in unserer Auffassung von uns selbst bewirkt. Ich sehe keine Grund für diese Annahme. Aber wahrscheinlich ... kommt Bultmann zu dieser Annahme im Zuge des Heidegger'schen Gedankens, daß, da mein Sein die Form des Daseins annimmt, die einzige Änderung, die Gott in mir bewirken kann, in einer Änderung meines Selbstverständnisses besteht."[3] Für diese Autoren bedeutet das subjektive Existenzverständnis zum einen ein Willkürverstehen, das Gottes Objektivität gar nicht kennen könne. Diese Auffassung beruht wiederum auf der Unterstellung, daß Wesentliche Gottes und des Menschen sei seine Substanz. So aber wird der Existenzcharakter des

---

1) Heinz, P., Dressel, F.: Zur Frage der Entmythologisierung. In: Kerygma und Mythos. Bd. IV, S. 61-72, S. 64.
2) Johnson, Sherman: Bultmann und die neutestamentliche Mythologie. In: Kerygma und Mythos. Bd. IV, S. 85-103, S. 92.
3) Henderson, Ian: Mythos im Neuen Testament. In: Kerygma und Mythos. Bd. IV, S. 133-167, Zitat S. 149 f.

Daseins, sein beziehungsmäßiges Verstehen des Seinkönnens
- gerade in Bezug auf Gott - übersehen. Es ist festzuhalten, daß diese Autoren zudem implizit das Subjekt-Objekt-
Schema voraussetzen, das selbst erst seit der Neuzeit in
Kraft ist, wie gerade Heidegger gezeigt hat. Denn die
Rede vom Objekt setzt immer schon ein Subjekt voraus, das
das Objekt als das Vor-gestellte sein läßt. Es ist eines
der Verdienste Heideggers, gezeigt zu haben, daß die
Subjekt-Objekt-Spaltung immer schon ein Sein des Daseins
bei den "Objekten" voraussetzt. Subjekt und Objekt können
erst in einem ursprünglichen Licht, das "beide" eint, das
sein, von dem man meint, daß sie es seien. Es wird zumeist nicht verstanden, daß Heideggers Wahrheitsphänomen
nicht subjektiv ist, sondern allererst die Rede von "subjektiv", "objektiv" oder auch von Willkür zuläßt. Indem
Bultmann mit Heidegger Dasein als Existenz versteht, ist
es eine Hauptabsicht, das Geschehen der Offenbarung für
den Menschen verständlich werden zu lassen, wie es ist,
nämlich als Begegnung.

Bultmann will zeigen, daß das Offenbarungsgeschehen existenzielle Bedeutung für den Menschen hat. Das ist kein
Subjektivismus, sondern der Versuch der Wahrheitser-
schließung für ein "Wesen", das geschichtlich existiert.
Die Dimension Subjekt-Objekt, die die objektive Wahrheit
gegen das Subjekt ausspielen möchte, so daß das ursprüngliche Zusammen beider vergessen wird, reicht für das
Verstehen einer vollzugsmäßigen Wahrheit nicht aus, ist
dem geschichtlichen Menschsein nicht adäquat. Dies alles
zeigt, wie oft Bultmann mißverstanden worden ist, und
zwar gerade aus implizit mitgemeinten philosophischen
Prämissen. Der Auffassung, daß eine subjektivistische
Verengung bei Bultmann stattfindet, ist übrigens Bronstedt, der die sogenannte Existenzphilosophie als "intel-
lektuelle Mystik ... vom Bewußtseinszustand des Menschen

aus"[1] ansieht. Illustriert wird diese Bemerkung durch
folgende "Veranschaulichung": "Das erstere (das Schuld-
phänomen des Existentialismus) ist ein psychologischer
Akt und gehört in den Bereich des Menschen, das andere
(die wahre Vergebung) ist das Handeln Gottes und gehört
in den Bereich des Evangeliums."[2] Hier liegt derselbe
Sachverhalt wie bei Henderson vor. Bronstedt geht vom
Verständnis des Menschen als Substanz aus, die objektiv
Einwirkungen von seiten des ebenfalls als Substanz, d.h.
In-sich-stehen, gedachten Gottes erfährt. Daher auch
rührt die nicht beziehungsmäßige Diastase Mensch - Gott,
oder hier Mensch - Evangelium. Offenbar geht das Mißverständnis bezüglich Heideggers Philosophie so weit, daß
sie als Bewußtseinsmystik bezeichnet wird, die das Subjektive verherrliche, um das Objektive zu untergraben.
Daß Heidegger hierin nicht verstanden worden ist, ist
offenkundig.

11.7 Einige Aspekte der Bedeutung Heideggers für Bult-
mann

Auf einige Autoren ist hinzuweisen, die bestimmte Beziehungen Bultmanns zu Heidegger aufzeigen, so z.B. Ittel[3],
Luck[4] und Macquarrie[5]. Ittel geht zunächst von der

---

1) Bronstedt, Gustav: Zwei Weltauffassungen - zwei Spra-
   chen. In: Kerygma und Mythos. Bd. IV, S. 169-238,
   Zitat, S. 197.
2) ebd. S. 198.
3) Ittel, Gerhard Wolfgang: Der Einfluß der Philosophie
   Martin Heideggers auf die Theologie Rudolf Bultmanns.
   In: Kerygma und Dogma. Göttingen, 2. Jg. 1956, S.
   90-108.
4) Vgl. Luck, Ulrich: Heideggers Ausarbeitung der Frage
   nach dem Sein und die existentialanalytische Begrifflichkeit in der evangelischen Theologie. In: Zeitschrift für Theologie und Kirche, 53. Jg. 1956, S.
   230-251.
5) Vgl. Macquarrie, John: An existentialist theology.
   London ²1960.

Neutralität Heideggers aus, wie sie Bultmann versteht.
Der "formale Charakter der Übernahme heideggerscher
Begriffe wird nun überall da verkannt, wo behauptet wird,
Bultmann habe die Philosophie anthropologisch mißverstanden."[1] Von daher bringt er Belege für die "Übernahme"
des Existenzbegriffs, des Seinkönnens, des In-der-Welt-
seins, der Bedeutsamkeit, und zwar als auf das Gebiet der
Geschichte transferierte Existenzialien. "Zweifellos ist
Bultmann von dieser geschichtsphilosophischen Anschauung
Heideggers stark beeinflußt. ... Vor allem aber zeigt er
sich als Systematiker von Heidegger in diesem Punkte
beeinflußt."[2] Ferner stellt er die "Übernahme" des Gewissens im Rufcharakter der Verkündigung fest. Leider
geht Ittel nicht tiefer auf diese aufgewiesenen Struktur-
momente ein, sondern begnügt sich weitgehend mit der
Behauptung der faktischen "Übernahme". Die Frage, ob
Bultmanns Intention dabei selbst tangiert sei, bleibt
unberührt. Sowohl der Horizont von Bultmann und Heidegger, die existenziale Analytik, als auch das jeweilige
Interesse beider, bleiben letztlich unbefragt. Dennoch
ist hervorzuheben, daß Ittel Bultmanns Intention insofern
verstanden hat, als er alle Nachweise für Geschichte
gelten läßt. Damit ist der Primat des Existenzseins des
Daseins qua Geschichtlichkeit festgehalten. Gegen Ende
des Aufsatzes verweist Ittel jedoch auf die Fraglichkeit
des formalen Charakters der Existenzanalyse[3] unter Hinweis auf die Argumentation Löwiths. Diese wird unter
11.9.3 behandelt werden.

Ähnlich wie Ittel sieht Luck die Sachlage. Heidegger sei
für Bultmann wichtig geworden für die Hermeneutik des
Glaubens. Luck schreibt, "daß die Heideggersche Existen-
tialanalyse über das Problem der Hermeneutik ihre Stel-

---

1) Ittel, Gerhard Wolfgang: Der Einfluß der Philosophie.
   S. 92.
2) ebd., S. 104
3) vgl. ebd. S. 106 ff.

lung in der Theologie erlangt hat, nicht aber von einer
ontologischen Fragestellung her."[1] Außerdem verweist
Luck auf Stellen in "Sein und Zeit", meist Anmerkungen,
die auf theologische Tradition hinweisen. Leider setzt
Luck sich nicht mit dem Zusammenwirken der Erkenntnisin-
teressen Heideggers (und Bultmanns) auseinander, sondern
betont nur Bultmanns Erkenntnisinteresse gegen Heideggers
Analysen: "Hinter diese Voraussetzung (daß Gott geredet
hat), gibt es kein Zurück auf einen umfassenderen Horizont ... ."[2] Von daher könnten auch die Stellen, die in
"Sein und Zeit" auf theologische Tradition hinweisen (Augustinus, Luther, Kierkegaard) Erhellung finden. Denn es
ist die Frage, ob Heidegger sich mit theologischer Tradition in theologischer oder in anderer Absicht beschäftigt, die den Stellenwert dieser Anmerkungen in "Sein und
Zeit" ausmacht. Richtig gesehen ist zweifellos die prin-
zipielle Bedeutung der Analysen Heideggers für die Auslegung des Glaubens. Diese Bedeutung kann fast nicht hoch
genug veranschlagt werden, da die Existenzialien ihren
Niederschlag selbst in der Intention Bultmanns finden.

Macquarrie schließlich zeigt verschiedene Parallelen auf.
Er vermutet, daß die Philosophie Heideggers nicht nur
neutral sei, sondern selbst auf Offenbarung hinweise, und
zwar in den Phänomenen Angst und Gewissen. "Hinter" Vorhandenheit und Existenz steht für ihn Gott.
Macquarrie setzt in seinen Untersuchungen schon ein theologisches Anliegen voraus, unter dessen Blickwinkel er
"Sein und Zeit" betrachtet. Aber dieses selbst wird nicht
eigens bedacht. Es steht allerdings zu vermuten, daß es
dieses ist, Gott als den Grund von Existenz und Vorhandenheit aufzufassen. Wie dies von Heidegger her verstanden werden könnte, weist er nicht auf. Diese Interpreta-

---

1) Luck, Ulrich: Heideggers Ausarbeitung. S. 244 f.
2) ebd., S. 238.

tion Heideggers verhindert zugleich, das Verhältnis Hei-
degger-Bultmann näher erläutern zu können, weil der
"Grund" sich auf Seiendes bezieht und nicht auf das Sein.

11.8   Die positive Geeignetheit von "Sein und Zeit" für
        die Theologie

Aus der Zahl derer, die Heideggers Neutralität für die
Theologie positiv aufzeigen wollen, sei stellvertretend
Harbsmeier genannt[1]. Dessen Auffassung ist folgende:
"Diese Interpretation (des Daseins durch Heidegger) ist
aber zugleich auch säkularisiertes christliches Seinsverständnis und daher als Krippe besonders gut geeignet.
Denn das Offensein für Christus hat sich in ihr trotz
allem doch erhalten. Für Bultmann ist die Heideggersche
Analyse des Seins die Krippe der Botschaft."[2] Es hat
sich tatsächlich ansatzweise gezeigt, daß "Sein und Zeit"
gerade mit dem Johannesevangelium verglichen werden kann.
Allerdings steht dieser "Einfluß" im Horizont der Seinsfrage. Es wäre daher Heideggers Intention zu bedenken und
ihre spezifische Differenz zum Christentum. Dazu kann
gerade der spätere Heidegger wertvolle Hinweise geben,
was das Denken der Neuzeit, das auch die Theologie geprägt hat, anbelangt. Hierzu wäre vor allem "Identität
und Differenz" heranzuziehen, wo gezeigt wird, daß Gott
als Grund des Seienden seinen Platz in der onto-theolo-
gisch verfaßten Metaphysik hat, die vom griechischen
Denken ihren Ursprung nimmt. Was "Sein und Zeit" anbelangt, so ließen sich allerdings Hinweise finden, die auf
christliche Tradition, namentlich das Johannesevangelium,

---

1) Vgl. Harbsmeier, Götz: Mythos und Offenbarung. In:
   Kerygma und Mythos. Bd. I, S. 49-73.
2) Harbsmeier, Götz: a.a.O., S. 54.

hinwiesen. Darüber darf aber nicht die Tradition vergessen werden, in der "Sein und Zeit" steht, nämlich die
neuzeitlich-philosophische, wie sie vom griechischen
Denken herkommt.

Eine weitere Position in dieser Hinsicht bietet Körner[1]
an. Er sieht den Versuch Bultmanns, das Handeln Gottes
dem Sein des Menschen gemäß zu verstehen. Dabei bezieht
er sich auf den Begriff der Geschöpflichkeit. "Denn indem
der Mensch durch die transzendentale Beantwortung seiner
Existenzfrage zu seiner eigentlichen Geschöpflichkeit
gelangt, trägt dies Geschehen den Charakter der Offenbarung."[2] "Die Transzendenz wird also im eschatologischen
Geschehen als Offenbarung, d.h. Aufdeckung und Realisie-
rung des eigentlichen Geschöpfseins, akut."[3] Das Wort
"transzendental", das auf Kant zurückgeht und dort die
Erkenntnis der apriorischen Erkenntnis meint (vgl. Kritik
der reinen Vernunft B 25) ist an dieser Stelle durch das
Wort "transzendent" zu ersetzen.

Körner sieht, daß das eschatologische Geschehen des Be-
schenktwerdens des Menschen den Menschen zu seiner Eigentlichkeit führt. Der Mensch ist im Vorverständnis
immer schon als Frage auf die Eigentlichkeit hin. Das
Geschehen, das dem Menschen Antwort ist und seine Fraglichkeit ins definitive Verstehen aufhebt, ist die Offenbarung selbst. Sie tut dies, indem sie das Sein des Menschen neu erschließt, indem sie die Existenz sich neu
verstehen läßt.

---

1) Vgl. Körner, Johannes: Eschatologie und Geschichte.
   Eine Untersuchung des Eschatologischen in der Theologie Rudolf Bultmanns. In: Theologische Forschung (Hg.
   Bartsch, Hans-Werner). Bd. 13, Hamburg-Bergstedt 1957.
2) ebd., S.49.
3) ebd., S.49

Die Verbindung von Ontologie und Theologie charakterisiert Körner folgendermaßen: "Es ist also ontologisch
begründet, wenn bei Bltm. alles spezifisch Christliche
'eschatologisch' heißt. Damit ist etwas ganz bestimmte
zum Ausdruck gebracht: daß nämlich der Mensch als Christ
offen für die Zukunft wird und dadurch eigentlich erst er
selbst, d.h. theologisch, Geschöpf ist. Zugleich bedeutet
es das andere, daß dies nur von seinem Ende her geschehen
kann; philosophisch, d.h. phänomenologisch einsichtig
gesprochen, von seinem Tod, seinem Nicht-mehr-sein; theologisch: von Gott, Christus, seinem eigentlichen Leben."[1] Körner erkennt, daß die Eschatologie ihre existenziale Verständlichkeit aus der Ontologie schöpft, daß
aber das Menschsein zugleich seine Erfüllung nicht aus
sich selbst gewinnen kann. Existenz ist auf Zukunft, die
sie heil macht, verwiesen. Ihr Sein ist es, das das Verwiesensein selbst fundiert, indem sie als fragliche aus
Beziehung existiert. Körner sieht damit die wesentlichen
Punkte bei Bultmann. Er kann jedoch keine Auskunft über
das Verhältnis des Seins zum Tode zur Fraglichkeit geben,
denn seine Arbeit geht wesentlich über den Begriff des
Eschatologischen bei Bultmann nicht hinaus und berücksichtigt nicht die Beziehungen dieses Begriffes zu "Sein
und Zeit".

Nethöfel[2] möchte mit seinem Buch einen klärenden Beitrag
zur Entmythologisierungsdebatte leisten, und zwar vom Mythosbegriff aus. Er verwendet dazu vor allem linguisti-
sche und strukturalistische Methoden. Der grundlegende
Mythos, der Bultmanns Johanneskommentar, worin Nethöfel

---

1) Körner, Johannes: Eschatologie und Geschichte, S. 77.
2) Nethöfel, Wolfgang: Strukturen existentialer Interpretation. Bultmanns Johanneskommentar im Wechsel theologischer Paradigmen. Göttingen 1983.

die existentiale Interpretation exemplarisch durchgeführt
sieht, zugrundeliegt, ist der Forschungsmythos vom gnostischen Erlöser. Nethöfel behauptet, daß Bultmann im
Johanneskommentar diesen Mythos (kosmologischer Aspekt)
über die Zwischenstufe der Auslegung des Evangelisten
(soteriologischer Aspekt) nun auf der Kommentarebene als
dessen Variante reproduziert (pneumatologischer Aspekt).
Die Entmythologisierung hebt den Mythos also nicht auf,
sondern reproduziert ihn auf einer höheren Ebene, die das
Verständnis des Lesers in Frage stellt und ihn sich aus
Gott verstehen läßt (oder nicht). Leider ist nicht sichtbar, daß dieses Ergebnis zur Klärung des Bultmannschen
Mythosbegriffes beitragen kann. Denn Bultmann behauptet
ja nicht, daß der Mythos aufgehoben werden müsse, sondern
eben gerade, daß er existential interpretiert werden
müsse. Er möchte ja gerade die Wahrheit des Mythos verständlich machen, daß dieser den Menschen vor die Frage
und damit vor die Entscheidung stellt, sich existenziell
aus der Offenbarung zu verstehen (oder nicht). Nethöfel
erreicht im Ergebnis genau das Verständnis der existentialen Interpretation, aber er weist nicht auf, daß diese
Methode eine Reproduktion des Forschungsmythos ist. Das
bleibt eine Behauptung.

Auch Heidegger soll nun diesen Forschungsmythos reproduziert haben. Deshalb könne Bultmann "Sein und Zeit" als
Interpretationsebene benutzen. Was den Einfluß Heideggers
auf Bultmann angeht, so spricht er zu diesem Thema nur
sehr allgemein. Er hält fest, daß ohne Heideggers "Sein
und Zeit" Bultmanns Johanneskommentar nicht verständlich
ist: So "konte Bultmann die nun erneut am Mythos aufbrechende Offenbarungsproblematik nur deshalb aufgreifen,
weil er in Heideggers 'existentialer Analytik' bereits
ein methodisches Instrumentarium vorgebildet fand, das
von einem hinreichend weiten theoretischen Rahmen zeug-

te."[1] "Folglich wird die phöänomenologische Selbstbe-
scheidung dem Phänomen Mythos nicht gerecht. Erst die
ontologische Intention der Heideggerschen Existentialana-
lyse öffnet den Raum, in dem sich jenes eigentümliche
Verweisen nachvollziehen läßt, das den Mythos konstituiert."[2] Noch deutlicher spricht Nethöfel an anderer
Stelle: "so darf noch keineswegs übersehen werden, daß
fast die gesamte kategoriale Terminologie dieser Botschaft (Bultmanns Johanneskommentar) ihren systematischen
und philosophiegeschichtlichen Ort in Martin <u>Heideggers</u>
1927 erschienem Hauptwerk 'Sein und Zeit' hat."[3]
Nethöfel stellt schließlich auch den Einfluß von "Sein
und Zeit", wenn auch zu allgemein, auf das Verständnis
Gottes bei Bultmann fest. "Es ist eine von <u>Bultmann</u> nicht
gezogene, aber notwendige Konsequenz seines Unterneh-
mens..., daß auch von Gott dort nur vor dem Hintergrund
des latent präsenten Seinsbegriffes die Rede ist - eben
weil dieser Begriff in seiner für den Vollzug der Analyse
grundlegenden Funktion nicht thematisiert wird. So verweisen dessen semantische Implikationen, die allein die
Kohärenz entmythologisierender existentialer Interpretation gewährleisten, konnotativ und nicht weiter entwik-
kelbar auf 'Sein und Zeit' als den Ort, an dem <u>Heidegger</u>
diese Implikationen aus- und festgeschrieben hat. <u>Bult-</u>
<u>mann</u> trägt dem auch durch den Stellenwert Rechnung, die
Heideggersche Philosopheme in der Hierarchie der Inter-
pretationsstufen des Kommentars einnehmen - er verleugnet
die Funktion des Seinsbegriffes freilich in der Ergebnis-
formulierung der Exegese."[4]

---

1) Nethöfel, Wolfgang: Strukturen existentialer Interpretation, S.17.
2) Nethöfel, Wolfgang: Strukturen existentialer Interpretation, S.18.
3) ebd., S.146.
4) ebd., S.215f.

Schließlich stimmt Nethöfel mit der vorliegenden Arbeit
auch darin überein (vgl. 11.11.1.), daß Heideggers Denken
von Anfang an - in "Sein und Zeit" allerdings erst als
Negativfolie - vom Sein angegangen ist: "Wir schließen
uns also denjenigen Interpreten an, die behaupten, Heidegger denke von Anfang an in der Perspektive der 'Kehre'
und formuliere im vorliegenden Teil seiner Hauptschrift
aus der Perspektive des 'Daseins' nur in methodischer,
'hermeneutischer' Vorläufigkeit."[1]

Insgesamt ist festzustellen, daß Nethöfel durchaus - was
Heideggers "Einfluß" auf Bultmann angeht - mit der vor-
liegenden Arbeit übereinstimmt. Es fehlt aber die Diffe-
renzierung und die jeweilige Begründung der Grobthesen.
Die einzige Begründung, die Nethöfel letztlich gibt, ist
die, daß "Sein und Zeit" letztlich den gnostischen Erlö-
sermythos reproduziere. Diese Begründung erhält ihre
Stimmigkeit aus der strukturellen Übereinstimmung der
Formalisierung des Mythos mit der Formalisierung von
"Sein und Zeit"!
"Sein und Zeit" wird folgendermaßen formalisiert:

Sein   / entäußert sich in / Existenz / verwandelt

                      / verfällt / Uneigentlichkeit

        Dasein / gelangt in / Eigentlichkeit

und weiter zu:

Sein   / entäußert sich in / Existenz / verwandelt

Dasein /   ist in der   / Zeit[2]

---

1) Nethöfel, Wolfgang: Strukturen existentialer Interpretation, S. 124
2) ebd., S. 207 f.

"Sein und Zeit" wird so als Interpretationsstufe angesehen, die aus dem Mythos hervorgeht und diesen wiederum interpretiert. Fraglich ist:

1. Die "Formalisierung" von "Sein und Zeit" scheint eher eine Vergewaltigung von "Sein und Zeit" zu sein.

2. Selbst wenn die Formalisierung von "Sein und Zeit" mit der des Mythos strukturell übereinstimmt, ist inhaltlich nicht expliziert, was "Sein und Zeit" mit diesem Mythos eigentlich zu tun hat (Was hat das Sein mit Gott zu tun, was für ein Gottes- und Seinsbegriff ist überhaupt vorausgesetzt? ...).

Wegen dieser Bedenken darf nur sehr vorsichtig mit Nethöfels Sicht des Verhältnisses Heideggers zu Bultmann umgegangen werden.

11.9. Die Bestreitung von Heideggers Neutralität

Klaus Hollmann[1] hat die Einwände und Kritiken der katholischen Theologie auch bezüglich der Heidegger-Rezeption Bultmanns zusammengetragen.[2] Hollmann stellt zunächst eine Übernahme philosophischer Begriffe fest und damit zugleich eine gefährliche Einwirkung auf Bultmanns Theologie selbst: "Der Einspruch gegen Bultmann setzt ein bei dem Vorwurf, er habe nicht oder zumindest nicht genügend bedacht, daß mit der Übernahme einer philosophischen Begrifflichkeit unausweichlich auch bestimmte Inhalte des betreffenden philosophischen Denkens mit in die Theologie einfließen."[3] Grundsätzlich hat die Philosophie Gewichtiges zu sagen. Aber das darf nicht so weit gehen, daß

---

1) Hollmann, Klaus: Existenz und Glaube. Entwicklung und Ergebnisse der Bultmann-Diskussion in der katholischen Theoligie. Paderborn 1972.
2) vgl. Hollmann, Klaus: Existenz und Glaube. S. 84f f.
3) ebd., S. 84 f.

die Theologie von der Philosophie eingeschränkt wird:
"Wenn Bultmann zu Recht die Philosophie als notwendige
Ergänzung der Theologie sieht, dann darf aber die Abhängigkeit und das Angewiesensein der Theologie gegenüber
der Philosophie sich nicht dahingehend ausweiten, daß die
alles leitende Fragestellung auf die Möglichkeiten der
jeweiligen Philosophie beschränkt wird."[1] Heideggers
Philosophie beschränkt offenbar die Theologie nach Meinung Hollmanns. Mit anderen Worten: sie ist nicht neutral, läßt also Dasein - bzw. die theologische Explikation desselben - nicht unverkürzt sehen. An welchen Punkten aber ist Heideggers Philosophie verkürzt? Hollmann
nennt - als Zusammenfassung aus der Diskussion der katholischen Theologie - mehrere solcher Punkte:

a. Heideggers Philosophie sei eine existential-anthropo-
   logische Engführung.

b. Es liege ein aktualistisch verkürzter Personbegriff
   vor.

c. Es erfolge eine situationsethische Übersteigerung.

d. Es liege eine falsche Zentrierung auf das Präsens der
   Entscheidung vor.

e. Sünde, Heil, Gnade und Rechtfertigung seien mehr als
   Existentialien, nämlich qualitativ-inhaltliche Bestimmungen der Person.

f. Geschöpflichkeit und Verwiesenheit auf Gott kämen bei
   Heidegger nicht zur Sprache.

g. Es erfolge eine Einengung des Menschen auf die eigene
   Existenz. Damit sei die Nähe zum Subjektivismus gegeben.

Wir wollen versuchen, auf die leider oft zu allgemeinen
und unpräzisen Einwände einzugehen:

---

1) Hollmann, Klaus: Existenz und Glaube, S. 85 f.

zu a.: Von "Anthropologie" kann zunächst nur über den
Umweg der Analytik der Existenzialität die Rede sein.
Diese Analytik aber hat fundamentalontologische Absicht.
"Sein und Zeit" ist zudem eine transzendentale Untersuchung. Ihr Ziel ist es, allererst die Bedingung der Möglichkeit von so "etwas" wie "Objektivität" und "Subjektivität" zu explizieren, indem sie die grundlegende Frage
nach dem Sinn von Sein stellt. Das stellt keine Engführung dar, sondern ist die Radikalisierung der Seinsfrage
überhaupt.

zu b.: Unter "Aktualismus" ist hier das "Wesen" des Daseins als Existenz bzw. Vollzug (im Sinne des Tuns) gemeint. Dieser Einsicht einen verkürzten Personbegriff zu
unterstellen, ist nur möglich von einer Substanzontologie
her. Diese aber gilt - wie Heidegger erstmals auf ontologisch zureichender Basis gezeigt hat - nur für nichtda-
seinsmäßiges Seiendes, nicht aber für das Dasein. Der
Mensch ist nach Heidegger nicht mehr im Vorrang des Vor-
handenseins betrachtbar.

Zu c. und d.: Diese Auffassung übersieht das voll entwickelte Existenzial Zeitlichkeit (und dessen Konsequenz,
die Geschichtlichkeit): "Die ursprüngliche und eigentliche Zeitlichkeit zeitigt sich aus der eigentlichen Zukunft, so zwar, daß sie zukünftig gewesen allererst die
Gegenwart weckt."[1] Die Zeitlichkeit bedeutet also weit-
aus mehr als ein Aktualismus der Situation.

zu e.: Dieser Vorwurf setzt wiederum voraus, daß Dasein
als Substanz und Essenz gesehen wird. Ist Dasein jedoch
als Existenz gedacht, ist ein solches Verständnis etwa
von Sünde, wie Bultmann sehr schön gezeigt hat (vgl.

---

1) Feick, Hildegard: Index zu Heideggers "Sein und Zeit".
   Tübingen ³1980, S.33

Punkt 9.1.2.7.), unmöglich. Zudem sind Sünde, Heil, Gnade
... keine Existenzialien, sondern - nach Heidegger - nur
denkbar als existenzielle Möglichkeiten des Daseins. Der
Vorwurf verkennt den Unterschied zwischen Ontischem und
Ontoligischem.

zu f.: Hier ist zunächst die transzendentale Ausrichtung
von "Sein und Zeit" zu bedenken (vgl. die Antwort zu a.).
Ferner wäre hier Heideggers Schrift "Identität und Differenz" heranzuziehen, wo Heidegger den metaphysischen
Gottesbegriff als causa sui und das begründende Denken
überhaupt in Frage stellt, was der Vorwurf beides zu
seinen Voraussetzungen zählt. Erst wenn Heideggers In-
Frage-Stellung des begründenden Denkens als unberechtigt
erwiesen ist, kann Heidegger zum Vorwurf gemacht werden,
daß Geschöpflichkeit in seinem Werk nicht zur Sprache
kommt. Im übrigen ist mit der Kritik am Gott der Metaphysik für Heidegger die Gottesfrage noch lange nicht erle-
digt. Sein Denken des Seins ist auch ein Warten auf den
"göttlichen Gott". Man vergleiche dazu nur den "Brief
über den Humanismus" oder seinen Aufsatz "Nietzsches Wort
'Gott ist tot'" in "Holzwege".

zu g.: Dazu vergleiche man die Antwort auf a., ferner
Punkt 11.6.

Insgesamt ist zu sagen: In dieser Kritik von seiten der
katholischen Theologie, der übrigens auch eine positive
Würdigung Heideggers und Bultmanns gegenübersteht, kommt
eine Anfrage an "Sein und Zeit" zum Ausdruck: Ist die
dort gegebene Analyse wirklich neutral, d.h. läßt sie
Dasein unverdeckt sehen? Diese Anfrage darf aber nicht
von außen geschehen, wie es hier zumeist geschieht, sondern müßte primär innere Gründe anführen, die zeigen, daß
Heideggers ontologische Analyse Dasein nicht unverfälscht
in den Blick bekommt. Das wird die Maßgabe sein, nach der
auch die weitere Kritik an der Neutralität Heideggers zu
messen sein wird.

Wenden wir uns nun speziell jenen Autoren zu, die Heideggers Neutralität bestreiten. Zuweilen wird der Vorwurf
laut, Heideggers Werk sei atheistisch geprägt. Dieser
Vorwurf basiert auf verschiedenen Annahmen. Für Traub[1]
wird er dadurch begründet, daß das Prinzip Heideggers das
"Selbstseinkönnen" sei. Dagegen sei Bultmanns Prinzip das
der Offenbarung, was sich gegenseitig ausschlösse. Traub
vermutet, das Seinkönnen bei Heidegger sei ontisch als
Verneinung der Offenbarung zu verstehen. Auch die ontologischen Analysen, die des weiteren in "Sein und Zeit"
gegeben werden, seien ontisch zu verstehen im Sinne der
Verneinung der Offenbarung.

"Dasein ist Selbstseinkönnen. Ist mit dieser Definition
der Gottesglaube des Christentums vereinbar? ... Was
Gottes Tat ist, ist nicht menschliches Seinkönnen. Es
bricht mit der Tat Gottes etwas in das Dasein ein, was
nicht menschliches Seinkönnen ist, also das Dasein als
Seinkönnen aufhebt. Theologie und Heideggers Ontologie
schließen sich aus."[2] "... wer das Dasein, d.h. den
Menschen als In-der-Welt-sein bestimmt und mit keinem
Wort sagt, daß ... Dasein auch noch etwas ganz anderes
sein könnte, schließt mit seinem Schweigen dieses Andere
(Gott) so gut wie aus."[3]

Nun ist klar, daß Heidegger selbst seine Analyse als
ontologische versteht, die von Sünde und anderen ontischen Begriffen nicht nur absehen, sondern davon eigentlich nichts wissen können. Daß Heidegger seine Analysen
ontisch betreibt, widerspricht nicht deren Neutralität.
Traub müßte daher nachweisen, inwiefern das Seinkönnen
zum einen Dasein nicht unverdeckt ans Licht kommen läßt

---

1) Vgl. Traub, Friedrich: Heidegger und die Theologie.
   In: Zeitschrift für systematische Theologie. 9.Jg.
   Göttingen 1932, S.686-743.
2) ebd., S. 686 - 743, Zitat S. 723.
3) ebd., S. 724.

und zum anderen Offenbarung ausschließt, wenn es denn gar
nicht Heideggers Absicht ist, ontisch von Offenbarung
etwas wissen zu wollen. Auch Schnübbe[1] gibt keine innere
Begründung dafür, daß er Heideggers ontologische Analysen
als nihilistisch und deshalb als die Offenbarung aus-
schließende ansieht: "Heidegger interpretiert das menschliche Dasein, ohne vom Gottesverhältnis zu sprechen. An
der Stelle Gottes steht für ihn das Nichts! Wir sahen:
Die alle verschiedenen Daseinsverständnisse bedingenden
ontologischen Strukturen stehen im Horizont einer grundsätzlich nihilistischen und relativistischen Daseinsschau, also einer vom Standpunkt der Theologie her falschen Daseinsschau."[2] Der weitere Einwand Schübbes,
Heidegger lege ein ontisches Existenzideal zugrunde, wird
unter 11.9.3. behandelt.

Durch Traub und Schübbe wird allerdings klar, daß die
Entscheidung über die Neutralität Heideggers, wenn überhaupt, dann nur von der Ontologie her gefällt werden
kann. Nur wenn die ontologischen Entwürfe Dasein nicht
unverdeckt sehen lassen, ist die Neutralität der Analysen
in Frage zu stellen.

Ähnlich wie Traub versteht auch der schon genannte Kirchhoff Heidegger. Er hebt hervor, daß alles, also auch die
Offenbarung, bei Bultmann in den Bereich der Möglichkeit
des Daseins falle. Das ist für ihn gleichbedeutend damit,
daß Offenbarung bei Bultmann nicht als Skandalon erkannt
sei. Der ontische Entschluß reicht nur zur Möglichkeit:
"Die Möglichkeit, zu der sich Dasein je ontisch entschließt, ist selbst nur als mögliches 'Daß' im Blick."[3]

---

1) Schnübbe, Otto: Der Existenzbegriff in der Theologie
   Rudolf Bultmanns. Ein Beitrag zur Interpetation der
   theologischen Systematik Bultmanns. Göttingen 1959.
2) ebd., S.37
3) Kirchhoff, Walter: Neukantianismus ..., S.173.

Die ontische Entscheidung geht für Kirchhoff im bloßen Mögklichsein unter.

Bultmann ist gegen diesen Einwand in Schutz zu nehmen. Er betont, daß der Glaube kein Phänomen des Daseins, sondern der rechtfertigenden Gnade Gottes ist.

Es ist an diesem Beispiel das Problem des Verhältnisses von Theologie und existenzialer Analytik gut sichtbar zu machen. Von Bultmann her wird klar, daß der existenziale Entwurf, ob implizit oder explizit, die Theologie entscheidend prägt. Schließt man das eine aus, wie Kirchhoff es mit der existenzialen Analytik tut, entsteht die Gefahr, einem impliziten, unreflektierten Verständnis von Dasein zu erliegen, das dieses als vorfindliches Seiendes betrachtet, das von Gottes Seite her bestimmten Einwirkungen unterliegt. Daß dieses nicht dem Sein des Daseins gemäß ist, wurde gerade durch Bultmanns Theologie deutlich. Es gilt also, die existenziale Analytik nicht zu verdrängen, sondern ernst zu nehmen. Oder, wie Bultmann sinngemäß sagt: von Gott reden heißt, vom Menschen reden. Darum ist die existenziale Analytik auf ihre Fundamente hin zu befragen, was wir bezüglich der Zeitlichkeit versuchen.

Noch ein Wort zur Literatur: In der vorausgehenden bzw. nachfolgenden Darstellung der Frage nach Heideggers Neutralität wird häufig ältere Literatur verwendet. Dies geschieht, weil in ihr Grundpositionen zu unserer Frage erarbeitet sind, die bis heute ihre sachliche Relevanz bewahrt haben.

11.9.1. Der Atheismus Heideggers

Kuhlmann[1] erkennt zunächst die grundsätzliche Bedeutung der Philosophie Heideggers für die Theologie Bultmanns an. "Der Schwerpunkt der Diskussion muß zunächst auf die philosophischen Grundlagen (Heideggers) verschoben werden."[2] Von daher betont er, daß jegliche Methode, und zwar auch und gerade die ontologische, nicht von ihrem Gegenstand zu trennen sei. Die Philosophie Heideggers treffe nun im Vorhinein die Entscheidung, daß Dasein als einzig mögliches Sein entdeckt werden soll.[3] Daher sei Heideggers Philosophie von Anfang an atheistisch. So verfälsche Bultmann durch die Übernahme Heideggerscher Gedanken die Offenbarung, indem diese im Immer-schon-sein der Existenz aufgehe. Kuhlmann betrachtet daher Heideggers Philosophie in "Sein und Zeit" als "atheistische Metaphysik"[4]. Kierkegaard als ein Vorläufer Heideggers wird von diesem Verdikt nicht ausgenommen. Die Selbstauslegung des Daseins sei damit immer schon Glaube und so das Problem des "Anderen" verfehlt. Er versteht dieses Andere offenbar als ein dem Menschen Gegenüberstehendes.

Kuhlmann hat als erster explizit erkannt, daß eine Sichtung der Theologie Bultmanns auf die Philosophie Heideggers zurückführen muß, und zwar die von "Sein und Zeit". Nun ist klar, daß die Methode einer Philosophie von ihrem Gegenstand abhängt. Es ist aber die Frage, ob der "Gegenstand" von "Sein und Zeit" das Dasein als einzig mögli-

---

1) Vgl. Kuhlmann, Gerhard: Zum theologischen Problem der Existenz. Fragen an Rudolf Bultmann. In: Zeitschrift für Theologie und Kirche. NF 10. Tübingen Jg. 1929, S.28-57.
2) ebd., S. 35.
3) ebd., S. 42 ff.
4) Vgl. auch: Heim, Karl: Ontologie und Theologie. In: Zeitschrift für Theologie und Kirche. NF Jg. 11. Tübingen 1930, S.325-338, besonders S.329ff.

ches Sein ist. Abgesehen davon, daß Dasein bei Heidegger
nicht als vorkommendes betrachtet wird, ist der "Gegenstand" von "Sein und Zeit" die Frage nach dem Sein. Erst
von daher kommt Heidegger auf Dasein zu sprechen. Aber
hat Kuhlmann die wichtigsten Stellen in "Sein und Zeit"
überlesen, die von der Aufgabe des Werkes sprechen, die
Frage nach dem Sinn von Sein erneut stellen zu wollen,
d.h. daß Dasein als der Ort der Seinsfrage in den Blick
kommt? Hat er damit etwa sagen wollen, daß das Sein
selbst "atheistisch" ist?

Gerade weil die Methode des Werkes die ontologische ist,
wäre die Diskussion auf den ontologischen Gegenstand der
Philosophie von "Sein und Zeit" zu verschieben, nicht
aber auf eine vermeintlich ontische Entscheidung, die von
Kuhlmann auch nicht belegt wird. Die Frage, der es nachzudenken gilt, wäre im Sinne Heideggers vielmehr folgendermaßen zu stellen: Was hat es mit dem Sein auf sich,
daß Dasein, der Ort der Seinsfrage, "Anderes", dessen
ontologischer Sinn zunächst dunkel bleibt, nicht kennen
kann? Zudem stellt Heideggers Explikation des Daseins
erst den Versuch dar, die Bedingung von Wahrheit überhaupt im Dasein als In-der-Welt-sein im Sinne der Zeitlichkeit zu verstehen. Es ist also allererst ernst zu
machen damit, daß die Analyse Heideggers ontologisch ist.
Sie darf nicht von vornherein in die "Alternative" Athe-
ismus - Offenbarung oder Offenheit für Gott gepreßt werden. Heideggers Absicht ist es, die Frage nach dem Sinn
von Sein allererst zu erwecken, anstatt sie von vornherein durch den Hinweis auf Gott abgetan sein zu lassen.
Vielleicht liegt erst in solch vorsichtigem Verfahren die
Chance, zu entdecken, was das Wort "Gott" meint.

Dennoch dürfen wir Kuhlmanns Hinweise nicht einfach bei-
seite schieben. Es ist die Offenbarung des Jenseits Gottes, das hier anzusprechen ist. Die Ankunft Gottes ist
die seiner Jenseitigkeit. Es stellt sich die Frage, ob
Kuhlmann nicht darin recht hat, daß er das Problem des

"Anderen", dessen ontologischer Sinn zunächst offen
bleibt, aufwirft. Warum kann sich das eschatologische
Geschehen nicht vollends durchsetzen? Warum ist Gott
nicht in seiner Fülle beim Menschen? Warum ist der Inkar-
nationsgedanke nicht ganz da, der im eschatologischen
Geschehen doch verwirklicht sein könnte? Ist es das Verständnis des Daseins als Zeitlichkeit, das solches nicht
zuläßt? Was ist die Zeitlichkeit ihrem "Wesen" nach, daß
sie "Anderes" nicht erkennen kann? Eine Entscheidungs-
hypothese, daß Heidegger den Menschen atheistisch verstehen wolle, hilft in diesem Falle nicht weiter. Ein klä-
render Versuch muß auf ontologischer Ebene stehen und das
"Wesen" der Zeitlichkeit zu verstehen suchen.

11.9.2. Verkürztes Mitsein?

Karl Heim[1] sieht das Problem ähnlich wie Kuhlmann. Wird
die Offenbarung "zu einer bloßen Mythologisierung der vom
Philosophen schon im natürlichen Dasein entdeckten wesentlichen Dialektik von eigentlicher und uneigentlicher
Existenz"?[2] Heim ist der Meinung, daß die philosophischen Gedanken Heideggers die Theologie Bultmanns bela-
sten. Denn Heidegger klammere in "Sein und Zeit" zwei
wesentliche Fragen aus, nämlich einmal die des Woher und
Wozu und zum anderen die des Mitseins. Heim legt deshalb
auf das Mitsein Wert, weil er das Verhältnis Gott -
Mensch als ein Personenverhältnis anerkannt wissen möchte.

Der Vorwurf, daß die Offenbarung in Bultmanns Theologie
im Möglichsein des Daseins aufgehe, wurde schon bespro-
chen. Es ist hier nur auf das eschatologische Geschehen

---

1) Vgl. Heim, Karl: Ontologie und Theologie. In: Zeitschrift für Theologie und Kirche. NF Jg. 11. Tübingen
1930, S.325-338.
2) ebd., S.329.

und gleichzeitig auf die Bedingung, Offenbarung zu verstehen, nämlich die Fraglichkeit der Existenz, hinzuweisen. Zwischen beiden Polen kommt das Problem zu stehen.
Daher ist zu fragen, ob die Auffassung der Existenz von
der Zeitlichkeit her den Blick unverstellt auf den Menschen frei gibt oder in präjudiziert. Dies muß auf ontologischer Ebene geschehen.

Doch dies ist ja nur ein Punkt der Kritik Heims an Heidegger. Heim sieht das Aufgehen der Offenbarung im Mög-
lichkeitsfeld des Daseins vor allem in der Auslassung der
Frage des Woher und Wozu und der Frage des Mitseins begründet. "Eine atheistische Ontologie, wie sie Heidegger
versucht, ist also, vom christlichen Standpunkt aus betrachtet, immer nur auf Grund einer Abstraktion möglich,
also dadurch, daß eine letzte Frage 'eingeklammert' oder
außer Acht gelassen wird ..., die Frage nach dem letzten
Warum und Wozu der menschlichen Existenz."[1]. "Entscheidend für den theologischen Wert der neuen Daseinsanalyse
ist das, was Heidegger das Mitsein nennt, das Verhältnis
von Ich und Du."[2] "Daß Heidegger in seinem Hauptwerk
'Sein und Zeit' die Gottesfrage außer Betracht lassen
kann, liegt vielleicht nur daran, daß er dem 'Mitsein'
... keine erschöpfende Untersuchung widmet."[3]

Was die erste Frage anbelangt, so setzt Heim damit eine
Denkweise voraus, die das Sein des Menschen nach Gründen
und Ursachen bestimmt. Menschsein ist sinnvoll, weil ein
Grund existiert, der meist mit "Gott" gleichgesetzt wird,
oder es ist sinnlos, weil kein Grund ist. Der Sinn dieser
Denkweise bleibt in beidem gleich. Es ist aber die Frage
nach dem Sinn dieser Denkweise zu stellen. Der Mensch

---

1) ebd., S.330
2) ebd., S.331.
3) ebd., S.332

kann nur von Gründen und Ursachen wissen, weil sie in
irgend einer Weise für ihn Bedeutung haben. Deshalb kann
erst von Gründen gesprochen werden, wenn klar ist, wie
der Mensch konstituiert ist, daß er die Erfahrung oder
auch Nicht-Erfahrung von Gründen machen kann. Der Ort
dieser Erfahrung muß allererst klar sein. Das aber setzt
die Untersuchung des Seins des Menschen voraus.

Daher darf der Weg nicht so verstanden werden, daß man
von einer Begründetheit oder Nichtbegründetheit ausgeht
und danach eine Explikation des Seins des Menschen gibt.
Dagegen muß allererst die Frage aufgeworfen werden, wie
das Sein des Menschen zu verstehen ist, daß so etwas wie
die Frage nach dem Grund, sei er als Woher oder Wozu,
sinnvoll sein kann. Das Verständnis vom Sein des Menschen
entscheidet erst über das mögliche Sein dieser Denkweise.
Daher müßte Heim sich mit der Konzeption des Daseins als
Zeitlichkeit auseinandersetzen, und zeigen, daß sie der
ursprünglichen Erfahrung des Daseins widerspricht. Andererseits dürfte er Heidegger noch nicht kritisieren. Denn
dieser ist allererst auf dem Weg, davon sprechen zu können, daß Seiendes begründet, unbegründet oder vielleicht
in dieser Kategorie nicht adäquat verstehbar ist. Vielmehr müßte Heim selbst eine Explikation des Daseins aufzeigen, wie dieses sich besser verstehen ließe. So ist
die Erfahrung des geschichtlichen Menschen, die ontologisch zu explizieren wäre, die "Kategorie", von der die
Untersuchung auszugehen hätte. Das "Wesen" dieser Erfahrung bestimmte so allererst die Gültigkeit der Denkweise.

Was das Mitsein anbelangt, so ist hier zunächst auf die
Analyse desselben in "Sein und Zeit" zu verweisen. Es
kann nicht gesagt werden, Heidegger vernachlässige dies
Existenzial. Er sucht es gerade als immer schon zum Da-
sein gehörig aufzuweisen. Daher wäre zu fragen, welche
Explikation des Daseins, wie sie Heidegger gibt, das
Mitsein adäquater verstehen läßt bzw. weshalb Heideggers

Analyse des Mitseins dieses nicht unverdeckt sehen läßt.
Diese Fragen werden von Heim leider nicht beantwortet.

11.9.3 Eigentlichkeit und Diesseits

Löwith[1] stellt zunächst fest, daß gläubiges Dasein zugleich menschliches Dasein sei und daher, will die Theologie den Menschen verstehen, sie auch philosophieren
müsse. So stellt er die Frage, ob Heideggers Philosophie,
die von Bultmann in Dienst genommen werde, neutral sei,
d.h. ob die Theologie diese ohne Abstriche für ihre Zwek-
ke verwenden könne. Löwiths Meinung geht dahin, daß Heideggers Philosophie nicht neutral sei, den Blick nicht
unverstellt auf Dasein frei gebe. Sie setze ein bestimmtes Existenzideal voraus, nämlich das der Eigentlichkeit,
die nur das Diesseits kenne[2]. Heidegger betone selbst,
daß die ontologische Forschung nur ontisch betrieben
werden könne (vgl. "Sein und Zeit", 13, 266 f., 370, 312
ff.). So resümiert Löwith: "Der Leitfaden des universalen
Fragens ist also auch bei Heidegger ausgesprochen diesseits, auf Seite des menschlichen Daseins festgemacht,
und nur für dieses Dasein gibt es auch nach Heidegger so
etwas wie 'Sinn' und 'Unsinn' ... ('Sein und Zeit'
S. 151), d.h. nur in bezug auf menschliches Dasein hat es
überhaupt Sinn: von Sinn zu reden und nach Sinn zu fragen."[3]

Die Voraussetzung der protestantischen Theologie, Heideggers Philosophie zu übernehmen, sei die, daß mit dem
Menschen im Glauben keine Verwandlung geschehe. Der

---

1) Vgl. Löwith, Karl: Phänomenologische Ontologie und
   protestantische Theologie. In: Zeitschrift für Theologie und Kirche. NF Jg. 11. Tübingen 1930, S. 365 -
   399.
2) Vgl. Löwith, Karl: a.a.O., S. 367 ff.
3) ebd., S. 390 f.

Mensch bleibe, was er ist, vor Gott Sünder, vor den Menschen ein Mensch. So sei für diese Theologie nur der Akt
des Glaubens maßgebend, was einem Glauben an den Glauben
gleichkomme[1].

Löwith erkennt zunächst die Wichtigkeit der Philosophie
für die Theologie. Gerade im Bereich Heidegger - Bultmann
kommt ja die Einsicht zutage, daß ein bestimmtes Verständnis des Daseins ein daraus resultierendes Gottesver-
ständnis zeitigt. Es ist damit angezeigt, daß Theologie
notwendigerweise ohne ein Daseinsverständnis gar nicht
existieren kann. In diesem Sinn versteht auch Löwith hier
den Begriff Philosophie, nämlich als existenziale Analytik.

Für Löwith ist Heideggers Philosophie in bezug auf Theologie deshalb nicht neutral, weil sie sich auf das Diesseits festgelegt habe. Damit sei der Raum für das Wirken
Gottes weggenommen. Die protestantische Theologie habe
diese Philosophie nur in ihren Dienst nehmen können, weil
ihre Voraussetzung sei, daß der Mensch durch das Handeln
Gottes nicht verwandelt werde. Der Mensch sei im Grunde
nur fähig zu glauben.

Es ist von Bultmanns Theologie her klar geworden, daß der
Glaube das Sein des Menschen als Existenz neu werden
läßt. Von daher ist Löwith in seiner Auffassung, was die
protestantische Theologie anbetrifft, in bezug auf Bultmann nicht recht zu geben. Vielmehr erweist sich in Löwiths Meinung die Vorherrschaft des Begriffes der "ver-
dorbenen Natur", die in ihrer Inadäquatheit bezüglich des
Seins der Menschen gerade durch Bultmanns Theologie erkannt worden ist.

---

1) ebd., S. 397.

Was die Neutralität von Heideggers Philosophie angeht, so
ist Heidegger gegen Löwith dahingehend in Schutz zu nehmen, daß er absichtlich im "Diesseits" verbleiben wolle.
Heideggers Frage geht auf den Sinn von Sein. Erst wenn
diese Frage geklärt ist, kann nach dem Sein Gottes als
"Jenseits" gefragt werden. Mit der Frage nach dem Sinn
von Sein steht die Frage nach dem Sein überhaupt auf dem
Spiel. Dennoch ist Löwiths Einwand nicht vorschnell abzuwehren. Denn dieser stellt sich von der ontologischen
Ebene Heideggers erneut und vertieft dar: Warum kommt
Heidegger nicht bis zur Seinsfrage selbst voran? Ist es
die Zeitlichkeit, die das Sein selbst nicht zu Wort kommen läßt? Besteht vielleicht gerade hierin die Unheimlichkeit von "Sein und Zeit", wie sie Jaspers empfand?
Und schließlich: Ist es die "Theiologie", die "Sein und
Zeit" scheitern läßt, weil die Zeitlichkeit keinen Platz
mehr läßt für die Möglichkeit des Heilen? Diese Fragen an
Heidegger liegen auf ontologischer Ebene, auf der Ebene
der Zeitlichkeit und können nur von daher beantwortet
werden.

11.9.4 Absolute Endlichkeit

Auch Helmut Haug[1] gibt letztlich keine ontologisch angelegte Auseinandersetzung, warum das Problem des Seins,
des "Anderen", wie immer es nun zu denken ist, in "Sein
und Zeit" nicht adäquat gelöst wird. Nach Haug macht
Bultmann zwei Voraussetzungen. Zum einen, daß die ontologische Analyse formal sei und zum zweiten, daß die Offenbarung diese Struktur nicht antaste. Was die zweite Voraussetzung anbelangt, so hat sie sich schon bei Löwith

---

1) Vgl. Haug, Helmut: Offenbarungstheologie und philosophische Daseinsanalyse bei Rudolf Bultmann. In: Zeitschrift für Theologie und Kirche. 55. Jg., 1958, S.
   201 - 253.

als unhaltbar gezeigt. Denn die Offenbarung qualifiziert
sehr wohl die Existenz und läßt sie im Glauben existenziell neu werden, indem sie aus der Zukunft Gottes ist.

Was die Neutralität der ontologischen Analysen Heideggers
angeht, so lehnt Haug diese mit dem Hinweis darauf ab,
daß die Eigentlichkeit, die er als Seiner-selbst-mächtig-
sein-wollen versteht, das Existenzideal Heidegger sei.
Dasein schaffe sich selbst die zu ergreifenden Möglichkeiten, anstatt sie sich darbieten zu lassen. Eigentlichkeit besage das Sich-selbst-wollen des Daseins, und zwar
als endliches. Die Endlichkeit werde von Heidegger absolut gesetzt. Die Offenbarung werde so zur profanisierten
Möglichkeit des sich selbst absolut setzenden Daseins.
Das ungläubige Daseins entspräche dem gläubigen, nur daß
dieses sich entschließe zu ..., aber das Wozu des Entschlusses sei das blinde Entschlossensein. "Wenn überhaupt die existentiale Analyse zum Verständnis des Glaubens etwas beitragen kann, dann besteht dieser Beitrag
eben in der Interpretation des Glaubens als der Übernahme
eines endlichen, des eigenen Seins im Grunde nicht mäch-
tigen und gleichwohl sich selbst von Grund auf zueigenen
Seinkönnens."[1]

"Zeigt sie (die existentiale Analyse), daß ein endliches
Seinkönnen sein Sein von Grund auf einer fremden Macht
verdankt, so zeigt sie doch zugleich, daß dieses als ein
Seinkönnen aus dem eigenen Selbst nur bestehen kann, wenn
jene gründende Macht eine schlechthin nicht welthafte ist
und bleibt, angezeigt nur durch die unaufhebbare Nichtigkeit des Grundseins, von dem her sich Dasein in die Freiheit seines eigensten Seinkönnens freigegeben findet."[2]
"Die eigentliche Wahrheit des Existierens ist die Eigent-

---

1) Haug, Helmut: Offenbarungstheologie ..., a.a.O., S.226.
2) ebd., S. 227.

lichkeit eines <u>endlichen</u> Seinkönnens aus dem eigenen
Selbst."[1]

Haug erkennt den Zwiespalt der Bultmannschen Theologie:
daß der Mensch aus der doppeldeutigen Zukunft Gottes
existiert. Was Haug allerdings nicht genügend berücksichtigt, ist dies, daß diese Zukunft eine zwiespältige ist.
Es geht also um nichts anderes als um die indirekte Offenbarung. Wir sahen bereits, daß die Jenseitigkeit Gottes bedingt ist durch die Verwendung der Zeitlichkeit für
die Begegnungswirklichkeit Gott, seine Gegenwart. Die
Zukunft der Zeitlichkeit läßt diese Gegenwart nur sein,
indem Dasein auf sich selbst zurückkommt, wodurch die
Gegenwart Gottes die Gegenwart des Jenseits wird. Bisher
konnte ein Einwand gegen die aufgestellte These einge-
bracht werden: Die Kunft, in der Dasein auf sich selbst
zurückkommt, braucht nicht unbedingt die Gegenwart Gottes
zur jenseitigen werden zu lassen. Es geht also um den
Stellenwert der Zukunft der Zeitlichkeit, daß sie solches
vermag.

11.10. <u>Heideggers Rechtfertigung seiner Neutralität</u>

Bekommt Heidegger Dasein unverstellt in den Blick? Der
Philosoph gibt selbst die Rechtfertigung seines Vorgehens
in "Sein und Zeit ", der wir uns nun zuwenden wollen.
Heideggers Frage lautet so: "Liegt der durchgeführten
Interpretation der Eigentlichkeit und Ganzheit des Daseins nicht eine ontische Auffassung von Existenz zugrunde ...? Wenn das Sein des Daseins wesenhaft Seinkönnen
ist und Freisein für seine eigensten Möglichkeiten und
wenn es je nur in der Freiheit für sie bzw. in der Un-
freiheit gegen sie existiert, vermag dann die ontologi-

---

1) ebd., S.223

sche Interpretation anderes als <u>ontische Möglichkeiten</u>
(Weisen des Seinkönnens) zugrundezulegen und <u>diese</u> auf
<u>ihre ontologische Möglichkeit</u> zu entwerfen?"[1] Der kri-
tische Einwand ist deutlich. Heidegger gibt vor, eine
existenziale Interpretation des Daseins zu geben. Aber
diese kann doch nur geschehen, indem schon von bestimmten
ontischen Möglichkeiten ausgegangen wird, die auf ihre
ontologischen Bedingungen hin entworfen werden. Deshalb
stellt sich die Frage, ob der Ausgangspunkt, von dem her
Heideggers Gedanken ihren Anfang nehmen, den Blick auf
das ganze Dasein freigibt, oder ob nicht ein bestimmter
ontischer Blickwinkel die Perspektive einschränkt. Es muß
der ontische Ausgangspunkt so gewählt sein, daß er das
ganze Dasein existenzial sichtbar werden läßt. Die obige
Frage ist nicht schon mit dem Hinweis abzutun, daß doch
immer ontische Möglichkeiten den ontologischen Interpretationen vorausliegen. Es kommt nicht nur auf die Art der
grundlegenden ontischen Möglichkeiten an, von denen Heidegger ausgeht, sondern vor allem auf das ontologische
Ziel, das immer schon seinen Schatten auf das Ontische
wirft. So stellt sich die Frage, ob eine ontische Existenzidee, die auf dem Grunde des Ontologischen erst
ihren Sinn erhält, bei Heidegger vorausgesetzt ist, und
zwar so, daß sie den Blick auf Dasein nicht unverstellt
frei gibt. Schließlich ist zu fragen, ob die Explikation
des Ontologischen selbst es ist, die den Blick auf Dasein
verstellt.

Vorab ist dies zu klären: Voraussetzen einer Existenzidee
heißt nicht, einem Zirkel zu verfallen, als ob doch nur
etwas ontologisch expliziert werden könne, was schon in
der Idee vorausgesetzt wäre. Dieser Einwand verkennt die
Zirkelstruktur, die für das Verstehen des Daseins charakteristisch ist. Dasein als Sein des Da, d.h. aber als

---

1) Sein und Zeit, S.312.

sich entwerfendes Dasein, als Sich-vorweg-sein, ist als
verstehendes wesenhaft in der Zirkelstruktur. "Die Bemü-
hung muß vielmehr darauf zielen, ursprünglich und ganz in
diesen 'Kreis' zu springen, um sich schon im Ansatz der
Daseinsanalyse den vollen Blick auf das zirkelhafte Sein
des Daseins zu sichern."[1] Gelingt Heidegger dies? Welches ist sein Grundsatz? Ist er eine ontische Idee, die
den Blickwinkel auf das Ontologische beschränkt und es
nur ausschnittweise zugänglich werden läßt? Ist es das
Ontologische selbst, das den Blick verstellt?

Damit kommen wir auf die oben gestellte Frage zurück.
Heidegger beantwortet sie mit der Explikation seines
Grundansatzes. "Die formale Anzeige der Existenzidee war
geleitet von dem im Dasein selbst liegenden Seinsverständnis. Ohne jede ontologische Durchsichtigkeit enthüllt es doch: das Seiende, das wir Dasein nennen, bin
ich je selbst und zwar als Seinkönnen, dem es darum geht,
dieses Seiende zu sein. ... Die angesetzte Existenzidee
ist die existenziell unverbindliche Vorzeichnung der
formalen Struktur des Daseinsverständnisses überhaupt."[2]
Das Erste und Letzte, von dem Heidegger ausgeht, ist das
Seinsverstehen des Daseins, auf dessen letztliches Fundament als der Zeitlichkeit allerdings zu achten sein wird.
Dies ist der rote Faden, der sich durch die Einzelerörte-
rungen von "Sein und Zeit" spannt. Und ist tatsächlich
etwas dagegen einzuwenden, daß dies die "ontische" Existenzidee sein soll - daß Dasein seinsverstehendes ist
und dies so, daß es ihm als Sein, das je zu sein hat, um
es selbst geht - von der aus Dasein auf seine Existenzialität entworfen wird? Inhaltliche Bestimmungen liegen
diesem formalen Ansatz von sich aus fern. Und daß es Dasein als seinsverstehendem um sich selbst geht, auch wenn

---

1) Sein und Zeit, S.315.
2) ebd., S.313.

es sich auf "Anderes" bezieht, wird wohl niemand leugnen
wollen, und selbst wenn jemand dies täte, würde er damit
nur zeigen, daß es dem Dasein darum geht, sein Sein verstehend zu sein.

Heidegger stellt sich noch einem anderen Einwand, der
aber schon beantwortet wurde, dem Zirkeleinwand: Die Idee
des Daseins als seinsverstehendes setzt schon die Idee
von Sein überhaupt voraus. Allein, das Sein soll ja erst
durch die Explikation des Seins des Daseins erschlossen
werden. Also ist vorausgesetzt, was expliziert werden
soll. Heidegger weist diesen Einwand unter Hinweis auf
die Sorgestruktur, speziell das Sich-vorweg-sein, die
Entwurfstruktur des Verstehens, ab. Verstehen ist nur im
"Zirkel" des Verstehens möglich, der in der Sinnstruktur
des Daseins verankert ist.

11.11   Die Zeitlichkeit und Bultmanns Intention

Ist also das Vorgehen Heideggers gerechtfertigt? Soweit
es die genannte Rechtfertigung anbelangt, ja. Allein, es
erhebt sich die Frage, wie Heidegger Dasein schließlich
versteht. Denn erst das Ziel wirft Licht auf den Weg, den
"Sein und Zeit" geht. Darum ist zu sehen, ob nicht gerade
das Ziel den Blick einengt, ob es Dasein hinsichtlich
seines Seins unverdeckt zutage treten läßt. Das Ziel des
veröffentlichten Teils von "Sein und Zeit" ist die Herausstellung des Seins des Daseins als Zeitlichkeit. Wenn
überhaupt eine kritische Frage an die Grundlage von "Sein
und Zeit" zu richten ist, muß sie hier ansetzen. Einen
Hinweis gibt Heidegger selbst, wenn er in seinen Nietz-
sche-Vorlesungen von "Sein und Zeit" sagt: "Vor allem
aber bricht dieser Weg an einer entscheidenden Stelle ab.
Dieser Abbruch ist darin begründet, daß der eingeschlage-
ne Weg und Versuch wider seinen Willen in die Gefahr
kommt, erneut nur eine Verfestigung der Subjektivität zu
werden, daß er selbst die entscheidenden Schritte, d.h.

deren zureichende Darstellung im Wesensvollzug, verhindert."[1] Heidegger spricht von der Subjektivität und der
von ihr herkommenden Gefahr, in der "Sein und Zeit"
steht. Was aber ist in "Sein und Zeit" "subjektiv"? Kann
die Zeitlichkeit darüber Aufschluß geben?

Die primäre Zeitigungsweise der Zeitlichkeit ist die
Zukunft. Wie wird diese charakterisiert? Zukunft ist "die
Kunft, in der das Dasein in seinem eigensten Seinkönnen
auf sich zukommt."[2] In der Zukunft ist der Sinn des
Seins des Daseins erschlossen. Liegt darin eine Beschränkung, die den Blick auf Dasein nicht unverstellt frei
gibt?

In der Tat. Und zwar liegt die Einschränkung darin, daß
Dasein sich selbst braucht, um bei sich zu sein, indem es
auf sich zukommt und so zurückkommt. Es ist nicht bei
sich, indem es "draußen" ist, sondern so, daß es auf sich
zurückkommen muß. Es ist der Stellenwert, der diese reditio fraglich werden läßt und die Weise, wie die reditio
geschieht. Denn daß der Mensch ein Wesen ist, das die
reditio vollzieht, ist nicht strittig. Indem der Mensch
auf sich zurückkommt, müßte bei Bultmann der zukommende
Gott ganz beim Menschen sein, ohne daß eine Transzendenz
zurückbliebe. Gott wäre wirklich ganz der gegenwärtige
Gott und es gäbe nicht die Zwiespältigkeit von Nähe und
Ferne des Gottesbegriffs in Bultmanns Theologie. Wie aber
kommt es, daß die Zeitlichkeit im Vorrang der Zukunft
die Jenseitigkeit Gottes, seine Ferne, zeitigt?

Heidegger spricht von der Gefahr der Subjektivität: Die
Zeitlichkeit öffnet zwar Dasein und läßt die Helle des

---

1) Heidegger, Martin: Nietzsche. Bd. II, Pfullingen 1961,
   S.194f.
2) Sein und Zeit, S.325.

Seins aufscheinen. Aber dieses Aufscheinen geschieht, indem die Zeitlichkeit das Dasein schließt, und zwar gegen das Begegnende, gegen das Sein, gegen die Möglichkeit des Heilen des Seins, das Göttliche. "Sein und Zeit" kennt die Helle der Erschlossenheit, aber die Zukunft der Zeitlichkeit schließt das, was diese Gegenwart sein läßt, vom Dasein ab. Das Lichtende des Seins ist in der Zeitlichkeit erschlossen, aber es ist so erschlossen, daß das Licht, das Sein selbst, durch die Zukunft verschlossen bleibt, indem sie dieses ausschließt. Die Öffnung des Daseins geschieht als dessen Schließung. Der Kreis, der der Mensch ist, ist zwar hell, aber sein Licht ist dunkles Licht. Nicht die reditio selbst ist daher fraglich, sondern das Zusammenfallen von Woraufhin des Ausgehens und Wohin-zurück des Zurückkehrens ist es, das schließlich auch die Jenseitigkeit Gottes in Bultmanns Konzeption zeitigt. Dasein ist zuerst und zuletzt, als Woraufhin und Wohin-zurück, auf sich selbst zurückkommende Ekstase der Zukunft. Das Woraufhin als das "Andere" kann nicht von sich aus sein. Der Kreis, der Dasein ist, ist keiner, der Dasein schließt, indem er es öffnet auf das Begegnende hin und so auf sich zurückkommt, sondern einer, der öffnet, indem er schließt und das Begegnende dadurch abschließt. Die Gegenwart Gottes kann so nur sein als das dunkle Licht des Jenseits Gottes. Offenbarung ist indirekte geworden. Die Zukunft der Zeitlichkeit läßt die Gegenwart des begegnenden Gottes nur als "Gegenwart" der Jenseitigkeit sein, die als Zurückkommen des Daseins auf sich selbst ist. Was hell wird in der Entscheidung der Existenz ist das Dunkel der Jenseitigkeit Gottes. Die Konzeption der indirekten Offenbarung ist damit aus der Vereinigung von Zeitlichkeit und der Gegenwart Gottes in der Begegnung verständlich.

11.11.1 Heideggers Weg

Was Heidegger selbst anbelangt, so ist von hier aus sein
nachfolgender Weg als konsequentes Weiterdenken von der
Öffnung des Seins im Dasein her zu begreifen: In "Sein
und Zeit" ist Dasein sich hell, aber es ist sich so hell,
daß es zum solus ipse der Angst wird, was bedingt ist
durch die dargelegte Konzeption der Zeitlichkeit.[1] So
aber wird das Sein zum Dunkel, das sich in der Helle der
Angst offenbart. Dasein wird Hineingehaltenheit in das
Nichts. Das Nichts erscheint als das Woraufhin des Ausgehens des Kreises. Doch dies ist nur "Zwischenstation".
Heidegger geht weiter "aus", der Kreis des Da-seins öffnet sich auf das hin, was das Licht des Daseins ausmach-
te, aber als Dunkel der Zeitlichkeit erschien, weil Dasein zukünftig gedacht war. Das Nichts wird zum Schleier
des Seins, aber nicht, weil Heidegger nun plötzlich das
Nichts zum Sein uminterpretiert oder sich radikal von
"Sein und Zeit" abkehrt, sondern weil in seinem Fragen
das Woraufhin des "Kreises" des Da-seins als das Lichten-

---

1) Gegen diese These nimmt Herrmann (Herrmann, Friedrich-
Wilhelm von: Subjekt und Dasein. Frankfurt/Main 1974)
Stellung: Im Vollzug der eigentlichen Zeitlichkeit des
Daseins zeitigt sich nicht nur das Dasein als selbst-
hafte Zeitlichkeit ..., sondern hält darin die Erschlossenheit von Sein-überhaupt als zeithafte aufge-
schlossen." (Herrmann, S.87)

Demgegenüber gilt: 1. Heidegger möchte in "Sein und
Zeit" die Bedingung der Möglichkeit, Sein zu verstehen, den Sinn von Sein, aus dem Sinn des Seins des
Daseins gewinnen. 2. Wenn dem so wäre, wie Herrmann
behauptet, stellt sich die Frage, warum Heidegger
überhaupt eine Kehre durchmachen konnte. 3. Bei der
Explikation der Zukunft in "Sein und Zeit" ist nirgends die Rede von der Offenheit des Seins überhaupt,
sondern von der Kunft, in der Dasein auf sich zurückkommt, die die Endlichkeit des Daseins bedeutet. 4. So
ist einzusehen, daß Zukunft als die Endlichkeit des
Daseins nicht die Ek-sistenz des Menschen in das Sein
ist. 5. Die Geworfenheit, das Daß des Daseins, geschieht nicht aus dem Sein, "es gibt" noch kein "Ereignis".

de des Daseins selbst erscheint. Der Mensch ek-sistiert.
Aber er ek-sistiert so, daß sein Wesen vom Sein her ereignet wird. Es ist der Kreis von "Sein und Zeit" als
reditio, der nicht verlassen wird, sondern der immer
weiter oszilliert, bis er die maximale Helle erreicht
hat, die selbst die Helle des Daseins lichtet. Heideggers
Weg offenbart in der Kehre keinen Bruch, sondern ist
tatsächlich der Weg, der tiefer in die Sache von "Sein
und Zeit" hineinführt: das Gelichtetsein des Daseins als
das Ereignis des Seins. Das Ereignis als das, "was" Dasein sein läßt, indem es den Menschen in sein Wesen ein-
läßt, ist, vom Weg her gesehen, den Heidegger geht, das
letzte "Ergebnis" seines Denkens. Gleichwohl durchwaltet
es diesen Weg von Anfang an, konnte aber zunächst nicht
"gefunden" werden, weil Dasein in der Zeitlichkeit sich
selbst abgeschlossen hatte in seiner "Entschlossenheit".
Das Ereignis ist es aber, das die Erschlossenheit fundiert als das, was Dasein letztlich an-geht.

Heideggers gesamter Weg als Denker gilt nur der einzigen
Frage nach dem Licht, das allem Seienden die Helle gibt.
Der Ort, wo das Licht, das Erscheinen-lassen, statt hat
als das Aufleuchten der Seienden, ist der Mensch. Das
Licht aber, das das Seiende ins Scheinen bringt und diesem Scheinen einen Ort im Menschen gibt, ist das Sein,
wie es "letztlich" als Ereignis zu denken ist, das das
Wesen des Menschen ereignet und so selbst zur Sprache
kommt.

Bultmann geht diesen Weg des späten Heideggers nicht mit;
das wird verständlich, wenn man sein erkenntnisleitendes
Interesse sieht, die Offenbarung. Dennoch reißt gerade
deshalb die Verbindung Bultmanns zu Heidegger nicht ab:
"Ich wage nur zu fragen, ob in den Gedanken des späteren
Heidegger über das Sein vielleicht die Möglichkeit einer
formalen Bestimmung des Gottesgedankens enthalten ist."[1]

---

1) GV IV 106.

12   ZUSAMMENFASSUNG UND ERGEBNIS DER ARBEIT

Im Vergleich von Martin Heideggers "Sein und Zeit" zu Rudolf Bultmanns Johanneskommentar erschloß sich uns das Spannungsfeld zwischen Philosophie und Theologie. Heidegger führt die existenziale Analytik durch, um den Sinn von Sein zu gewinnen, seine erkenntnisleitende Fragestellung geht auf das Sein.[1] Bultmann versteht Menschsein aus dem eschatologischen Geschehen, seine erkenntnisleitende Fragestellung geht auf die Offenbarung der Liebe Gottes.[2] Was hat beides miteinander zu tun?

Bultmann antwortet: Philosophie analysiert die Existenzialität des Daseins, d.h. die Grundstrukturen der Existenz. Sie expliziert damit das Vor-wissen, die Fraglichkeit der Existenz gegenüber der Offenbarung, indem sie ontologisch expliziert, daß Menschsein sich überantwortet ist und sein Sein in der existenziellen Entscheidung gewinnt oder verliert. Daher weiß die Philosophie negativ um Offenbarung. Von daher versucht die Theologie, das existenzielle Glaubensgeschehen existenzial verständlich zu machen mit Hilfe der von der Philosophie bereitgestellten ontologischen Begrifflichkeit. Die Theologie unterscheidet sich von der Philosophie durch die in Jesus Christus ergangene ontische Offenbarung der Liebe Gottes, aus der sich der Glaubende versteht, während der Philosoph sein Dasein ontisch in eigener Vollmacht vollzieht. Der Gläubige und der Ungläubige unterscheiden sich im existenziellen, nicht aber im ontisch neutralen, existenzialen Verstehen. Heidegger stimmt mit dieser Verhältnisbestimmung Bultmanns von Theologie und Philosophie überein.[3]

---

1) Vgl. 6.
2) Vgl. 7.
3) Vgl. 1. - 3.

Die Problematik der Beziehung zwischen Bultmann und Heidegger liegt in der Verwendung der ontologischen Analysen
Heideggers, die dieser von der Seinsfrage her gewinnt,
durch Bultmann, der die Existenzialität von seinem Erkenntnisinteresse her sieht.
Um Licht in dieses vorläufig von Bultmann konkretisierte
Verhältnis zu bringen, muß es unter einer dreifachen
Fragestellung beleuchtet werden:
1. Warum wählt Bultmann gerade Heidegger aus?
2.a. Wie (weit) interpretiert Bultmann Heideggers Analysen?
2.b. Wenn diese Deutung stattfindet, tangiert sie die
Sache Bultmanns selbst?
3. Geben Heideggers Analysen tatsächliche eine neutrale
Begrifflichkeit ab für das Anliegen der Theologie Bultmanns, d.h. lassen sie Dasein unverkürzt sehen?
Das Verhältnis Bultmanns zu Heidegger ist nur durch einen
Vergleich zwischen "Sein und Zeit " und dem Johanneskommentar zu klären. Bevor der jeweilige Inhalt Thema des
Vergleichs sein kann, muß das formale Problem des Verstehens als Interpretation geklärt sein, denn das Verhältnis
zwischen Heidegger und Bultmann ist ein solches der Deutung (Heideggers durch Bultmann).
Der Begriff der Interpretation[1] hat folgende Elemente:
a. Dem Interpreten geht es um die selbe Sache wie dem zu
   Interpretierenden. Die gemeinsame Sache Bultmanns und
   Heideggers ist die Frage der ontologisch-existenzialen
   Verfaßtheit des Daseins.
b. Gleichzeitig stellt der Interpret selbst Fragen an den
   Text; er hat ein erkenntnisleitendes Interesse. Das
   erkenntnisleitende Interesse Bultmanns ist die Offenbarung der Liebe Gottes, das Heideggers die Frage nach
   dem Sinn von Sein.

---

1) Vgl. 5.1.

c. Die Interpretation vermittelt die gemeinsame Sache und
das erkenntnisleitende Interesse zu einem neuen Ganzen, das eine Einheit in dialektischer Spannung darstellt. So gesehen besteht die Deutung Heideggers
durch Bultmann im Übersetzen der Existenzialität auf
das Erkenntnisinteresse Bultmanns hin, die Offenbarung. Beides bildet in Bultmanns Theologie eine unauflösliche Einheit und erläutert sich gegenseitig. Das
Erkenntnisinteresse gibt der gemeinsamen Sache einen
neuen Sinn, aber die Sache verändert auch das Erkenntnisinteresse selbst. Eine rein analytische Auflösung
dieses Ganzen in zwei isolierte Termini verkennt die
Dialektik der Interpretation. Aus diesem formalen
Rahmen heraus läßt sich ein Vergleich durchführen, der
die drei genannten Fragen beantwortet:

1. Warum wählt Bultmann gerade Heideggers Philosophie
aus?

Zwei Gründe sind zu nennen:

a. Heidegger versteht Dasein, den Menschen, als Existenz.[1] Der Mensch ist kein Vorhandenes, sondern er ist
sich selbst überantwortet so, daß er zu sein hat, daß er
sich stets neu bevorsteht. Sein Sein wird in der Selbstwahl der Entscheidung existenziell entschieden. Der
Mensch existiert geschichtlich, in Beziehung. Menschsein
ist eine Vollzugsgröße, keine Wesenheit.

Weil Bultmann Offenbarung als Begegnungswirklichkeit
versteht, teilt er Heideggers Verständnis von Existenz.
Und weil die Existenzialien Interpretamente dieses Exi-
stenzverständnisses sind, sind sie für Bultmann theologisch relevant.

b. Heidegger expliziert Dasein radikal als endliches.[2]
Dasein ist seine Endlichkeit, indem es zukünftig existiert. Damit wird - von Bultmanns Intention der

---

1) Vgl. 7, besondersn 7.4 und 7.7
2) Vgl. 9.4.2.8. und 9.3.2.1.

Offenbarung her - Menschsein radikal als Seiner-selbst-nicht-mächtig-sein, als Begrenztheit und Fraglichkeit verständlich. So fragt der Mensch immer schon radikal nach Offenbarung und kann gleichzeitig Antwort nur aus der Offenbarung selbst erhalten, nicht aus sich selbst. Von daher wird Heideggers Philosophie für Bultmann zur Explikation des Vorverständnisses.

2.a. Wie (weit) interpretiert Bultmann Heideggers Analysen?

2.b. Wenn diese Deutung stattfindet, tangiert sie die Sache Bultmanns selbst?

Zu 2.a: Wir faßten die Einzelvergleiche in vier Themenkreisen zusammen:

a. Die Alltäglichkeit des Daseins und das Verfallen[1]

b. Dasein als Erschlossenheit seiner selbst[2]

c. Die Eigentlichkeit des Daseins[3]

d. Dasein als Zeitlichkeit[4]

Zu a.: Zunächst zu Heideggers Explikation der Alltäglichkeit: Heidegger geht aus von der Alltäglichkeit des Daseins. Dieser Seinsweise liegt die Existenzialität zugrunde. Dasein existiert in der Alltäglichkeit uneigentlich, es flieht vor seiner Eigentlichkeit. Die Ermöglichung dazu liegt im In-der-Welt-sein des Daseins. Das uneigentliche Dasein versteht sich aus den zuhandenen Möglichkeiten der Welt und ist so der Welt verfallen. Das Wer der Alltäglichkeit ist das Man, das alle echte Möglichkeit des Daseins in Gerede, Neugier und Zweideutigkeit ins Vorhandene nivelliert. Auch das Mitsein - das konstitutiv zum Dasein gehört - ist zumeist in der Uneigentlichkeit. Heidegger kennt aber auch eine positive Form des Mitseins, die Fürsorge, die dem uneigentlichen

---

1) Vgl. 9.1.
2) Vgl. 9.2.
3) Vgl. 9.3.
4) Vgl. 9.4.

Dasein vorausspringt durch die eigene Eigentlichkeit und
es zum Selbstsein aufruft.
Bultmann deutet die existenzialen Strukturen von der
Offenbarung her. Die Alltäglichkeit wird so zur Durchschnittlichkeit. Der Mensch existiert zumeist als durch-
schnittlicher. Dieser Seinsweise liegt jedoch die Existenzialität - bei Bultmann gedeutet als Vorverständnis
- zugrunde. Der Mensch existiert in der Durchschnittlichkeit uneigentlich, er flieht vor seiner Eigentlichkeit,
der eschatologischen Möglichkeit der Offenbarung. Die
Ermöglichung dafür liegt im In-der-Welt-sein des Menschen, das Bultmann als Fremdheit des Menschen in der
Welt versteht. Uneigentliche Existenz versteht sich aus
den verfügbaren Möglichkeiten des Fremdseins im Selbstseinwollen (gegen die Offenbarung). Der Mensch ist so der
Welt verfallen. Das Wer der Durchschnittlichkeit ist das
Man, das die Offenbarung in Gerede, Neugier und Zweideutigkeit ins Verfügbare nivelliert. Auch das Mitsein ist
zumeist in der Uneigentlichkeit, jedoch ist die positive
Seite des Mitseins, die Fürsorge, in Jesu Existenzweise
konkretisiert, der den Jüngern durch die eigene Eigentlichkeit vorausspringt und sie so zur Eigentlichkeit
ruft.
Zu b.: Dasein ist das Da seines Seins, Erschlossenheit
seiner selbst, es ist als existierendes sich selbst gelichtet. Existierendes Dasein ist wesentlich sein Sein
verstehendes. Dasein ist Seinkönnen, Möglichsein des
Entwerfens, aber als bestimmter Entwurf, der faktisch
immer schon in bestimmten Möglichkeiten existiert, eigentlich oder uneigentlich ist. Die Bedingung der Möglichkeit, uneigentlich sein zu können. liegt darin, daß
Dasein das Da seines Seins ist. Das Sein des Da ermöglicht allererst das Seinsverständnis des Daseins. So
versteht Dasein Sein überhaupt. Da zum Dasein gleichursprünglich Erschlossenheit und Verfallen als Existenzialien gehören, ist es auch gleichursprünglich in Wahrheit
und Unwahrheit.

Bultmann interpretiert auch diese existenzialen Strukturen von der Offenbarung her. Der Mensch versteht sich
selbst, ist sich selbst gelichtete Existenz, indem er
sich aus der Offenbarung versteht. Der Mensch als Existenz versteht so sein Sein wesentlich als auf Offenbarung angewiesenes. Der Mensch ist Seinkönnen, Möglichsein
des Entwerfens, der als bestimmter Entwurf ist, eigentlich (aus Offenbarung) oder uneigentlich zu sein. Die
Möglichkeit, uneigentlich sein zu können, liegt darin
begründet, daß der Mensch sich - wenigstens dem Vorverständnis nach - aus der Offenbarung versteht. Das so verstandene Sein des Da ermöglich allererst, daß der Mensch
die eschatologische Möglichkeit verstehen kann. Auf diese
Weise - im Vorverständnis - fragt die Existenz zum einen
nach der Offenbarung und kann gleichzeitig nur Antwort
aus dieser erhalten. Da zum Menschsein gleichursprünglich
die Möglichkeit der Verfallenheit und Erschlossenheit
durch die Offenbarung gehört, ist der Mensch gleichursprünglich in Wahrheit und Unwahrheit, so daß auch der
Glaubende sein Sein stets neu gegen die Verfallenheit
gewinnen muß.
Zu c.: Der Tod ist Phänomen des Daseins als dessen Sein
zum Tode. Das Sein zum Tode ist die äußerste Möglichkeit
der Sorge als die eigenste, unbezügliche, unüberholbare
Möglichkeit des Daseins, die gewisseste Möglichkeit,
nicht mehr sein zu können. Es ist als Vorlaufen in die
letzte Möglichkeit der Unmöglichkeit und erschließt so
alle anderen Möglichkeiten auf die Eigentlichkeit hin.
Die Angst erschließt Dasein in seiner Nichtigkeit. Die
Bezeugung des existenziellen Ganzseinkönnens als Sein zum
Tode gibt das Gewissen. Dieses ruft das Dasein aus dem
Man auf sein Schuldigsein zurück, das Seiner-selbst-
nicht-mächtig-sein und das Auswählend-sein. Dasein beant-
wortet den Ruf des Gewissens, indem es sich wählt als
Freisein für den Anruf desselben; als Gewissen-haben-wol-
len. Die Gewissen-haben-wollende Erschlossenheit ist die
Entschlossenheit, die die eigentliche Wahrheit des

Daseins ist. Dasein existiert eigentlich im Entschluß, der die existenzial schon erschlossene Situation existenziell erschließt.

Bultmanns leitendes Erkenntnisinteresse ist auch hier das eschatologische Geschehen. Das Sein zum Tode wird gedeutet als In-Frage-gestellt-sein des Menschen durch die Offenbarung. So ist das "Sein zum Tode" die eigenste und unbezügliche Möglichkeit, weil der Mensch sich in der Einsamkeit zur Wahl gestellt wird, die ihm niemand abnehmen kann. Es ist die unüberholbare Möglichkeit, weil alle anderen Möglichkeiten durch die eine eschatologische erschlossen werden. Schließlich ist es die gewisseste Möglichkeit, weil theologisch nichts so gewiß ist wie die Fraglichkeit des Menschen von der Offenbarung her. Die Fraglichkeit des Menschen wird zum Verwiesensein auf Offenbarung, aus der allein der Mensch seine Eigentlichkeit gewinnen kann. Als Vorlaufen in die letzte, eschatologische Möglichkeit erschließt das so interpretierte Sein zum Tode alle anderen Möglichkeiten auf die Eigentlichkeit hin. Der Sinn von Offenbarung ist also das Existieren als die Fraglichkeit im Vorlaufen in die gewesene Existenzmöglichkeit Jesu. Jesus und der Gläubige gewinnen ihr Sein aus dem so verstandenen "Sein zum Tode". Die Angst wird von Bultmann gedeutet v.a. in den Begriffen λύπη und ταραχή. Sie erschließt die Eigentlichkeit der Existenz, indem sie den Menschen - in der Vereinsamung - seine Nichtigkeit vor Gott erkennen läßt. Dadurch läßt sie den Menschen radikal fraglich werden und stellt ihn in die Entscheidung, sich aus der Zukunft Gottes zu verstehen oder nicht. Das Gewissen wird gedeutet als Ruf der zukommenden Offenbarung, der erst im Hörenwollen eigentlich "da" ist. Dieser Ruf, der als Voraussetzung die Fraglichkeit des Menschen hat, ruft den Menschen aus dem Man heraus auf sein Schuldigsein, das im Seiner-selbst-nicht-mächtig-sein vor der Offenbarung und im existenzialen Auswählendsein, das bei Bultmann v.a. von der Verfallenheit her gesehen wird, seinen Inhalt findet. Der Ruf

der Offenbarung wird beantwortet in der Selbstwahl der
Existenz, daß sie für den Anruf Gottes frei ist, Gewissen
haben will. Diese grundlegende Erschlossenheit durch die
Offenbarung in der Selbstwahl ist als Entschlossenheit
die Eigentlichkeit des Menschen. Sie ist grundlegend
existenzial bestimmt, aber nur je existenziell aus der
Situation zu gewinnen.

Zu d.: Der Sinn des Seins des Daseins ist die Zeitlichkeit. Sie ist das Existenzial als gewesend-gegenwärtigende Zukunft. Die primäre Zeitigung (Ekstase) der Zeitlichkeit ist die Zukunft als das Zurückkommen des Daseins auf
sich selbst. Die Zeitlichkeit fundiert so das Existenzsein des Menschen. Zeitlichkeit ist nur im Zeitigen ihrer
selbst. Die Zeitlichkeit ist endlich, indem sie als Zukunft Dasein auf sich zurückwirft. So ermöglicht sie das
Sein zum Tode. Eigentlichkeit bedeutet demnach, als eigentliche Zeitlichkeit in der freien Übernahme des Daseins, der Wahl des eigensten Seinkönnens, zu existieren.
Weil Dasein zeitlich ist, ist es geschichtlich. Eigentliche Geschichtlichkeit bedeutet das Existieren in der
eigentlichen Zeitlichkeit als Sein in überlieferten Möglichkeiten (Wieder-holung). Als zukünftiges kann sich
Dasein als ganzes wählen. Da Dasein geschichtlich ist,
bedarf es der kritischen Erforschung der Geschichte der
dagewesenen Möglichkeiten, Sein zu denken, um Sein zu
verstehen.

In der Darstellung der Interpretation der Zeitlichkeit
durch Bultmann wird auch die Frage. 2.b beantwortet:
Tangiert die Deutung die Sache Bultmanns selbst, seinen
Offenbarungsbegriff? Tatsächlich ist das der Fall.[1]
Bultmanns Offenbarungsbegriff bildet mit der Zeitlichkeit
ein neues Ganzes, beides verschmilzt zu einer Einheit.
Zeitlichkeit und Offenbarungsbegriff stehen nun in einem

---

1) Vgl. besonders 9.4.2.3ff.

dialektischen Verhältnis. Die Zeitlichkeit im Vorrang der
Zukunft, in der Dasein auf sich zurückkommt, läßt die
zukommende Präsenz Gottes in der Begegnung als Ankunft
des Jenseits sein. Gottes Zukunft wird so doppeldeutig
als Zukunft der Nähe (Ankunft) und der Ferne (Jenseits).
Es entsteht Bultmanns Verständnis von indirekter Offenbarung. Der Sinn des Seins der Existenz besteht daher bei
Bultmann in der gewesend-gegenwärtigenden Zukunft (Gottes). Diese Zukunft Gottes (als indirekte Offenbarung)
erschließt die Gewesenheit der Existenz und zeitigt so
den Augenblick der Entscheidung. Die Zukunft Gottes erschließt so die Existenz. Diese versteht sich aus dem
Vorrang der Zukunft. Die Existenz kann sich so entschlie-
ßen sich aus dem eschatologischen Geschehen zu verstehen. Der Mensch wird sich aus der Zukunft geschenkt,
indem er sich für sie entscheidet. Die so gedachte Zukunft Gottes kann die Existenz in Frage stellen, weil
diese endlich ist, nicht aus sich selbst sein kann. Die
"Zeitlichkeit" Bultmanns ist nur im Zeitigen ihrer
selbst, im je neuen Zukommen Gottes und dem Existieren
des Menschen. Wir sahen schon bei Bultmanns Interpretation des Seins zum Tode - die nun ihre Fundierung in der
interpretierten Endlichkeit erhält -, daß Heideggers
Explikation der Endlichkeit des Daseins für Bultmann ein
entscheides Motiv darstellt, Heideggers Philosophie zu
verwenden. Die Endlichkeit wird bei Bultmann zur Fraglichkeit der Existenz. Sie ermöglicht es Bultmann, das
Auf-Offenbarung-angewiesen-sein des Menschen zu explizieren. Das Offenbarungsgeschehen hat so auch seine eigene
Geschichtlichkeit, die in der Zeitlichkeit begründet ist.
Die Existenz ist "zeitlich", weil sie "geschichtlich"
ist. Geschichtlichkeit bedeutet bei Bultmann das Existieren in der eigentlichen Zeitlichkeit als Wiederholung der
Existenzweise Jesu.
Die Zeitlichkeit geht mit Bultmanns Offenbarungsbegriff
ein dialektisches Verhältnis ein. Wie aber kommt es, daß

sie die zukommende Präsenz Gottes als Ankunft des Jenseits sein läßt? Damit stehen wir bei der letzten Frage:
3. Geben Heideggers Analysen eine neutrale Begrifflichkeit für das Anliegen der Theologie Bultmanns ab? Läßt
die Explikation der Existenzialität durch Heidegger das
Dasein unverdeckt sehen?[1]
Das ist nicht der Fall. Heideggers Philosophie ist nicht
neutral, d.h. sie läßt Dasein nicht unverstellt sehen.
Denn die Zukunft schließt das Dasein gegen das Begegnende
ab, indem das Woraufhin und das Wohinzurück der reditio
das Dasein selbst ist. Dasein ist zuerst und zuletzt, als
Woraufhin und Wohinzurück, auf sich selbst zukommende
Ekstase der Zukunft. Das Woraufhin als das "Andere" kann
so nicht von sich aus sein. Dasein wird so ab-solutes,
endliches Dasein.
Von daher gerät auf der einen Seite die Intention Heideggers in Gefahr: Das Sein kann in "Sein und Zeit" nicht
von sich aus wahrgenommen werden. Auf der anderen Seite
schließt die Zukunft die begegnende Offenbarung so von
der Existenz aus, daß ihre Ankunft zur Ankunft des Jenseits in der Entscheidung des Menschen wird. Bultmanns
Intention, die Offenbarung der Liebe Gottes und der Geschenkcharakter menschlichen Seins, gerät daher in die
Gefahr, nicht von sich aus sichtbar werden zu können.
Insgesamt ist zu sagen: Es ist die existenziale Analytik,
die Philosophie und Theologie entscheidend prägt. Sie ist
es, die die Weichen für die Philosophie Heideggers und
die Theologie Bultmanns stellt, wie es mit der Explikation des Existenzials Zeitlichkeit geschehen ist. Daher ist
die Frage gestellt, wie die Existenz, der Mensch, sachge-
mäßer als unter der Perspektive der Zeitlichkeit in den
Blick kommen kann. Daraus ergibt sich konsequenterweise
die zukünftige Aufgabe, in theologischer wie in philosophischer Absicht Menschsein so zu thematisieren, daß es

---

1) Vgl. 11., besonders 11.11.

die Seinsfrage und den Geschenkcharakter menschlichen
Seins angemessener in den Blick kommen läßt. Beide Fragestellungen wären in einer existenzialen Analytik zu fundieren, die beide sein läßt, ohne jedoch der Einschränkung der Zeitlichkeit unterworfen zu sein. Vielleicht
könnten so einige Schritte Wegs zu Tage kommen, die,
recht verstanden, nicht über Bultmann und Heidegger hin-
ausführen, sondern in deren Sache noch tiefer hineinfüh-
ren.

LITERATURVERZEICHNIS

Bultmann, Rudolf: Die Geschichte der synoptischen Tradition. Göttingen 1921

Bultmann, Rudolf: Jesus. Tübingen 1961 (1926).

Bultmann, Rudolf: Glauben und Verstehen. Bd. I. Tübingen
²1954.

Bultmann, Rudolf: Glauben und Verstehen. Bd. II. Tübingen
1952

Bultmann, Rudolf: Glauben und Verstehen. Bd. III. Tübingen ²1962

Bultmann, Rudolf: Glauben und Verstehen. Bd. IV. Tübingen
1965

Bultmann, Rudolf: Das Evangelium des Johannes. Göttingen
20 (unveränderter Nachdruck der 10.Auflage) 1978.
Meyers Kritisch-Exegetischer Kommentar über das Neue
Testament. Bd. 2.

Bultmann, Rudolf: Offenbarung und Heilsgeschehen. München
1941

Bultmann, Rudolf: Das Urchristentum im Rahmen der antiken
Religionen. Zürich 1949

Bultmann, Rudolf: Theologie des Neuen Testaments. Tübingen ⁷1977

Bultmann, Rudolf: Marburger Predigten. Tübingen 1956

Bultmann, Rudolf: Geschichte und Eschatologie. Tübingen
1958

Bultmann, Rudolf: Jesus Christ und Mythology. London 1960

Bultmann, Rudolf: Die drei Johannesbriefe. Göttingen
[7]1967. Meyers Kritisch-Exegetischer Kommentar über
das Neue Testament. Bd. 14

Bultmann, Rudolf: (hrsg. von Dinkler): Der zweite Brief
an die Korinther. Göttingen 1976. Meyers Kritisch-
Exegetischer Kommentar über das Neue Testament.
Sonderband 2

Bultmann, Rudolf: (hrsg. von Dinkler): Exegetica. Aufsätze zur Erforschung des Neuen Testaments. Tübingen
1967

Bartsch, Hans Werner (Hg.): Kerygma und Mythos. Ein theologisches Gespräch. Bd. I. Hamburg-Volksdorf [5]1967.

Bartsch, Hans Werner (Hg.): Kerygma und Mythos. Diskus-
sionen und Stimmen zum Problem der Entmythologisierung. Bd. II. Hamburg-Volksdorf [2]1965

Bartsch, Hans Werner (Hg.): Kerygma und Mythos. Das Gespräch mit der Philosophie. Bd. III. Hamburg-Bergstedt 1954

Bartsch, Hans Werner (Hg.): Kerygma und Mythos. Die öku-
menische Diskussion. Bd. IV. Hamburg-Volksdorf 1954

Bartsch, Hans Werner (Hg.): Kerygma und Mythos. Die Theo-
logie Bultmanns und die Entmythologisierung in der
Kritik der katholischen Theologie. Bd. V. Hamburg-
Volksdorf [2]1966

Bultmann, Rudolf: Das Verhältnis des urchristlichen Chris-
tuskerygmas zum historischen Jesus. In: Ristow, Helmut / Matthiae, Karl (Hg.): Der historische Jesus
und der kerygmatische Christus. Berlin 1961, S. 233-
235

Bultmann, Rudolf: Das Verhältnis der urchristlichen Chris-
    tusbotschaft zum historischen Jesus. Heidelberg 1960

Bultmann, Rudolf: Die Geschichtlichkeit des Daseins und
    der Glaube. In: Zeitschrift für Theologie und Kirche.
    Tübingen NF Jg. 11 1930, S. 339-364

Bultmann, Rudolf: Der Glaube an Gott den Schöpfer. In:
    Evangelische Theologie. München Jg. I 1934/35, S.
    177-189

Bultmann, Rudolf: Allgemeine Wahrheiten und christliche
    Verkündigung. In: Zeitschrift für Theologie und Kirche.
    Tübingen NF Jg. 54. 1957, S.244-254

Bultmann, Rudolf: (Hg.: Jüngel, Eberhard / Müller, Müller
    W.): Theologische Enzyklopädie. Tübingen 1984.

Heidegger, Martin: Sein und Zeit. Tübingen [15]1979

Heidegger, Martin: Phänomenologie und Theologie. Frank-
    furt/M. 1970

Heidegger, Martin: Kant und das Problem der Metaphysik.
    Frankfurt am Main [3]1965

Heidegger, Martin: Was ist Metaphysik? Frankfurt/M.
    Sechste, durch Einleitung und Nachwort vermehrte
    Auflage 1951

Heidegger, Martin: Vom Wesen des Grundes. Frankfurt/M.
    [3]1949

Heidegger, Martin: Die Selbstbehauptung der deutschen
    Universität. Das Rektorat 1933/34. Frankfurt am Main
    1983.

Heidegger, Martin: Platons Lehre von der Wahrheit. Mit
  einem Brief über den Humanismus. Bern 1947

Heidegger, Martin: Vom Wesen der Wahrheit. Frankfurt/M.
  ^{4}1961

Heidegger, Martin: Holzwege. Frankfurt/M. ^{5}1972

Heidegger, Martin: Nietzsche. 2 Bd. Pfullingen 1961

Heidegger, Martin: Über den Humanismus. Frankfurt/M. 1949

Heidegger, Martin: Zur Seinsfrage. Frankfurt/M. ^{2}1959

Heidegger, Martin: Der Satz vom Grund. Pfullingen 1957

Heidegger, Martin: Einführung in die Metaphysik. Tübingen
  ^{3}1966

Heidegger, Martin: Vorträge und Aufsätze. Pfullingen
  1954

Heidegger, Martin: Identität und Differenz. Pfullingen
  ^{2}1957

Heidegger, Martin: Erläuterungen zu Hölderlins Dichtung.
  Frankfurt/M. ^{2}1951

Heidegger, Martin: Aus der Erfahrung des Denkens. Pfullingen 1954

Heidegger, Martin: Was ist das - die Philosophie? Pfullingen ^{4}1972

Heidegger, Martin: Hebel, der Hausfreund. Pfullingen
  ^{3}1965

Heidegger, Martin: Die Technik und die Kehre. Pfullingen
  1962

Heidegger, Martin: Kants These über das Sein. Frankfurt/M. 1963

Heidegger, Martin: Unterwegs zur Sprache. Pfullingen 1959

Heidegger, Martin: Gelassenheit. Pfullingen 1959

Heidegger, Martin: Der Feldweg. Frankfurt/M. ³1962

Heidegger, Martin: Wegmarken. Frankfurt/M. 1967

Heidegger, Martin: Zur Sache des Denkens. Tübingen 1969

Heidegger, Martin: Schellings Abhandlung über das Wesen der menschlichen Freiheit. Tübingen 1971

Andersen, Wilhelm: Der Existenzbegriff und das existenzielle Denken in der neueren Philosophie und Theologie. Gütersloh 1940, S.78-83, 198-116 passim.

Barth, Karl: Kirchliche Dogmatik. Bd. III/3. Zollikon 1950, S.383-402

Bartsch, Hans-Werner: Der gegenwärtige Stand der Entmythologisierungsdebatte. Beiheft zu "Kerygma und Mythos I-II." Hamburg-Volksdorf 1954

Biehl, Peter: Welchen Sinn hat es, von "theologischer Ontologie" zu reden? In: Zeitschrift für Theologie und Kirche. Tübingen. Jg. 53. 1956, S.349-372

Birkel, Hans-Friedrich: Das Verhältnis von existentialer Interpretation und historischer Jesusfrage als Problem des Verstehens in der Theologie bei Bultmann und Ebeling. Erlangen-Nürnberg 1974.

Blank, Josef: Das Evangelium nach Johannes. In: Trilling, Wolfgang (Hg.): Geistliche Schriftlesung. Bd. 4. Düsseldorf 1977, 1981

Bollnow, Otto Friedrich: Existenzphilosophie. Stuttgart
[5]1955

Boutin, Maurice: Relationalität als Verstehensprinzip bei
Rudolf Bultmann. München 1974, S.511-567 passim

Brechtgen, Josef: Geschichtliche Transzendenz bei Heidegger. Die Hoffnungsstruktur des Daseins und die gottlose Gottesfrage. Meisenheim am Glan 1972

Bretschneider, Willy: Sein und Wahrheit. Über die Zusammengehörigkeit von Sein und Wahrheit im Denken
Martin Heideggers. Meisenheim am Glan 1965

Brock, E.: Die Existenzphilosophie und das Christentum.
In: Schweizerische Theologische Umschau. Bern 1949,
S. 11-40

Brunner, Emil: Theologie und Ontologie - oder die Theologie am Scheidewege. In: Noller, Gerhard (Hg.): Heidegger und die Theologie. Theologische Bücherei Bd.
38. München 1967, S.125-135

Bürkle, Horst: Dialektisches Zeitverständnis und existenzialer Zeitbegriff. Eine Untersuchung über die Beziehungen zwischen der frühen Theologie Karl Barths
und der Ontologie Martin Heideggers. Hamburg 1957

Colette, J.: Kierkegaard, Bultmann et Heidegger. In:
Revue des sciences philosophiques et theologiques.
Paris. Tome XLIX. 1965, S.597-608

Coreth, Emerich: Grundfragen der Hermeneutik. Ein philosophischer Beitrag. Freiburg-Basel-Wien 1969

Danner, Helmut: Das Göttliche und der Gott bei Heidegger.
Meisenheim am Glan 1971

De Fraine, J. (S.J.): Evangelische Botschaft und modernes
Denken. Kerygma und Mythos. Bd. V, S.57-70

Demske, James M.: Sein, Mensch und Tod. Das Todesproblem
bei Martin Heidegger. München 1963

Diels/Kranz: Die Fragmente der Vorsokratiker. [17]1974

Diem, Hermann: Gott und die Metaphysik. Zollikon 1956

Ebeling, Gerhard: Verantwortung des Glaubens in: Begegnung mit dem Denken M. Heideggers. In: Zeitschrift
für Theologie und Kirche. 1961. Beiheft 2, S.119-124

Ernst, W.: Moderne Versuche zur Gewinnung eines neuen
Lebensverständnisses in Philosophie und Theologie.
In: Zeitschrift für systematische Theologie.
Göttingen. Jg. 9. 1932, S.25-46

Feick, Hildegard: Index zu Heideggers "Sein und Zeit".
Tübingen [3]1980

Fischer, Alois: Die Existenzphilosophie Martin Heideggers.
Leipzig 1935.

Franz, Helmut: Das Denken Heideggers und die Theologie.
In: Pöggeler, Otto (Hg.): Heidegger. Perspektiven
zur Deutung seines Werks. Köln-Berlin 1969,
S.179-216

Franzen, Winfried: Von der Existenzialontologie zur Seinsgeschichte. Meisenheim am Glan 1975

Fuchs, Ernst: Theologische Exegese und philosophisches
Seinsverständnis. Zum "Gespräch" zwischen Bultmann
und Heidegger. In: Zeitschrift für Theologie und
Kirche. Tübingen. Jg. 13, 1932, S.307-323

Fuchs, Ernst: Warum fordert der Glaube an Jesus Christus ein Selbstverständnis? In: Zeitschrift für Theologie und Kirche. Tübingen. Jg. 48. 1951. S.349-359

Fuchs, Ernst: Theologie und Metaphysik. Zu der theologischen Bedeutung der Philosophie Heideggers und Grisebachs. In: Noller, Gerhard (Hg.): Heidegger und die Theologie. Theologische Bücherei. Bd.38, München 1967, S.136-146

Gadamer, Hans-Georg: Martin Heidegger und die Marburger Theologie. In: Pöggeler, Otto (Hg.): Heidegger. Perspektiven zur Deutung seines Werks. Köln-Berlin 1969, S.169-178

Gadamer, Hans-Georg: Heideggers Wege. Studien zum Spätwerk. Tübingen 1983.

Gadamer, Hans-Georg: Wahrheit und Methode. Grundzüge einer philosophischen Hermeneutik. Tübingen 1960

Gadamer, Hans-Georg: Vom Zirkel des Verstehens. In: Neske, Günther (Hg.): Martin Heidegger zum 70.Geburtstag. Festschrift. Pfullingen 1959, S.24-34

Harbsmeier, Götz: Mythos und Offenbarung. In: Kerygma und Mythos. Bd. I. S. 49-73

Hasenhüttl, Gotthold: Der Glaubensvollzug. Eine Begegnung mit Rudolf Bultmann aus katholischem Glaubensverständnis. Essen 1963

Hasenhüttl, Gotthold: Kritische Dogmatik. Graz-Wien-Köln 1979

Haug, Helmut: Offenbarungstheologie und philosophische Daseinsanalyse bei Rudolf Bultmann. In: Zeitschrift für Theologie und Kirche. Tübingen. Jg. 55, 1958, S.201-253

Heinemann, Fritz: Existenzphilosophie. Lebendig oder tot?
Stuttgart 1954

Heim, Karl: Ontologie und Theologie. In: Zeitschrift für
Theologie und Kirche. Tübingen. NF Jg. 11, 1930,
S.325-338

Herrmann, Friedrich-Wilhelm von: Subjekt und Dasein.
Interpretationen zu "Sein und Zeit". Frankfurt/M.
1974

Hessen, Johannes: Existzenzphilosophie. Essen 1947

Hollenbach, Johannes Michael (S.J.): Sein und Gewissen.
Baden-Baden 1954

Hollmann, Klaus: Existenz und Glaube. Entwicklung und
Ergebnisse der Bultmann-Diskussion in der katholischen Theologie. Paderborn 1972

Hommes, Jakob: Zwiespältiges Dasein. Die existenziale
Ontologie von Hegel bis Heidegger. Freiburg 1953

Hummel, Gert: Geschichte oder Ursprung - zur ontologischen Interpretation der Schrift. In: Neue Zeitschrift für systematische Theologie und Religions-
philosophie. Bd. 7. Berlin 1965, S.214-234

Hummel, Gert: Theologische Anthropologie und die Wirklichkeit der Psyche. Zum Gespräch zwischen Theologie und analytischer Psychologie. Darmstadt 1972

Ignatow, Assen: Heidegger und die philosophische Anthro-
pologie. Eine Untersuchung über die anthropologische
Dimension des Heideggerschen Denkens. Meisenheim am
Glan 1979

Ittel, Gerhard Wolfgang: Der Einfluß der Philosophie Martin Heideggers auf die Theologie Rudolf Bultmanns. In: Kerygma und Dogma. Göttingen. Jg. 2, Heft 2, 1956, S.90-108

Jäger, Alfred: Gott. Nochmals Martin Heidegger. Tübingen 1978

Jaspers, Karl: Der philosophische Glaube. Zürich 1948

Jaspers, Karl: Philosophie. Berlin-Heidelberg-New York. 3 Bd. ^{4}1973

Jaspers, Karl: Wahrheit und Unheil der Bultmannschen Entmythologisierung. In: Kerygma und Mythos. Bd. III, S.9-46

Jaspert, Bernd: Rudolf Bultmann. Werk und Wirkung. Darmstadt 1984

Jüngel, Eberhard: Der Schritt zurück. Eine Auseinandersetzung mit der Heidegger-Deutung Heinrich Otts. Zeitschrift für Theologie und Kirche. Tübingen. Jg. 58, 1961, S.105-122.

Kant, Immanuel: Werke. Bd. 3/4. Kritik der reinen Vernunft. Darmstadt 1975

Kanthack, Katharina: Das Denken Martin Heideggers. Berlin 1959

Kaiser, Otto (Hg.): Gedenken an Rudolf Bultmann. Tübingen 1977

Kirchhoff, Walter: Neukantianismus und Existenzialanalytik in der Theologie Rudolf Bultmanns. Hamburg 1957

Köchler, Hans: Der innere Bezug von Anthropologie und
Ontologie. Meisenheim am Glan 1974

Körner, Johannes: Eschatologie und Geschichte. Eine Untersuchung des Begriffes des Eschatologischen in der
Theologie Rudolf Bultmanns. In: Bartsch, Hans-Werner, (Hg.): Theologische Forschung. Bd. 13.
Hamburg-Bergstedt 1957

Krüger, Gerhard: Christlicher Glaube und existentielles
Denken. In: Festschrift Rudolf Bultmann.
Stuttgart-Köln 1949

Küng, Hans: Existiert Gott? München-Zürich 1978

Kuhlmann, Gerhard: Zum theologischen Problem der Existenz. Fragen an Rudolf Bultmann. In: Zeitschrift
für Theologie und Kirche. Tübingen. Jg. 10. 1929,
S.28-58

Lehmann, Karl: Christliche Geschichtserfahrung und ontologische Frage beim jungen Heidegger. In: Pöggeler,
Otto (Hg.): Heidegger. Perspektiven zur Deutung
seines Werks. Köln-Berlin 1969, S.140-168

Link, Wilhelm: "Anknüpfung", "Vorverständnis" und die
Frage der "Theologischen Anthropologie". In: Noller,
Gerhard (Hg.): Heidegger und die Theologie. Theolo-
gische Bücherei Bd. 38, München 1967, S.147-193

Löwith, Karl: Grundzüge der Entwicklung der Phänomenologie
zur Philosophie und ihr Verhältnis zur protestantischen Theologie. In: Theologische Rundschau.
Tübingen. Jg. 2, 1930, S.26-64, S.333-361

Löwith, Karl: Phänomenologische Ontologie und protestantische Theologie. In: Zeitschrift für Theologie und
Kirche. Tübingen. Jg. 11, 1930, S.365-399

Löwith, Karl: Heidegger. Denker in dürftiger Zeit.
Frankfurt/M. [3]1965

Lotz, Johann-Baptist. Sein und Existenz. Freiburg-Basel-
Wien 1965, S.97-242

Luck, Ulrich: Heideggers Ausarbeitung der Frage nach dem
Sein und die existentialanalytische Begrifflichkeit
in der evangelischen Theologie. In: Zeitschrift für
Theologie und Kirche. Tübingen Jg. 53, 1956,
S.230-251

Macquarrie, John: An existentialist theology. A comparison
of Heidegger and Bultmann. London [2]1960

Mendoza, Roman Gonzales de: Stimmung und Transzendenz.
Berlin 1970.

Misgeld, Dieter: Schuld und Moralität. Gewissen, Schuld
und Ganzsein des Daseins nach Heideggers "Sein und
Zeit" im Verhältnis zu Kants Grundlegung der Ethik.
Heidelberg 1966

Möller, Joseph: Existenzialphilosophie und Katholische
Theologie. Baden-Baden 1952

Moraldo, Johan: Der hermeneutische Zirkel. Untersuchungen
zu Schleiermacher, Dilthey und Heidegger.
Freiburg-München 1974

Müller, Max: Existenzphilosophie im geistigen Leben der
Gegenwart. Heidelberg [2]1958

Müller-Lauter, Wolfgang: Möglichkeit und Wirklichkeit bei
Martin Heidegger. Berlin 1960

Nethöfel, Wolfgang: Strukturen existentialer Interpretation. Bultmanns Johanneskommentar im Wechsel theologischer Paradigmen. Göttingen 1983

Noller, Gerhard: Sein und Existenz. Die Überwindung des
    Subjekt-Objektschemas in der Philosophie Heideggers
    und in der Theologie der Entmythologisierung.
    München 1962

Noller, Gerhard (Hg.): Heidegger und die Theologie. Theo-
    logische Bücherei Bd. 38. München 1967

Ogden, Schubert M.: Zur Frage der "richtigen" Philoso-
    phie. In: Zeitschrift für Theologie und Kirche.
    Tübingen. Jg. 6, 1964, S.103-124

Ott, Heinrich: Denken und Sein. Der Weg Martin Heideggers
    und der Weg der Theologie. Zollikon 1959

Pfeiffer, Johannes: Existenzphilosophie. Hamburg ^{3}1952

Pöggeler, Otto: Der Denkweg Martin Heideggers. Pfullingen
    1963

Pugliese, Orlando: Vermittlung und Kehre. Grundzüge des
    Geschichtsdenkens bei Martin Heidegger.
    Freiburg-München 1965

Quelquejeu, B.: Hermeneutique bultmanienne et analytique
    existentiale heideggerienne. In: Revue des sciences
    philosophiques et theologiques. Paris. Tome XLIX
    1965, S.577-596

Rahner, Karl: Geist in Welt. Zur Metaphysik der endlichen
    Erkenntnis bei Thomas von Aquin. München ^{2}1957

Rahner, Karl: Hörer des Wortes. München 1941

Reding, Marcel: Die Existenzphilosophie. Düsseldorf 1949

Reidemeister, Kurt: Die Unsachlichkeit der Existenzphilo-
    sophie. Heidelberg ^{2}1970

Robinson/Cobb (Hg.): Der spätere Heidegger und die Theologie. Zürich-Stuttgart 1964

Rosales, Alberto: Transzendenz und Differenz. Den Haag
1970

Schaeffler, Richard: Frömmigkeit des Denkens. Martin
Heidegger und die katholische Theologie. Darmstadt
1978

Schaeffler, Richard: Die Wechselbeziehung zwischen Philosophie und katholischer Theologie. Darmstadt 1980,
S.229-261 passim

Schnübbe, Otto: Der Existenzbegriff in der Theologie
Rudolf Bultmanns. Ein Beitrag zur Interpretation der
theologischen Systematik Bultmanns. Göttingen 1959

Schott, Erdmann: Die Endlichkeit des Daseins nach Martin
Heidegger. Berlin-Leipzig 1930

Schrey, Heinz-Horst: Die Bedeutung der Philosophie Martin
Heideggers für die Theologie. In: Astrada, Carlos
(Hg.): Martin Heideggers Einfluß auf die Wissen-
schaften. Bern 1949, S.9-21

Schüler und Kollegen Bultmanns: Festschrift Rudolf Bultmanns zum 65. Geburtstag. Stuttgart 1949

Schulz, Walter: Der Gott der neuzeitlichen Metaphysik.
Pfullingen 1957

Schulz, Walter: Über den philosophiegeschichtlichen Ort
Martin Heideggers. In: Pöggeler, Otto (Hg.): Heideg-
ger, Perspektiven zur Deutung seines Werks.
Köln-Berlin 1969, S.95-139

Schulz, Walter: Philosophie in der veränderten Welt.
Pfullingen 1972

Siewerth, Gustav: Das Schicksal der Metaphysik von Thomas
zu Heidegger. Einsiedeln 1959

Stammler, Gerhard: Ontologie in der Theologie? In:
Kerygma und Dogma. Göttingen Jg. 4. 1958, Heft 3,
S.143-175

Theune, Hans-Joachim: Vom eigentlichen Verstehen. Eine
Interpretation der hermeneutischen Fragestellung
Rudolf Bultmanns auf dem Hintergrund der Existenzanalyse Martin Heideggers. In: Evangelische Theologie. München. Jg. 13, 1953, S.171-188

Theunis, Franz: Offenbarung und Glaube bei Rudolf Bultmann.
Ergänzungsband zu Kerygma und Mythos. Bd. V.
Hamburg-Bergstedt 1960

Tillich, Paul: Biblische Religion und die Frage nach dem
Sein. Stuttgart 1956

Traub, Friedrich: Heidegger und die Theologie. In: Zeitschrift für systematische Theologie. Göttingen. Jg.
9, 1932, S.686-743

Tugendhat, Ernst: Der Wahrheitsbegriff bei Husserl und
Heidegger. Berlin 1967

Vögtle, Anton: Die Existenztheologie Rudolf Bultmanns in
katholischer Sicht. In: Biblische Zeitschrift.
Paderborn. Jg. 1, 1957, S.136-151

Vogt, Annemarie: Das Problem des Selbstseins bei Heidegger
und Kierkegaard. Gießen 1936

Weber, Ludwig: Heidegger und die Theologie. Meisenheim
am Glan 1980

Wiesner, Werner: Anthropologische oder theologische
  Schriftauslegung? Zur Theologie Rudolf Bultmanns.
  In: Evangelische Theologie. München. Jg. 10,
  1950/51, S.49-66

Yoshimura, Yoshio: Eine japanische Stimme über die Entmythologisierung Bultmanns. Ergänzungsband zu Kerygma
  und Mythos. Bd. IV. Hamburg-Bergstedt 1959

Zimmermann, Franz: Einführung in die Existenzphilosophie.
  Darmstadt 1977.